西安交通大学信息哲学丛书

信息存在论新探

New Research on the Ontology of
Philosophy of Information

邬天启 / 著

中国社会科学出版社

图书在版编目（CIP）数据

信息存在论新探／邬天启著 . —北京：中国社会科学出版社，2023.3
（西安交通大学信息哲学丛书）
ISBN 978 - 7 - 5227 - 1481 - 3

Ⅰ. ①信…　Ⅱ. ①邬…　Ⅲ. ①信息论　Ⅳ. ①G201

中国国家版本馆 CIP 数据核字（2023）第 031508 号

出 版 人　赵剑英
责任编辑　朱华彬
责任校对　谢　静
责任印制　张雪娇

出　　　版　中国社会科学出版社
社　　　址　北京鼓楼西大街甲 158 号
邮　　　编　100720
网　　　址　http://www.csspw.cn
发 行 部　010 - 84083685
门 市 部　010 - 84029450
经　　　销　新华书店及其他书店

印　　　刷　北京明恒达印务有限公司
装　　　订　廊坊市广阳区广增装订厂
版　　　次　2023 年 3 月第 1 版
印　　　次　2023 年 3 月第 1 次印刷

开　　　本　710×1000　1/16
印　　　张　28.5
插　　　页　2
字　　　数　423 千字
定　　　价　168.00 元

丛书编辑委员会

总　　序

　　如果从控制论的创始人维纳先生关于信息的哲学意义的阐释算起，世界范围内的信息科学中的哲学问题的研究已经有 60 多年的历史，但是，真正意义上的信息哲学的概念却是由中国学者在 20 世纪 80 年代初率先提出的，并且，系统化的信息哲学理论则是由中国学者在 20 世纪 80 年代中期公之于世的，这些成果标志着信息哲学的创立。经过 30 多年的发展，中国学者创立的信息哲学理论已经开始走向成熟，并引起了西方学者的高度关注。同时，近 10 多年来，世界范围内的信息哲学理论的研究也已经在更大范围内兴起，西方学者也独立地提出了自己的信息哲学研究纲领（2002 年）。

　　西安交通大学于 2010 年 12 月正式成立了西安交通大学国际信息哲学研究中心。该中心是中国首个信息哲学研究中心，也是世界上第一个国际性信息哲学研究机构。该中心的基本任务是：有效整合世界范围内的信息哲学研究队伍；深化开创性的信息哲学研究；加强信息哲学成果的国际交流和对话，推动中国和世界范围的信息哲学研究的发展。目前，该中心成立了由众多国家相关著名学者加盟的领导机构，其国际学术活动也已经有条不紊地展开。

　　策划与编纂"西安交通大学信息哲学丛书"是西安交通大学国际信息哲学研究中心的一项重要工作。该丛书的出版旨在向学术界展示世界范围内的信息哲学研究的重要成果，并由此推动中国和世界范围的信息哲学研究的发展，激励更多学者投入信息哲学领域的研究。

　　本丛书的编辑委员会由西安交通大学国际信息哲学研究中心的顾问

兼学术委员会成员，以及具体负责研究中心工作的主任和副主任组成。

由于信息哲学的研究是一个极富学术挑战性的全新开拓的领域，其发展出来的门派、不同的观点和理论将可能很多。打破门派壁垒，兼容百家学说，倡导一种自由讨论和相互批评的哲学态度，鼓励对相关问题进行一种有差异的，甚至是对立的，多维视角的探讨是本丛书选稿的重要原则之一。我们认为，只有采取这样的一种开放式研究的态度，才能为学者们提供一个自由宽松的研究平台，从而更好地促进信息哲学这门新兴哲学学科的发展。

本丛书将在中国社会科学出版社哲学编辑室的支持下不定期分批出版。

西安交通大学信息哲学丛书编辑委员会

2011 年 6 月 28 日

序

通过梳理中国信息哲学发展的历史，我们发现，发展了 40 年的中国信息哲学是从近 10 年来才开始日趋繁荣的，有幸这也是本人开始参与信息哲学团队研究的 10 年。前 30 年几乎就是西安交通大学的邬焜教授[①]凭借一己之力在完善信息哲学的全部理论。通过本书的信息哲学史研究我们可以发现，信息哲学的基本理论在 2005 年《信息哲学——理论、体系、方法》一书出版之前，就已经在邬焜出版的 9 部著作中比较完善的提出了。但为何到了大概 2010 年之后，信息哲学的相关研究才开始有了较快速发展，真正的信息哲学研究团队才开始壮大起来，而且所有非邬焜作者的关于信息哲学的相关研究开始呈指数增长？

原因就在于 2010 年 8 月 21—24 日，由美国、欧洲和中国的多国机构和大学联合主办的第四届国际信息科学基础大会（FIS 2010）在北京召开。而中国信息哲学正是借这次机会才宣传出了国门，受到各国学者的关注，并开始出现了西方学者参与或独立研究、评价中国信息哲学的书籍与论文。同时，在此期间，联合培养了一批青年学子，而本人也有幸成为其中一员。

2017 年 3 月至 2018 年 4 月，本人作为访问学者在奥地利贝塔朗菲系统科学研究中心（The Bertalanffy Center for the Study of Systems

---

① 邬焜（1953~ ），西安交通大学国际信息哲学研究中心主任、二级教授。享受国务院政府津贴专家。国际信息研究学会（IS4SI）副主席及其中国分会（IS4SI - CC）副主席、中国自然辩证法研究会常务理事及其复杂性与系统科学专业委员会副理事长、陕西省自然辩证法研究会理事长。

Science）访学一年，而本人在访学中的导师沃尔夫冈·霍夫基希纳（Wolfgang Hofkirchner，1953～ ）教授①也一直致力于复杂性思想、人类学、社会学、系统科学、信息科学、哲学等方向的交叉性和综合性的学术研究。他对于信息哲学有很强的兴趣，并进行了相关研究。而本人提出的信息演化存在论与整合存在论思想便受益于他的系统科学思想的影响。②

最早在 2013 年，斯坦福哲学百科全书中设立了"信息"一词的词条，当时这条词条中并没有关于邬焜信息哲学的介绍。③ 而在 2018 年 12 月百科全书更新的"信息"词条中，其中邬焜的信息元哲学被列入该词条所强调的世界信息哲学领域业已形成的五条研究路径之一。④ 而该词条中列入的关于邬焜信息哲学最早的参考文献就是 2010 年会议上提交的英文论文：Wu, Kun, 2010, "The Basic Theory of the Philosophy of Information", in Proceedings of the 4th International Conference on the Foundations of Information Science, Beijing, China, pp. 21 – 24. ⑤

这段历史是标准的国内开花国外香，从侧面也证明学术是不分国界的，中国的同样是世界的。但这个问题的出现还是归根于学术界对于中国人自己的哲学创新思想重视不够，很多人普遍还都在盲目追捧西方哲学大家的思想。产生了一系列关于西方哲学的单纯搬运工的作品。西方的学术环境非常注重创新，本人在奥地利访学一年中的感触颇多。我们热衷推崇西方的学术，是因为西方学术的深刻与创新。但我们更需要重视的是西方学术工作者的压力非常大，创新是西方学术研究机构的重中

---

① ［奥地利］沃尔夫冈·霍夫基希纳（1953～ ），国际系统和控制论科学院（IASCYS）院士，莱布尼兹柏林社会科学学院院士；奥地利贝塔朗菲系统科学研究中心（BCSSS）主席；国际信息科学学会（IS4SI）前任主席；维也纳技术大学终身教授。

② 邬天启：《系统演化本体论与信息哲学演化本体论》，《自然辩证法研究》2019 年第 4 期。

③ https://plato. stanford. edu/archives/fall2013/entries/information/.

④ Information：网址：https://plato. stanford. edu/archives/win2018/entries/information/# Bib ［2018 – 12 – 14］。

⑤ 网址：https://plato. stanford. edu/archives / win2018 / entries / information/#Bib ［2018 – 12 – 14］。

之重，评价之本。曾经，在本人访学的研究所中接触到一名已经 50 岁左右的西方知名大学讲师，但他有一次很郁闷地表示自己这辈子不可能有机会晋升副教授了，因为自己的创新性研究不够。在西方知名大学中进行学术研究，如果没有创新性研究，只是搬运或介绍其他人思想的话，那么就只能为教授当秘书，或为编辑百科全书做文字工作等，几乎永无出头之日。同时，西方大学中收入差距也是非常大的，拿到终身教授或院士的知名学者待遇要高过初级教师十多倍。正是在这样的学术激励与强压下才促生了西方学术的创新与繁荣。我们在做学术研究时搬运是必需的，搬运介绍前人的成果只是为了奠定后续创新研究的基础，但单纯的搬运本身却是没有学术创新价值的，做学问真的不能做成"农夫山泉"……

如果想要把中国的哲学做好就必须要将哲学最重要的批判精神纳入到研究中来。一方面做研究不能仅仅停留在对已有思想的解读，另一方面需要抵制盲目崇拜权威的不良风气，需要重新审视、批判历史上学者的研究成果，确立自己独到的思想和理论，从而才能达到真正的创新。

现有的信息哲学存在论是邬焜在 20 世纪 80 年代提出的，已经有 40 年的历史。之后有很多的学者在解读、评价、质疑和使用的角度对信息哲学存在论做出大量的研究。但从来没有对其进行过合理的完善、改造与发展。而本书命名为"新探"，其核心意义就是对现有的邬焜信息哲学存在论进行合理的完善、改造与发展，从而带来了新的信息存在论，也就具有了"新探"的意义和价值。这种"新探"绝不仅仅停留在"对新理论的简单说明、叙述"，而正是从对原有信息哲学存在论的"重新审视与批判"中展开的。

中国需要自己的、新的、承上启下、富有活力与时代气息的哲学思想，同时结合本土哲学思想的精华，融合西方哲学与科学的最新研究成果。这才是我们这一代哲学人应该做的。而本人也将倾注一生投身于中国哲学的创新活动中。

本书是在本人 10 多年来相关研究成果的基础上通过综合建构的进一步深化研究而获得的。

本书的内容框架分为个三部分：序、绪论与第一编；第二编；第三编和第四编。

第一部分包括本书的序、绪论与第一编。这部分内容可以看作本书的一个开篇。绪论部分是信息哲学演化存在论研究的切入点，而本书第一编对于中国信息哲学史的梳理研究则是作为信息哲学演化存在论研究的基础。任何学术研究与其研究的时代背景和学术背景是分不开的，没有近代信息科学相关领域的研究出现就不可能有信息哲学思想。在纵观世界信息科学研究的基础上对于世界信息科学与哲学研究以及辩证唯物主义信息哲学的思想及历史进行深入性的研究和梳理，才有可能在此基础上强化其合理的理论，发现问题并改造问题，并发掘其可继续拓展的思想潜质。信息哲学演化存在论正是在这样的研究背景和思路下被创立出来的。

第二部分是本书的第二编。主要内容是详细阐述信息演化存在论的核心思想，包括重新定义存在（有）、非存在（无）、信息等概念；将按"存在""非存在"领域进行划分；归纳总结"存在"与"非存在"之间的相互转化、整合思想；以及二者相互转化中的若干基本性质。运用整合主义思想将存在与非存在世界进行整合。论述信息演化存在论中的关键概念和思想。单纯的、无比较的新思想是不成功、不完备和空洞的，新的思想需要起到承上启下的作用，需要有超越以往思想的更强大的适应性与解释力，这样才能被称为真正的创新。所以，本书下一个部分就需要运用新的存在论思想重新审视、批判哲学史。

第三部分是本书的第三编与第四编。其内容主要是使用信息演化存在论的理论对哲学史进行比较研究，同时，运用现有信息哲学与信息演化存在论核心思想对相关交叉的科学领域和问题进行拓展研究。从人类哲学的原初开始，系统地梳理、比较、批判、审视以往中国、古代印度、古希腊涉及存在理论的主要哲学相关思想、理论和流派（时间是在巴门尼德之前，内容主要集中在古希腊哲学与先秦哲学）。进而结合中国古代哲学有无之辩的思想，创造并发展有中国特色的有、无（存在、非存在）理论。前文中提到了，需要重新审视、批判历史上学者的研究成果，才能做到真正的创新。而这种重新审视与批判则必然会产生一种全新的解读方式，并且会出现大量的新解读、新理论、新视野。信息哲学的拓展研究具有很大的学术价值与潜力，同时也是对于新理论的延伸、实践以及验证。

本书还使用了以下三种创新性的研究方法。

① 科学哲学化与哲学科学化的研究方法：将科学实证方法与哲学的逻辑思辨通过其系统性关系巧妙融合，使用最新的科学研究成果与理论，作为哲学思辨的素材；同时使用哲学的独特思维视角高度驾驭、改造科学方法与理论，提出新的概念和思想，揭示科学与哲学发展的新视野，促进科学与哲学思想的统一。

② 系统整合集成的研究方法：寻找相似理论的共通点与契合面进行贯通与系统整合，将原本属于系统科学的整合主义方法引入信息哲学存在论，对信息哲学、中国古代"有、无"哲学、系统论、现象学等思想进行整合，构建不同哲学思想与科学思想、存在世界与非存在世界的多方面多维度整合。

③ 抽象与具体、历史与现实、个例分析与演化相统一的全息透视法：我们传递与获取知识其实就是传递与接收信息的过程，要做到信息的保真性就需要信息表达、传输、接收与理解的顺畅。尽量研究一手资料，避免信息内容的畸变、干扰。思想研究从个例分析入手，但也注重信息历史演变脉络、历程。语言通俗但不乏深刻，抽象思考贯通具体示例。拒绝玩弄新概念，使用拗口语句妨碍信息的传递。古文研究在尊重历史的同时也要做到同步现代语翻译，可以使阅读者更明晰，受众更广泛。

在最后，必须要强调一下，当下是中国学术最繁荣的时代，国家崇尚教育、崇尚知识、崇尚科学、崇尚实事求是，本人也为能够身处于这样的历史时期而倍感幸运。只有充分抓住这个机会才是对命运的最好回报，但不应该是在好时代中放纵和享乐，反而我们应该为更好、更文明、更繁荣时代的到来而加倍努力！

这本书是对我们中国自己新时代哲学的发展与创新的一次初尝试，必有诸多不妥之处，希望广大学术研究者与学术爱好者能给本人提出宝贵的意见。哲学需要百花齐放，需要不同的声音，需要热情与创新，需要批判与思辨。本人会非常开心地看到大家的建议与指正，思想的死寂才是真正的悲哀。

邬天启

2021 年 10 月于西安交通大学

目　　录

第二编　信息演化存在论基础理论

第三编　信息哲学存在论视域下东西方存在观的比较思考
——巴门尼德之前

第四编　信息哲学存在论拓展研究

绪　论

信息哲学演化存在论研究的切入点[*]

　　存在概念一直是西方哲学研究的终极概念。Being（existence）始终是西方存在论（Ontology，又译本体论）的核心范畴，实际上也是整个西方认识论的基础。由于，物质①与存在、存在与意识的关系，一直是存在问题争论的核心。所以，在信息演化存在论研究的最开始有必要将存在概念的定义以及其在西方的流变历史简单梳理一下。

一　信息哲学视域下的"Being"与"Existence"

　　在西方哲学史上最早提出存在（Being）概念的是古希腊哲学家巴门尼德（Parmenides，约前515年～前5世纪中叶以后），由于巴门尼德的Being概念既是语言学意义上的"是"，又是存在论意义上的"在"，所以这个存在（Being）概念也经常被翻译为"是"或"是者"。②对"Being"的特殊翻译是为了区别于另一个表示存在的词，就是"Existence"。

　　从词源学上说，古希腊有两个表示存在世界的实义动词：Φυσις 和 εστι。Φυσις 强调从动态的角度来表示存在世界，它来源于动词 Φυω，表

---

　　* 绪论部分内容曾发表于：郜天启：《"存在"概念剖析——信息哲学的全新存在观》，《西安交通大学学报》（社会科学版）2014年第1期，这里有所扩充和改动。该文还参加了首届国际信息哲学研讨会，并作大会报告（2013年10月，西安）。

　　① 物质与能量这两个概念在爱因斯坦的质能方程 $E = mc^2$ 中已经得到了性质上的统一，所以为了方便起见，本书之后所提到的物质概念其实已经涵盖了物质、能量、波、场等概念，特此说明。

　　② 赵敦华：《BEING：当代中国哲学的一个基本问题——从〈BEING与西方哲学传统〉说起》，《江海学刊》2004年第1期。

示无常、无驻、流变、涌现等变化不定的过程。因此，最早的希腊哲学被称为"自然哲学"（Physics），其重要特征之一正是可感世界乃至其本原都具有不确定性。"本原"（Arche）成为自然哲学家关注的焦点，亚里士多德（Aristotle，前 384～前 322）把自然定义为："运动和变化的本原。"所以说"本原"一词也是针对一个不确定的变化的自然世界的追溯。εστι 强调从静态的角度来表示存在世界，本来作为其来源的实义动词 es，指的是生命、活着、存在着，也强调动态，然而，随着"εστι"（on）演变为系动词"是"（to be）及其确定性的名词"存在"（Being）之后，就舍弃了其动态的本义了。

巴门尼德认为可感世界变动不居，根本不可能抓住事物的真相，而不同的自然哲学家往往把不同的某种特殊可感的东西当作世界的本原，由此又带来无休止的争议、混乱与怀疑。于是，他就用"εστι"（on）这个同样表示存在世界的词取代"Φνσις"，以便在确定性中把握住真实的存在。这样，哲学才得以摆脱依赖可感经验的"意见之路"，走上"真理之路"，实现从早期自然哲学到本体论的转变，从此开启形而上学（Meta‐physics）对自然哲学的超越。①

巴门尼德的"Being"概念在提出之始是要追求一个最具解释力、最具普遍性的终极概念，并实现对自然哲学的超越。从这角度来说，西方哲学中的所谓本体论（Ontology）就是对 Being（on）的研究，亚里士多德曾在《形而上学》一书中明确提出了关于本体论的定义。也就是说 Being 本身也可以算是形而上学的代名词，因为它是形而上学的终极研究内容与研究目标。

希腊文中的"Being"取词于"Be"正是借用它不变的意味。"Being"一词来源于希腊语的"是"（Einai）动词。因为在印欧语系中，"是"（to be）可以用作系动词，起到表述作用，比如在"A 是 B"这个句型中，A 与 B 可以根据事实任意替换，使句子成立，但唯独居中的 be 是永远不变的。"是"（to be）又可以单独使用，来表示事物是否存在，

---

① 邓波：《信息本体论何以可能？——关于邬焜信息哲学本体论观念的探讨》，《哲学分析》2015 年第 2 期。

比如英文中的"to be or not to be"①。所以从"Be"的这两个用法出发巴门尼德创造了"Being"这个概念。进而他规定了"Being"的三个最重要的属性。

1. 不生不灭："Being"不产生也不会灭亡，永远保持同样的状态；

2. 连续性："Being"不可分割，全部同一，不多不少；

3. 完满性："Being"是完满的一，静止不动，完全不变。②

"Being"作为世界哲学中最著名的表示世界本原与本质的概念，被哲学史上众多学者所使用和重新阐释。中国的信息哲学提出了独创的存在理论，③ 它是从人类大量自然科学研究成果出发而强调世界演化与流变思想的，所以在理论上更贴近于自然哲学，需要一个概念可以表示世界无常、无驻、流变、涌现等变化不定的过程。这就是为什么信息哲学要使用"Existence"这个存在概念来指向我们的世界而反对使用"Being"表示存在的原因。那么从这个角度来说，信息哲学有责任对存在概念进行富有新时代特色的诠释，同时，也应该对历史上所有类似于"Being"的概念重新做出考量与批判，当然，这也是对于所有形而上学思想的批判。甚至，我们可以从一个全新的角度出发，最终完成形而上学与自然哲学的和解。这也是信息哲学的一个终极目标。

二　存在概念的流变

如前文所述，巴门尼德的"Being"借用"是"这个词的目的只是用来强调存在概念的普遍性，就像借用"一"的概念来强调其唯一性与不变性一样，这种通感的用法就如同道家的"道"和儒家的"诚"一样。

在巴门尼德看来，人们头脑中的印象（现象）、人们语言描述的内容都是与"存在"相对的、不真实的"非存在"。只有那现象界背后的本体世界才是真实的"存在"。所以他这里的存在指的就是存在物，是在思想

---

① 赵敦华：《西方哲学简史》，北京大学出版社 2001 年版，第 19 页。

② 赵敦华：《西方哲学简史》，北京大学出版社 2001 年版，第 20—21 页。

③ 邬焜：《思维是物质信息活动的高级形式》，《兰州大学学生论文辑刊》1981 年第 1 期。

之外的东西，虽然他一再声称"思维与存在是同一的"①。在巴门尼德看来，"存在"具有唯一、不动、不变、不生、不灭特征，"我从这里开始，因为我将重新回到这里"。这里的存在是一个紧密联系的、不可分的"共同体"② 的思想。

追溯历史，其实在更早的古希腊哲学家阿那克西曼德（Anaximander，约前610～前546）那里的"无限"概念已经十分接近于存在概念，只是巴门尼德的 Being 概念解释得更加精练。之后的古希腊哲学家亚里士多德在《形而上学》中提到第一哲学就是以"作为是的是（存在的存在）"为核心问题的哲学。他认为：这门学问的主要工作是规定"真正的存在"的形式标准，然后据此梳理各种事物，确定哪一种是根本的、最能当得上"存在"，哪些是次级的存在。由于"存在"是最普遍的范畴，所以对存在的存在研究就可以找出那个最本原的"一"。亚里士多德认为，存在的存在与数学中"一"的性质具有相似性，他指出，科学总是在研究个别的事物，将存在拆开分别研究各个部分。唯独那个"一"最可以体现存在的普遍性质。这种一元论的思想与中国道家的"道"很相似。但是道家明确了"道"的不可言说的性质。康德也是这样做的。

德国哲学家康德（Immanuel Kant，1724～1804）认识到了作为纯粹问题的"存在的存在"的超验性，他以不可知论的方式将这个问题从认识领域清除了出去。康德认为，存在只有借助于认识主体的感性直观的时空形式才能够呈现出来。他认为拯救形而上学的方法应该是把感性与理性、经验与概念相互结合。在存在论上，康德坚持意识与存在的分裂、认识的表象和物自体的分裂、感性认识和理性认识的分裂、思想和存在的分裂。康德强调的"Being"就是现象，是主体经验中的时空形式。而物自体却不具有时空形式。并且，在康德那里，知性可以有一些具体的内容，而理性的思想却与物自体的存在不可通达。这样的一种形式主义的存在观和认识论哲学在存在与意识之间挖掘了一条不可逾越的鸿沟。

---

① 北京大学哲学系外国哲学史教研室编译：《古希腊罗马哲学》，生活·读书·新知三联书店1957年版，第51页。

② 北京大学哲学系外国哲学史教研室编译：《古希腊罗马哲学》，生活·读书·新知三联书店1957年版，第51页。

他的这样一种哲学也深刻影响了他之后的大批哲人。

德国哲学家黑格尔（Georg Wilhelm Friedrich Hegel，1770～1831）野心勃勃地用绝对精神解释了一切，成为包容一切的存在。他把思想与经验的统一、存在于世界中的绝对精神和人的自觉的理性相统一看作"哲学的最高目的"①。

黑格尔在探讨意识与存在的辩证关系的过程中使二者辩证同一。绝对精神在这里成了最高的存在。但是所谓的绝对精神的解释自身和回归自身的运动使黑格尔的理论最终陷入了无休止的循环当中。

德国思想家、政治学家、哲学家、经济学家、革命理论家、历史学家和社会学家卡尔·海因里希·马克思（Karl Heinrich Marx，1818～1883）批判了黑格尔将具体对象纳入先验逻辑框架的思辨方法，这种思辨将"理念"与"现实"颠倒，理念变成了主体，而现实却成了理念的附属品。所以马克思的"存在"又重新回归到了现实的实体，是一种"现实的存在"，是以人的实践活动为基础的世界的存在，是自然存在、社会存在、人的存在的统一。他更强调存在是人类实践接触到的外部世界，而不是抽象的自然界概念。这种"存在"的定义又一次将存在等同了物质。

德国哲学家马丁·海德格尔（Martin Heidegger，1889～1976）将胡塞尔的现象学方法作为工具，但与他的思想却截然不同。德国哲学家埃德蒙德·古斯塔夫·阿尔布雷希特·胡塞尔（Edmund Gustav Albrecht Husserl，1859～1938）是一个很尊重"科学"的哲学家，他想通过现象学方法先验还原得到"纯粹意识""纯粹自我"，为一切知识提供先验的存在基础。而海德格尔则认为胡塞尔的"纯粹意识"还不够本原，存在比它更原始。"存在"与"存在者"不同。海德格尔在一般抽象的意义上解释"存在"，他认为"存在"没有现实的本质，只是时间的流动，它不可言说，不可定义。但是，他却是"存在者"能够存在的基础和条件，是使"存在者"显现出来的原因、根据、过程和活动。至于"存在者"则是已经现实存在着的显现出来的存在。这样，"存在"仅仅是一种可能

---

① ［德］黑格尔：《小逻辑》，贺麟译，商务印书馆1980年版，第43页。

性的"在"，而"存在者"则是一种现实的"在"。这样，只有"存在者"才是可以言说的，可以定义的。他对以往的哲学把"存在"与"存在者"混为一谈的做法提出了疑问和批判。

现象学方法成为现今最"时髦"的哲学研究方法，以它为基础的哲学是从意象性出发研究问题，悬置外部世界，这种方法带来的问题就是意象性的单向思维形式的局限性和片面性。

邬焜的信息哲学则从传统唯物论的视角重新界定了存在，对存在领域进行了重新划分。新的信息存在论学说构成了中国信息哲学理论的基础。信息哲学的存在论部分是从存在领域的划分开始的。

下面是《信息哲学》中的存在领域划分图（如图0.1）：①

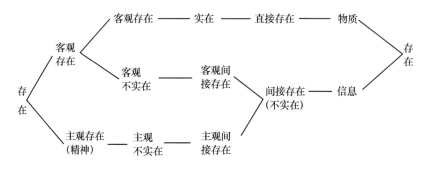

图0.1　存在领域分割图②

从图0.1可以看出与传统哲学中把存在等同于物质不同，信息哲学中的存在包含了物质与信息两大领域，信息则包括了客观信息与主观信息两个部分，而主观信息正是传统意义上的意识（精神）。新的存在划分避免了传统哲学中存在与实在、存在与意识难以区分的关系。

---

① 邬焜：《存在领域的分割》，《科学・辩证法・现代化》1986年第2期。
② 哲学最初为舶来品，因为翻译问题在中国哲学中"精神"与"意识"二词的含义基本相似，经常被混用。但在西方哲学中二词含义有很大的区别。为了与世界话语接轨，本书中对原邬焜发表的信息哲学文献中表达"意识"一词含义的"精神"都进行了相应替换。

三　存在与意识

在巴门尼德那里，存在是意识的对象，意识是存在的反映。意识是依赖于存在的，而不属于存在。从这里可以看出，巴门尼德的存在几乎可以说是唯物论中的物质，意识是属于非存在的范畴，与存在相对立。正是从他这里产生了西方唯物论哲学对于意识不属于存在的传统。

无论是古希腊哲学家柏拉图（Plato，约前 427～前 347）的理念，还是亚里士多德的形而上学中最高的存在都是超越感性世界的，高于人们生活的不再变化的世界，这个世界是现实背后的那个永恒的"一"。这里的存在是超验的，是包含物质与意识这两者的。后来康德用不可知论的态度否定了传统的形而上学，提出了意识与存在无法逾越的认识鸿沟。这里的存在概念依然回到了巴门尼德那里，存在就是实体，就是物质，而意识永远无法通过直接接触来真正认识外部世界，意识虽然与存在有同一性，但意识能认识的永远只有物质实体的"表现"，意识与真实的"事物自身"永远都只是二元的。由于康德所属的时代并没有相关的信息理论，所以无法理解意识是如何借助信息这个中介认识物自体的。中介概念在科学界也是极其重要的，因为世界上任何作用都是需要中介的介入的。信息作为中介将精神和外部物质世界联系了起来，如同鸿沟上的一座桥梁，信息哲学正是借助科学的进步从而也把意识（主观信息）和作为中介的客观信息一起纳入了存在体系，作为间接存在（信息）的存在与直接存在（物质）的存在共同构成了整个存在世界。

黑格尔被称为古典哲学的复兴者，他将绝对精神放在了形而上学的位置，使之成为统一物质和意识的最高存在，并企图用辩证逻辑替代传统逻辑学以达到绝对精神证明其自身的目的，画出了一个完美的圆圈。但因为自身修饰自身是众所周知的一种悖论形式，所以，他貌似完美的哲学体系也只能是一种大胆的思维游戏而已。现今的哲学不仅要指导科学的进步更需要配合科学的步伐，这是哲学和科学共同发展的唯一途径。大胆的设想只能是锻炼思维的一种游戏，像休谟的怀疑主义以及叔本华和尼采的意志哲学都是极其深刻的哲学学说，但有一点，他们的哲学与科学离得越来越远。如果将整个人类比作一个个体的话，伦理学、社会学、美学是人类的头脑，工程与技术则是人类实施行为的两个强大臂膀，主体则是人类生活的各个层面，哲学与科学则像两条腿支撑起了人类种群的整个身体。哲学和科学如果互相排斥，互相指责，最后的结果只有在前行中步调不同，人类将面临摔倒的危险。只有相互协调、相互配合才可以做到让人类走得更远更稳。

胡塞尔和海德格尔的现象学把意识发生的原因归结为意向活动的意向构造，这一理论具有单维度、单极化的简单性特征。这种悬置外部世界的做法无疑又走入了另一个极端。科学是从外部世界研究人类意识，现象学则从人类意识出发，将意象性作为存在的基础。悬置外部世界只会让科学和哲学离得越来越远。信息哲学强调人的认识作为宇宙进化的最高产物的复杂性"涌现"现象，对其发生原因的解读理应在多维度、多极化的综合建构中进行，这些维度最起码应当包括五个方面：客体对象与主体相互作用的维度、主体生理结构的维度、主体认识结构的维度、社会实践物化工具的维度、历史发生学的维度。①

从信息哲学的角度出发重新对存在问题进行探讨，是非常必要的，我们一方面要摆脱巴门尼德简单将存在等于物质的哲学传统，将被其排斥于存在之外的意识（主观信息）和未曾揭示的作为人类认识中介和基础的客观信息纳入到存在范畴；另一方面还要避免像柏拉图、亚里士多德、黑格尔那样在现象世界背后找寻那个不可知的形而上学的最高存在；最后还要在填补康德提出的意识、物质二元鸿沟的基础上避免现象学从意象性出发看待世界的单维度、单极化的简单性特征。存在问题永远是一个经久不衰的最高哲学命题，哲人们对于存在概念的追求是不会停止的。

四 "存在"与"非存在"

巴门尼德提到"存在物存在，非存在不存在"，并反复证明"存在"与"非存在"的对立特性。他认为"非存在"是无法被认识的，

---

① 邬焜、肖锋：《信息哲学的性质意义辩论》，中国社会科学出版社 2013 年版，第 62—66 页。

"非存在"当然也无法言说。但这里就自然出现了一个问题，"非存在"既然是无法被认识的，那么"非存在"这个概念是如何被理解的呢？

当"存在"被定义为物质时，可以说意识属于非存在范畴。当存在被定义为现象背后某些东西的时候，或是理念、形而上学、意志、绝对精神，甚至是上帝时，存在与思想和外部世界达成了统一，但是这种脱离现象的存在又该怎样去证明？相对于经验无法把握的形而上的存在，非存在指的就是我们所生活的形而下的现象世界。这就是佛家所谓的"色即是空"。如果追溯"存在"的本意，在古希腊时期"存在"就应该是结合"在"、"是"和"有"的概念的，"存在"应该包括世界上所有"有"的东西，和"是"、"真的"、不是"假的"的东西，还有在那里的东西。而非存在应该就是"无"，在这个世界上根本没有的东西。"非存在"是可以被理解的，因为就"非存在"作为一个概念来说是存在的，它作为存在的对立面而可以被认识。

从前面的图示可以看出，信息哲学把存在分为直接存在（物质）和间接存在（信息），信息是物质存在方式和状态的自身显示。无论是作为主观信息的意识还是作为认识中介的客观信息，都是依赖于物质而间接存在的。它们没有实在性，但的的确确是有的，是真的，是在那里的。那么我们脑中的任何一个想法、一个概念都可以算是存在。从信息存在这个层面可以想到，由于每一个思想的创新，每一个新的概念和艺术作品都是新的信息，也就是新的存在。所以，存在领域是在不停增减的，尤其在信息层面。质量可以从能量中创生，也可以通过正反相合而转化为能量，信息也具有同样的性质，它可以被创生，也可以被耗散。自然界不存在的新元素和化合物可以被人造合成，同样信息也是每时每刻都在大量创生。可以说之前没有而现在有的都是之前的非存在转化成为存在，之前有的现今湮灭或者流逝掉的，都是存在转化为非存在。只要时间轴在移动，存在与非存在都是在永无休止的相互转化的。存在世界与非存在世界的范围是可以比较的，非存在世界可以说是一切存在的可能演化方式与不可能演化方式的总和，又是所有存在消亡后的最终归宿，可以说是绝对的无限。而存在永远只能是在时间轴上创生与湮灭的一个过客，因为一切的存在终归要归于不存在。这样想来，或许中国哲学中关于无中生有，有终归无的思想还是很有深度的。

综上所述，本书中所提出的"信息演化存在论"正是在信息哲学的基础上从对于"存在"与"非存在"问题的思考开始的。

第一编

中国信息哲学史研究

第 一 章

中国信息哲学诞生的相关背景研究

20 世纪下半叶以来，世界范围内的信息科技革命、信息经济、信息社会的崛起，科学的信息科学化、社会的信息化、信息的社会化的全面发展和进步，集中而强烈地呼唤着一种新的时代哲学——信息哲学的诞生。

第一节 中国信息理论创立的科技革命背景①

信息哲学的研究开始于对人类第三次科学革命的积极成果的哲学概括和升华。而这个第三次科学革命的标志则是复杂信息系统理论学科群的崛起，其实质是一场新的信息科学技术革命。这场新的信息科学技术革命不仅向人们展示了一种全新的世界图景——信息系统复杂综合的世界图景，而且具体建构了一种全新的科学思维方式——信息思维。可以把这次科学技术革命以及学科群的崛起过程大致分为四个阶段。②

一 第三次科学革命的四个阶段

第一阶段是 20 世纪 40 年代到 20 世纪 50 年代初的基础理论创立期。

---

① 本节主要内容曾发表，见邬天启、靳辉《信息哲学在中国的兴起》，《江南大学学报》（人文社会科学版）2010 年第 5 期，当时论文中对于第三次科学革命划分为三个阶段，本节中新增了一个阶段，划分为四个阶段。

② 邬焜：《物质思维·能量思维·信息思维——人类科学思维方式的三次大飞跃》，《学术界》2002 年第 2 期。

发展起来的相关学科主要有：

1. 以遗传基因的发现为标志的分子生物学；

2. 以反还原论的整体主义纲领为标志的一般系统论；

3. 以信息定量传输技术的形成为标志的通信信息论；

4. 以动态系统在环境条件改变下如何保持平衡状态或稳定状态的控制论。

正是这些学科的突破性研究奠定了复杂信息系统科学的基础理论。这一时期的研究，不仅把诞生于 19 世纪中叶的物理熵理论和生命科学、控制论和通信论中的信息理论统一了起来，而且还把与之相关的理论应用和推广到了更为广泛的科学研究领域。诸如，通信的信息熵理论、生命的信息遗传理论、信息反馈控制的负熵理论，以及突现整体性科学纲领的系统主义的科学观，等等，都是这一时期涌现出的新观念、新理论的代表。

第二阶段是 20 世纪 60 年代末到 20 世纪 80 年代初的复杂信息系统自组织理论发展期。发展起来的相关学科主要有：

1. 从物理和化学领域发展起来的阐释有序结构生成过程的耗散结构论；

2. 将物种演化思想引入自组织系统的演化路径论；

3. 阐释协同系统从无序到有序的演化规律的协同学；

4. 关于生命起源和进化机制的超循环理论；

5. 数学学科中最先出现，可以被用来认识和预测复杂系统行为的突变论等。

正是这一时期的发展把熵和信息的理论拓展到了对事物进化过程和机制的研究，把研究的视角关注到了如下一些方面：

1. 系统对环境的开放性，内部运作机制的非平衡性、非线性；

2. 演化过程的非连续性、突变性；

3. 层次跃迁的涌现性；

4. 演化时间的不可逆性；

5. 质变临界点上的偶然性涨落的选择作用所呈现出的事物进化方向的不确定性和分叉性；

6. 相应信息密码子的偶然生成、遍历性建构、量的扩张的自复制，以及复制错误的变异和相关模式的复杂化重组。

正是这样的一些相关观点、理论和方法具体构建了关于信息系统通过自组织进化形成和发展其有序结构的一般机制和过程的理论。

第三阶段是 20 世纪 70 年代中期到 20 世纪 90 年代的复杂信息系统理论研究期，这一时期所创立的主要学科包括：

1. 揭示空间复杂性的分形几何学；

2. 揭示系统进化演化的方向、可能归宿和极限的混沌理论；

3. 揭示事物普遍联系的方式和结果的全息理论；

4. 揭示微观世界复杂建构方式的具体机制的纳米科学、量子信息科学；

5. 揭示和模拟人的认识的本质、具体过程和机制的认知科学、虚拟现实科学和人工智能科学；

6. 专门针对复杂信息系统进行研究的相关理论。①

这个时期的科学理论研究为科学理论与技术、工程的实现铺设了道路，使信息系统复杂性思想的研究成果可以进一步指导人类的技术创新以及工程实现。

第四阶段是 20 世纪末到 21 世纪初至今的复杂信息系统理论的进一步整合研究深入期。这一时期所创立或有突破性研究成果的主要学科包括：

1. 关于基因表达的可遗传变化的表现遗传学；

2. 以复杂系统论和分形几何学为基础的普适标度律理论；

3. 由复杂系统论和数学中的突变理论等学科发展而来的涌现理论；

4. 由认知科学、神经科学与人工智能科学等学科发展而来的脑机融合脑科学；

5. 由量子科学与计算机科学等学科发展而来的量子计算机科学；

6. 由信息科学与系统科学等学科发展而来的信息圈理论；

7. 由分子生物学、微生物科学、生态学等学科发展而来的微生物生

---

① 邬焜、李佩琼：《科学革命：科学世界图景和科学思维方式的变革》，《中国人民大学学报》2008 年第 3 期。

态学；

8. 由信息科学与生态学等学科发展而来的信息生态学等。

这个时期的科学理论研究特点在于多学科在技术、工程层面的交叉整合研究，针对相应的技术、工程领域出现了相应的基础科学研究方向与新的学科。这为科学成果的快速技术、工程性转化提供了更快捷的途径。

二 第三次科学革命所引起的第三次技术革命

从第三次科学革命的四个阶段来看，科学理论向技术的转化在前两个阶段并不明显，尤其以第四阶段的转化最为突出，甚至为了技术、工程转化而针对性设立了基础科学交叉研究方向。此次技术革命中的每项新兴的技术都是从之前科学革命中新兴的科学理论中延伸而来。

首先，这次革命中所有的新技术都离不开建立在信息技术、工程之上的微电子技术、纳米传感器技术及其相关的计算机工程。这个领域的发展所带来的巨大算力可以帮助解决各项新技术所需要的庞大信息处理需求。互联网技术、专业软件技术、大数据技术等也都是建立在不断更新的计算机硬件基础上的。不仅仅是技术与工程领域，包括如今的科学研究在没有以计算机为代表的信息处理器的帮助下都几乎是寸步难行。而就在这次技术革命中，还出现以纳米科学技术、量子信息科学、脑科学、石墨烯技术、人工神经网络技术等为基础，从多个方向上研制的具有更高算力的新型计算机。比如：量子计算机、神经计算机等。同时，这个领域的发展也可以理解为人工智能技术的发展。

纵观这次技术革命中的大量新技术。一方面，它们的出现都是建立在计算机信息处理技术之上的；另一方面，它们的本质都与信息紧密相连。以其中几个大的方向来讨论：

1. 微电子技术及其相关工程及应用给人类带来的主要是信息收集、处理速度与方式的革命；

2. 信息分析模拟技术、信息预测技术、生态恢复维持技术等在本质上就是人类信息预测及参与能力的革命；

3. 空间技术（包括空间遥感、空间运输、空间控制和制导技术、卫星通信技术）、多媒体技术、互联网技术、大数据技术等给人类带来的主要是信息创制和传播方式的革命；

4. 生物工程、基因编辑、脑机融合技术和人类增强技术对应的则是生物遗传、生物结构和微电子工程的信息整合、重组革命；

5. 现代医学技术、遗传改造技术、人体内生物菌群调节技术、疫苗技术、健康学及营养学技术对应的则是对人体内整体信息改造、调节能力的革命；

6. 纳米技术、量子技术侧重的是微观物质信息结构的破译、拼接、重组、排布和利用方面的革命；

7. 虚拟现实技术在本质上是一种对信息环境和信息感知的虚拟能力的革命；

8. 新（清洁）能源、新材料、信息传输工程（网络、电力等）和海洋工程等方面的技术变革是人类对于物质结构信息、自然演化信息、信息生态圈认识以及利用的革命。并且这类变革还能够为上述信息处理和传播方面的变革提供基础性的支持，或者是充分利用信息技术革命的成果所开辟出新的领域。

但同时，就第三次技术革命所涵盖的学科以及现今发展的程度来看，它们在极大的程度上都还只是关于信息获取、信息处理和信息传播的一些具体技术领域，截至目前我们仍未看到第三次科学技术革命终结的迹象。可以预测的是，智能化与意识化的人工智能技术的达成将会成为此次信息技术革命的最高级阶段，也是此次科学技术革命的完成阶段和最终阶段。到那时将会迎来人类第四次科学技术革命，也将是人类、人机融合体与人造智慧体三者共同迎来的一次科学—技术—工程—伦理革命。

三　第三次科学技术与信息哲学的关系

作为一个持续推进和发展的过程。第三次科学技术革命无论在涉及学科领域的范围和规模上，还是在科学思想的创新力度上都远远超过了前两次科学技术革命。

新的科学技术革命的领域虽然很多，但是，新的科学技术革命的核心和实质却只有一个，那就是信息科学与技术的发展。信息科学技术是一个十分宽泛的领域，它包括人类所有的与信息获取、信息储存、信息认识、信息处理、信息创造和信息传播相关的科学技术领域。就第三次科学革命兴起的四个阶段所涉及的学科来看，它们都可以在信息系统科学基础理论、信息系统科学自组织演化理论，以及复杂信息系统研究理论的范围里统一起来。而这样一些理论的实质则正是对信息系统的构成和演化的方式和过程的认识，正是对事物的信息系统本性的认识。

信息获取、信息储存、信息认识、信息处理和信息传播方式的变革是新的科学技术革命的实质和核心，是一场真实意义的信息科学技术革命。信息科学技术革命给人类带来的不仅仅是科学技术上的进步，而且是社会的全面信息化的进化，这种进化导致了生产方式、生活方式、认识方式上的极为深刻的变革。智能科学和人工智能技术所可能带来的人类生产和生活的全面信息化、自动化、智能化的发展前景，更是为人类进一步进入智能化社会发展的新阶段开辟了广阔的前景。

信息科技革命给人类社会带来的最为基础性的变革便是社会经济结构的改变。随着计算机技术的微型化和网络化的发展，随着生命科学技术、纳米科学技术、量子信息科学技术、智能科学技术的不断发展和渐次融合，一类新兴的产业——信息业，在世界范围内迅速崛起。其发端的源头可一直追溯到 20 世纪中叶，尤其是自 20 世纪 80 年代末到 21 世纪之后，在不断涌现和深入发展着的全新信息科学技术面前，人类信息业的发展更进一步促使人类的经济活动全面地走上了信息化、自动化和智能化的高级发展阶段。

正是由于信息这个新兴的概念被科学界发现并推崇之后，信息哲学理论的提出和研究才有了可能。所以可以说，信息科学的相关研究成果是信息哲学的理论基础。没有第三次科学革命就不可能有现今的信息哲学。信息哲学的研究不可能是孤立的，是无法跳过信息科学的；同理，哲学研究是无法跳过科学研究成果的，科学研究的革命必然同时会带来哲学研究的革命；同时，哲学研究的成果也会推动科学研究的进步。哲学与科学不可割裂，相辅相成，互不可少，共同进步，相互影响，内在统一。

第二节　通信信息论、控制论的创立与科学
信息概念的提出

信息世界第一次被作为一个科学对象进行系统研究需要从通信信息论的提出开始。美国应用数学家克劳德·艾尔伍德·香农（Claude Elwood Shannon，1916~2001）[①] 作为通信信息论的奠基人之一，他与同为美国数学家的威弗尔（Warren Weaver，1894~1978）[②] 一起提出了通信的数学理论。他们继承了瑞典裔美国物理学家奈奎斯特（Harry Nyquist，1889~1976）[③][④] 和美国电子学研究人员哈特莱（Ralph Hartley，1888~1970）[⑤] 的先驱工作，发展了通信的一般数学理论。在此之后又相继发展起了语法（结构的、形式的）信息论、语义（意义的、内容的）信息论和语用（价值的、效应的）信息论。[⑥]香农还与英国统计学家、演化生物学家、遗传学家罗纳德·艾尔默·费希尔（Ronald. A. Fisher，1890~1962）从统计学角度提出了语法信息量化的方法。[⑦]

一　香农的信息概念

香农的通信的数学理论（MTC）为技术问题提供了一个一般理论。也正是因为香农创立了信息论，信息这个科学上崛起的新概念才开始在

---

① C. Shannon，"A Mathematical Theory of Communication"，*The Bell System Technical Journal*，Vol. 27，No. 3（July 1948），pp. 379 – 423.

② C. Shannon and W. Weaver，*The Mathematical Theory of Communication*，Urbana：The University of Illinois Press，1964.

③ H. Nyquist，"Certain factors affecting Telegraph Speed"，*Transactions of the American Institute of Electrical Engineers*，Vol. XLIII（January – December 1924），pp. 412 – 422.

④ H. Nyquist，"Certain Topics in Transmission Theory"，*A. I. E. E.*，Trans，No. 24，1928，p. 617.

⑤ R. Hartley，"Transmission of Information"，*Bell System Technical Journal*，Vol. 7，No. 3（July 1928），pp. 535 – 563.

⑥ 周理乾：《西方信息研究进路述评》，《自然辩证法通信》2017 年第 1 期。

⑦ A. N. Kolmogorov，"Three Approaches to the Quantitative Definition of Information"，*Problems of information transmission*，Vol. 1，No. 1（1965），pp. 3 – 11.

科学界得以繁荣起来，所以，MTC 应该被作为信息研究探索的起点。北京大学的闫学杉（1957 ~ 　 ）教授认为信息论被创立之初，信息这个概念就有了出现最早、流传最广的三种含义：

> 1. 信息是消除了的不定性；
> 2. 信息是用来消除随机不定性的东西；
> 3. 信息是消除了的不定性，或对各种变化的反映。①

从这些定义可以看出，最初，信息的概念被归纳得非常狭窄。可以说这些定义直接将信息等同于了消息，从而消灭了信息的独立特性。

1952 年，美国心理学家查尔斯·奥斯古德（Charles Egerton Osgood，1916 ~ 1991）提出了"选择点"概念，提出消息所携带的信息内容应该是不可完全预测的事物：②

> 通信序列不断地将传送者带到所谓的"选择点"上——这些点的下一个技术序列不能由客观的通信产物自身所高度预测。"我最好不要洗衣服"对"似乎今天要下雨"的依赖，消息的内容，反映了在选择点上有效地"承载"了转换可能性的语义系统中的决定因素。

由此可见，很多学者也都开始发现将信息简单解释为消息是欠思考的，有问题的。

1997 年，德国生物学家、哲学家、信息理论家汤姆·特德·斯托尼尔（TomStonier，1927 ~ 1999）对把"信息"理解成"讯息或消息"的理

---

① 闫学杉：《信息科学：概念、体系与展望》，科学出版社 2016 年版，第 30 页。
② C. E. Osgood, "The Nature and Measurement of Meaning", *Psychological Bulletin*, Vol. 9, No. 3 (1952), pp. 197 – 237.

论提出了强烈批评：①②

> 信息存在是不容否定的事实——它的存在不需要被感知；它的存在不需要被理解；它的存在不需要任何情报去解释；它的存在不需要任何意义；它就是存在着。
>
> 信息是与物质、能量同等地位的，宇宙的一种属性。
>
> 信息是原材料，在对信息进行处理时，它可以产生出讯息。

很多学者也都认为信息概念应该在与物质、能量等概念平等的位置上讨论，信息应该具有更普遍的概念。消息与讯息只能是信息中非常小的一个部分，信息的范围要大得多，它是存在的一个方面，是宇宙的一种属性。

二 信息的反映与形式论

荷兰哲学家科妮莉亚·乔安娜（Cornelia Johanna De Vogel，1905 ~ 1986）就曾从认识论层面对古希腊哲学中的信息概念进行了研究。③ 她曾经强调，在古典文献中，就存在这样的一些对"信息"（Information）一词的使用方法，但与现今的"信息"含义有很大的区别。比如，当我认出一匹马时，马的"形式"就会根植在我的脑海中。这个过程就是我对马的本性的"Information"。这里的"Information"意思是认识过程；教学行为也可以被称为学生的"Information"。④ 这里的"Information"意思是：学习过程。同样地，我们也可以说艺术家是通过"处理 Information"（进行塑造过程）用一块大理石来创造雕塑的，艺术家的任务是赋予雕像

---

① T. Stonier, "Towards a new theory of information", *Telecommunications Policy*, Vol. 10, No. 4 (December 1986), pp. 278 – 281. https：//www. sciencedirect. com/science/article/abs/pii/0308596186900418.

② T. Stonier, *Information and Meaning*：*An Evolutionary Perspective*, London：Spinger – Verlag, 1997, p. 5.

③ C. J. De Vogel, Plato：*De filosoof van het transcendente*, Baarn：Het Wereldvenster, 1968.

④ Information ［EB /OL］. ［2018 – 12 – 14］. https：//plato. stanford. edu/entries/information/#LogiSemaInfo.

以"*Information*"。① 这里的"Information"意思是：塑造过程。在18世纪的著名小说《鲁滨孙漂流记》中，鲁滨孙·克鲁索就把对仆人星期五的教育过程称为他的"Information"。② 这里的"Information"意思是：教育（学习）过程。

1732年，爱尔兰哲学家乔治·伯克利（George Berkeley，1685～1753）也在这个意义上使用了"Information"一词："我喜欢所有关于'Information'的学科，尤其是那些最重要的。"③ 由此可以看出，在西方古典哲学传统中，"信息"（Information）一词本身就来源于"形式"（Form）一词，是对于其认识过程的描述。所以在当时"信息"（Information）一词并不是像如今作为名词使用，而是被作为动词或形容词来使用的，其含义是被作为一种"面向对象形式的认识、把握、塑造过程"来理解。从信息一词的构词方式来看，Information 一词由三部分组成，即In - forma - tion，意思为：使置于 - forma（form 的变形）- 的动作、行为。所以说，在拉丁语系，信息一词本身就是发源于形式一词，无论是从词源还是从含义上都是有其历史发展和继承关系的脉络可寻的。

1960年，法国哲学家吉尔伯特·西蒙栋（Gilbert Simondon，1924～1989）在法国哲学学会会议（Session of the Société française de philosophie）上发表了一篇关于亚里士多德"形式""潜能"与信息内涵的论文。西蒙栋在1958年组织了一个生命小组来研究相关哲学问题，其中有法国哲学家保罗·利科（Paul Ricoeur，1913～2005）和让·依波利特（Jean Hyppolite，1907～1968）等人。会议上，西蒙栋重新定义了信息（Information）、形式（Form）、转换操作（Transductive Operation）等概念，质疑了控制论和信息论中的信息概念，并提出信息概念需要被扩展和精练，

---

① R. Capurro and H. Birger，"The concept of information"，*Annual Review of Information Science and Technology*，Vol. 37，No. 1（2003），pp. 343 – 411.

② D. Defoe，*The life and strange surprising adventures of Robinson Crusoe of York*，Web publishing，1719，p. 216. http：//www. pierre - marteau. com/editions/1719 - robinson - crusoe. html.

③ G. Berkeley，*Alciphron：or the minute philosopher*，Edinburgh：Thomas Nelson，1948，p. 57.

以具有更强大的解释力。① 西蒙栋关于信息的研究是从亚里士多德的形质复合论开始的，并希望将信息理论引入生命个体化的过程中。他认为，信息是运动、流变、交换，并作用于包含着潜能的个体系统中，从而能够涌现出一种个体化的形式。②

1968 年，苏联航天科学家，社会学家乌尔苏尔 А. Д（Урсул Аркадий Дмитриевич，1936 ~　）提出：

> 信息不仅是反映的内容和形式，也是反映过程的内容和形式。③

苏联对于信息的相关研究也很早。数学家柯尔莫哥洛夫（Андрей Николаевич Колмогоров，1903 ~ 1987）提出了柯尔莫哥洛夫复杂性概念，并把信息视为一个暂时消除了的复杂性，并奠定了算法信息论。④ 世界上第一部图书馆信息学方面的《信息学原理》是 1965 年在当时的苏联使用俄语写成的。⑤而 1970 年第一部《信息科学导论》才在美国问世。⑥前文中乌尔苏尔曾提到信息是一种形式，1959 年，德国物理学家、哲学家卡尔·弗里德里希·冯·魏茨泽克（Carl von Weizsäcker，1912 ~ 2007）在他的《语言与信息》⑦ 一文中也提到了"形式"这一概念：

> 今天，我们习惯于认为信息是不同于物质与意识的某物，但是事实上，我们不过是在新的地方发现了一个古老的真理。以这种方式出现的柏拉图的"eidos"和亚里士多德的"form"（形式），这也

---

① G. Simondon and A. Iliadis, "Form, Information, and Potentials", *Philosophy Today*, Vol. 63, No. 3 (Summer 2019), pp. 571 – 583.

② G. Simondon, "The position of the problem of ontogenesis", *Parrhesia*, Vol. 7, No. 1 (2009), pp. 4 – 16.

③ ［苏联］乌尔苏尔 А. Д：《认识论和逻辑学中的信息方法》，何以常译，上海人民出版社 1974 年版，第 17 页。

④ A. N. Kolmogorov, "Three Approaches to the Definition of the Quantity of Information", *Problems of information Transmission*, Vol. 1, No. 1 (1965), pp. 3 – 11.

⑤ 闫学杉：《信息科学：概念、体系与展望》，科学出版社 2016 年版，"前言"，第 2 页。

⑥ T. Saracevic, et al., *Introduction to Information Science*, New York：R. R. Bowker, 1970.

⑦ C. V. Weizsäcker, *Die Einheit der Natur*, Munich：DTV, 1974, p. 121.

正是二十世纪的人们猜出其意义的方式。

2006 年，卡尔又提出：信息是由两个类别组成的：

　　信息是一种形式（完形）计量。
　　1. 信息只是被理解的部分；
　　2. 信息只是那些产生信息的部分。①②

由于亚里士多德所提出的形式概念的基本含义与模式、模型、结构、组织、关系等相近、相似且相通，英文中表述的词根"Form"也和现代信息科学中的信息（Informatio）概念的词根一致，所以信息的形式说可以一直追溯到古希腊哲学。

三　维纳的信息概念与负熵

信息论的另一位奠基人是美国数学家诺伯特·维纳（Norbert Wiener，1894～1964）。他在香农发表《通信的数学理论》的同年发表了他的《控制论》一书，并从他创立控制论的角度出发独立于香农对信息下了定义并提出了著名的言论：③

　　　　信息就是信息，既不是物质，也不是能量……

这个对于信息概念的界定，最难能可贵的地方就是凸显出了信息区别于物质、能量的独特存在地位。邬焜的信息哲学就是从对于这句话的思索而展开的。维纳在《人有人的用处：控制论与社会》一书中还提出了一个信息的定义：④

---

① C. V. Weizsäcker, *The Structure of Physics*, Dordrecht：Springer, 2006.

② C. V. Weizsäcker, *Die Einheit der Natur*, München：Deutscher Taschenbuch Verlag, 1982.

③ N. Wiener, *Cybernetics or communication and control in the animal and the machine* (2nd. Ed.), Cambridge：MIT Press, Original 1948, reissued 1961, p. 133.

④ ［美］诺伯特·维纳：《维纳著作选》，钟初译，上海译文出版社 1978 年版，第 4 页。

信息是我们适应外部世界，并且使这种适应为外部世界所感受到的过程中，同外部世界进行交换的内容的名称。

这个定义将信息解释为"交换的内容"，至少出发点是正确的，与维纳提出的信息不是物质的理念一致。但还只是将信息的内容局限于了人类与外部世界之间，缺乏对人类自身内部，自然与自然之间的信息问题的考量，这样认识事物的局限性会将人与自然割裂开来。

在科学界一个非常著名和最早的信息定义之一就是"负熵"。最早是香农提出的信息概念，与熵的关系非常密切。因为熵越高，答案的不确定性就会越大，而人能接收到的信息量就会越少。[1] 奥地利物理学家薛定锷（Erwin Schrödinger，1887~1961）1943 年提出的"生命赖负熵为生"的理论。

于是负熵这个概念就由薛定谔"生命赖负熵为生"的观点推演而出。[2][3]

信息的负熵概念一经提出，就得到许多学者的广泛关注。这个概念简洁、抽象、适用性广的优点被众多学者所推崇。所以，负熵概念已成为现今国际学术界用得最多的信息定义。但这个概念也有其硬伤，它无法涵盖到所有的信息现象。[4]

第三节　信息概念的最大误区——信息就是知识

很多关于信息研究都将信息内涵与知识联系在一起，甚至直接将信

---

[1] S. N. Salthe：A Definition of Information，http：//fis. icts. sbg. ac. at/mailings/1312. tml [2009 – 6 – 11].

[2] E. Schrödinger, *What is Life? The Physical Aspect of the Living Cell*，Cambridge：Cambridge University Press，1944.

[3] 闫学杉：《信息科学：概念、体系与展望》，科学出版社 2016 年版，第 31 页。

[4] Kun Wu, Qiong Nan and Tianqi Wu, Philosophical Analysis of the Meaning and Nature of Entropy and Negative Entropy Theories, *Complexity*，Vol. 2020，No. 8（2020）.

息解释为知识。这种对信息的解释影响面很广，持续时间也很长，至今还有很多学者依然在使用类似的对于信息的解释。这种对于信息概念的歪曲理解是人本主义的体现，信息哲学对于这种狭隘的理解早就做出了批判，在《生态文明的一般价值论基础》①一文中就批判了价值论的人本倾向。

一 图书馆信息学中的信息概念

图书馆信息学是信息科学研究中最早的学派之一。而图书馆信息学中对于信息概念最常见的解释就是：信息就是一种知识。

1980 年，英国统计学家和信息学家伯特伦·克劳德·布鲁克斯（Bertram C. Brookes，1910～1991）就提出：

信息是一些零碎的知识。②

1991 年，英国教育家迈克尔·巴克兰（Michael Keeble Buckland，1941～　）也认为：

信息这个词可以和知识作为同义词来使用。③

1992 年，美国自组织理论家布鲁斯·米切尔·科古特（Bruce Mitchel Kogut，1953～　）和瑞典自组织理论家乌多·赞德尔（Udo Zander，1959～　）进一步提出：

信息是在传播过程中其完整性还未损失的知识。④

①　邬天启：《生态文明的一般价值论基础》，《自然辩证法研究》2014 年第 7 期。
②　B. C. Brooks，"The Foundations of Information Science，Part I，Philosophical Aspects"，*Journal of Information*，Vol. 2，No. 3 - 4（June，1980），pp. 125 - 133.
③　M. Buckland，*Information and Information Systems*，New York Praeger，1991，p. 10.
④　B. Kogut and U. Zander，"Knowledge of the Firm：Combinative Capabilities，and the Replication of Technology"，*Organization Science*，Vol. 3，No. 3（1992），pp. 383 - 397.

　　1996 年，经济合作与发展组织发表了题为《以知识为基础的经济》的 1996 年度报告，其中是从图书馆信息学的角度对于知识进行了分类。报告认为："知识的概念比信息要宽得多。信息一般是最接近市场商品或适合于经济生产函数的经济资源的知识类型。其他类型的知识，尤其是沉默的知识，比较难于归类和量度。"①

　　该报告在此基础上区分了两类知识：一类是易于归类和量度的知识（称归类知识），信息就属于这类知识；另一类是难于归类和量度的知识（称沉默知识），这一部分是信息所不能包括的。在认同这些观点的基础上，某些学者则进一步认为，只有当知识被编码之后才会转化为信息。

　　2001 年，美国计算机科学家、哲学家乔恩·迈克尔·邓恩（Dunn，John Michael，1941～　）也提出：

　　　　信息是当一个人失去信仰、理由和真理时所剩下的知识。②

　　在这个信息定义中显然就是把信息定义为将"信仰、理由和真理"这些默认知识排除掉后所剩的知识。

　　显然，上述观点是把信息概念和信息归类和量度的概念混同起来了，并且用后者代替前者。这一观点不仅无视现代信息科学的发展已经取得的相关成果，而且也违背了现代科学对世界构成要素的基本看法。③

二　信息经济学派和信息社会学派中的信息概念

　　信息经济学派和信息社会学派也是信息科学中最早被研究的方向之一。在这两个学派中也经常将信息理解为知识。1949 年，被称为"计量

---

　　① 《以知识为基础的经济——经济合作与发展组织 1996 年年度报告》，《中国工商管理研究》1998 年第 7 期。

　　② D. Jon Michael, "The Concept of Information and the Development of Modern Logic", in *Zwischen traditioneller und moderner Logik: Nichtklassische Ansatze (Non - classical Approaches in the Transition from Traditional to Modern Logic)*, Werner Stelzner and Manfred Stöckler (eds.), Paderborn: Mentis, 2001, pp. 423 – 447.

　　③ 矫煜煜：《试论知识和信息的关系——从经济合作与发展组织报告的相关论述谈起》，《情报杂志》2003 年第 8 期。

经济学之父"的美国经济学家雅各布·马尔萨克（Jacob Marschak，1898 ~1977）在《美国经济评论》上发表《完全与不完全信息条件下流动性的作用》① 一文，第一次提出"信息度"问题，并以他所提出的信息度量标准讨论各种信息形式下资产的流动性和需求流动性等经济问题。1959 年，雅各布·马尔萨克在他发表的《信息经济学评论》② 一文中最早提出了"信息经济学"概念。

美国经济学家威廉·鲍莫尔（William J. Baumol，1922 ~ 2017）在 20 世纪 50 年代初期就注意到了信息在企业竞争中具有特殊的意义。③ 1960 年，计算机科学家和心理学家赫伯特·亚历山大·西蒙（Herbert Alexander Simon，1916 ~2001）在《管理决策新科学》④中认为，信息技术的进步导致美国就业结构发生了重大的变革。1977 年，美国科技企业家马克·尤里·波拉特（Marc Uri Porat）出版了《信息经济》的 9 卷本⑤。

美国未来学家、社会思想家阿尔温·托夫勒（Alvin Toffler，1928 ~ 2016）在他的未来三部曲⑥⑦⑧中提出了"超工业社会""信息社会文明时代""后大烟囱社会""超级信息符号经济""知识：一种符号财富""知识经济""以知识为基础的经济"等概念，并预言：随着西方社会进入信息时代，社会的主宰力量将由金钱转向知识。

---

① J. Marschak, "Role of liquidity under complete and incomplete information", *The American Economic Review*, Vol. 39, No. 3 (May 1949), pp. 182 – 195.

② J. Marschak, *Remarks on the Economics of Information*, Berkeley: University of California Printing Department, 1960, pp. 79 – 98. https://econpapers. repec. org/paper/cwlcwldpp/70. htm.

③ W. J. Baumol, "The History of Economic Thought Website", https://www. hetwebsite. net/het/profiles/baumol. htm.

④ ［美］赫伯特·亚历山大·西蒙：《管理决策新科学》，李柱流、汤俊澄译，中国社会科学出版社 1982 年版。

⑤ M. U. Porat and M. R. Rubin, *The information economy*, Ann Arbor: University of Michigan Library, 1977.

⑥ ［美］阿尔温·托夫勒：《未来的冲击》，秦麟征、肖俊明等译，贵州人民出版社 1985 年版。

⑦ ［美］阿尔温·托夫勒：《第三次浪潮》，朱志焱、潘琪、张焱译，生活·读书·新知三联书店 1983 年版。

⑧ ［美］阿尔温·托夫勒：《权力的转移》，刘江、陈方明、张毅军、赵子健译，中共中央党校出版社 1991 年版。

　　1985 年，日本的堺屋太一（1936～2019）出版了《知识价值革命》①一书，提出了"知识社会""知识价值社会""知识价值产业""知识价值产品"等概念。

　　信息社会是一个被很早关注的议题。1963 年，日本学者梅棹忠夫（1920～2010）发表论文《信息产业论》，并在文中首次提出"信息社会"的概念。

　　美国社会学家、思想家丹尼尔·贝尔（Daniel Bell，1919～2011）引领了"信息社会""信息革命""信息时代"等术语的使用，强调信息在后工业社会中的重要位置。他的《后工业社会的来临》②一书影响广泛。但他几乎就是将"知识社会"换个"信息社会"的提法而已。他提出：

　　　　后工业社会就像知识社会一样，（因为）革新日益来源于研究和发展（并更直接，因为理论知识的核心作用，直接导致科学和技术产生新的联系）。③

　　　　竞争中需要考虑的因素，既不是体力，也不是能源，而是信息。④

　　而美国未来学家约翰·奈斯比特（John Naisbitt，1928～　）则在他的《大趋势——改变我们生活的十个新趋向》⑤一书中提到贝尔所说的"后工业社会"就是"信息社会"。从 10 个方面论述了美国社会发展趋势。他把"从工业社会到信息社会"看作这十大发展趋势之首。

　　西班牙社会学家马努埃尔·卡斯特尔斯（Manuel Castells，1942～　）

---

　　①　［日］堺屋太一：《知识价值革命》，金泰相译，东方出版社 1986 年版。

　　②　［美］丹尼尔·贝尔：《后工业社会的来临》，高铦、王宏周、魏章玲译，新华出版社 1997 年版。

　　③　D. Bell, *The Coming of POST – Industrial Society：A Venture in Social Forecasting*, Harmondsworth：Penguin, 1973, p. 212.

　　④　D. Bell, *The Coming of POST – Industrial Society：A Venture in SocialForecasting*, Harmondsworth：Penguin, 1973, pp. 126 – 127.

　　⑤　［美］约翰·奈斯比特：《大趋势——改变我们生活的十个新趋向》，孙道章等译，新华出版社 1984 年版。

出版了一部三卷本的《信息时代》，提出了"信息化""信息资本主义""信息主义""网络社会"等术语，①并提出了他的"信息化社会"观。②他提出：

> 我们不是在一个信息社会……我们是在一个网络社会//（这是）社会的基本的、形态上的转变。③

从这些学者的研究中我们可以发现，信息社会学派中对于信息、知识、后工业、网络这些概念在认识上是混乱的。缺乏一个准确的定义，并且出现很多模棱两可、似是而非的论断。从这个角度来看，整合各个学科中的信息概念，开创一种信息大统一理论是多么的重要。而这个大统一的信息理论建设只能是依靠哲学，因为只有哲学无论是从思想深度还是广度都在科学之上。所以也只有在科学之上的哲学才有可能整合科学各个学科中的信息概念，才有可能提出更为普适的信息理论。

三 从知识价值延伸出的信息价值论

既然将信息解释为知识，于是最容易联系到的就是知识的价值。不难想象，这些理论中的价值概念同样是人本主义的。社会学研究中发现信息价值的重要性，于是信息有时就直接被解释为价值、资源或商品。

1982 年，美国媒体评论家、社会学家赫伯特·席勒（Hebert Schiller，1919~2000）从信息的社会价值层面研究信息。他就提出了将信息作为商品的概念：

> 如今信息雷同商品，就像牙膏、早餐荞麦食品以及汽车一样，

---

① M. Castells, *The Rise of the Network Society. Vol.* 1 *of The Information Age: Economy, Society and Culture*, Oxford: Blackwell, 1996, p. 17.

② [美] 曼纽尔·卡斯泰尔：《网络社会的崛起》，夏铸九、王志宏等译，社会科学文献出版社 2003 年版，第 249—252 页。

③ M. Castells, *The Rise of the Network Society. Vol.* 1 *of The Information Age: Economy, Society and Culture*, Oxford: Blackwell, 1996, p. 17.

被越来越多地购买和出售。①

1989 年，美国得克萨斯农工大学教授布拉曼（Sandra Braman）提出的信息的四种功能中就全面、明显地反映了信息被狭隘解释的问题：

1. 信息作为一种资源；
2. 信息作为一种商品；
3. 信息作为一种感知模式；
4. 信息作为一种社会构成力量。②

1997 年，美国北卡罗来纳大学的罗伯特·M. 洛泽（Robert M. Losee）提出：

信息是由所有过程产生的，它是在信息过程中输出的具有特性的价值。
信息是过程输出的特征。③

一部分信息在一定前提条件下的确可以作为一种资源或商品，而信息价值也必然是信息理论研究中无法忽视的一个重要问题。但从信息知识论推演出的信息价值仅仅是将信息概念与已有的知识价值论的简单比附而已，其实并没有真正体现出信息相比知识所具有的独特品格。

四　对于信息即知识理论的反驳

当将信息理解为知识的狭隘理论盛行时，世界上也出现了大量不同

---

① A. R. Schiller and H. I. Schiller, "Who can own what America knows?" *The Nation*, Vol. 17 (1982).

② S. Braman, "Defining Information: An Approach for Policymakers", *Telecommunications Policy*, Vol. 13, No. 3 (September 1989), pp. 233 – 242.

③ R. M. Losee, "A Discipline Independent Definilion of Information", *Journal of the American Society for Information Science*, Vol. 48, No. 3 (March 1997), pp. 254 – 269.

的声音，很多学者开始针对这个问题作出批判。

法国物理学家莱昂·布里渊（Léon Brillouin，1889～1969）很早就关注到这个问题，他在 1956 年出版的《科学和信息论》一书中就反对将信息简单等同于知识，他提出：

> 信息是原材料，知识只是思维对信息进行加工后的产物。①

1981 年，美国哲学家德雷斯基（Fred Dretske，1932～2013）是西方最早从哲学角度分析香农信息理论的学者之一，他认为各种逻辑系统与信息理论之间的确切关系尚不清楚。需要厘清普通的信息处理系统与真正的认知系统之间的区别。② 据此，他提出了一种知识信息理论，这套理论使用了现象学中的意向性思想，并将其延伸到了自然界，试图给予信息一种客观性的本质。③ 他试图将信息作为一种独立客观的因素来考量，以信息为基本框架建立信息认识论的相关理论。④ 他在《知识与信息流》一书中写道：

> 大体上说，信息是能够产生知识的商品，信息或信号所携带的正是我们需要知道的。⑤
> 信息不以任何人是否能够察觉它或者知道如何提取它而客观地存在着。它是在我们来到这个世界上就已经存在的事物，我认为它是心灵被制造出来的原始材料。⑥

---

① L. Brillouin, *Science and Information Theory*, New York：Academic Press Inc，1962，p. 1.

② F. I. Dretske, *Knowledge and the Flow of Information*, Cambridge：The MIT Press，1981，p. 175.

③ 王振嵩：《基于客观信息的自然主义信息哲学研究进路》，《情报杂志》2019 年第 4 期。

④ F. Dretske, *Knowledge and the Flow of Information*, Oxford：Blackwell；reprinted，Stanford：CSLI Publications，1999，p. 1.

⑤ F. I. Dretske, *Knowledge and the Flow of Information*, Cambridge：The MIT Press，1981，pp. 63－64.

⑥ F. I. Dretske, "Précis of knowledge and the flow of information", *Behavioral and Brain Sciences*, Vol. 6, No. 1（March 1983），pp. 55－63.

从上文中可以看出，德雷斯基虽然也是从知识概念出发来解释信息，但同时他也认为是信息产生了知识，不能简单地把信息解释为知识本身。德雷斯基实际上是用一种信息理论的解释来代替传统对知识的解释。①

英国哲学家盖瑞斯·埃文斯（Gareth Evans，1946~1980）也表达了马德雷斯基相似的观点：

> 信息是比知识更天然和更基础的概念，信息在信念以及思想的形成中起到了奠基性的作用。②

英国哲学家迈克尔·达米特（Michael Dummett，1925~2011）在他的《分析哲学的起源》一书中也表示认同埃文斯的观点，他认为：

> 信息流的运作层面要比知识的获取和传播更为基本。③

这些学者虽然发现了信息即知识这种解释的局限性，但还是没有在信息大统一理论意义上提出确切地具有普适性价值的信息概念。

五　对于信息即知识误解的批判

纵观20世纪中叶，在经济学与社会学研究领域出现了一系列新概念："信息经济""信息化""信息时代""超工业社会""后工业社会""知识社会""信息社会""网络社会"，等等。其实这些概念的改变除了凭借新颖赚取眼球之外并没有任何实质作用。

信息与工业、计算机、网络不同，并不是当下社会产生出的新东西，而是我们最近才开始重视的一个概念。这个刚刚才发现的信息世界已经从世界之初就开始陪伴我们。信息、物质就是存在世界最基础的两种存

---

① R. Foley，"Dretkse's 'information-theoretic' account of knowledge"，*Synthese*，Vol. 70，No. 2（February 1987），pp. 159-184.

② S. Schiffer，"The Varieties of Reference by Gareth Evans"，*The Journal of Philosophy*，Vol. 85，No. 1（1988），pp. 33-42.

③ M. Dummett，*Origins of the Analytical Philosophy*，London：Duckworth，2002，p. 126.

在方式，它们就是我们的存在世界本身。信息世界的发现确实与后工业、知识爆炸、计算机、网络等新鲜事物的出现与发展是分不开的。但这些概念之间并不是可以互相替代、混用的，我们对于世界的认识和互动从本质上来说都是离不开信息的。不仅仅是当下的时代，人类历史上每个时代、每个社会、每个体系都是信息化的。这种"信息时代""信息社会"的概念反而产生了误导，让人认为信息是一个新生的产物，进而让信息概念在这些研究中被严重扭曲和局限了。

于是这种对于"信息"概念的狭隘理解经由这些人本主义学科的解读，被最早传播到大众之中。应该说将信息理解为知识或许是人类当下对于信息最普遍的一种认识。这种现象的确有利于信息这个新兴概念的传播，但这样关于信息的低层次理解无论对于人类还是对于信息本身来说，都是遗憾的。

在信息概念被人类发掘出来之后，几十年中各个学科对于信息概念的研究不断，但至今没有一个准确的答案，甚至成为一个在科学界前所未有的巨大分歧。美国加州大学伯克利分校的神经人类学家特伦斯·迪肯（Terrence William Deacon，1950~ ）曾说：

> 信息在科学的各个学科中都扮演了关键的角色。然而，这个概念到了对于每个学科最相关的方面却可能几乎是完全不重叠的。①

从这个角度来说科学的分科传统所导致的学科壁垒现象，对信息概念的研究增设了巨大的困难。也深刻地体现出建设一种能够整合各个科学学科中信息概念的信息大统一理论是何其艰难。或许只有采用系统科学中整合主义的思想，才可以将各个学科中关于信息概念的研究进行系统、全面、有组织的整合，最终得以出现更具普遍性与解释力的统一信息理论。而这正是中国信息哲学的最终目标。

---

① T. Deacon, "Shannon – Boltzmann – Darwin: Redefining information", Part 1, *Cognitive Semiotics*, Vol. 1（2007），pp. 123 – 148.

第四节　信息概念研究的基本路径

正如前文所述，信息概念在众多学科中都起着重要的作用，而由于不同的学科又局限于其性质、范围和研究视角的不同，各自采取了不同的研究方式来处理信息概念。所以，在具体学科的层面，信息研究一直处于一种割裂的状态。或许只有运用整合主义的方法才可以将各学科之间的信息研究进行整合与统一。就像霍夫基希纳所说的：

> 我们需要一种崭新的世界观……一种新的哲学思想……一种新的整合主义的思维方式……一种新的实践——实在——方法的理念……一种新的跨学科范式……来走向统一信息理论。①

一　国内外信息概念路径研究简述

为了推动信息统一理论的研究，很多国内外学者对于世界上关于信息概念的研究都有梳理和分析。从不同的视角，使用不同的分类方法，得出很多相关的研究成果。

早在 1987 年，阿根廷的科学哲学家和物理学家马里奥·邦吉（Mario Augusto Bunge，1919～2020）与哥伦比亚大学心理学家鲁本·阿迪拉（Rubén Ardila Ruben Ardila，1942～　　）。就梳理了当时西方关于信息概念的研究，并总结了信息的七种不同的使用方式：

1. 信息作为意义（语义信息）；
2. 信息作为遗传物质的结构（基因"信息"）；
3. 信息作为一个信号；
4. 信息作为脉冲编码信号携带的消息；
5. 信息作为系统中信号携带的信息数量；

---

① ［奥］沃尔夫岗·霍夫基尔希纳：《涌现信息，统一信息理论纲要》，王健、邬天启等译，邬焜审校，中国社会科学出版社 2020 年版，第 29—45 页。

6. 信息作为知识；

7. 信息在某种意义上说是由社会行为者使用信号（例如，语音）进行的信息（知识）通信。[①]

信息学经过了几十年的发展，其研究方向反而变得更多更广。国内近几年也有大量关于信息研究路径最新的梳理研究。比如西安交通大学的王健（1984~ ）认为，根据国内外学术界关于信息哲学研究的历史与当前现状，可以总结出六条信息哲学的研究路径：

进路一，信息社会理论的研究路径；
进路二，语言分析哲学的研究路径；
进路三，认知与心智哲学的研究路径；
进路四，形而上学与物理主义的研究路径；
进路五，其他个别学科的研究路径；
进路六，跨学科或交叉学科的研究路径。[②]

上海交通大学大学的周理乾（1988~ ）副教授则提出西方研究信息主要有九条路径：

1. 数学路径；

2. 语义信息研究路径；

3. 逻辑路径；

4. 信息的动力学理论路径；

5. 信号博弈论路径；

6. 符号学路径；

7. 泛信息主义路径；

---

① M. A. Bunge and R. Ardila, *Why Philosophy of Psychology*? New York：Philosophy of Psychology, Springer, 1987, pp. 3 – 24.

② 王健：《"信息"的形而上学研究》，博士学位论文，西安交通大学哲学系，2016 年，第136—152 页。

8. 哲学路径;

9. 跨学科路径。①

二　中国信息哲学对世界信息概念研究方向的简要总结

回顾信息概念的研究、探索历程，信息最著名的概念经历了从最初的熵和负熵的理论，到之后的差异说、形式说和状态说，从类反映说，到意义和符号，再到计算信息和量子信息的学说，等等。虽然从这些理论中都可以不同程度地看到客观信息的影子，但是只有中国信息哲学中的"间接存在"概念将客观信息世界最清晰地予以了揭示。

国内外绝大多数学者都承认存在着不依赖于人的主观赋义的客观信息。可以将世界上杂乱纷呈的关于信息概念的最主要的观点和理论概括为9大类型。

(一)　熵和负熵理论

与热力学第二定律和统计物理学相关的熵理论；香农创立的信息通信理论中的"信源熵"理论；②薛定锷的"生命赖负熵为生"的负熵论；维纳创立的控制论中的"信息即负熵"理论；普里戈金（Llya Prigogine，1917～2003）的开放系统有序增长的"负熵流"理论等。严格说来，信息的熵或负熵的理论并不是直接针对信息本质的理论，而只是针对载体特定层次上的结构化程度所进行的一种相对测度，具有相对性、定量性和功能性特征。

(二)　差异说

英国控制论专家罗斯·艾司比（W. Ross Ashby，1903～1972）的"信息即变异度"理论；苏联数学家维克多·米哈伊洛维奇·格卢什科夫（Виктор МихайловичГлушков，1923～1982）的"信息是时空分布的不均匀性变化程度"的理论；英国社会学家格雷戈里·贝特森（Gregory

---

① 周理乾:《西方信息研究进路述评》,《自然辩证法通信》2017 年第 1 期。

② Shannon, C, "The Mathematical Theory of Communication", *Bellsystem Technical Journal*, No. 27（1948）, pp. 379－423.

Betason，1904～1980）的"信息是制造差异的差异"说；① 迪肯（Terrence W. Deacon）的"信息就是约束"，等等。其实，差异关系考察的仅仅是信息赖以存在的载体的形式结构的关系，并未涉及信息内容本身。所以，此类学说同样不能合理揭示信息的本质。

（三）形式说

最早可以追溯到古希腊柏拉图的"型相"说②与亚里士多德的"形式因"；③魏茨泽克（Carl von Weizsäcker）的"信息形式计量"说；④乌尔苏尔（Урсул Аркадий Дмитриевич）的信息是"反映的内容和形式"说；⑤等等。然而，"形式"仅仅是负载信息的质—能组织起来的结构模式，它还不是信息本身。

（四）状态说

中国信息科学家，北京邮电大学教授、发展中世界工程技术科学院院士钟义信（1940～ ）先生所提出的：信息是"事物运动的状态和方式"说；⑥ 北京大学罗先汉（1935～ ）教授所提出的"信息是事物运动的状态"说；⑦等等。其实，用"事物的状态"来定义信息，其性质与用"形式"定义信息一样。英语中的"Form"（形式）一词本身就具有："形式、形状、形态、外形、方式、状态、构成、组成、排列、组织、产生、塑造、形成"等含义。

（五）类反映说与相互作用说

最早可以追溯到法国近代启蒙思想家狄德罗（Denis Diderot，1713～

---

① Bateson. G, *Steps to an Ecology of Mind：Collected Essays in Anthropology，Psychiatry，Evolution，and Epistemology*，University Of Chicago Press，1972，p. 312.

② 北京大学哲学系外国哲学史教研室编译：《古希腊罗马哲学》，生活·读书·新知三联书店 1957 年版，第 199 页。

③ ［古希腊］亚里士多德：《形而上学》，李真译，上海人民出版社 2005 年版，第 194 页。

④ C. V. Weizsäcker, *Die Einheit der Natur*，Munich：DTV，1974，p. 121.

⑤ ［苏联］乌尔苏尔 А. Д.：《认识论和逻辑学中的信息方法》，何以常译，上海人民出版社 1974 年版，第 17 页。

⑥ 钟义信：《信息科学》，《自然杂志》1979 年第 3 期。

⑦ 钟义信：《信息科学》，《自然杂志》1979 年第 3 期。

1784) 的感受性理论;① 弗拉基米尔·伊里奇·列宁 (Влади́мир Ильи́ч Улья́нов, 1870~1924) 的"类反映"学说;② 苏联③与东欧学者④关于信息与反映概念关系的比较研究;中国社会科学院哲学研究所的刘长林 (1941~) 研究员所提出的"信息是被反映的事物属性"说;⑤中国社会科学院社会学研究所黎鸣 (1944~) 先生所提出的"力和信息均属于物质的相互作用范畴"的观点,⑥等等。虽然用"反映"定义信息是比较深刻的, 但是"反映"的着眼点还仅仅在于"信宿", 这样的定义无法解释信息是如何从信源中产生出来的。

（六）意义和符号说

最早可以追溯到瑞士语言学家费尔迪南·德·索绪尔 (Ferdinand De Saussure, 1857~1913) 的语言符号学和美国哲学家查尔斯·桑德斯·皮尔士 (Charles Sanders Peirce, 1839~1914) 的系统符号学;⑦ 美国语言哲学家保尔·格莱斯 (Herbert Paul Grice, 1913~1988) 提出的自然意义和非自然意义说;⑧ 美国哲学家露丝·米丽肯 (Ruth G. Millikan, 1933~) 的自然符号和意向符号理论;⑨意大利哲学家与伦理学家卢西亚诺·弗洛里迪 (Luciano Floridi, 1964~) 的"信息=数据+意义",⑩ 等等。意义和符号说的困难在于如何合理和恰当地界定符号、意义、目的和知识的适用范围以及其与信息的关系。如果不对这样一些复杂而多重的关系

---

① ［法］狄德罗:《狄德罗哲学选集》, 江天骥、陈修斋、王太庆译, 商务印书馆 2009 年版, 第 132—137 页。

② 《列宁选集》第 2 卷, 人民出版社 1972 年版, 第 40、41、89 页。

③ 刘伸:《苏联哲学界关于信息概念的争论》,《国外社会科学》1980 年第 7 期。

④ Markov K, "Ivanova K, Mitov I. Basic Structure of the General Information Theory", *International Journal of Information Theories and Applications*, No. 14 (2007), pp. 5 – 19.

⑤ 刘长林:《论信息的哲学本性》,《中国社会科学》1985 年第 2 期。

⑥ 黎鸣:《论信息》,《中国社会科学》1984 年第 4 期。

⑦ ［美］皮尔斯:《皮尔斯:论符号》, 赵星植编译, 四川大学出版社 2014 年版, 第 112—116 页。

⑧ 段维军, 张绍杰:《自然意义与非自然意义之哲辨》,《东北师大学报（哲学社会科学版）》2008 年第 2 期。

⑨ 周理乾:《西方信息研究进路述评》,《自然辩证法通信》2017 年第 1 期。

⑩ Floridi L, *Information: A Very Short Introduction*, Oxford: Oxford University Press, 2010, pp. 20 – 31.

做出详尽的分类和解读，仅仅沿袭语义符号学所强调的某些理论做出比附性的规定、解释和说明，虽然是便捷的，然而却是很难令人信服的。

（七）信息计算主义

最早可以追溯到古希腊哲学家毕达哥拉斯（Pythagoras，约前580～前500）的"数"的哲学；[①] 18世纪法国启蒙思想家、哲学家朱利安·奥夫鲁瓦·德·拉美特利（Julien Offroy De La Mettrie，1709～1751）的"人是机器"说；[②] 英国计算机科学家、数学家、逻辑学家和理论生物学家艾伦·图灵（Alan Mathison Turing，1912～1954）的现代计算机基本原理；[③] 美国发明家所罗门诺夫（Ray Solomonoff，1926～2009）与柯尔莫哥洛夫（Андрей Николаевич. Колмогоров）的算法信息论；[④] 美国计算机科学家、认知信息学家艾伦·纽厄尔（Allen Newell，1927～1992）与西蒙（Herbert Alexander Simon）基于思维的信息加工理论提出的"物理符号系统假设"[⑤]；等等。信息计算主义的主要缺陷在于它的机械性，直至目前为止，人工智能所实现的信息计算还仅仅是针对可程序化的信息处理过程，而要处理那些不可能简单程序化的复杂信息方面则是困难的，甚至是不可能的。

（八）量子信息主义

在量子物理学领域，其中的量子信息理论也是由热力学理论和数学哲学发展而来，而且其理论与计算机科学关系也非常密切。法国量子力学家米奥丽卡·穆古尔·夏希特（Mioara Mugur - Schächter），英国的雷代伊·米克洛什（Rédei，Miklós）等人发展了美国数学家约翰·冯·诺

---

① 北京大学哲学系外国哲学史教研室编译：《西方哲学原著选读》（上卷），商务印书馆1981年版，第19—20页。

② ［法］拉美特利：《人是机器》，顾寿观译，商务印书馆2009年版，第54、63页。

③ Turing, A. M, "On Computable Numbers, with an Application to the Entscheidungs problem", *Proceedings of the London Mathematical Society*, s2, Vol. 42, No. 1 (1937), pp. 230 –265.

④ R L Dobrushin, *Information Theroy. In Selected Works of A N Kolmogorov*, Vol. 3. Edited by A. N. Shiryayev. Kluwer Academic Publishers. Dordrecht/ Boston/ London. 1993, p. 223.

⑤ 司马贺：《人类的认知——思维的信息加工理论》，荆其诚、张厚粲译，科学出版社1986年版，第10—13页。

伊曼（John von Neumann，1903～1957）的相关基础研究；① 美国物理学家约翰·惠勒（John Archibald Wheeler，1911～2008）提出的"万物源于比特"说；②英国量子物理学家戴维·埃利埃塞尔·多伊奇（David Elieser Deutsch，1953～　）③ 与南非纳塔尔大学的约翰·唐纳德·科利尔（John Donald Collier）教授将惠勒的研究在量子信息领域做了进一步扩展；④ 英国理论物理学家，宇宙学家史蒂芬·霍金（Stephen. W. Hawking，1942～2018）的奇点理论；⑤美国威廉·佩特森大学哲学教授施泰因哈特（Eris Steinhart）的"信息/计算的物理本质"说；⑥ 瑞典裔美国物理学家马克斯·埃里克·泰格马克（Max Erik Tegmark，1967～　）的"数学宇宙假说"；⑦ 美国物理学家、宇宙学家安德烈亚斯·阿尔布雷克特（Albrecht J Andreas，1957～　）和美国物理学家威廉·丹尼尔·菲利普斯（William Daniel Phillips，1948～　）关于宇宙是一个永久生成的信息过程的理论，等等。信息计算主义和量子信息主义的极端化形式最终通向了唯信息主义学说，其最为著名的代表便是惠勒的"万物源自比特""万物皆为信息"的理论。⑧。

（九）信息间接存在论

1961 年，德意志民主共和国的马克思主义哲学家格奥尔格·克劳斯（Georg Klaus，1912～1974）就曾指出：在意识和物质之间存在着一个"客观不实在面"⑨ 的信息领域。邬焜教授在 20 世纪 80 年代初创立信息

① Mugur – Schächter, Mioara, "Quantum Mechanics Versus a Method of Relativized Conceptualization", in *Quantum Mechanics*, *Mathematics*, *Cognition and Action*, Mioara Mugur – Schächter and Alwyn van der Merwe (eds.), Dordrecht：Springer Netherlands, 2003, pp. 109 – 307.

② ［美］惠勒：《宇宙逍遥》田松、南宫梅芳译，北京理工大学出版社 2006 年版，第 334 页。

③ 闫学衫：《信息科学：概念、体系与展望》，科学出版社 2016 年版，第 479—480 页。

④ ［荷］彼得·阿德里安斯、［荷］约翰·范·本瑟姆主编：《爱思唯尔科学哲学手册：信息哲学（下）》殷杰，原志宏，刘扬弃译，北京师范大学出版社 2015 年版，第 766 页。

⑤ ［英］史蒂芬·霍金：《时间简史》，湖南科学技术出版社 1997 年版，第 120 页。

⑥ ［意］卢西亚诺·弗洛里迪主编：《计算与信息哲学导论》（上），刘钢主译，商务印书馆 2010 年版，第 385 页。

⑦ Max Tegmark, "The mathematical universe", *Foundations of physics*, Vol. 38, No. 2 (2008), pp. 101 – 150.

⑧ 马蔼乃、姜璐等编：《信息科学交叉研究》，浙江教育出版社 2007 年版，第 9—10 页。

⑨ ［德］克劳斯：《从哲学看控制论》，梁志学译，中国社会科学出版社 1981 年版，第 62 页。

哲学时就关注到了克劳斯的"客观不实在"思想的重要价值，并由此出发进一步论证了精神的主观不实在的性质，进而提出了关于信息本质的间接存在论理论。①

从哲学本体论的层次上，把物质定义为直接存在，把信息定义间接存在的理论，是中国学者于20世纪80年代初首创提出的。这一理论目前在国内外同行中已经具有了广泛的影响力。

由于邬焜创立的信息哲学首先改变的是哲学的最高范式——"存在领域的划分方式"，所以，邬焜创立的信息哲学不仅与我们上面梳理的8种形式的信息理论完全不同，而且也与人类历史上的传统的种种哲学流派具有根本性质的区别。邬焜把信息定义为"间接存在"，定义为"直接存在（物质）的自身显示"，这就在一般存在方式的层次上把信息和物质的本质区别开来了。"自身显示"着眼的是信源本身，是信源本身的运动，这就与前面所讨论过的着眼于接收者（信宿）的"信息的类反映说"有了区别。由于在邬焜信息哲学中信息的产生源于物质的相互作用，所以，邬焜信息哲学首先坚持了唯物论的立场。但是，物质的相互作用具有普遍性，而所有的物体都已经在普遍的相互作用中凝结了相应的信息，所以，在现存的世界层次上，所有的物体都既是物质体又是信息体。这样，邬焜信息哲学又具有了辩证哲学的性质。就此而论，邬焜信息哲学也可以被看成人类进入信息时代之后所创立的辩证唯物主义的新形态。②

2013年10月，在西安召开的首届国际信息哲学研讨会上，当时还是西安交通大学哲学博士生的邬天启提交了一篇题为《"存在"概念剖析——信息哲学的全新存在观》的论文，在这篇论文中，他纲要性地提出了一种全新的信息演化本体论学说。

2014年，邬天启发表了《"存在"概念剖析》③一文。2015年，他又发表了"基于信息哲学理论关于存在问题的新思考——存在的层次、存

① 李国武：《邬焜信息哲学思想研究》，中国社会科学出版社2015年版，第63页。

② 邬焜：《辩证唯物主义的新形态——基于现代科学和信息哲学的新成果》，科学出版社2017年版。

③ 邬天启：《"存在"概念剖析》，《西安交通大学学报》（人文社会科学版）2014年第1期。

在与非存在"① 一文。通过这两篇论文，他把中国信息哲学本体论研究的视野扩展到了"存在"与"非存在"关系的领域。进一步完善了他所提出的信息演化本体论学说。该学说基于已有的中国信息哲学本体论思想，并结合当代系统科学中的整合主义思想，建立了一种全新的哲学存在论。这一理论将"存在世界"与"非存在世界"通过"指向性"在"存在"的多维层次（方面）下进行了整合，进而把存在、非存在、时间、物质、信息、意识等多种元素及其演化关系整合为一个不可分割的整体。这部分内容也是本书第三章的核心内容。

三　斯坦福大学哲学百科全书的信息概念路径研究简述

在斯坦福大学哲学百科全书中的信息词条中也对世界信息理论的研究有比较详细的梳理。②它从信息概念的角度出发对历史上的信息科学和哲学的相关研究做出了梳理，2012 年 10 月发布，2018 年 12 月最新修订。其中认为世界上关于信息概念的研究主要可以分为两个大方向，即信息的定性研究与信息的定量研究。百科全书还认为，所有历史上总结出的信息概念都围绕着两个中心属性：

1. 信息是广泛存在的，信息的核心是可加性的

两个具有相同信息量的独立数据集的组合包含的信息量是单独数据集的两倍。③对于这个信息概念的中心属性的提出最早可以追溯到 19 世纪的热力学研究。④ 之后经过数学上的延续，⑤ 最后在量子力学领域有新的发展。⑥

---

① 邬天启：《基于信息哲学理论关于存在问题的新思考——存在的层次、存在与非存在》，《自然辩证法研究》2015 年第 11 期。

② 网址：https：//plato. stanford. edu/archives/win2018/entries/information/#Bib。

③ D. Schmandt - Besserat, *Before writing, Vol. I: from counting to cuneiform. Vol. 1*, TX: University of Texas Press, 1992.

④ Boltzmann, "Ludwig: Über die Mechanische Bedeutung des Zweiten Hauptsatzes der Wärmetheorie", *Wiener Berichte*, Vol. 53 (1866), pp. 195 – 220.

⑤ J. W. Gibbs, *The Scientific Papers of J. Willard Gibbs in Two Volumes (Vol. 1)*, London: Longmans, 1906.

⑥ J. VonNeumann, *Mathematische Grundlagen der Quantenmechanik*, Berlin: Springer, 1932.

2. 信息可以减少不确定性

我们得到的信息量与减少不确定性的信息量成线性增长，直到我们接收到所有可能的信息且不确定性为零。不确定性和信息之间的关系可能最早可以追溯到 17 世纪的经验主义。[1]其中苏格兰哲学家大卫·休谟（David Hume，1711~1776）曾明确指出，从更大的可能性选择中做出选择，会提供更多的信息。[2]之后哈特莱对这个关于信息的观察进行了数学建模，得出了相应的函数公式[3]。经过众多学者的不懈努力，新的更具有解释力的公式出现，那就是香农提出的将可扩展性和概率统一起来，用概率的负对数来定义信息的函数：

$$I(A) = -\log P(A) \quad I(A)[4]$$

正如在百科全书中所说的，尽管一大批学者相继将这个公式尽量修改完美，但其实并没有使我们免受信息概念问题所带来的疑惑和困扰。

其实我们可以发现，百科全书中总结的以上两个关于信息的中心属性对于信息的最终定义并没有实质性的帮助。由于这两个所谓的中心属性只是我们发现信息的一些性质、一些方面，根本触及不到信息概念的核心，所以，也根本算不上"被围绕的"或"中心属性"。这就如同在定义"苹果"概念时，红色与可食用这些属性绝不是"苹果"概念的核心。

百科全书进而提出，近几十年的信息科学和哲学的研究进展主要突出为 11 个方向：

---

[1] J. Locke, *An Essay Concerning Human Understanding*, J. W. Yolton (ed.), London：Dutton, 1689. https：//oll. libertyfund. org/titles/locke – the – works – of – john – locke – in – nine – volumes.

[2] D. Hume, *A Treatise of Human Nature*. Reprinted, L. A. Selby – Bigge (ed.), Oxford：Clarendon Press, 1739. https：//oll. libertyfund. org/titles/hume – a – treatise – of – human – nature.

[3] R. V. Hartley, "Transmission of Information", *Bell System Technical Journal*, Vol. 7, No. 3 (July 1928), pp. 535 – 563. https：//onlinelibrary. wiley. com/toc/15387305c/1928/7/3.

[4] C. E. Shannon, "A Mathematical Theory of Communication", *Bell System Technical Journal*, Vol. 27, No. 3 (July 1948), pp. 379 – 432.

1. 口语方向；

2. 逻辑学方向；

3. 认识论方向；

4. 伦理学方向；

5. 语义学方向；

6. 美学方向；

7. 生物学方向；

8. 技术哲学方向；

9. 量子物理学方向；

10. 本体论方向；

11. 元哲学方向。

"信息"一词及其所带来的各种概念的详细历史是复杂的，而且在很大程度上仍有待发掘。①百科全书中对于人类"信息"概念研究历程有其独到的梳理，尤其是西方的学者以及相关理论。经过梳理，它为我们展现出了一个由近百位致力于信息理论研究的各学科同行学者所组成的信息理论跨学科研究网络，是进行信息理论研究的学者们不可多得的一个研究方向导引提纲与学科发展历史综述。

第五节　关于斯坦福哲学百科全书中的信息研究方向分类

"信息"一词的含义不仅仅在各个学科，在不同的哲学传统中也有所不同。就其在口语中的概念举例来说，其口语用法在不同的地理位置和不同的语用语境中也有所不同。世界上最常用的"信息"概念是在口语中的，口语中的"信息"普遍作为一个抽象的量名词，用来表示在任何媒介中存储、发送、接收或操作的任何数量的数据、代码或文本。虽然

---

① H. Schnelle, Information, in Joachim Ritter（ed.）, *Historisches Wörterbuch der Philosophie*（*IV*）, Stuttgart：Schwabe, 1976, pp. 116 – 117.

对信息概念的分析从一开始就是西方哲学的一个主题，很多哲学流派的思想都涉及了信息概念的研究。但对信息作为一个哲学概念的明确分析只是 20 世纪下半叶才出现的。目前，信息显然是科学、人文和我们日常生活中的一个关键概念。一个网络化、多元化的信息概念从口语信息延伸出来，植根在各种学科，如哲学、物理学、数学、社会学、逻辑学、生物学、经济学、美学和语言学，等等。

一 逻辑学与认识论方向

逻辑实证主义关于信息的相关研究纲领是在追求将可能性世界的解释与逻辑概率推理结合起来。其中做出相应奠基贡献的学者可以追溯到欧洲哲学家卡尔·波普尔（Popper Karl, 1902~1994）①与德裔美国分析哲学家鲁道夫·卡尔纳普（Rudolf Carnap, 1891~1970）。②关于继承逻辑实证主义的后续研究的有美国的胡贝尔（Franz Huber）教授③和荷兰的西奥·库伊佩尔斯（Theo A. F. Kuipers, 1947~   ）教授④以及拉特曼纳·撒母耳（Rathmanner Samuel）和澳大利亚国立大学的马库斯·赫特（Marcus Hutter）⑤等人。

在逻辑信息学领域，最早可以追溯到芬兰的哲学家与逻辑学家雅克·欣提卡（Jaakko Hintikka, 1929~   ）的研究，⑥ 在他那里信息第一次被作为一种中介概念予以讨论，并与知识、信仰等概念相互联系。之

---

① K. R. Popper, *The Logic of Scientific Discovery*, （Logik der Forschung）, London: Hutchison, 1934, English translation 1959, Reprinted 1977.

② R. Carnap, "The Two Concepts of Probability: The Problem of Probability", *Philosophy and Phenomenological Research*, Vol. 5, No. 4 （Jun. 1945）, pp. 513–532.

③ F. Huber, "Confirmation and Induction", *The Internet Encyclopedia of Philosophy*, 2007. https://www.iep.utm.edu/conf-ind/.

④ T. A. F. Kuipers, *General Philosophy of Science: Focal Issues*, Amsterdam: Elsevier Science Publishers, 2007.

⑤ S. Rathmanner and M. Hutter, "A Philosophical Treatise of Universal Induction", *Entropy*, Vol. 13, No. 6 （June 2011）, pp. 1076–1136. https://www.mdpi.com/1099-4300/13/6/1076.

⑥ K. J. J. Hintikka, *Knowledge and Belief: An Introduction to the Logic of the Two Notions*, Ithaca: Cornell University Press, 1962.

后美国的哲学家德雷斯基[①]与荷兰的逻辑学家哲学家范本特姆（Johan van Benthem，1949 ～　　），[②] 荷兰的罗阿·罗伯特（Van Rooij Robert）[③]以及美国数学家、逻辑学家、哲学家罗伊特·帕里赫（Rohit Jivanlal Parikh，1936 ～）和印度的 R. 拉曼杰（Ramaswamy Ramanujam，1959 ～　　）[④]还有美国的哲学家乔恩·迈克尔·邓恩（Dunn Jon Michael，1941 ～　　）[⑤]和美国的维戈（Vigo Ronaldo）[⑥] 等人相继发展了相关理论。

在认识论领域，关于信息的研究可以追溯到古希腊哲学中的柏拉图与亚里士多德等人那里，如前文中提到的荷兰哲学家妮莉亚·乔安娜（Cornelia Johanna De Vogel，1905 ～ 1986）的工作。[⑦]爱尔兰哲学家伯克莱（George Berkeley，1685 ～ 1753）也在这个意义上使用了"信息"一词。[⑧]综上所述，我们可以看出，在西方古典哲学传统中，"信息"在认识论层面被作为一种面向对象的过程来理解。之后很多关于信息的研究都涉及了认识论，邬焜信息哲学在其信息认识论部分就提出了信息认识多级中介建构理论。[⑨]德国凯泽斯劳滕工业大学的连斯基（Wolfgang Lenski）试图在知识论与信息理论之间寻找"消失的联系"[⑩]。

---

① F. I. Dretske, *Knowledge and the Flow of Information*, Cambridge: The MIT Press, 1981.

② J. F. A. K. Van Benthem, "Kunstmatige Intelligentie: Een Voortzetting van de Filosofie met Andere Middelen", *Algemeen Nederlands Tijdschrift voor Wijsbegeerte*, Vol. 82, 1990, pp. 83 – 100.

③ R. Van Rooij, "Questioning to resolve decision problems", *Linguistics and Philosophy*, Vol. 26, No. 6 (December 2003), pp. 727 – 763.

④ R. Parikh and R. Ramanujam, "A Knowledge Based Semantics of Messages", *Journal of Logic, Language and Information*, Vol. 12, No. 4 (September 2003), pp. 453 – 467.

⑤ J. M. Dunn, "The Concept of Information and the Development of Modern Logic", in *Zwischen traditioneller und moderner Logik: Nichtklassische Ansatze (Non – classical Approaches in the Transition from Traditional to Modern Logic)*, Werner Stelzner and Manfred Stöckler (eds.), Paderborn: Mentis, 2001, pp. 423 – 447.

⑥ R. Vigo, "Representational Information: A New General Notion and Measure of Information", *Information Sciences*, Vol. 181, No. 21 (November 2011), pp. 4847 – 4859.

⑦ C. J. De Vogel, *Plato: De filosoof van het transcendente*, Baarn: Het Wereldvenster, 1968.

⑧ G. Berkeley, *Alciphron: Or the Minute Philosopher*, Edinburgh: Thomas Nelson, 1948, p. 57.

⑨ 邬焜：《认识在多级中介中相对运动着的信息建构活动》，《长沙理工大学学报》（社会科学版）1989 年第 3 期。

⑩ W. Lenski, "Information: A Conceptual Investigation", *Information*, Vol. 1, No. 2 (August 2010), pp. 74 – 118.

二 伦理学与语义学方向

在伦理学领域，最早可以追溯到古希腊哲学家苏格拉底（Σωκρά της，Socrates，前 469 ~ 前 399）关于写作与道德之间关系的论述。[①]信息技术的发展引起了一批学者对于信息伦理方面研究的关注。其中涉及最多的就是信息社会伦理、技术伦理、计算机伦理、网络伦理、网络隐私、信息伦理价值等热点问题。信息伦理学研究必然也会牵连出信息价值理论的讨论，其中涉及信息记录、传播、获取、组织和综合等道德价值问题。信息技术的发展还引发了大量新的社会问题，如文化层面、社交媒体、网络世界、虚拟游戏世界、技术透明度、黑客、知识产权、个人隐私、恶意软件、间谍软件、信息战、人工智能、人工生命等伦理价值问题。这一系列的新问题引起了学界的激烈论战。大量学者对于以上这些问题的研究做出了贡献，例如美国达特茅斯学院的詹姆斯·摩尔（James H. Moor）教授；[②] 美国康奈尔理工大学信息科学系的海伦·尼森鲍姆（Helen Nissenbaum）教授；[③] 美国南方卫理公会大学的理查德·梅森（Richard O. Mason，1934 ~ ）教授；[④]美国法律理论家和政治活动家莱斯特（Lester Lawrence Lessig，1961 ~ ）；[⑤]意大利哲学家洛伦佐·玛格纳尼（Lorenzo Magnani，1952 ~ ）；[⑥] 美国里维尔大学的赫尔曼（Herman T. Tavani）教授；[⑦]美国科技作家史蒂芬列维（Steven Levy，1951 ~ ）；[⑧]

① E. Hamilton and H. Cairns, *Plato：The Collected Dialogues*, E. Hamilton and H. Cairns (eds.), Princeton：Princeton University Press, 1961, pp. 475 – 525.

② J. H. Moor, "What is Computer Ethics？" *Metaphilosophy*, Vol. 16, No. 4 (October 1985), pp. 266 – 275.

③ H. Nissenbaum, "Toward an Approach to Privacy in Public：Challenges of Information Technology", *Ethics and Behavior*, Vol. 7, No. 3 (1997), pp. 207 – 219.

④ R. O. Mason, "Four ethical issues of the information age", *MIS Quarterly*, Vol. 10, No. 1 (March 1986), pp. 5 – 12.

⑤ L. Lessig, *Code and Other Values of Cyberspace*, New York：Basic Books, 1999.

⑥ L. Magnani, *Morality in a Technological World：Knowledge as Duty*, Cambridge：Cambridge University Press, 2007, p. 93.

⑦ H. T. Tavani, "Can Social Robots Qualify for Moral Consideration？Reframing the Question about Robot Rights", *Information*, Vol. 9, No. 4 (March 2018), pp. 1 – 16.

⑧ S. Levy, *Hackers：Heroes of the Computer Revolution*, New York：Anchor Press, 1984.

美国普渡大学计算机安全专家霍华德·斯帕福德（Eugene Howard Spafford，1956～）教授；① 等等。尤其要提到的是卢西亚诺·弗洛里迪（Luciano Floridi）在语义信息理论研究的基础上，②提出了自己的信息哲学和信息伦理理论。③

语义学方面关于信息的概念研究是最接近于口语中的信息概念，可以说语义学是对口语信息概念研究的延续。最早的信息语义学研究要追溯到以色列哲学家、数学家与语言学家巴尔－希列尔·约书亚（Yehoshua Bar－Hillel，1915～1975）和鲁道夫·卡尔纳普（Rudolf Carnap）的研究。④如前文中提到的，由于逻辑学研究与计算信息的方法都起源于哲学上的"语言学转向"，都使用了真实的句子来量化信息。所以，逻辑信息学很多研究与语义信息学是交叉重合的。如德雷斯基⑤、范本特姆（Johan van Benthem），⑥ 还有荷兰阿姆斯特丹大学的罗伯特·凡·罗伊（Robert van Rooij）⑦ 以及弗洛里迪等人的研究也是在信息语义学研究基础上进行的。

三　美学与生物学方向

信息美学是由信息符号学方向延伸而出的。信息符号学与语义学也有非常紧密的联系。推动符号信息学的学者有：费尔迪南·德·索绪尔（Ferdinand De Saussure）；美国哲学家查尔斯·桑德斯·皮尔士（Charles

---

① E. H. Spafford, "Are computer hacker break – ins ethical?" *Journal of Systems and Software*, Vol. 17, No. 1 (January1992), pp. 41 – 47.

② L. Floridi, *The Philosophy of Information*, Oxford：Oxford University Press, 2011.

③ L. Floridi, "Information Ethics：On the Philosophical Foundation of Computer Ethics", *Ethics and Information Technology*, Vol. 1, No. 1 (March 1999), pp. 33 – 52.

④ Y. Bar – Hillel and R. Carnap, "Yehoshua and Rudolf Carnap：Semantic Information", *The British Journal for the Philosophy of Science*, Vol. 4, No. 14 (1953), pp. 147 – 157.

⑤ F. I. Dretske, *Knowledge and the Flow of Information*, Cambridge：The MIT Press, 1981.

⑥ J. Van Benthem, "Epistemic Logic and Epistemology：The State of Their Affairs", *Philosophical Studies*, Vol. 128, No. 1 (2006), pp. 49 – 76.

⑦ R. Van Rooij, "Questioning to resolve decision problems", *Linguistics and Philosophy*, Vol. 26, No. 6 (December 2003), pp. 727 – 763.

Sanders Peirce)；① 西蒙（Herbert A. Simon）；② 保尔·格莱斯（Herbert Paul Grice）；③ 德雷斯基；露丝·米丽肯（Ruth G. Millikan）④；等等。而对信息美学相关研究有德国电脑科学家施密德胡伯（Jürgen Schmidhuber，1963～　　）多列举一两个⑤等人，施密德胡伯同时也是人工智能方面的专家，被称为 LSTM（长短期记忆网络）之父。人工智能领域对于信息概念的研究非常丰富，也应该算是技术哲学领域。

在生物学方向上，最早可以追溯到奥地利动物学家、鸟类学家、动物心理学家康拉德·洛伦兹（Konrad Lorenz，1903～1989）。⑥另如以色列的 Arnon Levy 认为激素和其他调节细胞生理系统的产物通常被描述为远距离信号，使一个器官系统能够与其他器官相互协调。⑦而伦敦大学哲学研究所的尼古拉斯·谢伊（Nicholas Shea）教授则认为关于基因如何在代谢和发育过程中发挥其因果作用通常描述为转录、翻译和编辑，而且基因的因果作用应该被理解为它们携带着各种有关其产物的信息，其中还包括一些增强环境适应性的产物。这些信息的表达可能取决于各种环境因素的影响。⑧英国理论和数学进化生物学家、遗传学家约翰·梅纳德·史密斯（John Maynard Smith，1920～2004）与匈牙利进化生物学家 Eörs

---

① ［美］皮尔斯：《皮尔斯：论符号》，赵星植编译，四川大学出版社 2014 年版，第 112—116 页。

② 司马贺：《人类的认知：思维的信息加工理论》，荆其诚、张厚粲译，科学出版社 1986 年版，第 10—11 页。

③ 段维军、张绍杰：《自然意义与非自然意义之哲辨》，《东北师大学报》（哲学社会科学版）2008 年第 2 期。

④ 周靖：《自然化的世界观：米丽肯殊念（Unicept）概念的思维变革》，《自然辩证法研究》2019 年第 8 期。

⑤ J. Schmidhuber, "Low - Complexity Art", *Leonardo*, Vol. 30, No. 2 (April 1997), pp. 97 - 103.

⑥ K. Lorenz, *Evolution and The Modification of Behaviour*, Chicago: Chicago University Press, 1965.

⑦ A. Levy, "Information in Biology: A Fictionalist Account", *Noûs*, Vol, 45, No. 4 (December 2011), pp. 640 - 657.

⑧ N. Shea, "Inherited Representations are Read in Development", *The British Journal for the Philosophy of Science*, Vol. 64, No. 1 (2013), pp. 1 - 31.

Szathmáry（1959 ~　）① 就认为，进化中的重大转变取决于信息在代际间传递的数量和准确性的扩展。很多生物学家都认为，我们只有深刻认识到物质和能量领域并存的信息领域，才能真正理解基因的进化作用。

很多学者认为信息成为生物世界的基本组成部分，以一种完全普遍的方式来描述理想化种群的动态变化，这是自然选择的结果。信息概念也广泛被应用到描述动物之间的交流。但依然有一些理论家否认这种交流是信息从一种动物流向另一种动物。最早提出否定思想的有不列颠哥伦比亚大学生态学家、思想家查尔斯·克雷布斯（Charles Joseph Krebs，1936 ~　）和英国演化生物学家、动物行为学家理查德·道金斯（Richard Dawkins，1941 ~　）。②后续的相关研究有美国动物心理学家迈克尔·奥伦（Michael J. Owren，1955 ~ 2014）等人。③这些争议在生物学和生物学哲学中广泛存在。一些人认为信息概念的使用是一项重要的进步，如美国演化生物学家乔治·威廉斯（George Christopher Williams，1926 ~ 2010）。④另一些人则认为，几乎所有的信息概念在生物学中的应用都是一个严重的错误。它扭曲了我们的认识，并导致遗传决定论在生物学中挥之不去，如美国自由科学作家理查德·弗朗西斯（Richard C. Francis）。⑤

这些互相抵触的极端观点引起了学界的广泛关注，众多哲学界的评论家们对此做了大量的研究。力求寻找并进行还原，给出自然主义的最合理的解释。其中做出主要贡献的学者有：澳大利亚的科学哲学家戈弗雷·史

---

① J. M. Smith and E. Szathmary, *The Major Transitions in Evolution*, Oxford: Oxford University Press, 1995.

② J. Krebs and R. Dawkins, Animal Signals, "Mind – Reading and Manipulation", in *Behavioural Ecology: An Evolutionary Approach*, J. R. Krebs and N. B. Davies (eds.), Oxford: Blackwell Scientific, 1984, pp. 380 – 402.

③ M. J. Owren, D. Rendall and M. J. Ryan, "Redefining Animal Signaling: Influence versus Information in Communication", *Biology and Philosophy*, Vol. 25, No. 5 (2010), pp. 755 – 780.

④ G. C. Williams, *Natural Selection: Domains, Levels and Challenges*, Oxford: Oxford University Press, 1992.

⑤ R. Francis, *Why Men Won't Ask for Directions: The Seductions of Sociobiology*, Princeton: Princeton University Press, 2003.

密斯（*Peter Godfrey - Smith*，1965~　　）①②③，澳大利亚哲学家保罗·格里
菲思（Paul Griffiths，1962）④以及上文提到过的尼古拉斯·谢伊教授，⑤，
等等。

四　技术哲学与量子物理学方向

在技术哲学中对于信息的定义做出最大贡献的也是在计算机和人工
智能领域。最早可以追溯到艾伦·图灵（Alan MathisonTuring，
1912~1954）⑥与柯尔莫哥洛夫⑦的相关研究。其中柯尔莫哥洛夫的复杂
性概念奠定了算法信息论的逻辑算法基础。美国发明家所罗门诺夫（Ray
Solomonoff，1926~2009）⑧与阿根廷裔美国数学家和计算机科学柴廷
（Gregory J. Chaitin，1947~　　）⑨，以及乌克兰裔美国计算机科学家列奥尼
德·列文（Leonid Anatolievich Levin，1948~　）⑩延续了算法方面的研究，
同时在计算机领域和信息领域都做出了先驱贡献。他们将信息大概理解
为程序的长度。

---

①　P. Godfrey - Smith，"Genes and Codes: Lessons from the Philosophy of Mind?" in *Biology Meets Psychology: Constraints, Conjectures, Connections*，V. Hardcastle（ed.），Cambridge: MIT Press，1999.

②　P. Godfrey - Smith，"On the Theoretical Role of Genetic Coding"，*Philosophy of Science*，Vol. 67，No. 1（March 2000），pp. 26 - 44.

③　P. Godfrey - Smith，"Information in Biology"，in *The Cambridge Companion to the Philosophy of Biology*，D. Hull and M. Ruse（eds.），Cambridge: Cambridge University Press，2007.

④　P. E. Griffiths，"Genetic Information: A Metaphor in Search of a Theory"，*Philosophy of Science*，Vol. 68，No. 1（September 2001），pp. 394 - 412.

⑤　N. Shea，"Inherited Representations are Read in Development"，*The British Journal for the Philosophy of Science*，Vol. 64，No. 1（2013），pp. 1 - 31.

⑥　A. M. Turing，"On Computable Numbers, with an Application to the Entscheidungs problem"，*J. of Math*，Vol. 58（november 1936），pp. 345 - 363.

⑦　A. N. Kolmogorov，"Three Approaches to the Quantitative Definition of Information"，*Problems of Information Transmission*，Vol. 1，No. 1（1965），pp. 3 - 11.

⑧　R. J. Solomonoff，*A Preliminary Report on a General Theory of Inductive Inference*，United States Air Force: Office of Scientific Research，1960.

⑨　G. J. Chaitin，"On the Length of Programs for Computing Finite Binary Sequences: Statistical Considerations"，*Journal of the ACM*，Vol. 16，No. 1（January1969），pp. 149 - 159.

⑩　L. A. Levin，"Universal Sequential Search Problems"，*Problems of Information Transmission*，Vol. 9，No. 3（1973），pp. 115 - 116.

在量子物理学领域，其中的量子信息理论是由热力学理论和数学哲学发展而来，而且其理论与计算机科学关系也非常密切。最早可以追溯到诺伊曼（John von Neumann）的研究。[①]之后雷代伊·米克洛什（Rédei，Miklós）[②]和米奥丽卡（Mioara Mugur – Schächter）[③]等人发展了诺伊曼相关的研究。安德烈亚斯·阿尔布雷克特（Albrecht Andreas）和菲利普斯（William Daniel Phillips）发展的量子信息论以量子物理学的研究为基础，认为量子涨落在宏观尺度上影响神经、生物和物理过程。宇宙是一个永久生成信息的过程。经典的确定性计算已经无法描述宇宙的结构。[④]量子信息论提出了量子比特概念，用复杂的高维向量空间表示量子位，意味着量子位不再是孤立的离散对象。量子比特可以处于叠加状态，即它们同时处于两种离散状态。量子比特波动，因此产生信息。此外，量子位元的量子态可以相互关联，即使信息载体在空间中相隔很远。这种现象被称为"量子纠缠"，这个理论打破了经典的局部性信息传递方式。

五　本体论与元哲学方向

很多关于信息概念的研究都涉及本体论。最早可以追溯到德国发明家，数字计算机之父康拉德·楚泽（Konrad Zuse，1945～1995），[⑤]之后还有提出"万物皆比特"（It from Bit）的美国理论物理学家，泛信息主义

---

①　J. Von Neumann, *Mathematische Grundlagen der Quantenmechanik*, Berlin：Springer，1932.

②　M. Rédei and M. Stöltzner（eds.）, J*ohn von Neumann and the Foundations of Quantum Physics*,（Vienna Circle Institute Yearbook，8）, Dordrecht：Kluwer，2001.

③　M. Mugur – Schächter, "Quantum Mechanics Versus a Method of Relativized Conceptualization", in *Quantum Mechanics*, *Mathematics*, *Cognition and Action*, Mioara Mugur – Schächter and Alwyn van der Merwe（eds.）, Dordrecht：Springer Netherlands，2003，pp. 109 – 307.

④　A. Albrecht and D. Phillips, "Origin of Probabilities and Their Application to the Multiverse", *Physical Review D*, Vol. 90, No. 12（December 2014）, pp. 1 – 7. https：//journals. aps. org/prd/abstract/10. 1103/PhysRevD. 90. 123514.

⑤　K. Zuse, "Calculating Space", original，1969，Rechnender Raum, Braunschweig：Friedrich Vieweg & Sohn, Translated，1970，Cambridge：MIT Technical Translation AZT – 70 – 164 – GEMIT, MIT（Proj. MAC）, Feb. English revised by A. German and H. Zenil，2012. https：//philpapers. org/archive/ZUSRR. pdf.

创始人约翰·惠勒（John Archibald Wheeler）[1]，提出"信息是与物质、能量同等地位的，宇宙的一种属性"[2] 的德国生物学家、哲学家、信息理论家汤姆·特德·斯托尼尔（TomTedStonier，1927～1999）以及施密德胡伯，与英国计算机学家、数学家、理论物理学家史蒂芬·沃尔夫勒姆（Stephen Wolfram，1959～ ），[3]，等等。信息哲学（邬焜，1981）[4] 也在本体论层面提出了独立的理论，而本书的核心思想：信息演化存在论更是对邬焜信息本体论的发展与延伸。

百科全书在元哲学方向上只提到了邬焜的信息哲学，并且没有再做详细的介绍和说明。其实约翰·惠勒与弗洛里迪等人的研究应该都在元哲学层面触及了信息问题，而邬焜的信息哲学做到了从元哲学的高度对信息问题进行详细深入的归纳与阐释。下一小节中将会对信息哲学的基础创新点与相关概念进行解析。

第六节　信息哲学基础创新点与相关概念解析[5]

在中国信息哲学创立和发展的过程中，邬焜的信息哲学具有一定的代表性，所以本节仅就其提出的若干最为基础的创新点、理论和相关概念予以简要阐明。下面概括若干基本观点和理论基本都可以在邬焜2005年出版的《信息哲学——理论、体系、方法》一书的相关篇章中找到。这里不再另加注释。

---

① J. A. Wheeler, "Information, Physics, Quantum：The Search for Links", in *Complexity, Entropy and the Physics of Information*, Wojciech H. Zurek（ed.），Boulder：Westview Press, 1990, pp. 309 – 336.

② T. Stonier, "Towards a new theory of information", *Telecom. Policy*, Vol. 10, No. 4（December 1986），pp. 278 – 281. https：//www. sciencedirect. com/science/article/abs/pii/0308596186900418.

③ S. Wolfram, *A New Kind of Science*, Champaign, IL：Wolfram Media, 2002.

④ 邬焜：《思维是物质信息活动的高级形式》，《兰州大学学生论文辑刊》1981 年第 1 期。

⑤ 本节内容原载于邬天启《信息哲学在中国的兴起》，载邬焜、［法］约瑟夫·布伦纳、王哲等著《中国的信息哲学研究》，中国社会科学出版社 2012 年版，第 49—56 页。此处有改动。

一　哲学高度上的广义"信息"定义

邬焜的信息哲学认为，在存在论领域，传统哲学有一个基本的信条：存在＝物质＋意识。正是基于这一信条，哲学家们才用物质与意识的关系来具体解读思维与存在的关系这一哲学基本问题。现代信息科学与信息哲学则揭示了一种区别于物质世界与意识世界的自在信息的世界，并且意识世界又是信息活动的高级形态。邬焜把"信息"定义为："信息是标志间接存在的哲学范畴，它是物质（直接存在）存在方式和状态的自身显示。"①

2020年，信息的"间接存在"理论又有了新的进展。邬焜又提出了拓展了的、能够包容所有信息形态的信息定义。具体表述为："信息是标志间接存在的哲学范畴，它是物质（直接存在）存在方式和状态的自身显示、再显示，以及认识和实践主体对信息的主观把握和创造，其中也包括创造的文化世界。"②

（一）直接存在

就是物质。直接存在作为一个哲学范畴，它是从诸多其他所有的、具体的直接存在的形式中抽象出来的。直接存在的外延具有三个具体的层次：①直接存在物：实体和场；②直接存在方式（包括状态）：运动、时空、差异、层次、结构，等等；③直接存在关系（过程是事物纵向运动的关系）：相互作用、功能实效、物物转化、流变生成……直接存在的这三个层次的内容在本质上是一回事；在直接存在的领域里，物有它的方式，而方式又是物的；物和方式都在关系中存在，关系也同时就是关于物和方式的。

（二）间接存在

就是信息。信息是在表征、表现、外化、显示事物及其特征的意义上构成自身存在价值的。信息是它所表现的事物特征的间接存在形式。间接存在归纳起来具有三个方面：①关于事物自身历史的反应（包括曾

①　邬焜：《哲学信息的态》，《潜科学杂志》1984年第3期。
②　邬焜、王健、邬天启：《信息哲学概论》，西安交通大学出版社2020年版，第143页。

经发生过的与它物之关系）；②关于自身性质的种种规定，这些规定在其
展示的时刻是一种直接存在的过程，但是，在其未曾展示的时候还只能
是一种现实的间接存在；③关于自身变化、发展的种种可能性。这便是
关于事物历史、现状、未来的三种间接存在。这三种间接存在就具体凝
结在一个具有特定结构和状态的直接存在物中。

二 信息活动的三个基本形态和一个综合形态

邬焜把信息的基本形态区分为 3 种：自在信息、自为信息、再生信
息。在此基础上他又针对人类创造的文化世界，提出了一个三态信息综
合的信息形态——社会信息。

（一）自在信息

自在信息是客观间接存在的标志，是信息还未被主体把握和认识的
信息的原始形态。在这个阶段里，信息还只是以其纯自然的方式，自身
造就自身、自身规定自身、自身演化自身，从而展开其自身纯自然起源、
运动、发展的历程。信息场以及信息的同化与异化是自在信息的两种基
本形式。

（二）自为信息

自为信息是主观间接存在的初级阶段，是自在信息的主体直观把握
的形态。这个形态包括信息的被识辨（感知）和可回忆的储存（有感记
忆）两种基本形式。自为信息的达到必须借助于有感知和有感记忆能力
的特殊信息体（信息控制系统）。

（三）再生信息

人们对自然的能动的改造作用，是人脑对感知、记忆的信息可以通
过分析综合的加工改造，创造出新的信息，反作用于自然的结果。邬焜
把这个产生新的信息的过程定义为思维过程，把思维过程所产生的区别
于自在、自为信息的新的信息，定义为再生信息。再生信息是主观间接
存在的高级阶段，是信息的主体创造性的形态，概象信息（主体创造的
新的形象）和符号信息（主体赋予形式以意义）是再生信息的两种基本
形式。

（四）社会信息

就其本来的内容来讲，社会信息并不是一个独立的信息形态，它是在自在、自为、再生三态信息的关系中呈现出来的一种信息现象。在有人的意识参加的，人与自然、人与人的交互作用中，信息三态总是在人的类、人的类意识，人所依赖的自然环境这三者所构成的整体系统中统一着的。这个整体系统就是社会，在此社会中显示着的三态信息的统一就是社会信息。

三　信息的六种基本形式

针对信息的三种基本形态，邬焜又进一步划分了信息的以下六种基本形式。

（一）信息场

物体的相互作用是通过物体自身辐射或反射的中介粒子场来完成的。正是这个中介粒子场，载负着反映物体自身存在的方式和状态的信息。任何物体，一方面比较与其他物体具有无限差异性，另一方面作为物体本身，又存在着内部成分、结构、层次的无限差异性。由于这两方面无限差异性的存在，便使任何物体所产生的场都会具有相应的与其他物体所产生的场相区别的差异的结构、状态和特性，正是这个场的差异性与产生场的物体本身的差异性的相关对应性，使物体本身与他物、与自身无限差异的特质得以显现。正是这种场的无限差异的特性使物体本身的存在方式和状态显示了出来，外化了出来，从而，赋予了物质场携带产生这个场的物体的信息的能力。信息场，就其物体的自身存在性而言，是一物向他物转化时所发生的现象，是一个物质性的存在，但就其显示或表征着产生它的某物的形式特征和关系而言，它又是一种信息性的存在。这样场就在物质场和信息场的双重意义上获得了自身的存在论规定，一种既是物质体，又是信息体的二重化存在。

（二）信息的同化和异化

信息场一经在某物的基础上产生，就展开了信息自身的运动。当这个信息在其运动中作用于他物，并对他物产生了影响时，这就发生了信息的同化和异化现象。客观上，无论在无机界，还是在有机界，或是在二者之间，都普遍存在着物物之间的相互信息传递和接收。信息的同化和异化就是这种相互传递和接收所引起的结果。某物体（信源）扩散的信息为另一物体（信宿）所接收，对于某物体来说就是信息的异化过程，而对于另一物体来说则是信息的同化过程。

（三）信息的直观识辨

感觉是人类认识的第一个环节，完成的是人们对外界信息所显示的事物的简单属性的识辨。感觉和知觉统称为感知，其是人类将自在信息变为自为的被识辨的信息的过程。虽然，感知的信息传递过程伴有相应的物质活动（神经细胞膜内的电传导和神经细胞突触间的化学传导的活动），但是，我们完全有理由把感知看成一个信息活动的过程。因为：第一，感知识辨的是反映外界客体特征的外界客体的信息；第二，神经系统内部的载体的物质性活动并不在这一过程中被明确感知到，这些物质性活动仅仅作为相关信息活动的载体的活动方式而成立。

（四）有感记忆

记忆，则是信息储存和积累的一个过程，它是在感知的基础上进行的。任何记忆"痕迹"的建构，都是一个信息自在同化的过程。感知、思维、情绪、动作的活动信息，只有化为神经系统的内在结构和状态的特定"痕迹"才能被储存，但是，这些"痕迹"却并不为我们的意识明确把握，它所把握的只是呈现着的信息的内容。

（五）概象信息

如果在思维过程中创造出的是一个新的形象，那么，我们就把这一思维过程叫作形象思维过程，而把这个创造出的新的形象叫作概象信息。

（六）符号信息

符号信息是认识主体赋予具有某种特定形式的模式以人为规定的意义的信息形式。随着概象思维的进一步抽象化产生了语言，也就是产生了符号信息。符号信息在原始的初态中，它还只是一种偶然的、个别的东西，它还不能形成自己的思维。只有当这些符号信息不仅在量上达到一定程度，而且在质上显示出它们之间的多方面的关系时，人们才有可能产生抽象思维。真正意义的抽象思维，恰恰不在于个别、偶然的符号信息的显现，而在于符号信息的合乎逻辑的推演。

四　信息的三个不同性级的质

邬焜区分了信息的三个不同性级的质。

（一）信息第一性级的质

这一性级的质是直接存在的一级客观显示，亦即一级客观间接存在。通常，我们直观感知到的正是信息第一性级的质所显示的内容。信息第一性级的质是不以人的意志为转移的，它的内容，比起我们所感知的方面要丰富、广泛得多。我们所感知的仅仅是信息第一性级的质的部分，而不是全体。这个感知部分所能达到的程度是由我们的感知能力所制约的。

（二）信息第二性级的质

这一性级的质是直接存在的多级客观显示，亦即多级客观间接存在。这一部分的信息内容是不能被我们直观感知简单把握的，要把握这部分信息，就必须进行某种类似于翻译和挖掘的工作。在这里，信息第一性级的质被看作映射着第二性级的质的内容的编码信号。人们对这方面信息内容翻译和挖掘的丰富性和深刻性，直接依赖于主体内先已建构起来的认识结构的状况，即对信源物本身凝结的信息的经验程度。由此便不可避免地造成了信息第二性级的质相对于不同的认识者，在同一性级质的范围内也必然具有相对认识的差异性。

（三）信息第三性级的质

当意识的能动作用，对信息在相互关系中的属性考察，不是以客观为准绳，而是以主观为规定时，信息就具有了第三性级的质的意义。信息第三性级的质借助于信息第一性级的质，但又与信息第一性级的质所反映的信源物本身的内容无关。信息第一性级的质只作为一个代号、一个主观信息赖以传递的媒介（中介）。如：语言、文字，它的第一性级的质是它的声或形，而它的第三性级的质却是人们相互规定给它的意。如果对某种语言或文字不通，那么，你就只能接收它的声或形，而不能明了它的意。信息第三性级的质是人类认识赋予信息的一个崭新的创造性的主观关系的质，它使人们有可能在认识中将外界信息普遍抽象化、符号化，从而纳入普遍的相互作用和关系之中。这个第三性级的质所揭示的信息的人为创造的关系，一旦通过人的劳动实践外化出来，就是对世界的创造。人的本质、意识的能动作用就在这个对世界的创造中显现了出来。

例：夜里，远处有亮光在闪动。

无经验者只能认识到信息第一性级的质：仅仅感知到亮光闪动的现象。

有经验者可以认识到信息第二性级的质：可以根据经验判断出是火光、灯光，或是荧光，光源的类型、强度、距离、高度、位置等。

事先约定者，并期待着这个闪光的信息接收者可以认识到信息第三性级的质：联络或传递情报等。

五　哲学认识论的信息中介论

邬焜认为，从物质到意识的过程是一个以自在信息为中介的信息活动过程。认识既然是一个主客体相互作用的过程，它就不应当仅仅是主客体这样简单的两极对立。既是过程，是相互作用，就应有它的过渡的、联系的环节，即中介。认识论要科学地再现认识的实际过程，就必须用概念的联系、转化和运动来描述这个过程，就必须有一个恰当规定这个过渡的环节，也是中介。而正是"信息"在多重意义、层次和尺度上构成了人的认识发生和过程展开的中介环节。这样，我们就引出了构成一个认识过程的三个基本要素（或称环节）：客体、信息、主体。同时，我们也得到了一个被信息所中介的主客体相互作用的崭新模式：客体—信息—主体。

哲学认识论的信息中介论具体分为两个方面。

一是认识发生的信息中介说。信息场是主客体联系的中介环节，认识主体的产生以及个体认识结构的建构都必须以信息凝结为中介，实践是主体的目的信息转化为客体的结构信息的过程（即主体信息的客体实现），认识是一个以信息为中介的信息活动过程。

二是认识过程的信息建构或虚拟说。信息在差异关系中被识别（无论是信息显示方式还是主体把握信息的方式都是某种差异关系的对应性转换），主客体间没有直接的接触，被多级中介的认识（其中介因素最起码包括信息场、主体生理结构、主体认识结构、物化中介工具），在中介中建构的认识（中介因素对客体信息的选择、变换、复合和重构），在建构中虚拟的认识（包括认识的形式和某些内容方面的虚拟）。邬焜还进一步把这样的一种认识机制简单概括为："凭差异而识辨、依中介而建构、借建构而虚拟。"

六　物质和信息双重存在与双重演化的理论

信息哲学强调普遍差异的事物之间的相互作用构成了事物运动、变化和演化的过程。在这一过程中，呈现出时空互化、信息凝结、全息映射的复杂性特征。正是相互作用所实现的双重演化效应，将事物的存在方式二重化了，即所有的事物都是直接存在和间接存在的统一，都既是物质体又是信息体。任何事物都以其演化生成的结构编码着关于自身历史、现状和未来的多重关系的信息。任何事物都以其演化生成的结构编码着关于自身历史、现状和未来的多重关系的信息。正是这一双重演化的理论，从根本上改变了科学和哲学的时空观念。牛顿的绝对时空观和爱因斯坦（Albert Einstein，1879～1955）的相对论时空观都是关于时空割裂的简单性静态时空观。由于将演化和信息的观点引入了对时空结构关系的考察，我们便可以在结构生成的信息凝结的意义上来揭示时间和空间的具体的内在融合的复杂性关系：相互作用中的时空转化、时空转化中的信息凝结，以及由此导致的时间的空间化和空间的时间化。

在这一复杂演化过程中存在着物质形态和信息形态的双重演化效应（如表1.1）。

表1.1　　　　　　　　　　**物质信息双重演化效应**

	物质形态的演化效应	信息形态的演化效应
第一方面	物自身的一种直接存在的样态向另一种直接存在的样态的转化	物自身的直接存在向间接存在的过渡（通过派生信息场显示自身）
第二方面	中介物的产生和运动	相互作用物的间接存在的相互凝结（通过信息的同化和异化建立相互映射的对象性关系）
第三方面	物物间的联系、过渡和转化。	新的间接存在样态的建构（新的信息模式的创生）

七　信息创生及实践生产的理论

在双重演化的世界中，任何新的有序结构模式的创生都不可能是直接给予的，而只可能是在相关因素的相互作用中综合建构出来的。可以说，自组织乃是新的信息模式创生的一般机制。从信息活动的尺度上考察，自组织现象具有如下基本特征：动态性——信息模式的持存和复杂化重组的建构；适宜的开放性——环境信息作用对自组织演化的必要性；长程相干和非线性——系统整体信息构架的建构；内随机性——要素的自主不确定性、系统整体信息模式的演化；内反馈——信息网络与全息建构性；复杂性——信息模式建构活动的全息综合性。从信息活动的尺度上同样可以揭示自组织行为的一般过程和发生机制：分化——原有系统信息关联的退耦；汇聚——新信息模式的探索；成核——信息密码子的创生；发育——信息密码子指示的信息反馈链环的遍历性建构；复制与扩散——信息模式的量的扩张；变异——信息模式的创新；选择与进化——信息模式的复杂化发展；新旧结构的交替——新的系统整体信息网络构架的形成。

能动地把握、利用、开发、创造和实现信息是人类社会的本质，而把握、利用、开发、创造和实现信息的间接化程度是社会进化的尺度。宇宙间的物质（包括质量和能量）是守恒的，而信息却不守恒。人们在生产活动中不可能创造和消灭物质，只能改变物体的特定结构和秩序。从最一般的意义上来讲，因为这种结构和秩序乃是一种信息的编码方式，而在此编码活动中所利用的物质材料则具有信息载体的意义和价值。所以，在生产活动中，人类创造的不是物质，而只能是信息（物的序的结构信息）。正是在这一意义上，人类生产和生产力的实质只能是信息生产和信息生产力。人类的社会生产是人类实践活动的最基本形式。我们可以从信息活动的角度对实践做出如下一个一般性的规定：实践是一个主体信息在客体中实现的过程，主体创造的一种信息（目的性）通过主体创造的另一种信息（计划性）实施的中介潜入客体，化为客体的特定信息结构被生产出来了。

八　信息价值与自然价值理论

物质和信息双重存在和双重演化的理论，以及信息认识论的相关观点和理论，为哲学的价值论研究提供了某种全新阐释的视角。这一全新阐释的视角不仅涉及对价值存在范围和价值本质及价值发生的具体机制的新认识，而且也涉及对物质价值、信息价值（包括意识价值）的全新理解，另外，还涉及对价值事实、价值反映、价值评价、价值取向、价值实现的诸多领域方面的全新阐释。

信息哲学针对以往的人本价值论传统重新定义了价值的概念："价值乃是事物（物质、信息，包括信息的主观形态——精神）通过内部和外部相互作用所实现的效应。"存在两类事实，一类是事物自身存在的事实（自存事实），另一类是事物在相互作用中所引起的变化过程和结果的事实（效应事实、价值事实）。天道价值（自然价值）高于人道价值（人本价值），天道价值是原生价值或本原价值，人道价值是次生价值或派生价值。物质价值、自在信息价值和精神价值（主观信息价值）乃是三类最为基本的价值形态。

人类的不同文明时代是以不同的信息处理、创制和传播方式为其技术前提的，正是计算机网络化信息处理、创制和传播的全新方式所导致的网络文化的诞生，奠定了新的信息社会文明崛起的技术前提。信息科技革命、信息经济、信息社会文明的崛起，以及社会的信息进化方式、虚拟现实对人类认知方式的改变和影响，等等，具体展示了信息对人类社会的发展与进步所具有的巨大价值。

九　信息思维理论

按照所揭示的理论范式的不同，邬焜将人类科学史上的科学革命划分为三次，并认为这三次科学革命相应实现了三次科学世界图景和科学思维方式的大变革。第一次科学革命迎来了实体实在论世界图景的科学实现，培植起了实体思维方式；第二次科学革命迎来了场能实在论世界图景的科学实现，培植起了能量思维方式；第三次科学革命迎来了信息系统复杂综合的世界图景的科学实现，培植起了信息思维的科学思维方式。信息思维从现存事物的结构组织和关系互动模式、演化程序和生成过程模式中去把握和描述事物的本质、特点和属性，将现存事物的结构、关系、程序、过程作为信息的载体或符码，并由此破译出其中蕴含着的关于事物历史状态、现实关系、未来趋向的间接存在的内容、意义和价值。另外，信息思维还将现实对象物和信息再行人为符号化，并赋予其特定的代示关系。

在这种信息思维下，信息哲学提出了复杂信息系统科学纲领：任何事物都是一个关乎其环境的系统性的存在，要确定某一理论或学科的性质和范围，就有必要将其放到一个更大的人类知识体系中。

复杂信息系统科学纲领乃是一个更为综合的科学研究纲领。它更着重于强调系统的内随机性、要素的自主性，以及系统与要素、系统与环境的既相互依赖又相对独立的特征，从而把"还原论"和"整体主义（涌现论）"、"决定论"和"非决定论"、内随机性和外随机性、内反馈和外反馈、要素和整体关系网络、质—能因素和信息因素辩证地统一起来。

于是，复杂信息系统科学纲领可以对系统进化的自组织特征和机制予以较为全面而综合的说明。复杂性乃是建立在对自组织行为的其他诸多基本特征有机综合基础之上的、自组织行为所具有的一个更为本质而基本的特征。

系统要素的自主运动以及要素之间、要素与系统整体之间的随机互动必然会导致多层级的、多向的、复杂的内反馈环路，正是这诸多层级的、复杂的内反馈环路活动进一步相互连锁所形成的整体性信息网络系统，构成了系统内部的整体非线性相互作用发生的机制，也正是在这一特定信息网络体系的意义上，系统的整体性有理由被看成一个特定的关系网络。正是这一包含多层级的、复杂的内反馈环路的整体信息网络系统，导致了系统内在要素的整体协存共变性，运作机制的微观动态性、不确定性，以及系统与要素的双向建构与双重新质的超越。同时，这就是系统整体新质涌现的全息映射与建构。信息活动本身十分复杂。正是基于此，我们才有理由说复杂信息系统科学纲领可能为当代科学研究提供某种最基础性的、具有核心理论意义的理论范式。

十　信息哲学与哲学转向问题

信息哲学认为：哲学理论的创新并不简单在于其关注的问题领域或其涉及的学科范围的转换，而更在于其固有的基本领域中的相关论域、观点、理论内容的推陈出新。在哲学研究中，存在论、认识论、方法论、语言论、实践论、价值论、生存论应当是统一的。

迄今为止的所有哲学理论、所有哲学派别所阐释的理论都是根植于其对一般存在领域范围的理解以及其对人与对象关系的理解的基础之上的。这一理解方式主要是围绕物质和精神的关系、主体和客体的关系展开的。不同哲学理论、不同哲学派别的区别仅仅在于或将这两种关系中的某些方面予以拒斥或悬置，或强调这两种关系中的对立项的某一方面的更为重要的主导性地位，某些较为极端化的理论则是把精神或主体中的某些活动要素和活动方式推崇到了绝对至上的地位，因而呈现出绝对化、片面化和简单性的特征。如，哲学的认识论转向的主要特征是将认识活动中的主体认识形式的参照维度予以了特殊张扬，实践哲学是将主体实践活动的维度予以了特殊张扬，语言哲学是将思维活动的符号载体的形式和逻辑的地位予以了特殊张扬，而现象学则是将主体意识中的意向性因素予以了特殊张扬。

如此看来，迄今为止人类哲学理论的发展虽然在某些研究领域中实现了研究重点和关注问题的转换，但是在其存在论和认识论的根基上却从未实现过任何根本性改变，这就是对物质和精神的二元对立关系、对主体和客体的二元对立关系的基本性承诺和具体化解读。依据这一分析，迄今为止，人类哲学的发展从未发生过真正意义上的根本性的理论转换。由于把信息概念作为哲学的最基本概念之一引入哲学，信息哲学阐明了一种全新的存在领域分割模式，从根本上改变了哲学基本问题的具体表述方式。综上所述，我们可以说信息哲学实现了人类哲学的第一次根本转向，并因而导致了人类哲学的全方位的根本性变革。[①]

---

① 邬焜：《哲学基本问题与哲学的根本转向》，《河北学刊》2011 年第 4 期。

第 二 章

中国信息哲学研究的发展历程[*]

10 年前，我们把 20 世纪 70 年代末到 21 世纪前 10 年，这三十多年的中国信息哲学的研究历程分为三个阶段：①

1. 20 世纪 70 年代末到 80 年代的探索与创立期；

2. 20 世纪 90 年代的退潮和深化研究期；

3. 21 世纪 10 年来的成熟发展和被再度关注期。

十年后，由于信息哲学的研究更加繁荣和深化，所以应该重新总结这个问题。回顾历史，当代的中国信息概念与信息哲学研究大致分为了五个阶段。

第一个阶段是科学上的信息概念的引入期，时间大致位于 20 世纪 50 年代至 70 年代末。从 1948 年科学上的"Information"概念被香农和维纳同时做出了被学界普遍公认的定量描述之后，中文的信息概念也在 20 世纪 50 年代被一些科学工作者翻译，并将相关思想介绍到了中国。但这个概念在中国学术界一直酝酿了近 30 年才开始迎来国人对其概念自主探索的时期。

第二个阶段是信息概念自主探索与创立期，时间大致位于 20 世纪 70 年代末至 80 年代。随着一些西方信息学科相关研究的引入和介绍，信息

---

* 参见邬天启《信息哲学的诞生和发展》，《情报杂志》2019 年第 5 期。

① 邬焜、靳辉、邬天启：《中国信息哲学研究的三个阶段》，《西安交通大学学报》（社会科学版）2011 年第 5 期。

作为一个全新的概念，在中国学术界掀起了一场对信息问题进行哲学探讨的浪潮。中国关于信息概念的研究非常多，很多学者都有相应的宝贵成果。

第三个阶段是信息研究退潮和深化研究期，时间大致位于 20 世纪 90 年代至 20 世纪末。与信息哲学相关的论文虽然增多，但独立研究的热潮有所减退，除少数学者仍在坚持该领域的深化研究之外，当年热衷于此领域的大量学者的研究兴趣都转移到了此领域之外。增多的论文则主要为介绍西方的信息思想。

第四个阶段是信息研究成熟发展和复苏期，时间大致位于进入 21 世纪第一个 10 年。随着国外学者明确提出信息哲学的研究方向，国外在该领域研究的相关成果开始被介绍到中国。从而又引发了中国学术界关于信息哲学的新的探讨热情。而且国内一批从 20 世纪 80 年代开始研究信息哲学的学者都推出了成熟的理论体系。

第五个阶段是信息研究的国际化与团队化发展时期，时间大致为 2010 年以来至今。这个时期最明显的一个特点是，中国的信息哲学相关研究引起了世界范围的关注。大量的东西方学者展开了合作研究与对话争鸣。这正是中国学术开放的一个鲜明例证，也是中国信息哲学发展的一个新纪元。

第一节　中国信息哲学研究的第一次繁荣期①

一　中国的信息概念

"信息"一词在我国出现得很早，早在 1000 多年前唐朝诗人杜牧（803～约852）就在《寄远》一诗中写道：

> 塞外音书无信息，道傍车马起尘埃。
>
> （虽然道路旁车马卷起了尘土，可是，我所盼望的塞外的音信还

---

① 本节部分内容已发表，见邬天启、靳辉《信息哲学在中国的兴起》，《江南大学学报》（人文社会科学版）2010 年第 5 期。

是没有传来。）

之后，南唐诗人李中（约 920～974）在《暮春怀故人》一诗中也写道：

> 梦断美人沉信息，目穿长路倚楼台。
> （我的知已没有一点消息，连梦也梦不见他们。每天倚坐楼台上，远望着漫长的路，希冀有朋友到来。）

宋代词人李清照（1084～1155）也在《上枢密韩公、工部尚书胡公》中写道：

> 不乞隋珠与和璧，只乞乡关新信息。
> （不想要如"隋侯之珠"或"和氏璧"这样的一切奇珍异宝，只想求得有关故乡的新消息）

清朝作家曹雪芹（约 1715～1763）在《红楼梦》第 16 回里，曾写道管家赖大有这样的话语：

> 小的们只在临敬门外伺候，里头的信息（情况、状态、事态）一概不能得知。……

因为《红楼梦》中的语言表达尽量尊重和还原了当时人们的语言习惯。所以，从"信息"一词可以如此自然地从身为平民的管家赖大的口中说出，可以看出这个词在当年的使用已经相当普及了。

我们可以发现，信息一词很早就具有了现代口语中的含义，有消息、讯息、情况、状态等多重含义。但当我们分析古代中国的"信息"一词的使用习惯时，会得出三个尤其重要的推论。

首先，在杜牧的诗中，将"音、书"与"信息"几个概念采取分开表述。说明古代或许已经意识到声音、书信仅仅是"信息"的载体，并不是信息本身。信息是这些事物中承载的东西，而且承载信息的载体也表现出了可多载体转换的复杂性。

其次，从李清照所写的"新信息"的这一表述中我们还可以发现，在当时中国语境中的信息一词就具有普遍描述事物状态的内涵，而不是像西方科学对信息定义中"消除的不确定性"或"负熵"这样的定义，仅仅强调新产生的信息，或是陷入一种将信息差定义为信息的传统误区。

最后，如果说杜牧、李中、李清照等人所说的信息都偏向于消息或讯息的意思的话，那么从《红楼梦》中的那段表述中，我们可以发现，信息也可以具有情况、状态、事态甚至现象的含义。那么在中国古代，信息概念的含义就已经具有了非常强的包容性，并天然具有类似信息哲学中广义信息概念的潜力。

我们可以发现，在这些古代的作品中，因为信息概念的使用方式与前文中提到的斯坦福百科全书信息词条中总结的西方"Information"概念的口语方向上的含义非常接近，所以从翻译上来说，中文与西文中的信息（Information）概念不仅贴切，而且中国的"信息"概念天然就具有一种更包容、更广义的品格。这也决定了这个概念在中西翻译、传播和理解上的畅通以及信息哲学在中国深化和发展的可能。

二　科学上的信息概念的引入期（20世纪50年代至70年代末）

"信息"这个由西方科学中的"Information"翻译而来的中文概念最开始是由中国一批科学工作者传播开来的。中国知网中有记录的国内最早公开发表的关于信息论的论文是在1956年。由中国科学院毕德显（1908～1992）院士在《电信科学》杂志上发表了一篇名为《介绍信息论》的论文。在这篇论文中他将香农的信息概念传播到了中国，并做出了自己的中国化解释：

> 信息是：在得到消息之前对于某一事件无知的程度（减去）得到消息之后对于同一事件无知的程度。①

---

① 毕德显：《介绍信息论》，《电信科学》1956年第5期。

但从毕德显在论文中的引用资料来看，这篇论文并不是最早的关于西方信息论的论文。但限于知网收录的中文文献年代，1956 年之前的文献已难以搜集。但是从 1956 年后的文献来看，中国有多个科学类杂志都出现了与信息论相关的文章。从 1956 年到 1978 年在《电信科学》和《电子计算机动态》等杂志上与科学的信息论有关的论文有几百篇。这些论文基本都是关于科学上的信息研究，而且多为翻译介绍国外科学上的研究成果。偶然也有几篇关于信息概念哲学上的研究，但也是翻译自国外学者，尤其是苏联的学者。比如由童天湘翻译的 H. 茹科夫的《反映、信息和意识过程的相互关系》一文。①

"文革"结束，我国大学恢复正常招生，对外改革开放政策的实施无疑给中国人民的思想带来了空前的解放。在当时的中国，大学的哲学系教学呈现着一种矛盾的景象：一方面是教育科目和内容的保守和僵化，另一方面则是赢得了高校学习机会的大学生们的高昂学习热情和踊跃自由探讨的风气。

1978 年 9 月，仅仅具有初中二年学历，在"文革"时期先后当过农民、军人和工人的邬焜，考入了兰州大学哲学系就读本科。邬焜一直对人文学科有很强的兴趣，从 1969 年就开始进行诗词创作。陕西词人，词学家月人（原名张君宽，1956~　）对他的诗词作出高度评价。②入读兰大后他开始初涉哲学，邬焜深深被哲学的抽象思维逻辑的力量所吸引。邬焜开始意识到，哲学是一门最能让人的精神自由驰骋的学问。也正是在这个时期中国多位学者开始关注"信息"这个全新的研究领域。

总之在这个时期，信息的科学概念被翻译引入了国内，但关于信息概念的哲学探讨很少，并且缺乏国人自主探讨的学术成果。不可否认的是，也正是由于这个时期西方信息概念的引入才为中国信息哲学的研究奠定了基础。

---

① ［苏联］H. 茹科夫：《反映、信息和意识过程的相互关系》，童天湘译，《国外社会科学》1978 年第 4 期。
② 月人：《诗文集序二篇》，《陕西广播电视大学学报》2012 年第 2 期。

三　信息概念初步自主探索阶段（20 世纪 70 年代末至 80 年代）

经过了近 30 年的积淀，在西方学者对于信息初步的研究成果经过翻译传入国内的相关背景下，在我国学术界，建立一种全新的时代哲学——信息哲学的呼唤应时而生。如果从我国学者对信息的哲学问题的关注算起，其实已有 40 多年的历史。前文中也提及，早在 20 世纪六七十年代我国学者就开始译介和分析苏联和东欧国家的一些学者的信息哲学相关研究成果。但是，最早的真正属于我国学者独立提出的关于信息哲学本质的观点是钟义信（1940～　　）教授在 1979 年发表的一篇题为《信息科学》的论文中提出的：

> 事物存在的方式或运动的状态以及这种方式/状态的直接或间接地表述。①

自此，在中国学坛上一时间涌现了大量的讨论信息问题的学术论文，其中关于信息科学中的哲学问题和信息哲学的基本理论的论文占有很大的比例。在当时发表的成果中，最有影响的学者有钟义信教授、黎鸣先生、邬焜教授、刘长林研究员等。

1980 年春，时值大学二年级的邬焜，在系统学习了马克思主义哲学和自学了黑格尔的相关著作之后，开始思考一个问题：怎样把物质和精神的关系描述为一个过程。在当时的教科书体系中，"物质和精神的关系问题"也是德国思想家、哲学家、革命家弗里德里希·冯·恩格斯（Friedrich Von Engels，1820～1895）所提出的哲学基本问题"存在与思维的关系问题"的一种具体化的表述形式。

在黑格尔那里，事物矛盾对立的两极是通过中介相互联系、作用和转化的，仅仅是两极对立不可能展开事物的运动，要描述事物运动的过程就必须有中介。受黑格尔辩证法的中介论的启发，邬焜开始意识到，从物质到精神，或从精神到物质不可能直接过渡，必须有其相互联系、

---

① 钟义信：《信息科学》，《自然杂志》1979 年第 3 期。

作用和转化的中介。而这个中介必须是一个不同于物质和精神的东西，针对这一个中界环节，在哲学上就应该提出一个新范畴，而这个新范畴也应当与物质和精神处于同一层级。

在进一步的学习和思考中，邬焜逐步关注到了科学中的"信息"概念。萌生了将这一概念升华为哲学的基本范畴，并用以描述物质到精神，或精神到物质的中介环节。

1980 年夏，邬焜完成了他第一篇哲学学术论文：《思维是物质信息活动的高级形式》，1981 年发表。① 该文从哲学的高度提出了如下几个方面的观点和理论：

1. 把信息定义为"物质存在方式和状态的显示"；

2. 区分了信息活动的三个基本形态（自在信息、自为信息和再生信息）；

3. 提出了与三个基本形态相对应的五种基本形式（信息场、信息的同化和异化、信息的直观识辨、概象信息和符号信息）②；

4. 人类的感知、记忆和思维活动是物质信息活动的高级形式；

5. 从物质到精神的过程是一个以自在信息为中介的信息活动过程。

可以说正是这篇论文所提出的观点使信息作为哲学范畴引入哲学成为可能，并从而奠定了信息本体论和信息认识论的基本前提。

通过这篇论文的写作，邬焜已经清晰地意识到，科学而合理地在哲学的层面阐明精神与物质的中介将会给人类哲学的发展带来整体性、全方位的根本性变革。

1981 年春，邬焜写出了第二篇关于信息哲学的论文：《信息在哲学中

---

① 邬焜：《思维是物质信息活动的高级形式》，《兰州大学学生论文辑刊》1981 年第 1 期。同年，邬焜参加了甘肃省自然辩证法研究会首届学术研讨会，并作大会报告。

② 在邬焜后续的研究中，信息的定义被进一步表述为："信息是标志间接存在的哲学范畴，它是物质存在方式和状态的自身显示。"关于信息形态，邬焜后来又补充了"社会信息"这一综合形态和"有感记忆"的形式。

的地位和作用》①。文中初步而明确地给出了信息的哲学定义，区分了信息的三种形态和三个不同性级的质，纲领性地指明了信息在哲学本体论和认识论中的地位和作用。

1981 年秋，邬焜写出了第三篇关于信息哲学的论文：《哲学信息的量度》②。文中建立了绝对信息量和动态相对信息量的数学模型，并对香农"静态相对信息量"进行了分析和评价。

钟义信之后又在本体论意义和认识论意义上给出了信息定义体系，并认为现有的各种信息定义都可以归纳在这个定义体系之中；而且基于这个定义体系，他还给出了信息测度的体系，指出现有的各种信息测度都是这个测度体系中的一些特例。③

黎鸣于 1984 年发表了两篇比较有影响的论文：《论信息》④ 和《艺术、科学、信息和哲学》⑤。他在这两篇论文中写道：

> 改革的时代，必然要求有改革的哲学。
> "信息时代"必然产生出"信息的哲学"。

黎鸣努力尝试建立一种新的哲学——信息哲学。黎鸣注意到，力和信息都可以在两个对象之间传输，于是他将二者进行了比较，并得出了力和信息均属于物质的相互作用范畴的结论。他把信息定义为物质的普遍属性，并认为：

> 信息在它所属的物质系统中同任何其他物质系统全面相互作用（或联系）时，信息代表了以质、能、波动的形式所呈现的结构、状

---

① 邬焜：《信息在哲学中的地位和作用》，《潜科学杂志》1981 年第 3 期。（《潜科学杂志》发表的该文有删节，仅有 2000 字，该文原文有 5000 余字）。同年，邬焜参加了甘肃省自然辩证法研究会首届学术研讨会，并作大会报告。

② 邬焜：《哲学信息的量度》，兰州大学科学论文报告会报告论文，兰州，1981 年 10 月。

③ 钟义信：《论信息：它的定义和测度》，《自然辩证法研究》1986 年第 5 期。

④ 黎鸣：《论信息》，《中国社会科学》1984 年第 4 期。

⑤ 黎鸣：《艺术、科学、信息和哲学》，《读书》1984 年第 12 期。

态和历史。①

1985 年，刘长林提出：

> 可以在哲学上把信息理解为被反映的事物属性，或反映出来的事物属性。客观存在的事物属性是产生信息的本源，没有多种多样的事物属性，就没有信息。②

1982 年 4 月，凭借之前提到的三篇论文作为基础，邬焜完成了题为《哲学信息论》的著作，并以此书作为他在兰州大学哲学系就读 4 年的本科毕业论文。

1984 年发表的两篇论文《哲学信息的态》③ 和《哲学认识论的信息中介论探讨》④ 反映了该书的部分内容。

1985 年，该书的纲要《哲学信息论要略》⑤ 一文发表，1987 年，该书以《哲学信息论导论》的书名出版。⑥

在该书的"引论"中，邬焜明确强调：

> 有必要建立一门对信息进行哲学探讨的"哲学信息论"。"哲学信息论"至少要完成两方面的任务：一方面，它要对现有的各门具体科学中的信息论给以总结、概括和抽象，使这些实用信息论（且允许这样把它们和哲学信息论相区别）得到哲学的升华和提高，另一方面，由于信息概念在哲学中的引入，也必将改变哲学本身的体系和结构。⑦

---

① 黎鸣：《论信息》，《中国社会科学》1984 年第 4 期。
② 刘长林：《论信息的哲学本性》，《中国社会科学》1985 年第 2 期。
③ 邬焜：《哲学信息的态》，《潜科学杂志》1984 年第 3 期。
④ 方元（邬焜曾用笔名）：《哲学认识论的信息中介论探讨》，《兰州学刊》1984 年第 5 期。
⑤ 邬焜：《哲学信息论要略》，《人文杂志》1985 年第 1 期。
⑥ 邬焜、李琦：《哲学信息论导论》，陕西人民出版社 1987 年版。
⑦ 邬焜、李琦：《哲学信息论导论》，陕西人民出版社 1987 年版，第 2 页。

中国的信息研究有逐渐形成一种合力的趋势，这个趋势预示着多年孕育着的一门新的时代哲学——信息哲学的诞生。[①]

在"引论"中邬焜还明确指出：[②]

更重要的是要用自然科学的新成就变革哲学本身。

人们把哲学比作"科学之王"，如果哲学不能及时有效地对科学加以总结和指导，它就会"王冠落地"，反对科学所嘲弄。

如果从学士毕业论文提交的日期算起，邬焜创立信息哲学的时间应该是 1982 年，如果从成果内容公开发表的时间算起，邬焜创立信息哲学的时间应该是 1985—1987 年。

在《哲学信息论导论》一书较为系统而全面地探讨了信息的哲学本质、信息的哲学分类、信息的三个不同性级的质、绝对信息量和相对信息量、信息与劳动和实践、信息与反映和意识、信息与现象、信息与中介、信息与社会进化等诸多方面的问题，并提出了哲学本体论的概念层次论和哲学认识论的信息中介论。该书还通过对力的哲学和信息的哲学的比较研究，具体阐明了信息在哲学变革中的非凡作用。

该书包括一个"引论"、三编（十一章）。在"引论"中邬焜具体区分了实用信息论和哲学信息论的学科层次和问题域的范围，强调指出了一门新的时代哲学——信息哲学诞生的必然性，并具体探讨了信息的哲学本质。

该书"第一编　信息的态"，包括一至四章："第一章　自在信息""第二章　自为信息""第三章　再生信息""第四章　社会信息"。

该书"第二编　信息的质和量"，包括五至七章："第五章　信息的质""第六章　绝对信息量""第七章　相对信息量"。

---

① 邬焜、李琦：《哲学信息论导论》，陕西人民出版社 1987 年版，第 3 页。

② 邬焜、李琦：《哲学信息论导论》，陕西人民出版社 1987 年版，第 4 页。

该书"第三编　信息在哲学中的地位和作用"，包括八至十一章："第八章　信息与诸哲学范畴的关系""第九章　哲学本体论的概念层次论""第十章　哲学认识论的信息中介论""第十一章　信息在哲学变革中的作用"。

该书出版后，国内学界同人给予了高度评价。相关评价认为：

（该书）是试图使哲学现代化的一种新探索//揭示了传统哲学未曾发现的一个新领域//给哲学带来了一场新的革命。①

（邬焜的研究是）对信息问题的一种创造性的探索//（依据他的研究）信息问题就会扫除笼罩在它上面的层层迷雾，成为可以理解并必须迫切加以哲学概括的东西了。②

《导论》以其特有的探索性、创造性的开拓价值，在信息—哲学界展示出一种全新的理论空间而独树一帜。③

为信息作为基本范畴进入哲学和哲学的变革提出一种积极的方案。④

（该书）为人们提供了一个用信息的观点看世界的新的世界观//（是）建立信息哲学的大胆尝试//作为国内第一本有较系统体例的信息哲学专著，具有一定的独创性、开拓性。⑤

（此书是）信息哲学正式创立的标志//此书的内容为之后 20 多年他所从事的相关研究奠定了深层级的、最基本的观点、理论和方法。⑥

---

① 成一丰：《一本勇于探索的哲学新著——〈哲学信息论导论〉述评》，《陕西社联通信》1987 年第 3 期。

② 陈刃余：《理想在探索中闪光》，《情报·科研·学报》1987 年第 4 期。

③ 张海潮：《开拓性的全新探索——〈哲学信息论导论〉简介》，《博览群书》1988 年第 6 期。

④ 刘啸霆：《简介〈哲学信息论导论〉》，《自然辩证法报》1989 年第 16 期第 4 版。

⑤ 丛大川：《建立信息哲学的大胆尝试——〈哲学信息论导论〉评价》，《情报·科研·学报》1990 年第 3 期。

⑥ 袁振辉：《信息哲学理论、体系和方法的全面阐释——〈信息哲学——理论、体系、方法〉评介》，《江南大学学报》（人文社会科学版）2006 年第 6 期。

由于《哲学信息论导论》的出版，相关报道称邬焜为："信息哲学的探索者。"①

《哲学信息论导论》是一颗种子，是一套基因，它全息蕴含着一个全新的时代哲学——信息哲学的基本信息。在之后的相关研究中，这套基因所编码的相关信息内容得以逐步展示，并且构成了信息哲学的深化和发展研究的历程。

由于当时信息概念研究的热潮，还有很多学者也提出了他们自己对于信息概念的理解。很可惜的是，这些学者或者是给出的定义缺乏创新性，或者是并没有在信息哲学领域做出后续更深入的研究。

1980 年，周怀珍认为：信息刻画了系统有序化过程，它深刻地揭示了一切事物进化发展的本质，反映了同热运动相反的一切自然过程。由此而拓展了更广泛的信息含义：

> 信息是任何一个系统的组织性、复杂性的量度，是有序化程度的标志。……从广义上说，信息是指客观世界中一切过程发生变化的内在联系，是物质系统互相联系、互相作用的组织化形式，这种组织化形式在系统的运动过程中表现为有序性。……从最一般的意义上来理解，它是物质和能量在空间和时间中分布的不均匀程度。这种分布的状态可以看作物质系统排列组合的有序化形式，也可以是不同物质系统之间互相联系的一种组织形式。②

1980 年，南昌教育学院的钟焕慊教授在《信息与反映》一文中论述了信息与反映两个概念的内涵与关系，他总结了四点：

1. 反映的直接成果是形成映象；
2. 映象是物质信息的间接合成；

---

① 李文德：《信息哲学的探索者——记陕西机械学院年轻副教授邬焜》，《陕西日报》1987年 12 月 30 日，第 3 版。

② 周怀珍：《信息方法的哲学分析》，《哲学研究》1980 年第 9 期。

3. 信息是主观与客观的媒介；

4. 反映的全过程包括了信息的输入、存储、译制与合成。①

1987 年，沈阳师范学院的王振武（1960～ ）提出了他的选择哲学，他提出：

信息是主体对多样性消息的选择。②

1988 年，兰州大学的戴元光（1952～ ）教授提出：

信息是物质运动的一种存在形式，它是以物质的属性或运动状态为内容，是物质运动的一种反映，它的传播或储存借助一定的物质作载体。③

1989 年，著有《广义信息论》的长沙大学的鲁晨光教授认为：

信息是被反映的特殊性。④

1989 年，西安交通大学的湛垦华（1938～ ）教授、西安建筑科技大学孟宪俊（1933～ ）教授等人提出：

信息是系统结构内部及其与外部环境间各类差异的一种相互协调作用方式。⑤

在这一时期的探索中，中国学者提出了大量的关于信息哲学问题的

---

① 钟焕嬾：《信息与反映》，《哲学研究》1980 年第 12 期。
② 王振武：《反映 选择 信息》，《中国社会科学》1987 年第 1 期。
③ 戴元光：《传播学原理与应用》，兰州大学出版社 1988 年版，第 14 页。
④ 鲁晨光：《论信息守恒》，《科学技术与辩证法》1989 年第 3 期。
⑤ 湛垦华、孟宪俊等：《信息、结构与系统自组织》，《社会科学研究》1989 年第 5 期。

讨论，更多的内容集中于信息的哲学本质、信息存在和产生的方式、信息的哲学分类，以及信息认识机制等领域的探讨。

四　信息研究退潮和深化研究期（20 世纪最后 10 年）

进入 20 世纪 90 年代之后，信息概念的自主创新式研究开始进入一段衰退期。在 20 世纪 80 年代涌现的大量相关成果中，重复性研究的内容占了很大比例。更多的成果是一种时髦的炒作。当表面的东西被反复炒作得毫无味趣之后，在哲学领域再继续深入探讨的难度开始加大。这样，当年热衷于炒作的研究过客开始逐步退出信息哲学的研究领域，这就导致了研究热浪的退潮。在这一时期，只有少数学者仍然坚持深化该领域的研究。除了钟义信、邬焜、黎鸣几位有研究基础的学者外，还值得一提的是南京大学沈骊天（1942 ~ 　　）教授也开始在该领域进行了卓有成效的研究。

沈骊天在他提出的信息进化论中对信息的定义做出了如下描述：

> 作为哲学范畴的信息是运动的质，即除去能量、运动量之外的运动属性。科学中的具体信息是哲学信息范畴的具体表现；当信息得到充分的物质、能量供应时，可以用它产生的有序性、熵减少来度量信息；当信息不能得到充分的物质、能量时，运动的有序性不足以代表信息。故一般而论信息并不等同于有序性，而是产生有序之能力。①

当然还有一些学者也讨论了信息的概念，但基本都是在如传播学、经济学、语言学这些相关人文学科的背景下讨论的。而并没有在信息哲学的系统框架中阐发信息的概念。比如 1990 年，中国人民大学沙莲香（1936 ~ 　　）教授在她的《传播学》一书中写道：

> 信息是物质和能量在时间、空间上具有一定意义的图像集合或

---

① 沈骊天：《哲学信息范畴与信息进化论》，《自然辩证法研究》1993 年第 6 期。

符号序列。①

1991 年，北京广播学院的苑子熙（1918～1992）教授在他的《应用传播学》一书中写道：

> 信息是泛宇宙存在着的一切事物的状态和多样性，它不依赖于是否被接收反映而存在。②

1994 年，北京大学冯国瑞（1936～　）教授提出：

> 可以从两个相互联系着的方面来理解信息。一方面，从本体论意义来说，信息是事物运动的状态和方式，它与物质紧密地相互联系又互有区别。另一方面，从认识论意义来理解，信息是认识主体所感受或所表述的事物运动的状态和方式。③

1997 年，中国科学院大学的李伯聪（1941～　）教授提出：

> 信息是多元关系的他在之物。④

1999 年，北京语言大学陈忠教授出版了他的《信息语用学》，他将"言语信息"定义为：

> 言语活动者（人或语言处理器）之间以语言符号为媒体进行沟通、消除不确定性因素，使得主体动机、目的得以实现的手段。⑤

① 沙莲香：《传播学》，中国人民大学出版社 1990 年版，第 19 页。
② 苑子熙：《应用传播学》，北京广播学院出版社 1991 年版，第 206 页。
③ 冯国瑞：《信息科学与认识论》，北京大学出版社 1994 年版，第 13—14 页。
④ 李伯聪：《赋义与释义：多元关系中的信息》，《哲学研究》1997 年第 1 期。
⑤ 陈忠：《信息语用学》，山东教育出版社 1999 年版，第 27 页。

在这十年，邬焜继续深入研究，出版了与信息哲学相关的著作数部，发表了与信息哲学相关的论文 100 余篇。

其中比较重要的著作有：

1. 邬焜：《信息哲学——一种新的时代精神》，陕西师范大学出版社，1989 年；

2. 邬焜：《自然的逻辑》，西北大学出版社，1990 年；

3. 邬焜：《信息世界的进化》，西北大学出版社，1994 年；

4. 熊先树、邬焜：《信息与社会发展》，四川财经大学出版社，1998 年；

其中比较重要的论文有：

1. 邬焜：《论自在信息》，《学术月刊》1986 年第 7 期；

2. 邬焜：《论自为信息》，《人文杂志》1986 年第 6 期；

3. 邬焜：《亦谈"力的哲学和信息的哲学"》，《社会科学评论》1986 年第 8 期；

4. 邬焜：《信息与物质世界的进化》，《求是学刊》1986 年第 6 期；

5. 邬焜：《存在领域的分割》，《科学·辩证法·现代化》1986 年第 2 期；

6. 邬焜：《论社会信息的三态统一性》，《社会科学》1987 年第 6 期；

7. 邬焜：《演化和全息现象》，《自然信息》1988 年 5—6 期；

8. 邬焜：《试论人的生理、心理、行为本质的全息统一》，《青海社会科学》1989 年第 5 期；

9. 邬焜：《认识：在多级中介中相对运动着的信息建构活动》，《长沙水电师院学报》1989 年第 3 期；

10. 邬焜：《演化和信息》，《求是学刊》1990 年第 4 期；

11. 邬焜：《物质和信息：统一而双重的世界》，《西北大学学报》1991 年第 2 期；

12. 邬焜：《主体信息活动的层次和层次间的相互作用》，《西北大学学报》1993 年第 3 期；

13. 邬焜：《论自然演化的全息境界》，《西北大学学报》1994 年第 2 期；

14. 邬焜：《相互作用与双重演化》，《内蒙古大学学报》1994 年第 2 期；

15. 邬焜：《"经济与信息"的科学》，《社会科学辑刊》1995 年第 3 期；

16. 邬焜：《哲学的比附与哲学的批判》，《中国社会科学》1995 年第 4 期；

17. 邬焜：《试论人的多维存在性》，《求是学刊》1995 年第 5 期；

18. 邬焜：《试论信息的质、特性和功能》，《安徽大学学报》1996 年第 1 期；

19. 邬焜：《一般价值哲学论纲——以自然本体的名义所阐释的价值哲学》，《人文杂志》1997 年第 2 期；

20. 邬焜：《科学的信息科学化》，《青海社会科学》1997 年第 2 期；

21. 邬焜：《信息生产和信息生产力》，《哈尔滨师专学报》1997 年第 3 期；

22. 邬焜：《试论人的信息化》，《青海社会科学》1998 年第 1 期；

23. 邬焜：《信息系统的一般模型》，《系统辩证学学报》1998 年第 2 期；

上述相关成果，一方面把邬焜在《哲学信息论导论》一书中提出的相关理论予以了深化和展开，另一方面又将研究的视域进行了拓展。

中国人民大学终身荣誉教授黄顺基（1925～2016）曾为邬焜的《自然的逻辑》一书作序，在该序中黄顺基对邬焜的信息哲学做出了评价。

他写道：①

> （邬焜的工作）在面临改革与开放的哲学研究中十分值得赞许，值得重视。信息范畴既然成为哲学的基本范畴，并且在物质和精神两大领域中占有一席地位，那么，通过物质、精神与信息三者的相互联系与相互作用来揭示客观世界的普遍发展规律，揭示人类认识的普遍发展规律，揭示人类改造客观世界的规律性，这将是哲学改革中的一个重要的突破口，其中有大量艰巨的工作等待着我们去做。邬焜同志在这个方向上迈出了可喜的一步，他提出了不少独到的见解，对现代自然科学的成果作出了他自己的分析与概括，全书的阐述是清楚的，逻辑结构是严密的。
>
> 勇于探索，迎接挑战，把马克思主义哲学与现代科学成果紧密地结合起来，这是邬焜同志在书中体现出来的主要精神，我们理应加以发扬，以便共同努力，担负起改革的时代中哲学的改革任务。

黄顺基还在后来发表的文章中对邬焜创立的信息哲学的基本思想进行了进一步的阐述。他写道：

> 20 世纪爆发出一场史无前例的信息革命，在科学发展史上出现了一个新的科学研究对象——信息。它和物质与能量并列为科学从而也是哲学的基本范畴。能量是物质的运动，它和物质不可分割；信息"是物质（直接存在）存在方式和状态的自身显示"。从信息的产生与发展的过程看，它呈现出四种不同的形态：本体论信息（自在信息）；认识论信息（自为信息、再生信息、社会信息），它向人们揭示出全新的世界图景，把传统哲学的物质世界与精神世界的划分推向物质世界与信息世界这一更加丰富多彩的划分；与此同时，和信息科学一道产生的信息技术极大地改变了人类社会的生产方式、

---

① 邬焜：《自然的逻辑》，西北大学出版社 1990 年版，"序"，第 1—2 页。

生活方式与认识方式。①

1991 年，中国社会科学院研究员何祚榕（1929～　）在《中国社会科学》上以"信息同物质与精神的关系的新揭示"为题对邬焜的《自然的逻辑》著作进行了介绍与评价：

> 邬焜的信息定义强调实物和能量是直接存在，是原形，而信息则是原形在他物中的间接存在，是影子。实物是从物体自身来说的，能量是从一事物作用于他事物的作用力来说的，而信息是从一事物作用于他事物后，引起他事物的变化，在他事物上打上烙印来说的。这个烙印是对原来事物的表征，称为信息。
>
> 进一步弄清物质、精神、实物、能量以及信息之间的关系尚有待大家来探索。
>
> 邬焜的研究无疑为此奠定了研究基础，值得我们重视。②

1993 年 11 月 17 日，《中国科学报》住西安记者站站长王百战先生和西北大学哲学与管理科学系高立勋副研究馆员联合署名，在《中国科学报》上，以"信息哲学的开拓者——记西北大学教授邬焜"为题，对邬焜信息哲学的研究情况进行了报道。该报道指出：

> 邬焜的哲学研究具有强烈的时代意识。
>
> 邬焜……系统地建立了一门信息哲学。
>
> 他的研究在国内学术界引起了广泛的影响，他的成果被一些学术刊物广泛转载、摘登、引用和评论。
>
> 有关学者认为，邬焜的研究具有一种"点、线、面、体"的全方位透视的特征；是信息同物质与精神关系的新揭示、是试图使哲

---

① 黄顺基：《现代科学技术革命的新形势、新进展与新问题》，《辽东学院学报》2006 年第 5 期。

② 黄森（何祚榕先生笔名）：《信息同物质与精神的关系的新揭示——〈自然的逻辑〉》，《中国社会科学》1991 年第 5 期。

学现代化的一种崭新探索；它以其特有的探索性、创造性和开拓价值，在信息——哲学界展示出一种全新的理论空间而独树一帜。

邬焜相信，信息哲学的强大生命力一定会在众多分支哲学的重建中，以及与众多应用学科的交缘中得到充分的体现。①

该报导还指出：

（邬焜已被）哲学界誉为"富有创见的新秀"、"信息哲学的开拓者"和"国内思维科学研究领域开拓者之一。"

1994 年，云南科技出版社出版了《系统科学大辞典》，该辞典由 120 多位中外相关领域的学者组成的系统科学大辞典编辑委员会编辑，主编为中国运筹学家和系统工程专家许国志（1919~2001）先生，该编辑委员会的特邀顾问中包括协同学的创始人、德国物理学家 H. 哈肯（Hermann Haken，1927~　）和系统科学家、美籍匈牙利人欧文·拉兹洛（Ervin László，1932~　），他们同时又是相关词条的撰稿人。在该辞典的"人物篇"中收入了古今与系统科学相关的"国外人物"130 人，"国内人物"95 人。其所收人物目录按年龄排列，由山东省高校学报研究会理事姜群英（1960~　）教授撰写的"邬焜"词条列在最后，并且是收入的古今中外的唯一一位信息哲学家。在该词条中将他评价为："信息哲学的开拓者。"词条介绍说：

他对系统科学的主要贡献是他把信息概念作为哲学的最基本范畴之一引入哲学，建立了信息哲学。在信息本体论、信息认识论、信息社会论等领域都进行了独创性的研究。②

---

① 王百战、高立勋：《信息哲学的开拓者——记西北大学教授邬焜》，《中国科学报》1993 年 11 月 17 日，第 1 版。

② 许国志主编：《系统科学大辞典》（词条：邬焜），云南科技出版社 1994 年版，第 531 页。

《安徽日报》高级编辑、《哲学大视野》执行主编金志华先生（署笔名鹤然）在其为邬焜的著作《信息世界的进化》撰写的书评中写道：

> 邬焜教授在国内较早地把信息的研究推向广阔的领域，注意从哲学角度讨论信息问题，在80年代后半期先后出版了《哲学信息论导论》、《信息哲学》等专著，提出了一系列信息哲学问题和理论观点。最近，作者又推出《信息世界的进化》一书，发展和完善了自己有关信息哲学的理论，引起了学术界的瞩目。
>
> 他根据自然科学"哲学"的模式，从科学成果中提取理论和方法，借鉴一系列科学结论研究哲学问题，因而书中大多数论证都具极强的可推导性和实证色彩，所下的判断也大都具有较强的可信度。这种运思趋向给哲学工作者以有益的启示：哲学的现代化有一个重要方向，那就是哲学运作方式的现代化，即以现代科学为依据，突出哲学应有的科学特性，建立一系列哲学学术规范，消解传统哲学中"空疏"、"虚假"的内容，从而把哲学从传统引入现代，通过科学化方式走向现代化。
>
> 我们看到，书中虽然附有大量的数据图表，作者作出论证也以自然科学结论为前提，其理论体现出科学的色彩；但他同时对于人的自我创造特性、文化的自主品格、经济社会的文明特征及人类精神的心路历程给予必要的关注和阐释，从而使信息进化的论证在科学的前提下体现了哲学的特色。[①]

在这一时期，信息哲学基础理论出现了几个主要的研究领域，如，信息本体论、信息认识论、信息进化论、信息价值论、信息生产论、信息社会论、信息思维论，等等，都已经被提出，并得到了相应的细化性阐释。一些全新的观点和学说也都得以比较明确地阐明，如，物质和信息双重存在的存在观、物质和信息双重演化的演化观、在认识过程的多

---

① 鹤然：《哲学视野中的信息世界——喜读〈信息世界的进化〉》，《哲学大视野》1995年第2期。

级中介建构与虚拟的认识观、信息创生和信息实现的系统模式、时空内在融合的时空统一观、演化全息境界观、能够容纳自然价值和信息价值的天道价值观、人类生产和实践的信息本质观、人类社会的信息本质和信息进化尺度的学说、人的多维存在性的学说、复杂信息系统综合的世界图景和信息思维的学说、科学的信息科学化的学说、哲学与科学内在融合的统一性关系的学说、哲学对科学对自身的双重批判和双重超越的发展方式的学说，等等。

在这一时期，除了个别学者在信息哲学中深化研究信息存在论和信息认识论之外，更多的相关学者是关注了信息在一些其他人文学科中的概念问题。比如信息进化论、社会信息论、经济信息论、传播信息论、语言信息论和信息价值论等领域的研究。

第二节 中国信息哲学研究的第二次繁荣期

进入 21 世纪之后，西方学者明确提出了信息哲学的研究方向，其相关成果开始介绍到中国，与此同时，中国的信息哲学研究也从 20 世纪 80 年代的创立期转入了系统化展示的成熟化发展期。西方信息哲学与中国信息哲学发展程度的这样一种反差，不仅引起了中国学者的关注，而且也开始引起国际学者的关注。在这一新的发展背景下，中国的信息哲学研究热潮开始再度兴起。

一 信息研究成熟发展和复苏期 (21 世纪初)

21 世纪后关于信息哲学的研究进入了一个新的阶段，这一时期涌现出一大批成熟和新颖的信息哲学研究成果，其中主要的译作和著作有：

1. 弗洛里迪：《什么是信息哲学》，刘刚译，《世界哲学》2002 年第 4 期；

2. 弗洛里迪主编：《计算与信息哲学导论》（上、下册），刘刚等译，商务印书馆，2010 年；

3. 黄小寒：《从信息本质到信息哲学——对半个世纪以来信息科

学哲学探讨的回顾与总结》，《自然辩证法研究》2001 年第 3 期；

4. 罗先汉：《物信论——多层次物质信息系统及其哲学探索》，《北京大学学报》（自然科学版）2005 年第 3 期；

5. 苗东升：《信息科学对人文科学的意义》，《华中科技大学学报》（社会科学版）2006 年第 2 期；

6. 苗东升：《评惠勒的信息观》，《华中科技大学学报》（社会科学版）2008 年第 2 期；

7. 肖峰：《论作为一种理论范式的信息主义》，《中国社会科学》2007 年第 2 期；

8. 肖峰：《信息主义与信息哲学：差异中的关联与包容》，《中国人民大学学报》2008 年第 5 期；

9. 肖峰：《重勘信息的哲学含义》，《中国社会科学》2010 年第 4 期；

10. 肖峰：《信息主义：从社会观到世界观》，中国社会科学出版社，2010 年；

11. 邬焜、邓波：《知识与信息的经济》，西北大学出版社，2000 年；

12. 邬焜：《网络文化中的价值冲突》，《深圳大学学报》2001 年第 5 期；

13. 邬焜：《信息认识论》，中国社会科学出版社，2002 年；

14. 邬焜：《物质思维·能量思维·信息思维——人类科学思维方式的三次大飞跃》，《学术界》2002 年 2 期；

15. 邬焜：《复杂性与科学思维方式的变革》，《自然辩证法研究》2002 年 10 期；

16. 邬焜：《信息思维：信息时代的全新科学思维方式》，《西安交通大学学报》2003 年 1 期；

17. 邬焜：《亦谈什么是信息哲学和信息哲学的兴起》，《自然辩证法研究》2003 年 10 期；

18. 邬焜：《试论科学与哲学的关系》，《科学技术与辩证法》2004 年 1 期；

19. 邬焜:《信息科学纲领与自组织演化的复杂性》,《中国人民大学学报》2004 年 5 期;

20. 邬焜:《从信息尺度看人类社会的本质与进化》,《社会科学研究》2005 年第 2 期;

21. 邬焜:《信息价值论纲要》,《西安交通大学学报》2005 年第 2 期。

22. 邬焜:《信息哲学——理论、体系、方法》,商务印书馆,2005 年;

23. 邬焜:《信息哲学的基本理论及其对哲学的全新突破》,《西安交通大学学报》2006 年第 2 期;

24. 马蔼乃等编:《信息科学交叉研究》,浙江教育出版社,2007 年。

中国人民大学一级教授,刘大椿(1944~　)先生为邬焜于 2002 年出版的《信息认识论》一书作序,序中写道:

> 信息时代呼唤信息哲学。邬焜教授 20 年前就开始致力于信息哲学的研究,学有专攻,硕果累累。其研究领域涉及信息本体论、信息认识论、社会信息论、信息进化论,以及信息经济与信息社会的理论。其研究成果在学术界引起了较大反响,被誉为"信息哲学的开拓者"。这本《信息认识论》是邬焜教授的近作,是系统建立信息认识论的一个新的重要尝试。
>
> 马克思说:"任何真正的哲学都是自己时代精神的精华。"邬焜教授的《信息认识论》一书,正是对我们时代的信息精神进行较为系统地概括和提升的尝试,也是哲学现代化的一种崭新探索。在当今中国学术界普遍存在某种浮躁风气的背景下,邬焜教授坚持不懈,20 多年如一日在信息哲学领域执着追求,的确难能可贵,值得大家认真关注和学习。①

---

① 邬焜:《信息认识论》,中国社会科学出版社 2002 年版,"序",第 1—3 页。

吉林大学孙正聿（1946~ ）教授在《中国社会科学》2008 年第 6 期发表的《解放思想与变革世界观》一文中专门转引了邬焜的相关观点，并给予相应的阐释。他写道：

现代科学既改变了我们的世界图景，也改变了我们的思维方式。这包括：现代科学已经深刻地变革了以素朴实在论为代表的直观反映论的思维方式，变革了以机械决定论为代表的线性因果论的思维方式，变革了以抽象实体论为代表的本质还原论的思维方式。按照有些学者的概括，"在人类科学发展的进程中，经历了三次大的科学革命，这三次科学革命同时带来了人类科学世界图景和科学思维方式上的三次大的变革。这就是人类的科学世界图景从实体实在论过渡到场能实在论，再过渡到信息系统复杂综合论；而人类科学思维方式相应地从传统的实体思维过渡到能量思维，再过渡到信息思维"。系统的观念，复杂的观念和综合的观念，促使我们在"广阔的研究领域"超越"在绝对不相容的对立中思维"，真正以辩证法的思维方式去观察和分析"活生生"的现实生活，真正使我们的思想与改革开放的创新实践相符合。世界观和思维方式的变革，是解放思想的重要内容，也是解放思想的重要动力。①

空军工程大学康兰波教授在其《信息哲学与信息时代的哲学——从两个"信息哲学"范式说起》② 一文中对邬焜信息哲学和西方学者弗洛里迪提出的信息哲学进行了比较性研究。文中写道：

上世纪 80 年代，我国学者邬焜率先创立了信息哲学。1996 年，英国牛津大学的弗洛里迪（Luciano Floridi）也独立提出了"信息哲学"基本概念。当今，邬焜信息哲学已初步体系化。弗洛里迪也于

---

① 孙正聿：《解放思想与变革世界观》，《中国社会科学》2008 年第 6 期。
② 康兰波：《信息哲学与信息时代的哲学——从两个"信息哲学"范式说起》，《天府新论》2008 年第 3 期。

2002 年初步提出了他的信息哲学构想，使信息哲学成为世人关注的焦点。

邬焜和弗洛里迪两个"信息哲学"范式在评价信息科学，主张信息哲学是对传统哲学的超越，提出信息哲学是元哲学或第一哲学，强调信息哲学在建设和谐、美好世界中的作用等方面具有相容性；但在哲学基本立场、对信息本质的把握、对信息世界的刻画以及有待进一步解决的问题等方面，它们之间又存在着较大差异。通过比较可知，信息哲学的产生具有必然性；它是对以往哲学单一实体性思维方式的变革；在具体内容和表现形式上，信息哲学作为信息时代的哲学形态，具有多样性。

康兰波教授还在《对邬焜和肖峰两个信息哲学观的比较研究》一文中写道：

邬焜信息哲学力图突破现有思维方式，并通过加入信息维度来构建新的哲学思维方式，以表达、反思信息时代人的现有生存状态或现实生活……立足现实人的生存变化，通过不断改变哲学的表现形态，来达到对人现实生活的积极关照。

邬焜是从哲学思维方式的角度来思考信息哲学，其建立信息哲学的目的就是要表达我们这个时代的时代精神，表现人崭新的生产方式和面临更大信息复杂性的生存困境。

正是在哲学思维系统结构巨变、层次提升的意义上，邬焜才认为，信息"在实质上揭示了传统科学与哲学未曾发现的一个全新的领域——信息世界，揭示了一个与直接存在的物质世界不同的另一个间接存在的信息世界。由于新的存在领域的被发现，这便首先在哲学本体论层面上引出了一场根本性的变革"。这意味着，第一，信息世界这个在以往哲学中完全被忽视的领域，在邬焜信息哲学中得以从哲学理论上被全面揭示出来；第二，唯物主义哲学重新以全新的方式，特别是以物质和信息双重维度、复杂化演变来展开其世界观，更能克服以往的简单性、机械性和形而上学性；第三，随着存在领域物质和信息关系的被揭示，使得精神被"降低"为信息的特殊形式，并从本体论上失去作为哲学理论逻辑出发点的可能性，……从这个意义上说，哲学对信息世界的揭示，不仅不会削弱唯物主义，相反，还为唯物主义在存在领域彻底战胜唯心主义奠定了理论基础。

邬焜信息定义最能表现出其马克思主义哲学背景的就是它在信息时代基础上彻底改变了哲学对现实世界的理解模式，即由以往将现实世界理解为物质和精神的对立统一，改变为物质和信息相互作用的复杂关系。这种改变的意义在于：一是进一步确立了信息时代唯物主义的坚实地位，即与物质相对应的是信息，而信息不管如何复杂、衍生，它终归是物质的自身显示，脱离开物质，信息终将成为无源之水、无本之木；二是进一步确立了精神与信息的关系。在邬焜信息哲学中，精神被理解为信息的重要方面，即主观间接存在。与其相对应的是作为客观间接存在的自在信息。表面看，精神不能与物质相对应，这似乎大大降低了精神在哲学理论中的地位，但它却极大高扬了人信息创造的复杂性、艰巨性和超越性。因为，在邬焜看来，在现实生活中，人们实际感受到的信息都是由自在信息、自为信息和再生信息有机统一而成的社会信息。而实现这三类信息有机统一的，不是某种神秘力量，恰恰是人通过其实践活动对信息的不断加工、提炼和创造。所以，人对信息的创造，不仅要综合上述三类信息，而且还要超越由这三类信息有机统一所形成的现有界限，在这样的界限超越中，人信息创造的复杂性、艰巨性和超越性，是其他任何事物或力量难于达到的。但人却真正实现了并且还正在进一步实现这番超越。可见，人之伟大，精神之力量，尽在这种复杂而艰巨的信息创造之中。从这个意义上看，邬焜信息哲学依然保持住了为人的实践创造奠基高歌的马克思主义哲学秉性。

信息迷信的关键不在于如何理解信息本质，而是在于如何理解现实生活中的人。邬焜由于是在马克思主义哲学背景下来看问题的，因此，他才能做到既在本体论意义上揭示"信息"本质，又捍卫世界的物质统一性原理，还在高扬人的信息创造性中跳出了信息崇拜、信息迷信或信息主义。①

二　首届"信息科学交叉研究学术研讨会"

在这一期间值得一提的是 2005 年。这一年的 11 月 5 至 7 日在北京师范大学召开了中国首届"信息科学交叉研究学术研讨会"，本次会议中会集了一大批现今依然活跃在信息研究第一线的学者。其中参会的有北京大学马蔼乃（1936～　）教授、中国人民大学苗东升（1937～2020）教授、钟义信教授、邬焜教授、北京师范大学哲学学院董春雨（1963～　）教授、上海系统科学研究院车宏安教授、闫学杉教授、罗先汉教授、冯国瑞教授、北京大学朱照宣（1930～　）教授，等等。② 会议中，学者们提交了大量关于信息研究的成果。本会议的论文集《信息科学交叉研究》由姜璐、马蔼乃、苗东升等编，其中收录了本次会议的众多论文，这也代表了中国信息研究的阶段性成果。可以说 2005 年是中国信息研究步入21 世纪的奠基之年。

云南行政学院洪昆辉（1952～　）教授和杨娅在这次会议的论文集中提出：

> 信息是事物及现象的存在方式之一，它是通过一定的媒介对事物及运动状态的一种显示（映射、反映），它标志事物及现象的间接存在。③

会议中的董春雨和姜璐认为：

> 在物质运动变化过程中，不发生改变的那些性质都可以被定义

---

① 康兰波：《对邬焜和肖峰两个信息哲学观的比较研究》，《重庆邮电大学学报》（社会科学版）2014 年第 1 期。

② 李宗荣：《中国首届"信息科学交叉研究学术研讨会"在北京举行》，《华中科技大学学报》（社会科学版）2006 年第 2 期。

③ 洪昆辉、杨娅：《论复杂关系中的信息存在》，姜璐、马蔼乃、苗东升等编《信息科学交叉研究》，浙江教育出版社 2007 年版，第 79 页。

为信息。①

罗先汉教授反对将物质与信息对立化，或者同一化。并提出了"物信论"，在文集中他提出：

> 信息可以理解为在相当程度上确切信赖的情况消息。它是事物的实在状态及其相关规律（自然规律、社会规则等）。②
>
> 精神不过是发展到高级阶段的大脑物质所携带的一种复杂信息。③

苗东升则对于罗先汉的理论有这样的评价：

> 应区别状态与状态信息，规律与规律信息，事物的状态不能传递，能传递的是有关状态的信息；客观规律不可加工，被加工的是有关规律的信息。④

同时，苗东升还提出：

> 信息指的是能够表征事物、具有可信性而又从被表征事物中分离出来栖息于载体上的东西。⑤

同会的车宏安提出：

---

① 董春雨、姜璐：《从不变量看信息概念的定义》，《北京师范大学学报》（哲学社会科学版）2004 年第 4 期。

② 罗先汉：《信息概念的发展及其哲学意义》，姜璐、马蔼乃、苗东升等编：《信息科学交叉研究》，浙江教育出版社 2007 年版，第 24 页。

③ 罗先汉：《信息概念的发展及其哲学意义》，《华中科技大学学报》2006 年第 2 期。

④ 罗先汉：《信息概念的发展及其哲学意义》，姜璐、马蔼乃、苗东升等编：《信息科学交叉研究》，浙江教育出版社 2007 年版，第 31 页。

⑤ 苗东升：《系统科学精要》（第 2 版），中国人民大学出版社 2006 年版，第 31 页。

信息是信宿所反映的信源性态（性质和性状），是通信系统传递的东西，这种东西并不是通信系统所固有的，是自在于通信系统之外的，但是，又是通信系统所传递的。①

在 2000 年后还有很多对于信息概念不同的理解，但缺乏新意。虽然关于信息的论文数量上比之前更多，但可以感觉到 2000 年后国内学界对于信息概念的开创性研究已经没有了之前的热情，而是普遍开始直接使用已经成型的信息理论中的信息概念。

2001 年，中国传媒大学周鸿铎（1940～　）教授在他的专著《信息资源开发利用策略》中提出：

信息是信息源所发生的各种信号和消息经过传递被人们所感知、接收、认识和理解的内容的统称。②

2001 年，北京航空航天大学吴今培教授和北京交通大学李学伟教授提出：

信息是人们直接或间接感知的一切有意义的东西。③

2003 年，新疆气象研究所的张学文（1935～　）研究员在他的专著《组成论》中提出：

信息不是物质，它是物质的复杂程度的映射。④

2006 年，上海交通大学王浣尘（1933～　）教授在他的专著《信息

---

① 车宏安：《信息的系统观——从系统观点看问题》，中国系统工程学会、上海交通大学：《钱学森系统思想研究》，上海交通大学出版社 2007 年版，第 80 页。
② 周鸿铎：《信息资源开发利用策略》，中国发展出版社 2001 年版，第 12 页。
③ 吴今培、李学伟：《系统科学发展概论》，清华大学出版社 2010 年版，第 4 页。
④ 张学文：《组成论》，中国科学技术大学出版社 2003 年版，第 74 页。

距离与信息》中提出：

> 信息是事物状态之表征。①

2006 年，华南理工大学吴国林（1963～ ）教授在《量子信息哲学正在兴起》一文中，提出了"量子信息哲学"一词，并认为：文中他对于"量子信息"的概念进行了哲学规定：

> 量子信息哲学就是对量子信息理论（包括重大实验）的哲学反思。
>
> 量子信息不是量子实在，而是作为量子实在的状态、关联、变化、差异的表现。②

2007 年，青岛大学吕公礼（1958～ ）教授出版了专著《语言信息新论》，他在书中进行了语言学与信息论的跨学科交叉研究，并提出：

> 信息活动是人类活动的高级形态，而语言活动则是信息活动的高级形态，基于物质—能量—信息的统一性可以探究语言符号系统历时发生和演化的信息本源和动因，阐明人类信息传递的文化基因。③

2007 年，中国青年政治学院肖峰（1956～ ）教授提出了"哲学信息主义"概念，他提出：

> 凡是将信息视为一个重要的哲学范畴，或以信息作为观察世界的基点，以信息思维看待现象和分析问题的理论学说，均可视为哲

---

① 王浣尘：《信息距离与信息》，科学出版社 2006 年版，第 6 页。
② 吴国林：《量子信息哲学正在兴起》，《哲学动态》2006 年第 10 期。
③ 吕公礼：《语言信息新论》，中国社会科学出版社 2007 年版。

学信息主义。①

在中国信息哲学理论发展的过程中，虽然，中国学者提出了多种关于信息本质的学说，但是，如果我们能够排除那些重复性的，以及从具体科学中引申出来的一些观点，仅就中国人自己提出的有影响的观点而论，大致只有五种：状态说、相互作用说、反映说、意义说、自身显示的间接存在说。因为关于这五种信息理论的范式的详细内容已经在另一本著作中，所以在这里我们就不再展开了。

三　《信息哲学——理论、体系、方法》一书简介

2002 年邬焜独立申报和承担的题为"信息哲学的理论、体系和方法"的中国国家社会科学基金项目（02BZX027）获准立项。2004 年，邬焜提交的该项目的最终研究成果《信息哲学——理论、体系、方法》一书通过结项，并于 2005 年由商务印书馆出版。

该书是邬焜在 1980 年以来持续研究所取得的大量相关研究成果的基础上进行再造式梳理、综合集成、具体展示信息哲学的全新风貌之作。全书长达 70 万字，内容包括 10 编，共 40 章，广泛涉及信息本体论、信息认识论、信息进化论、信息价值论、信息思维论、信息的哲学量度、信息与熵的理论、信息与复杂性研究、信息与虚拟现实，以及信息哲学与传统哲学的区别等领域。

"第一编　导论"包括三章内容：时代，信息与哲学的变革；信息哲学的兴起；科学的信息科学化。在这一编中，首先是对当代信息科技革命、信息经济、信息社会的崛起所带来的信息时代的特点和全新风貌，以及由此引发的哲学危机及其实质进行了探讨和阐释，在此基础上，开始进一步阐明了信息哲学的元哲学性质及其应有领域，回顾了信息哲学于 20 世纪 80 年代初期在中国兴起的过程，并对信息哲学对哲学的全方位的变革的意义和价值进行了全面而系统的分析、阐释和讨论。最后，在本编的最后一章中，提出了由于信息范式的广泛作用，人类科学的发展

---

① 肖峰：《论作为一种理论范式的信息主义》，《中国社会科学》2007 年第 2 期。

已经和正在面临一个"科学的信息科学化"的全方位改造的过程,并相应对信息科学的应有体系和层次进行了划分和探讨。

"第二编 信息本体论"包括五章内容:信息本质的存在论规定;信息形态的哲学分类;信息的质、特性和功能;信息系统的一般模型;三个信息世界和世界模式图示。在这一编中,首先是对信息本体论的相关观点、理论和体系进行了具体规定、阐释和建构。其中主要涉及:信息本质及其存在论意义的规定[信息是标志间接存在的哲学范畴,它是物质(直接存在)存在方式和状态的自身显示];信息形态的哲学分类(自在、自为、再生信息是信息的三种基本形态,三种基本形态之下又可区分出六种基本形式,社会信息乃是自在、自为、再生信息的有机统一);信息的三个不同性级的质(一级客观间接存在的质、多级客观间接存在的质、主观约定的质);信息的十大特性和十四大功能;信息系统的一般模型(香农信息接收系统模型、西蒙的物理符号系统假设、信息创生系统模型、信息实现系统模型);哲学本体论的概念层次论;包括一个物质世界和三个信息世界的四个世界的理论。

"第三编 信息认识论(上)——人的信息活动的层次及其生理基础"包括三章内容:人的信息活动的层次;人的信息活动层次间的相互作用;人的信息活动的生理基础。在这一编中,将人的信息活动区分为五大层次(信息的自在活动、信息直观识辨、信息记忆储存、信息主体创造、主体信息的社会实现);指明了人的信息活动层次间相互作用的四重关系(由下到上的层次递进建构关系、由上到下的全息制控关系、层次综合参与关系、相互转化关系);对人的信息活动的生理基础进行了具体的揭示,其中特别区分了人体神经系统的物质形态结构的层次、人体神经系统的心理机能结构的层次、人体神经系统机能结构层次间的相互作用,以及人体神经系统的物质形态结构、心理机能结构和人的信息活动层次结构之间的相互规定和制约、互为基础和表现的全息映射、复杂而综合的统一性关系。

"第四编 信息认识论(下)——哲学认识论的信息中介论"包括四章内容:认识发生的信息中介说;认识过程的信息建构或虚拟说;人有人的认知方式;分析综合——统一的信息认识过程、方法和逻辑。在这一编中，首先是对信息认识论的相关观点、理论和体系进行了具体规定、阐释和建构。其中包括：认识发生的信息中介说（信息场是主客体联系的中介环节，认识主体的产生以及个体认识结构的建构都必须以信息凝结为中介，实践是主体信息在客体中实现的中介性活动，认识是一个以信息为中介的信息活动过程）；认识过程的信息建构或虚拟说（信息在差异关系中被识辨、主客体间没有直接的接触、被多级中介的认识、在中介中建构的认识、在建构中虚拟的认识、虚拟现实对认识的虚拟）；人的认识方式中的主体条件性和主体相对性；分析综合乃是人的信息认识的具体过程、具体方法和具体逻辑的统一。

"第五编　信息进化论（上）——自然的信息进化"包括六章内容：相互作用、演化与信息；演化范畴的双重规定；宇宙自在的双重进化；生命的信息进化；信息自组织进化的一般机制；演化的全息境界。在这一编中，首先是对自然信息的进化理论进行了具体规定、阐释和建构。包括：通过相互作用所实现的信息凝结，以及由此产生的时空转化中的时间的空间化和空间的时间化效应；演化范畴的物质论诠释和信息论诠释；宇宙的物质和信息双重自在演化的性质，以及这双重演化的同步性关系；生命的信息本质的规定，以及生命的信息进化过程和机制；阐明自组织的信息模式创新的实质，从信息活动的尺度揭示自组织现象的基本特征、探讨自组织行为的一般过程和机制，建构了闭宇宙自组织循环演化的模式；规定了演化全息的概念，对五种演化全息（演化历史关系全息、演化未来关系全息、演化系列关系全息、演化内在关系全息、演化结构全息）现象进行了具体的规定和阐释。

"第六编　信息进化论（下）——社会的信息进化"包括四章内容：人类社会起源的信息进化；自然、社会与人；社会的信息进化；信息生产和信息生产力。在这一编中，首先是对社会的信息进化理论进行了具体规定、阐释和建构。包括：人类社会起源中的生理遗传信息模式、心理信息活动模式、行为信息结构模式的全息协同进化的一般过程和机制；自然与社会、文化与社会、个人与社会的进化关系；在自然与社会，生理、心理和行为的多重交织、全息映射的尺度上揭示和阐明了人的本质的多维存在与建构的特征；探讨了人的文化进化区别于自然和生命基因进化的新的进化方式；给出了人类社会本质的信息规定（能动地把握、利用、开发、创造和实现信息是人类社会的本质），以及人类社会进化的信息尺度（把握、利用、开发、创造和实现信息的间接化程度是社会进化的尺度）；从物质守恒、信息不守恒的一般科学原理出发，揭示了人类生产和生产力的信息本质；从物质和信息双重尺度上规定了生产力的微观结构和宏观结构，探讨了人类生产力结构的历史演进阶段及其模式演变方式。

"第七编　信息价值论"包括五章内容：价值存在的范围及价值的本质；价值事实、价值反映与价值评价；天道价值与人道价值；价值哲学的范畴体系及价值形态的发展；信息的社会价值与网络文化中的价值冲突。在这一编中，首先是从物质价值和信息价值的双重维度上阐释了一种一般价值哲学的理论。其基本观点包括：价值乃是事物（物质、信息，包括信息的主观形态——精神）通过内部和外部相互作用所实现的效应；存在两类事实，一类是事物自身存在的事实（自存事实），另一类是事物在相互作用中所引起的变化过程和结果的事实（效应事实、价值事实）；天道价值高于人道价值，天道价值是原生价值或本原价值，人道价值是次生价值或派生价值；物质价值、自在信息价值和精神价值乃是三类最为基本的价值形态；人类的不同文明时代是以不同的信息处理、创制和传播方式为其技术前提的，正是计算机网络化信息处理、创制和传播的全新方式所导致的网络文化的诞生，奠定了新的信息社会文明崛起的技术前提；信息科技革命、信息经济、信息社会文明的崛起，以及社会的信息进化方式、虚拟现实对人类认知方式的改变和影响，等等，具体展示了信息对人类社会的发展与进步所具有的巨大价值，另外，信息文明所导致的信息网络民主将会成为国家集权和世界霸权的消解器。

"第八编　信息思维论"包括四章内容：物质思维和能量思维；信息思维；复杂性与科学思维方式的变革；科学革命与科学世界图景和科学思维方式的变革。在这一编中，通过对人类科学与哲学发展史的回顾和梳理，划分了近代以来的三次大的科技革命，并相应对这三次科技革命的科学范式、科学世界图景和科学思维方式进行了对比性研究。其内容和具体观点包括：物质思维（实体思维）、能量思维和信息思维的概念界定、相互区别；复杂性思维与信息思维的关系；科学革命与科学世界图景和科学思维方式变革的一致性关系；人类的三次大的科技革命实现了人类的科学世界图景从实体实在论到场能实在论，再到信息系统复杂综合的世界图景的转变，实现了人类的科学思维方式从实体思维到能量思维，再到信息思维的转变；对人类信息思维的产生、发展历程，以及信息思维的和一般科学和哲学范式的意义和价值进行了具体的讨论。

"第九编　信息的度量"包括三章内容：绝对信息量；相对信息量；必然性和偶然性及其信息量判据。其具体内容包括：提出了绝对信息量和相对信息量的理论；建立了绝对信息量和实用动态相对信息量的公式体系；对香农的实用静态相对信息量进行了分析和评价；区分了系统内在必然性和偶然性、绝对偶然性和必然性，并相应给出了这两类必然性和偶然性程度的信息量判据方法。

"第十编　论战与争鸣"包括三章内容：亦论信息——与《论信息》一文的作者讨论十个问题；虚拟与实在和信息——与《实在论的最后崩溃》一文的作者讨论几个问题；与熵理论相关的十个问题的辨析。其具体内容包括：关于信息定义和信息分类的讨论；关于相互作用、力和信息关系的讨论；关于力的哲学和信息的哲学的关系的讨论；关于实在与信息、虚拟与实在和信息关系的讨论；关于空间形式与心灵的空间定位问题的讨论；关于克劳修斯（RudolfClausius，1822~1888）的熵、玻耳兹曼（Ludwig Edward Boltzmann，1844~1906）的熵、香农的信息熵和维纳的负熵理论的比较研究；关于熵，负熵、信息、熵增与熵减的科学含义的辨析性讨论；关于熵量守恒和熵与信息守恒问题的讨论。

四　学术同行对《信息哲学》一书的评价

《信息哲学——理论、体系、方法》一书在中国同行中引起了极大反响，受到高度评价。

2003年6—10月，中央民族大学王雨田（1928~2012）教授、何祚榕教授、中国人民大学庞元正（1947~　）教授、西北大学申仲英（1937~　）教授、孟宪俊教授，对作为中国国家社会科学基金项目的最终成果的《信息哲学——理论、体系和方法》一书进行了鉴定。五位专

家的五份鉴定意见都对该书给出了"一级"的成果等级建议。在五位专家的具体评价中指出:①

> 该成果作者多年来一直坚持信息哲学的研究，在国内是最早的研究者之一。(王雨田)
>
> 邬焜……在国内提出了第一个系统化的信息哲学体系……具有重要的理论价值。(王雨田)
>
> 邬焜……为创建信息哲学大厦奠定了坚实的基石……他为创建信息哲学的方方面面作了长达23年锲而不舍的独创性研究，取得了丰硕的成果，不愧为"信息哲学的开拓者"……这本书的学术价值是很明显的，即"对学科发展有奠基作用"。(何祚榕)
>
> 《信息哲学》……是"信息时代精神的精华"之作，毫无疑问它对解决现实问题有启示与推动作用。(何祚榕)
>
> 《信息哲学》是一项具有原创性、开拓性的科研成果。本成果……在概括总结信息科学最新成果的基础上，构建了信息哲学的理论体系……全方位多角度地对与信息相关的哲学问题进行了具有独到见解的探索，创建了以信息维度认识世界、解释世界、进而改造世界的一整套比较完整的哲学理论……综观全书，可以说创新观点迭出，而且言之成理、论之有据。(庞元正)
>
> 《信息哲学》……这是一本自成一体的学术性专著。其观点之新颖、内容之丰满、逻辑之自恰、论述之简洁，均达到了很高水平。在名为"信息的哲学研究"的同类论著中，本书不仅立论独到、前后贯通，而且涉及面宽、结构化程度高，确已成为一家之言。(申仲英)
>
> 《信息哲学》……全新的哲学构架显然透视出新的观察理解周围世界的方式。(申仲英)
>
> 邬焜教授新著:《信息哲学——理论、体系、方法》……是一本

---

① 这里摘引的五位教授的评价均请参见邬焜《信息哲学——理论、体系、方法》，商务印书馆2005年版，一书之"后记"。

包括信息本体论、认识论、进化论、思维论及其他信息哲学问题等集成的巨著，具有重要的理论意义和学术价值。这本著作适应信息时代的到来，系统地提出了信息哲学的理论观点和完整体系，……建立了具有独创性成果的信息哲学。（孟宪俊）

这本著作是对信息哲学的全面完整的系统性阐释，理论独到、体系严谨、方法新颖、意义深远。（孟宪俊）

本书对信息哲学研究具有开拓和奠基作用。（孟宪俊）

还有一些更多的评价指出：

《信息哲学》……该书是他在 25 年研究成果的基础上进行再造性梳理、综合集成、具体展示他所创立的体现信息时代"时代精神精华"的信息哲学的整体风貌之作。由于该成果在元哲学（第一哲学）层面上全面建构了信息哲学，是哲学现代化的一种具体形式，所以该成果无论在发展马克思主义哲学，还是在全面批判和改造传统哲学，或是在全新建构新的时代哲学等方面都具有极高的理论创新的学术价值。①

从国外相关领域的研究状况来看，21 世纪之前，信息哲学研究领域几乎是一片空白。直到 2002 年牛津大学哲学家弗洛里迪（Luciano Floridi）先生才在《元哲学》杂志上发表了题为《什么是信息哲学?》的论文，开始对信息哲学的概念和性质进行讨论。从这一情况来看，国外相关领域的研究比之邬焜教授至少晚了 20 多年，并且至今仍未形成比较系统的观点和理论。②

通过 25 年不懈的努力，邬焜教授所创立的信息哲学已经达到了高度系统化的程度和水平。《信息哲学——理论、体系、方法》一书的基本观点和理论所具有的独立性、创新性、开拓性价值，无论对

---

① 张雨：《信息哲学理论的全方位展示——〈信息哲学——理论·体系·方法〉一书评价》，《科技日报》2005 年 7 月 6 日，第 10 版。

② 袁振辉：《信息哲学理论、体系和方法的全面阐释——〈信息哲学——理论、体系、方法〉评介》，《江南大学学报》（人文社会科学版）2006 年第 6 期。

于当代中国的信息哲学研究，还是对于当代世界的信息哲学研究都处于十分明显的领先地位。①

邬焜教授 2005 年由商务印书馆出版的长达 70 万字的《信息哲学——理论、体系、方法》专著，标志着信息哲学理论体系的完善与成熟。②

在相关学者的评价中还称邬焜为"信息哲学第一人"③。

五　信息哲学的拓展性成果（2005—2010）

自《信息哲学》专著问世之后，邬焜的研究更多关注了信息哲学的整体意义和价值，以及与其他哲学流派与科学研究方式的比较性的拓展研究。在这一基础上，他利用信息科学和哲学的全新范式重新考察了哲学基础理论，具体解读了人类古代哲学（希腊、中国和印度）、西方近代哲学、现象学、语言哲学、马克思主义哲学，以及人类哲学和科学发展的协同相关性等领域。

在相应的批判性审视和比较性研究的基础上，邬焜在 2005—2010 年间比较有代表性的有 3 部著作，发表了近百篇论文，提出了一系列全新的观点和理论。

这 3 部著作是：

1. 邬焜：《信息化与西部发展多维互动模式探讨》，西安交通大学出版社，2006 年；

2. 邬焜：《信息哲学问题论辩》，西安交通大学出版社，

---

① 袁振辉：《信息哲学理论、体系和方法的全面阐释——〈信息哲学——理论、体系、方法〉评介》，《江南大学学报》（人文社会科学版）2006 年第 6 期。

② 《陕西省自然辩证法研究会第四届会员代表大会暨研究生教学研讨会》，中国自然辩证法研究会秘书处编：《工作通信》2010 年第 4 期。

③ 闫学杉、邬焜等：《社会信息科学研究十人谈》，华中科技大学社会信息科学研究中心编：《社会信息科学研究通信》2007 年第 1 期。该文后被收录邬焜、肖峰等著《信息哲学的性质、意义论辩》，中国社会科学出版社 2013 年版，第 231—271 页。

2008 年；

3. 邬焜：《古代哲学中的信息、系统、复杂性思想——希腊·中国·印度》，商务印书馆，2010 年。

其中比较重要的论文有：

1. 邬焜：《信息哲学的基本理论及其对哲学的全新突破》，《西安交通大学学报》2006 年第 2 期；

2. 邬焜：《论马克思和恩格斯"全面生产"理论的复杂性特征——对机械唯物史观的批判》，《中国人民大学学报》2006 年第 6 期；

3. 邬焜：《建构统一复杂信息系统理论的几个问题》，《自然辩证法研究》2006 年第 12 期；

4. 邬焜：《古希腊哲学家的信息观念》，《自然辩证法研究》2007 年第 9 期；

5. 邬焜：《古希腊哲学的信息、系统、复杂性思想论纲》，《人文杂志》2008 年第 1 期；

6. 邬焜：《中国古代哲学中信息、系统、复杂性思想的十大特点》，《河北学刊》2008 年第 3 期；

7. 邬焜：《中国医学中的信息、系统和复杂性思想》，《西安交通大学学报》2008 年第 4 期；

8. 邬焜：《明清哲学家物身、心物关系论中的信息认识论思想》，《重庆邮电大学学报》2008 年第 4 期；

9. 邬焜：《古希腊哲学中的复杂性思想》，《科学技术与辩证法》2009 年第 2 期；

10. 邬焜：《胜论哲学中的信息、系统、复杂性思想》，《人文杂志》2009 年第 3 期；

11. 邬焜：《古印度哲学的信息、系统、复杂性思想的基本特质》（上），《河北学刊》2009 年第 3 期；

12. 邬焜：《从瑜伽哲学的"心变化"理论看认识发生的信息中

介思想》,《世界哲学》2009 年第 3 期;

13. 邬焜:《印度古代哲学关于信息、系统、复杂性的思想》,《重庆邮电大学学报》2009 年第 4 期;

14. 邬焜:《古印度哲学的信息、系统、复杂性思想的基本特质》(下),《河北学刊》2009 年第 4 期;

15. 邬焜:《正理哲学中的信息自显和认识的信息中介论思想》,《西北大学学报》2010 年第 2 期;

16. 邬焜:《〈奥义书〉中的信息观念》,《科学技术哲学研究》2010 年第 3 期;

17. 邬焜:《中国哲学自然无为理论中的非决定论复杂自组织思想》,《学术研究》2010 年第 11 期。

第三节 中国信息哲学的国际化与团队化发展时期（2010 年以来）

2010 年以来中国信息哲学研究明显出现了国际化与团队化发展的趋势。而这个趋势的带动与 2010 年的第四届国际信息科学基础大会的召开是分不开的。

2010 年 8 月 21—24 日,由美国华盛顿信息科学研究所、美国威斯康星大学信息政策研究中心、中国人工智能学会、华中科技大学社会信息科学研究中心、清华大学科技与社会研究所、北京大学信息管理系联合主办和协办的第四届国际信息科学基础大会（FIS 2010）在北京召开,来自美国、俄罗斯、加拿大、法国、西班牙、日本等国的 29 名和中国的 34 名信息科学领域的专家参加了会议。到会的中国学者中有很多对信息哲学或相邻领域有专门研究的著名专家,如、邬焜教授、钟义信教授、华中科技大学欧阳康（1953 ~ ）教授、苗东升教授、罗先汉教授、中国社会科学院哲学所刘钢（1954 ~ ）研究员、西北工业大学何华灿（1938 ~ ）教授、湖北大学李宗荣（1947 ~ ）教授、北京大学马蔼乃（1936 ~ ）教授等。中国信息哲学研究的相关成果引起了国外学者的极大反响。会议中有国外专家在讨论中指出,西方学者提出信息哲学的时间只有 14

年，并且至今未能形成系统化的理论，而中国信息哲学研究的历史已有三十年，并且在 20 世纪 80 年代已成体系，二者相比，反差强烈。

此次会议之后，国外学者开始撰文介绍中国学者的信息哲学研究，中国学者在国际刊物发表的信息哲学论文逐年增加，并呈现出明显的团队化、系统化、交叉科学化的信息哲学研究模式。

2010 年 12 月，西安交通大学国际信息哲学研究中心正式成立。该中心的活动宗旨是：有效整合信息哲学研究队伍；加强信息哲学成果的国际交流和对话；推动国内、国际信息哲学研究的发展。

受第四届国际信息科学基础大会的鼓舞，在欧洲和中国学者的共同推动下，2011 年 4 月成立了国际信息研究学会（IS4SI），注册国奥地利。中国学者钟义信、欧阳康、邬焜、李宗荣、闫学杉、北京格分维科技有限公司董事长陈志成博士等先后或正在该学会中担任要职。

2016 年 4 月，国际信息研究学会中国分会（IS4SI - CC）在北京成立。

2013 年 10 月，由西安交通大学国际信息哲学研究中心和国际信息研究学会联合主办的首届国际信息哲学研讨学会在西安交通大学召开。之后，该会议被国际信息研究学会正式纳入其系列国际会议之一，并于 2015 年 6 月、2017 年 6 月和 2019 年 6 月分别在奥地利维也纳、瑞典哥德堡和美国加州伯克利召开了第二、第三和第四届国际信息哲学研讨会。计划于 2021 年 6 月在日本本宫城县仙台市东北大学召开的第五届国际信息哲学研讨会因为世界疫情的影响，最终改为在 9 月以网络视频的形式举行。由于中国疫情控制较好，中国学者在西安交通大学设立了分会场，由国际信息研究学会中国分会和西安交通大学国际信息哲学研究中心主办。中国学者和相关大学和研究机构在这 5 次国际信息哲学研讨会中均发挥了重要的作用。

一 第四届国际信息科学基础大会

2010 年 8 月 21—24 日，由美国华盛顿信息科学研究所、美国威斯康星大学信息政策研究中心、中国人工智能学会、华中科技大学社会信息科学研究中心、清华大学科技与社会研究所、北京大学信息管理系联合主办和协办的第四届国际信息科学基础大会（FIS 2010）① 在北京召开。此次国际信息科学基础大会的主旨为：建立新的信息科学。来自美国、俄罗斯、加拿大、法国、西班牙、日本等国的 29 名和中国的 34 名信息科学领域的专家参加了会议。

这是中国信息哲学首次在国际大会上崭露头角，具有历史性的意义。因为资料搜集的限制，这里仅从邬焜信息哲学团队的视角出发对本次会议进行简要总结。邬焜作为此次会议的国际顾问委员会成员出席会议，并作大会报告。邬焜和邬焜的博士生团队共 10 人，向大会提交的 11 篇与信息哲学相关的英文论文全部入选。邬焜和其中 5 位硕博研究生到会。

邬焜和邬焜指导的博士生向大会提交的论文，以及在会上所做的大会和分会报告引起了国外学者的关注。有国外专家在讨论中指出，西方学者提出信息哲学的时间只有 14 年，其标志性成果的发表仅有 8 年，并且至今未能形成系统化的理论，而邬焜早在 30 年前就提出建立信息哲学的任务，并在 20 世纪 80 年代就建立了信息哲学体系。一个是 30 年，一个是 14 年，二者相比，反差强烈，这将把国际上公认的信息哲学提出和创立的时间大大提前。

邬焜和邬焜的博士生团队为大会提交的论文中最具代表性的论文及报告有：

《科学的信息科学化》（邬焜，大会报告）；

《信息哲学在中国的创立——邬焜教授三十年信息哲学学术思想研究》（李国武，分会报告）；

《信息哲学在中国的兴起》（邬天启、靳辉，分会报告）；

《作为元哲学的信息哲学何以可能》（李武装，参会论文）。

---

① 关于邬焜和邬焜的博士生参加此次会议的相关情况的报道，请参阅《邬焜教授参加国际信息科学基础大会并作大会报告》，交大新闻网，2010 年 9 月 2 日；《邬焜教授参加国际信息科学基础大会并作大会报告》，西安交通大学科研院人文社会科学处主办：《人文社科简讯》2010年第 1 期；李国武：《西方学者发文高度评价西安交通大学邬焜教授所创立的信息哲学》，《西安交通大学学报》（社会科学版）2011 年第 5 期。

另外，在此次会议上，邬焜还向外国学者提供了一本题为 *The Basic Theory of Philosophy of Information*（《信息哲学的基本理论》）的英文书稿。该书稿汇集了邬焜已经发表的由笔者翻译的 12 篇论文的英译文稿。①

此次会议之后，国外学者开始对邬焜创立的信息哲学进行介绍和评价，并有多国杂志向邬焜约稿，有多位国外专家希望能与邬焜合作研究。

也正是在 2010 年前后，中国信息哲学在西安交通大学开始出现了自己的研究团队并开始发展壮大。但值得一提的是，早在 2008 年被誉为西方信息哲学创立者的弗洛里迪就来到了中国西安与邬焜进行了一次世纪性的学术会面，中西方信息哲学的"第一人"的这次会面已经预示了中国信息哲学走向世界的必然进程。

二　弗洛里迪与邬焜的信息哲学思想交流

根据《科学、技术与伦理百科全书》的介绍，卢西亚诺·弗洛里迪（Luciano Floridi）是意大利科学、技术和伦理在这个领域中最具影响的思想家之一，他从 1996 年开始信息哲学的研究，是信息哲学（Philosophy of Information，PI）在国际上的积极倡导者之一，曾师从逻辑学家哈克（Susan Haack）和哲学家达米特（Michael Dummett）从事认识论和逻辑哲学研究，国际计算与哲学协会（IA－CAP）主席。英国牛津大学圣十字学院的高级研究员，英国赫特福德大学哲学系信息哲学首席研究员兼教授。应邀于 2008 年 9 月 21 日至 30 日在中国进行了访问，共做了五场系列学术讲演。其中在北京进行了四场，分别在中国社科院、北京大学、中国人民大学、北京理工大学。弗洛里迪此次中国之行的最后一站特意安排在西安，于 9 月 27 日至 30 日顺访了西安交通大学，9 月 28 日下午在人文社会科学学院会议室做了讲座："信息哲学：概览"（The Philosophy of Information：an Outline）。

弗洛里迪对现今社会中已经存在的信息现象和信息理论进行了归纳和梳理，总结出了十八个问题，作为信息哲学研究的向度。这些问题涉

---

① K. Wu, The Basic Theory of Philosophy of Information, 4－th International Conference on the Foundations of Information Science, Beijing, August, 2010.

及五个方面：（一）信息及其理论的基本范畴；（二）信息的语义学分析；（三）人工智能与信息的处理方式；（四）自然信息与人类对自然的信息化处理；（五）信息科技与社会伦理。①

这次讲座有三个部分内容。第一部分包括：介绍；信息哲学（PI）；PI 的定义；PI 的出现；PI 的四个目标；以及"应该有信息哲学吗"和信息哲学的两种解释等七个相关问题。第二部分包括信息与抽象方法两个问题。第三部分概括了信息哲学中待解决的问题。

弗洛里迪认为，如何定义信息，由于实践的、概念的和哲学的原因，这个问题非常重要。信息有三个主要维度，即作为事实的信息，为了事实的信息和关于事实的信息。核心概念为"事实信息"。他还将信息哲学定义为哲学的研究领域，涉及（a）对信息的概念本质（nature）和基本原理，包括其动力学（dynamics）、利用（utilization）和科学的批判性研究，以及（b）信息的理论（information – theoretic）和计算机方法论对哲学问题的详细阐述和应用。

对于信息哲学的四个目标，弗洛里迪分别指出：A. 经典目标为一种关于信息的统一的理论（UTI）；B. 革新目标为一种信息理论方面的哲学方法，基于（A），发展和运用信息理论以及基于计算的概念、方法、工具和技术，对这个信息世界和信息社会中产生的传统和新的哲学问题进行建模和解释；C. 系统目标，是信息和计算哲学的不同分支的系统的基础，基于（B），从人工智能哲学到计算伦理学；D. 方法论目标，关于信息科学及相关学科的一个粘连的理论的框架。

在讲座的第三部分，弗洛里迪概括了信息哲学中待解决的十八个问题，分别是有关信息（三个问题）；语义学（关于意义和事实的四个问题）；智慧（关于认知能力和知识的七个问题）；价值（关于新的道德规范的一个问题）和自然（关于生命和归化的三个问题）的问题。

讲座最后，弗洛里迪回答了部分教师与学生提出的问题。这些问题主要集中在三个基本方面：第一，哲学的信息定义与科学的信息定义的

---

① 申丽娟：《中西方信息哲学的歧异与会通——以弗洛里迪与邬焜的信息哲学思想为例》，《西安交通大学学报》（社会科学版）2012 年第 2 期。

关系，进而信息哲学研究的相关方法论问题；第二，信息概念与哲学存在论问题；第三，信息哲学何以创立的基础。对于这三方面问题，弗洛里迪说明了哲学对于科学发展的重要意义与价值，以及哲学与科学在研究信息概念和相关问题上的区别、联系，并坦诚指出存在，信息与意识是三个基本的、重大哲学问题，他对"存在、信息与意识"的关系，以及建立三者的统一，几乎没有进行相关细致讨论，需要进一步加强研究工作。对于信息哲学创立的基础问题，他认为仍有工作要做。弗洛里迪还总结道，哲学是一个开放的空间，任何人都可以进入，并且认为存在不同意见不仅是自然的，而且是可能的。哲学还是一种动态空间，当外在文化环境发生改变，哲学就要追随这些改变而实现自身的"进化"。

讲座结束，弗洛里迪与邬焜及部分教师，相关硕、博研究生进行了座谈。与会者一致同意弗洛里迪认为的"不仅在其方法上，还是对象上，信息哲学代表第一哲学。它影响我们所研究的新的和老的哲学难题，（哲学体系的创新）的所有方式"的观点。指出信息哲学应该作为"元哲学"或"第一哲学"。

邬焜高度评价和赞赏了弗洛里迪在西方信息哲学研究传统中所做的创新性贡献，希望中西方信息哲学研究进一步加强"沟通与碰撞"。他还针对西方学者对中国学者在信息哲学领域所做工作的"陌生"，简要介绍了中国的信息哲学研究概况。他说，从20世纪80年代初开始，国内掀起了一场对信息问题进行哲学探讨的浪潮。虽然，当时世界范围内的相关研究还集中于与信息相关的哲学问题讨论的层面，但是，在这一相关研究的背景下，在中国学术界，建立一种全新的时代哲学——信息哲学的呼唤却应运而生。在倡导建立信息哲学的呼唤中，他和黎鸣的旗帜最为鲜明，沈骊天也做了大量有价值的研究。

邬焜说，如果以相应理论的公开发表为标准，那么，正是《哲学信息论要略》（1985）一文的发表以及《哲学信息论导论》（1987）一书的出版成了信息哲学在中国正式创立的标志。由于在建立信息哲学的方向上所做的工作不仅起步早，而且比较系统和全面地从存在论的意义上将信息范畴作为哲学的最基本范畴之一引入哲学，并提出和探讨了一系列相关问题，他被学界称为"信息哲学的开拓者"。

弗洛里迪对中国学者在信息哲学领域已经做出的创新性工作及取得的开拓性成果表现出格外"意外"，当时弗洛里迪也坦言他的信息哲学并没有完全建立，关于信息的本质概念和核心理论问题他也没有明确解决。[①] 因为语言障碍没有更多了解与掌握中国学者的研究。同时，弗洛里迪对中国学者，尤其是邬焜的工作表现出很大的兴趣与关注，希望以后同中国学者有更进一步的交流、沟通。最后，他热情期待邬焜的成果能尽早翻译成英语等相关外文，以使西方学者更好地知悉中国学者的相关研究工作。

应该说，中国学者在信息哲学上的研究，如学界认为的邬焜创立的信息哲学，由于种种或客观或主观的原因没有如实被西方学者甚至有些中国学者所认识是一件非常遗憾的事。所以，这次讲座及其后弗洛里迪与邬焜的座谈，对于西方学者了解中国学者的独创性、开拓性工作很有意义，同时，也回应了一些学者在评价国外，尤其是国内信息哲学研究工作的"纰漏"甚至"混淆视听"。

我们认为，信息哲学的概念起点是信息的哲学定义。在这个一以贯之的逻辑概念下，从信息的存在论开始讨论信息哲学的相关问题才能实现信息哲学，甚至哲学的历史性突破。

信息的哲学定义应有的一般抽象性与概括性，不能从某些一般信息理论或领域、门类信息学，甚至是分支信息学、工程技术信息学中直接平移过来或者简单加工而成。这也正是哲学与具体科学在信息问题研究上的不同。而信息哲学则是把信息作为一种普遍化的存在形式、认识方式、价值尺度、进化原则来予以探讨，并相应从元哲学的高度建构出全新的信息本体论、信息认识论、信息演化论、信息生产论、信息社会论、信息价值论、信息方法论、信息思维论，等等。

这次中西方学者在信息哲学相关问题研究上的"碰撞"、沟通与交流，有利于推动信息哲学的国际性、开放性研究。同时也敲响了中国信息哲学步入国际化与团队化研究的前奏。

---

① 《哲学专题研究〈信息哲学专题研究〉》，东星资源网，https：//www.dxf5.com/kuazhangju/435100.html。

三 西安交通大学国际信息哲学研究中心成立

第四届国际信息科学基础大会的顺利召开，让世界多国学者了解到了中国信息哲学思想，并引发了浓厚的兴趣。于是趁热打铁，经西安交通大学"西交科〔2010〕51 号"文件批准，西安交通大学国际信息哲学研究中心于 2010 年 12 月 3 日在中国西安、西安交通大学成立。

该中心是中国首个信息哲学研究中心，也是世界上第一个国际性信息哲学研究机构。该中心的基本任务是：有效整合世界范围内的信息哲学研究队伍，深化开创性的信息哲学研究，加强信息哲学成果的国际交流和对话，推动中国和世界范围的信息哲学发展。

西安交通大学国际信息哲学研究中心的成立标志着中国信息哲学正式步入了国际化和团队化的发展时期。同时，成立的研究中心也成为一个世界性的信息哲学与复杂性信息科学国际化交叉研究平台。

研究中心主任为邬焜，副主任为法国巴黎国际跨学科研究中心的约瑟夫·布伦纳（Joseph E. Brenner，1934~ ）研究员。该中心不仅与国内外相关机构和学者建立了广泛的学术联系和良好的合作关系，还会聚了来自世界各国的相关领域专家组建了国际顾问兼学术委员会。委员会成员近 20 位，包括来自俄罗斯、西班牙、奥地利、英国、美国等国的近 10 位国外学者以及 10 余位中国专家学者。并有数名特聘研究员与 20 余名主要成员。

中心自建立以来成果丰硕，主办与参办了近 9 次重要学术活动，分别是：

1. "首届国际信息哲学研讨会"西安交通大学国际信息哲学研究中心 & 国际信息研究会（IS4IS）联合主办（2013 年 10 月，西安）；

2. "第十届《哲学分析》论坛：信息时代的哲学精神全国学术研讨会"上海社会科学院《哲学分析》编辑部 & 西安交通大学国际信息哲学研究中心 & 陕西省自然辩证法研究会（2014 年 10 月，西安）。

3. "第一届国际信息科学高级峰会"国际信息科学研究会（IS4IS）& 多国机构联合举办；"第二届国际信息哲学研讨会"作为峰会三个子会议之一，由西安交通大学国际信息哲学研究中心主办（2015 年 6 月，维也纳，奥地利）。

4. "陕西省自然辩证法研究会第五届会员代表大会暨第九届科技哲学专业研究生论坛"西安交通大学国际信息哲学研究中心 & 西安交通大学人文社会科学学院 & 陕西省自然辩证法研究会合办（2015 年 12 月，西安）。

5. "首届国际智能科学研讨会"西安交通大学国际信息哲学研究中心 & 中国人工智能科学研究会 & 成都理工大学等单位合办（2016 年 10 月，成都）。

6. "第二届国际信息科学高级峰会"国际信息科学研究会（IS4IS）& 多国机构联合举办；"第三届国际信息哲学研讨会"作为峰会四个子会议之一，由西安交通大学国际信息哲学研究中心主办（2017 年 6 月，哥德堡，瑞典）。

7. "第三届国际信息科学高级峰会"国际信息科学研究会（IS4IS）& 多国机构联合举办；"第四届国际信息哲学研讨会"作为峰会三个子会议之一，由西安交通大学国际信息哲学研究中心主办（2019 年 6 月，伯克利，美国）。

8. "西安交通大学'科创月'成果展示活动：'信息哲学与智能社会发展'高层论坛"西安交通大学人文学院 & 西安交通大学哲学与文化研究所 & 西安交通大学国际信息哲学研究中心主办，（2020 年 9 月，西安）。

9. "第四届国际信息科学高级峰会"国际信息科学研究会（IS4IS）& 多国机构联合举办；"第五届国际信息哲学研讨会"作为峰会十个子会议之一，由西安交通大学国际信息哲学研究中心主办（2021 年 9 月，网络会议，主会场：仙台，日本，分会场：西安）。

规划出版了"西安交通大学信息哲学丛书"8 部，分别是：

1. 邬焜、［法］约瑟夫·布伦纳、王哲等：《中国的信息哲学研究》，中国社会科学出版社，2012 年；

2. ［俄］康斯坦丁·科林（K. K. Kolin）：《信息科学中的哲学问题》，邬焜译，中国社会科学出版社，2012 年；

3. 邬焜、肖峰：《信息哲学的性质、意义论辩》，中国社会科学出版社，2013 年；

4. 邬焜、霍有光：《信息哲学问题争鸣》，中国社会科学出版社，2013 年；

5. 康兰波：《人的实践本性与信息时代人的自由》，中国社会科学出版社，2013 年；

6. 李国武：《邬焜信息哲学思想研究》，中国社会科学出版社，2015 年；

7. 邬焜、成素梅主编：《信息时代的哲学精神》，中国社会科学出版社，2016 年；

8. ［奥］沃尔夫岗·霍夫基尔希纳（Wolfgang Hofkirchner）：《涌现信息，统一信息理论纲要》，王健、邬天启、毕琳、王萍译，邬焜审校，中国社会科学出版社，2020 年。

自中心成立 10 年来，中心成员先后发表包括 SCI、SSCI、CSSCI、EI 杂志中、英文论文 200 余篇。出版学术文集、专著、译著 10 余本。申请相关课题，包括国家重大、重点项目 10 余项，获得省部级以上奖 10 余项。

四　国际信息研究学会成立

第四届世界信息科学基础大会成果举办具有非常大的影响，除了交流各国信息科学研究的进展和促成了西安交通大学国际信息哲学研究中心成立以外，还成就了一项积极的组织成果。

大多数与会者形成了一个明确而强烈的共识，认识到，仅仅召开国际会议来交流学术进展已经远远不能适应信息科学发展的客观需要，应当立即着手成立一个国际学术组织来推动信息科学研究的发展。经过充分协商，决定由中国、奥地利、西班牙三国的学术负责人组成国际信息学会的筹备组。2010 年 8 月 22 日，筹备组会议决定，把拟议中的国际学术组织定名为"国际信息研究学会"（International Society for Information Studies，IS4SI）。

筹备组成员们注意到中国信息科学领域的学术力量在迅速崛起，而且表现出了很强的学术组织能力，因此筹备组的国外代表们建议把 IS4SI 的总部设在北京。但是，鉴于当时我国民政部尚未推出"国际学术组织如何在中国注册"的政策文件，因此，中国代表表示感谢大家的信任，认为目前中国还不具备设立国际学术组织总部的条件，并建议把总部设在奥地利首都维也纳。奥地利代表接受了这个建议。

北京会议后，经过奥地利学者的努力，于 2011 年 4 月完成了 IS4SI 在维也纳注册的程序，随即建立了 IS4SI 的秘书处，开始启动工作。

IS4SI 基本章程的相关部分条款包括：

由于认识到信息科学在当今时代所肩负的使命，来自世界各地的信息科学工作者在此自愿联合起来，组成"国际信息研究学会（IS4SI）"，通过共同的努力，推进信息科学的研究，并以研究的成果回应社会对信息科学的需求。

IS4SI 是国际性的民间学术团体，注册在奥地利首都维也纳，办公地点为 Gobergasse 1，A‑1130，Vienna，Austria。

IS4SI 遵守国际学术组织的共同准则和当地政府的法律法规，从事国际信息科学研究的联络与交流活动。IS4SI 是一个推进世界信息科学和技术研究、完善和发展信息社会理论的国际学术组织。该学会的活动资金自筹，主要来源于各国高校、研究机构和相关企业的捐助。IS4SI 的最高权力属于会员代表大会（General Assembly），执行机构是执行委员会（简称执委会），由主席、若干副主席和秘书长等人员组成。领导机构成员任期一般为两年，参选方法由各国相关学术机构和专家推荐，并通过执委会扩大会议民主选举产生，可以连选连任。每届执委会负责组织一次"国际信息研究高峰会议"，执委会主席担任"国际会议"的大会主席。会议期间将进行执委会换届，届时将对执委会人员作出部分调整。为了有效推动和组织世界各地的信息科学研究活动，学会决定下设"地区分会"（Regional Chapter）和"专业分会"（Special Interest Group）。

截至 2021 年，该执委会已换届六次。第一届领导机构（2011 年）的主席是俄罗斯科学院信息科学问题研究所首席研究员康斯坦丁·康斯坦蒂诺维奇·科林（Колин Константин Константинович, 1935～ ），第二届领导机构（2013 年）的主席是沃尔夫冈·霍夫基希纳（Wolfgang Hofkirchner），第三届领导机构（2015 年）的主席是瑞典查尔姆斯理工大学、梅拉达伦大学高丹娜·克恩科维奇（Gordana Didig－crnkovic）教授，第四届领导机构（2017 年）的主席是特伦斯·迪肯（Terry Deacon），第五届领导机构（2019 年）的主席是日本东北大学的马丁·施罗德（Marcin Schroeder）教授，第六届领导机构（2021 年）的主席由中国的钟义信和西班牙萨拉格萨，阿拉贡保健科学研究所生物信息部主任佩德罗·马里胡安（Pedro C. Marijuán, 1952～ ）教授联合担任。中国学者李宗荣、闫学杉曾担任过该机构的副主席，邬焜、陈志成现任该机构的副主席。

地区分会和专业分必须经学会总部审核批准，分会必须拥有 20 名以上会员，分会设立主席和若干副主席以及秘书，分会必须有办公地点和必要的办公条件，分会必须每年开展至少一次学术活动，并把活动情况报总会备案。

IS4SI 自 2011 年注册成立以来，已于 2013 年在莫斯科、2015 年于维也纳、2017 年将在瑞典哥德堡大学、2019 年在美国加州大学伯克利分校、2021 年在日本东北大学（网络会议）召开了 5 界国际信息研究学术大会。

五 国际信息学会中国分会成立

自 2011 年"国际信息研究学会"在奥地利首都维也纳顺利完成了注册程序之后。2013 年 10 月，国际信息研究学会秘书长罗伯特·雅恩（Robert Jahn）和负责学术规划的学会副主席佩德罗·马里胡安来京，专门和中国部分信息科学研究者进行了座谈，他们认为，作为正在迅速发展的中国，学术力量雄厚，可以在成立地区分会方面走在其他国家前头。

为了回应国际信息研究学会的提议，我国信息科学部分研究者（主要是在京学者）举行了几次磋商。与会者一致认为，成立中国分会是一件好事，可以更有效地促进我国信息科学研究的发展。于是做出决定：为了便于开展工作，宜以在京学者为基础组成"国际信息研究学会中国分会筹备组"（以下简称"筹备组"）；与会者同时认为，鉴于当代信息科学具有强烈的交叉科学性质，鉴于北京大学的综合学科优势和已有的信息科学研究力量，国际信息学会中国分会及其筹备组挂靠在北京大学最为合适。

2014 年 12 月，作为筹备组的代表，钟义信等几位在京学者同北京大学信息管理系主任李广建（1963~　）及几位北大教授，就拟议中的国际信息学会中国分会事宜进行了沟通，互相交换了意见，李广建表示非常欢迎中国分会设立在北京大学信息管理系，并愿意力所能及地提供办公条件和其他帮助。会后，筹备组向国际信息研究学会进行了通报，得到学会总部的充分肯定。

自此，国际信息研究学会中国分会筹备组正式进入筹备状态，在研讨的基础上制定了中国分会的章程和近期工作规划。

2016 年 4 月 9 日，"国际信息研究学会中国分会成立大会暨学术研讨会"在北京大学召开。在此次会议之后，"国际信息研究学会中国分会（IS4SI - CC）"正式成立，IS4SI - CC 是经 IS4SI 总部批准的以中国为活动地域、以北京为中心的地区性信息研究民间学术团体。

根据国际信息研究学会的章程和我国当前信息科学技术发展的实际情况，中国分会的学术研究和交流的领域主要覆盖：信息科学（含智能科学）基础理论研究，信息哲学理论研究，信息技术（如大数据与互联网技术等）理论研究，信息科学技术教育理论研究，信息科学技术应用理论研究等。

中国分会坚持"多学科交叉研究"的发展模式，致力于信息生态领域（含信息哲学、信息科学、信息管理、信息技术、信息教育、信息经济、信息社会等）的一体化研究，高度重视系统科学基础理论研究，复杂性科学理论研究，认知科学理论研究等。

中国分会建会之初拥有 50 多名起始会员，主要分布在北京、西安、上海、南京、武汉、广州、香港等地，近年来，学会的会员大幅增长，影响力也日渐增强。

第四节 中国信息哲学国际化与团队化
学术成果与国际评价反响

长期以来，中国的信息哲学研究都是在个别学者的个人努力下进行研究的，如之前文中提到的钟义信教授、黎明先生、刘长林研究员、罗先汉教授、苗东升教授、马蔼乃教授、何华灿教授、肖峰教授、闫学杉教授、董春雨教授、上海大学的王天恩（1954~ ）教授、欧阳康教授、吴国林教授、刘钢教授、华南师范大学范冬萍（1965~ ）教授，等等。以及对信息哲学做出高度评价和关注的众多学者，如中国人民大学张奎良（1937~ ）教授、北京师范大学刘孝廷（1963~ ）教授、江南大学袁振辉（1944~ ）教授、吉林大学丛大川（1943~ ）教授、西安建筑大学邓波（1968~ ）教授、西北工业大学成一丰（1923~ ）教授、黑龙江大学余式辉教授，等等。但更多学者在信息哲学领域则是浅尝辄止，并没有后续更深化的研究。或者转移到非哲学的其他研究领域，如信息科学、传播学、语言学，等等。

从近五年（2017年1月至2021年12月）知网信息哲学相关中文期刊文章（106篇）发表来看，其中哲学类文章37篇，自然科学基础理论类22篇，伦理学、传播、情报、教育及其他社会科学类46篇。从数据上看，现今国内还依然活跃在信息哲学领域的资深学者并不多，其中发表最多的三人分别是：邬焜10篇，邬天启7篇，王振嵩5篇。他们皆是西安交通大学信息哲学研究团队的骨干成员，同时也是西安交通大学在职教师。

所以我们以邬焜为例，可以简单勾勒出中国信息哲学研究的历史脉络与发展进程。邬焜的信息哲学长达近30年一直也都是在独立研究的模式下，国内并没有出现相对独立的信息哲学研究团队。而且由于语言交流上的障碍，国内学者的研究成果一直罕有以英文形式在英语学术圈传播。以邬焜为例，他虽然在2010年之前发表过英文论文5篇，但由于这些英文论文都是在国内刊物的英文版或一些国内会议中发表的，这几篇论文也都无法在谷歌学术搜索中查询到。所以，国外学者也一直未能了解中国信息哲学的相关研究成果。如前文提到的,直到 2010 年之后,这一情况才有所改变。

据调查,现阶段中国信息哲学建立起来的最大、最全面的团队就是以邬焜为首的西安交通大学信息哲学团队,所以,从西安交通大学信息哲学团队的集体成果与国际化反响中也可以反映出中国信息哲学研究的发展历程。

一 信息哲学团队化下的拓展性成果

以邬焜信息哲学研究为例,邬焜信息哲学的创立与发展史可以总结为 6 个阶段:

1. 缘起;2. 创立;3. 深化;4. 成熟;5. 拓展;6. 国际化与团队化。①

2010 年之前,邬焜出版的书籍与发表论文主要是唯一作者,邬焜学术著作(专著、编著、译著)14 部,其中合著 4 部;发表论文 270 篇,其中合写论文 21 篇;独立完成率占比 90% 以上。而在 2010 年之后(至 2021 年),著作 11 部,其中合著 8 部;发表论文 142 篇,其中合写论文 48 篇;合作研究成果接近半数。从成果数量上也可以发现,从 1981 年到 2010 年这 30 年平均每 10 年成果数量:专著 5 部,论文 90 篇;而从 2011 年到 2021 这十年由于信息哲学团队建设,大量合作研究出现,成果数量也翻倍增长。我们可以发现,信息哲学团队建设的成果是相当显著的。

其中比较重要的 7 部著作是:

1. 邬焜、靳辉、康兰波、王哲、蔡东伟、王彦丽、马新锋、吴小侠、刘琅琅、李东东、王斌:《社会信息科学的理论与方法》,人民出版社,2011 年;

---

① 关于这 6 个阶段的内容最早发表于邬天启《信息哲学的诞生和发展》,《情报杂志》2019 年第 5 期。

2. 邬焜、［法］布伦纳、王哲、李国武、张涛、康兰波、申丽娟、曹嘉伟、邬天启、靳辉、王小红、王健、刘芳芳：《中国的信息哲学研究》，中国社会科学出版社，2012 年；

3. 邬焜、肖锋、［俄］康斯坦丁·科林、李武装：《信息哲学的性质、意义论辩》，中国社会科学出版社，2013 年；

4. 邬焜、霍有光：《信息哲学问题争鸣》，中国社会科学出版社，2013 年；

5. 邬焜：《哲学与哲学的转向——兼论科学与哲学内在融合的统一性》，人民出版社，2014 年；

6. 邬焜、成素梅主编：《信息时代的哲学精神——邬焜信息哲学思想研究和讨论》，中国社会科学出版社，2015 年；

7. 邬焜：《辩证唯物主义新形态——基于现代科学和信息哲学的新成果》，科学出版社，2017 年。

我们可以发现，这 7 部著作中仅有 2 部是邬焜独立完成的。邬焜与其团队的英文论文发表数量与质量上更可以体现出研究团队的重要性。

从论文数量和质量上来看，邬焜发表的英文论文有四个阶段。

第一个阶段，无英文论文发表阶段：1997 年之前，邬焜已经独立研究了信息哲学理论 18 年，但他的论文并没有以非中文的形式公开发表过。

第二个阶段，尝试国内英文论文阶段：从 1997 年开始至 2009 年 13 年间，共发表英文论文 5 篇，平均每两年发表不到一篇论文。而且这些英文论文都是在国内刊物的英文版或一些国内会议中发表，并没有在英语学术圈中传播。在谷歌学术搜索中也无法查询到。

第三个阶段，平稳投稿国外一般刊物阶段：从 2010 年至 2016 年 7 年间，共发表英文论文 9 篇，以每年平均一篇的速度发表。

第四个阶段，爆发式冲击世界高水平刊物阶段：从 2017 年开始英文论文发表的数量突然出现飞速的增加：2017 年 8 篇，2018 年 2 篇，2019 年 4 篇，2020 年 6 篇，共 20 篇，平均每年 5 篇。近四年的英文论文发表总量比 2017 年之前 20 年的发文总量还要多。

邬焜历年来的外文论文：

1. Kun Wu, "Philosophical Forced Analogy and Philosophical Critique", Social Sciences in China, No. 4 (1997), pp. 74 – 78.

2. Kun Wu and Fei Ou, "The Medical Cause Heading for Informatization", CJKMI' 99 First China – Japan – Korea Joint Symposium on Medical Informatics, Academy Press, Vol. 10, 1999.

3. Kun Wu and Deng Bo, "Information thinking: A new kind of pattern of scientific thinking", ISSS 2002 International Society For the Systems Sciences 46th Annual Meeting, 2002.

4. Kun Wu, "Nature Philosophy of Reconstructing Dialectics of Nature", the Proceedings of the China Association for Science and Technology, Vol. 2, No. 4 (2006), pp. 912 – 916; Science Press, Science Press USA Inc 2006.

5. Kun Wu, "Information Philosophy and Its Overall Breakthrough to Philosophy", Scientific Inquiry, Vol. 9, No. 1 (June, 2008).

6. Kun Wu, "The Basic Theory of the Philosophy of Information", in Proceedings of the 4th International Conference on the Foundations of Information Science, Beijing, China, 2010, pp. 21 – 24.

7. Kun Wu, "Thirty years of research of information philosophy in China", Open Education, No. 5, 2011.

8. Kun Wu, "The Essence, Classification and Quality of the Different Grades of Information", Information, Vol. 3, No. 3 (September 2012), pp. 403 – 419.

9. Kun Wu and Joseph E. Brenner, "The Informational Stance: Philosophy and Logic. Part I: The basic theories", Logic and Logical Philosophy, Vol. 22, No. 4 (December 2013), pp. 453 – 493.

10. Kun Wu, "The Crisis of Philosophy and Its Informational Turn", Academics, No. 1 (January 2014) General No. 188.

11. Kun Wu, Joseph E. Brenner, "The Informational Stance: Phi-

losophy and Logic. Pare Ⅱ From physics to society", Logic and logical philosophy, Vol. 23, No. 1 (March 2014), pp. 81 – 108.

12. Kun Wu, Joseph E. Brenner, "An Informational Ontology and Epistemology of Cognition", Foundations of Science, Vol. 20 (September 2014), pp. 249 – 279.

13. Kun Wu, "The Development of Philosophy and Its Fundamental Informational Turn", Information (ESCI, 3 区) Vol. 6, No. 4 (October 2015), pp. 693 – 703.

14. Kun Wu, "The Interaction and Convergence of the Philosophy and Science of Information", Philosophies (ESCI, 2 区), Vol. 1, No. 3 (December2016), pp. 228 – 244.

15. Arturo Tozzi, James F. Peters, Jorge Navarrof, Wu Kun, Bi Ling, Pedro C. Marijuánf, "Cellular gauge symmetry and the Li organization principle: General considerations", Progress in Biophysics and Molecular Biology (SCI, 2 区), Vol. 131 (December2017), pp. 141 – 152.

16. Kun Wu, Pedro Marijuan and Zhensong Wang, "A Dialogue about the Nature and Unification of Information Science and Information Philosophy", Presented at the IS4SI 2017 Summit, Proceedings, Licensee MDPI, Basel, 2017.

17. Kun Wu and Ping Wang, "Philosophy of Information—Fundamental Transformation of Philosoph", Presented at the IS4SI 2017 Summit, Proceedings, Licensee MDPI, Basel, 2017.

18. Kun Wu, Zhensong Wang andHongbo Wang, "Discussion on the Holographic Unification of Subject Information, Knowledge, Intelligence and Practice Activities", Presented at the IS4SI 2017 Summit, Proceedings, Licensee MDPI, Basel, 2017.

19. Kun Wu, "Good: Relaxation between Order and Disorder-ACritique of an Absurd Ethics Simply Using the Size of Entropy as Criterion", Presented at the IS4SI 2017 Summit, Proceedings, Licensee MDPI, Ba-

sel，2017.

20. Kun Wu and Joseph E. Brenner，"Introduction to the Third International Conference for the Philosophy of Information（ICPI 2017）"，Presented at the IS4SI 2017 Summit Digitalisation for A Sustainable Society，Gothenburg，Sweden，June 2017，pp. 12 – 16；Proceedings，2017.

21. Kun Wuand Joseph E. Brenner，"A Unified Science – Philosophy of Information in the Quest for Transdisciplinarity"，in Mark Burgin，Wolfgang Hofkirchner，Information Studies and the Quest for Transdisciplinarity：Unity through Diversity，World Scientific Publishing Co Pte Ltd.，2017.

22. Kun Wu and Joseph Brenner，"Philosophy of Information：Revolution in Philosophy"，Towards an Informational Metaphilosophy of Science，Philosophies（ESCI，2 区），Vol. 4，No. 2（October2017），pp. 1 – 30.

23. Kun Wu，Wang Ping，"Philosophy of information-Fundamental transformation of philosophy"，Proceedings，Vol. 1，No. 3（June 2017），pp. 1 – 4.

24. Kun Wu and Zhensong Wang，"Natural Philosophy and Natural Logic"，Philosophies，Vol. 27，No. 3（2018）；Gordana and Schroeder：Contemporary Natural Philosophy and Phiosophies—Part 1，MDPI 2019：229 – 248.

25. Kun Wu and Zhensong Wang，"Natural Philosophy and Natural Logic"，Gordana and Schroeder：Philosophies. Contemporary Natural Philosophy and Phiosophies—Part 1. MDPI 2019：229 – 248.

26. Kun Wu and Ping Wang，"Philosophy of Information—Radical Changing Force of Philosophy. Gordana Dodig – Crnkovic"，Mark Burgin：Philosophy and Methodology of Information，World Scientific，2019，pp. 99 – 120.

27. Kun Wu and Kaiyan Da，"The Comprehensive Human Essence and the New Evolution of Human Beings"，Academics，No. 8（2019），

pp. 185 – 195.

28. Kun Wu and Qiong Nan, "Information Characteristics, Processes, and Mechanisms of Self – Organization Evolution", Complexity (SCI, 1 区), Vol. 2019 (octomber 2019), pp. 1 – 9.

29. Kun Wu, "The Introduction of 4th International Conference on Philosophy of Information", Editorial Proceedings, Vol. 47, No. 1 (May 2020).

30. Kun Wu, Kaiyan Da and Wenbao Ma, "The Impact of Intelligent Science and Technology on Human Society: Appeals of Institutional System", Proceedings, Vol. 47, No. 1 (May 2020).

31. Kun Wu and Kaiyan Da, "The Impact of Intelligent Society on Human Essence and the New Evolution of Humans", Proceedings, Vol. 47, No. 1 (May 2020).

32. Kun Wu and Qiong Nan, "The Contemporary Value of Engels' Dialectics . International Journal of Systems Science and Applied Mathematics", Vol. 5, No. 2 (2020), pp. 12 – 19.

33. Kun Wu and Wang Jian, "Why is Entropy not Enough? -Good Emerges from the Relaxation between Order and Disorder. Gordana Dodig Crnkovic", Theoretical Information Studies, World Scientific, 2020, pp. 37 – 59.

34. Kun Wu, Qiong Nan, Tianqi Wu, "Philosophical Analysis of the Meaning and Nature of Entropy and Negative Entropy Theories", Complexity (SCI, 1 区), Vol. 2020 (August 2020), pp. 1 – 11.

我们还可以发现，在第二、第三阶段基本都是邬焜独著的英文论文。而在第四个阶段，邬焜基本都是与他人合写的论文，并且开始出现 SCI 级别的高水平杂志。从这个角度也可以发现，信息哲学的国际化与团队化研究是相辅相成的，在数量、质量、知名度上共同推动着中国信息哲学研究的发展。

中国信息哲学团队与国际化建设也获得了国内许多学者的肯定。钟义信在《从信息科学视角看〈信息哲学〉》一文中写道：

> 为了探讨信息在哲学研究中的地位，邬焜对传统的存在分割公式提出了挑战。这显示了他的学术勇气，也表现了他在学术上的彻底精神。经过深入研究，他得到了全新的分割公式："存在＝物质＋信息"。
>
> 这是一个具有全局意义的研究成果，颠覆了传统哲学的基本观念，是对现代哲学研究的重大贡献：不仅为信息哲学的研究明确了地位，开辟了道路，而且也为整个哲学的研究校正了方向。
>
> 从信息科学研究的角度来看，邬焜教授在信息哲学领域的研究成果，特别是关于"存在分割方式"的研究成果，是开创性的工作，对信息哲学和信息科学的研究都具有基础性意义。①

钟义信在该文中，还从五个方面对邬焜创立的信息哲学和他所开拓的信息科学研究之间所具有的和谐默契进行了论证：

> 1. 总体风格：和而不同；
> 2. "存在分割"：哲理开路；
> 3. 基本概念：异曲同工；
> 4. "认识论信息"：相映成趣；
> 5. "信息中介"与"信息转换"：各有发现。②

在做了这五个方面的论证之后，钟义信在文章的最后指出：

> 几乎独立行进的中国信息哲学和信息科学研究如此和谐默契，颇为发人深省！

---

① 钟义信：《从信息科学视角看〈信息哲学〉》，《哲学分析》2015 年第 1 期。
② 钟义信：《从信息科学视角看〈信息哲学〉》，《哲学分析》2015 年第 1 期。

我国系统哲学家，中国人民大学教授苗东升（1937～2020）是中国信息哲学诞生与发展的见证人之一，他对于中国信息哲学的热忱、鼓励与贡献无法替代。[①]苗东升在研究钱学森系统科学思想时曾对邬焜的信息哲学研究给予概括性的评价。他写道：

> 系统哲学的近邻是信息哲学，近三十年来，以邬焜为代表的中国学者作了持续的探索，取得很多成果，与系统哲学形成相互促进的态势。[②]

苗东升还强调：

> 邬焜教授在信息哲学研究中，历经30多年的辛苦创立的思想体系，已经形成了能与西方分庭抗礼的"中国学派"。[③]
>
> 中国的科学哲学是从西方引进的，学界弥散着浓厚的学术自卑感。邬焜的信息哲学是中国科学哲学界独立创建的第一个理论体系，树立了榜样。他能够坚持在信息哲学领域勤恳耕耘30余年，表现出献身学术研究的可贵精神；勇于独立探索，敢于在信息哲学这篇新天地开疆拓土，表现了他的创新勇气；建立起以信息本体论、信息认识论、信息进化论、信息价值论、信息思维轮为框架的信息哲学体系表现出他较强的理论创造力。邬焜的成功还得力于西安交通大学给他的有力支持，提供必要的环境条件，形成一支队伍，我常常称之为信息哲学的邬家军。[④]

---

① 笔者很荣幸可以在很多场合中得到苗先生的学术熏陶，受益匪浅，以往学术交流的场景还历历在目。感激、惋惜之情之难以言表，特此沉痛悼念苗东升老先生！

② 苗东升：《钱学森系统科学思想研究》，科学出版社2012年版，第148页。

③ 王健：《首届国际信息哲学研讨会综述》，《重庆邮电大学学报》（社会科学版）2014年第2期。

④ 刘琅琅：《第十届〈哲学分析〉论坛——"信息时代的哲学精神"学术研讨会综述》，《哲学分析》2015年第1期。

在第一届国际信息科学峰会暨第二届国际信息哲学研讨会（维也纳，2015 年 6 月）上，苗东升作了题为"信息研究的中国路径在开拓中"的大会报告。他在报告中指出：

> 信息时代的雷声没有震醒中国哲学界的中心，却震醒了它的一处边缘——科学技术哲学。从 1970 年代末开始，活跃在这里而具有思辨哲学兴趣的一批学者，依据信息科学重新思考哲学基本问题，提出诸多新观点。成果最丰的是邬焜，他通过解读黑格尔和恩格斯，领悟到要关注"存在领域的内在差异"，基于科学最新发展来更新"对存在领域的具体区分"……以建立信息本体论为切入点，邬焜抓住哲学本体论的核心问题"什么是存在？""存在如何存在？"，既向辩证唯物主义关于存在的经典表述提出挑战，又坚持辩证唯物主义的基本立场，从信息观点给出他的回答。邬焜认为，客观世界由物质和信息共同构成，物质是世界的实在，第一性的存在；信息是世界的虚在，第二性的存在。以这种本体论为核心，形成他的信息哲学体系，对信息时代作出初步的哲学回应。
>
> 邬焜首创信息哲学的基本框架，开始引起国际学术界关注，已经在国内召开一次国际信息哲学会议，2015 年 6 月又在维也纳召开了第二次国际会议。
>
> 邬焜已初步形成一支信息研究队伍，不妨称为"邬家军"，这在目前的中国是少见的。①

2013 年 6 月，西安财经大学党委副书记李国武（1972~ ）研究员通过了以"邬焜信息哲学思想研究"为题的博士论文答辩，获得了哲学博士学位。该论文的"摘要"中写道：

---

① 苗东升：《信息研究的中国路径在开拓中》，欧亚系统科学研究会、广西大学复杂性科学与大数据技术研究所主办，《系统科学通信》2015 年第 2 期。［该文曾参加第一届国际信息科学峰会（维也纳，2015 年 6 月）并作大会报告］

邬焜教授的学术思想，有它的独特性，表现出他个人的性情、风格和内心世界。通过深入研究，能够廓清世人对信息哲学的模糊认识，使更多学界同仁走进信息哲学、感悟邬焜教授的所思、所论，了解邬焜教授对信息哲学的贡献，并学习邬焜教授严谨的学术态度和高尚的学术风范与学术境界，具有很强的现实意义。

本文从邬焜教授庞大的信息哲学学术思想体系中选取了最能代表其精华的信息本体论、信息认识论、信息进化论、信息价值论以及信息思维论等五个方面信息哲学理论，进行重点阐述，并与中国古代哲学、古希腊哲学、当代西方哲学、马克思主义哲学进行比较研究，提出自己的理解。①

在相关研究的基础上，李国武还在其博士论文中具体概括了邬焜的九大学术特色：

思想深刻，独树一帜；

顽强自学，学识渊博；

哲学科学化，科学哲学化；

概念创新，体系完整；

勇于变革，创造力强；

追求真理，献身科学；

文风朴实，逻辑严密；

治学严谨，独立思考；

视野宽广，立论宏大。

李国武还在其发表的题为《邬焜信息哲学是信息时代的科学的世界观》一文中写道：

20世纪80年代产生的邬焜信息哲学，是哲学发展中的根本性变

---

① 李国武的博士论文经进一步修改后，已于2015年6月由中国社会科学出版社出版。

革，是人类信息时代发展和哲学发展的必然产物。首先它是适应全球化信息时代的需要而产生的。同时，它又是现当代科学和哲学发展的总结，是人类以往认识世界和改造世界的积极成果的理论结晶。它以信息是间接存在的观点为基础，揭示了世界的物质与信息双重存在的性质，开辟了对信息世界进行哲学研究的新领域，进一步科学地解决了思维与存在（物质与精神）、物质与信息、精神与信息的关系问题，从而实现了新的唯物信息论和信息方法论的统一，信息本体论和信息认识论与信息价值论的统一，信息进化论和信息社会论的统一。从其理论特征上看，又是科学性、时代性和普适性的高度统一，是信息时代的系统化、理论化的科学的世界观和方法论。①

广西民族大学政法学院高剑平（1964~　）教授在对国内外信息哲学研究的状况进行综述时写道：

> 在建立信息哲学的方向上，邬焜的工作系统而全面。从 1980 年开始，邬焜发表了大量的文章，出版了一系列的专著。1987 年 6 月，陕西人民出版社出版邬焜的专著《哲学信息学导论》……标志着信息哲学在中国正式创立。……从 1987 年 6 月邬焜创立"信息哲学"计算，则要比弗洛里迪 2002 年在西方哲学权威期刊《元哲学》（Metaphilosophy）上发表的 *What is the Philosophy of Information* 早 15 年。②

二　第五届国际信息科学基础大会

2013 年 5 月 21—24 日，由国际信息科学研究会（IS4SI）、联合国教科文组织《全民信息》计划组俄罗斯计划委员会、俄罗斯科学院人工智能委员会、俄罗斯科学院信息问题研究所、俄罗斯信息社会发展研究院、

---

① 李国武：《邬焜信息哲学是信息时代的科学的世界观》，《重庆邮电大学学报》（社会科学版）2014 年第 1 期。

② 高剑平：《信息哲学研究述评》，《广东社会科学》2007 年第 6 期。

莫斯科人文主义大学等单位共同发起和组织的第五届国际信息科学基础大会在莫斯科召开，来自俄罗斯、西班牙、奥地利和中国的 80 余名信息科学领域的专家学者参加了会议。本届国际信息科学基础大会的主旨为：从信息方法的全新视角探讨 21 世纪的世界教育问题。

因为资料搜集的限制，这里仅从邬焜信息哲学团队的视角出发对本次会议进行简要总结。邬焜在 21 日下午作了大会报告。邬焜所做报告的题目是："Information Thinking and System Thinking：A Comparison"（该文的中译稿《信息思维和系统思维的比较研究》已在中国刊物发表）[①]。该报告的论文文稿是邬焜和约瑟夫·布伦纳合作完成的。在长达 50 分钟的报告中，邬焜首先扼要介绍了他所创立的信息哲学的基本理论，然后从本体论、认识论、进化论、时空观、价值论、社会发展理论、经济发展理论，以及对科学和哲学变革的范式作用等八个方面对信息思维和系统思维的异同进行了对比性的阐发。通过相应的阐发，邬焜强调，对于科学和哲学的变革，信息思维比系统思维更具有基础性和本质性，由此也深刻揭示了信息哲学和信息科学范式对人类哲学和科学的发展所具有的全方位、根本性改造的革命性意义和价值。

在会议进一步的讨论中，有西方学者提出，应当重视信息哲学的研究，并进一步更为详细地将邬焜的相关研究成果介绍给西方学者。大会主席康斯坦丁·科林（Константин Колин）在其所作大会报告中回顾了世界信息哲学发展的历程，并特别强调了邬焜关于信息哲学研究成果的开创性价值。

三　布伦纳：信息哲学与元哲学

瑞士化学家、纽约科学学会院士，现实逻辑（LIR）理论的提出者约瑟夫·布伦纳，在 2011 年 6 月 20—26 日召开的第九届国际一般信息理论研讨会（GIT，2011，保加利亚．瓦尔纳）上提交了一篇题为《邬焜和信

---

① ［法］布伦纳、邬焜：《信息思维和系统思维的比较研究》（上），王健译，《佛山科学技术学院学报》（社会科学版）2013 年第 2 期；［法］布伦纳、邬焜：《信息思维和系统思维的比较研究》（下），王健译，《佛山科学技术学院学报》（社会科学版）2013 年第 3 期。

息元哲学》（"*Wu Kun and The Metaphilosophy of Information*"）的论文，具体介绍并高度评价了邬焜的信息哲学。该文后来已经以英文和中译文的形式公开发表。①

布伦纳的文章强调说：

邬教授强调了作为一个基本的哲学范畴的信息概念，界定了信息和信息科学在诸如本体论、认识论乃至科学等所有相关学科中的核心角色。这是一条元哲学的原则，因为它必须处理哲学自身的内容。邬教授的信息哲学被他称为一种元哲学，"一种最高哲学"，这正是因为其出众之处在于它的独特性和普遍性，在于它的新世界观，即作为一种关于历史、社会、价值、知识、科学和技术的信息观念。

在邬先生的概念中信息哲学是处在一种新的信息范式或者信息的本体论转向的中心位置……这个理论中包含了哲学、逻辑学以及体现了一种跨学科视角的本体论。

邬教授将信息科学领域视为一种由信息哲学、一般信息理论和各种实践应用的次级领域所构成的复合体。在所有的这些方面，他都做出了贡献。充分评价邬教授关于哲学和信息科学与哲学的著作及其蕴意必须要等到它们全部被译成英文之后。显而易见的是，他的研究提供了一个关于信息的复杂本体论性质的重要的新视角。

布伦纳的文章还强调：

邬焜历经多年来描述他的研究，广泛地相关于：信息的哲学本质、信息本体论、信息认识论、信息进化论、社会信息论、信息价值论、信息思维论、信息和自组织以及复杂性理论、信息和虚拟实在、信息科学体系，从而在整体上构成一种新的科学范式以及一个

---

① ［法］J. E. Brenner, "Wu Kun and The Metaphilosophy of Information", International Journal "*Information Theories and Applications*", Vol. 18, No. 2 (2011), pp. 103 – 128. 中译文：［法］约瑟夫·布伦纳、邬焜：《信息元哲学》，王健、刘芳芳译，王小红审校，《西安交通大学学报（社会科学版）》2012 年第 3 期。

未来哲学和科学发展趋向的基础。

在这些相互作用的跨学科解释中，我看到一种新的信息范式的操作的开端，并且它既导向又由所述的一种信息元哲学和信息姿态所构成，这种信息元哲学和信息姿态源自于邬教授的研究。

邬教授的独特的元哲学概念对于理解信息的社会和伦理维度的动态学是必不可少的。

邬教授的一个提议就是，将信息哲学作为一门统一信息理论的基础，而这将会导向知识的统一体。

基于邬焜教授的贡献，一种信息领域的研究接近成熟，人们可以开始谈论一种能够概括多样路径的信息的元哲学（理论）。

布伦纳的文章还特别评价了邬焜提出的信息思维的认知方式，并把这种思维方式与胡塞尔的现象学方法进行了比较。他写道：

> 信息哲学作为包含所有学科的关键部分，超越了它们特有的科学内容；在信息思维要求思考所有哲学和科学的信息面相的范围上，我们相信我们正接近于一种新的科学的（和逻辑的）范式，在其中，作为区别于实体思维的信息思维，产生了对传统学科及其理论的崭新的阐释……信息思维（IT），如邬教授所构想的，指谓一种通过关涉包含于信息进化之中的信息结构和动态学，从其历史的起源到未来的可能性和概率性来把握和描述事物的本质和属性的方式。这个策略包含着某些类似于胡塞尔哲学式的悬置的东西，即悬置任何复杂过程的细节以考虑信息在其动态学中发挥功能的方式……但是，邬焜的理论和胡塞尔的理论之间的差别是明显的：邬教授原创的信息哲学是去澄清客观世界中的物质和信息的双重存在和双重演化，它们始于存在的逻辑和自然的人类自身的动态学。邬教授的学说，不同于胡塞尔的，并不需要"自然化"，即带入到自然科学的领域中。它已经在那里了。
>
> 邬教授的研究路径清除了为胡塞尔的先验直觉寻找自然等价物的艰巨任务。

布伦纳的文章还对邬焜创立的信息哲学在促进统一信息科学的建立，以及变革哲学的意义和价值进行了评价。文章写道：

> 在邬教授的观念中，信息的性质是这样的，它只有被包含入世界存在的基础领域的建构之中，才能显示出它们的本质和最一般、最普遍的特征。这种普遍性仅能够在一般哲学的最高层次上被研究。正因为如此，一种统一信息理论能够被期待具有一般哲学理论的结构和性质。仅仅从信息哲学的优势观点出发，人们才能够意识到信息的本质，并要求建立一种统一信息理论；在我看来，基于他的信息哲学和元哲学，邬教授是在提议一种对于哲学基础的新的重大的批评！邬焜将信息概念作为哲学的最基础的一个概念，导致对我们所见的存在领域分割的一种新奇的模式，改变了关于基本哲学问题所能做出的具体表达的方式。这样的结果就是信息的新哲学使得一种关于哲学基础性基质的"对话"成为可能，从而能够导向在关于人的哲学中的进一步的基础性的和富有魅力的普遍性改变。
>
> 通过对作为存在的最基本特征之一的信息和信息活动的形式化的研究，信息的元哲学改变了讨论哲学——形而上学的、认识论的和本体论的基本问题的方式……信息哲学实现了哲学的综合变革。
>
> 邬焜的信息哲学及其作为一种元哲学的形式化构成了一个对于信息的一般理论的巨大贡献（迄今还未被中国以外的人们所认识）。
>
> 邬焜教授提出的信息哲学基本理论不仅仅聚焦于信息的现象学结构和功能属性，也聚焦于对它的一种准确理解的重要性，即确切地将它作为一种导向更加民主的社会的运动之基础。我可以认为，邬先生的信息著作的主体构成了哲学的进步。

针对西方以前把弗洛里迪看作信息哲学创始人的说法，布伦纳在其文章中特别强调：

> 我发现并没有其他正式的文献涉及到信息的元哲学。邬焜，根据本文所简要概括的实质阐明，应该被看作这个领域的主要先驱。

弗洛里迪与邬焜本人必须被各自独立地视为信息哲学领域的奠基人之一。

布伦纳在首届国际信息哲学研讨会上作了题为"人格同一性的信息过程"的大会报告。他在报告中指出：

> 人格同一性作为一种复杂现象，对它的思考不能离开对同一性和多元性，以及作为动态过程的二者关系的理解。
> 邬焜先生所创立的信息哲学和元哲学则首先从本体论上对此给予了支持。
> 邬焜所提供的人类信息活动的等级结构图景，有助于人格同一性的建构，而这正是……一种人格同一性的本体—认识论之路。①

四　信息时代的哲学精神全国学术研讨会

为了推动信息哲学的发展，2014 年 10 月 12—15 日，由上海社会科学院《哲学分析》编辑部、西安交通大学国际信息哲学研究中心和陕西省自然辩证法研究会共同举办了题为"第十届《哲学分析》论坛：信息时代的哲学精神全国学术研讨会"。会议共收录论文 20 篇，其中包括两篇分别由约瑟夫·布伦纳和丹麦哥本哈根大学教授、符号信息学家索伦·布赫尔（与周理乾合作）提交的论文。

来自《哲学分析》编辑部、西安交通大学、北京大学、北京邮电大学、中国人民大学、中国社科院、陕西省社科院、中国青年政治学院、东华大学、西安建筑科技大学、空军工程大学、西安石油大学等单位的40 多位专家学者，其中包括 10 多位西安交通大学的哲学专业的博士生、硕士生和本科生参加了本次会议。索伦·布赫尔和他的中国博士生周理乾还通过视频作了会议报告，并参与了讨论。

此次会议的主题是围绕邬焜创立的信息哲学进行研讨。会议报告和

---

① 王健：《首届国际信息哲学研讨会综述》，《重庆邮电大学学报》（社会科学版）2014 年第 2 期。

讨论的内容大致可以分为三个方面：一是对邬焜信息哲学的意义和价值的阐释和研究；二是对邬焜信息哲学和信息科学，以及与国外其他学者提出的信息哲学的观点和理论，或与其他相关的科学和哲学理论的比较性和拓展性研究；三是对邬焜信息哲学的某些观点和理论的商榷、质疑和讨论。

本次会议的参会者很有代表性，既有哲学家，也有科学家，还有国外著名学者的参与，这不仅体现着信息哲学和信息科学的联盟，还体现着中国信息哲学发展的国际化趋势。专家学者们的学术交锋既友好又激烈，充分展示了学术自由探索的魅力。本次会议有助于清晰地了解国内外信息哲学研究的现状和更好地推动当代信息哲学的发展。

会后，《哲学分析》（2015 年第 1、2 期）选取了 6 篇参会论文①，连同邬焜的 2 篇回应性文章和陕西理工大学的刘琅琅（1982 ~   ）博士的会议综述分两期予以发表。

会议所取得的上述 23 项成果中的 22 项已由中国社会科学出版社结集出版。②

五 布伦纳：作为信息时代精神的哲学

在"第十届《哲学分析》论坛：信息时代的哲学精神全国学术研讨会"上，布伦纳提交了一篇题为《作为信息时代精神的哲学——对邬焜信息哲学的评论》③ 的长篇文章，又对邬焜信息哲学进行了专门性评价。

下面是该文中部分评价的摘引。

　　邬焜提供了一种指向科学与哲学相互融合的桥梁。信息科学和

---

① 这 6 篇参会文章的作者分别是［法］布伦纳、钟义信、周理乾、［丹麦］索伦、肖峰、邓波、张怡。

② 邬焜、成素梅主编：《信息时代的哲学精神——邬焜信息哲学思想研究与讨论》，中国社会科学出版社 2015 年版。文集未收录的论文是段伟文的文章。虽然我们认为该文很有创意，但是，段伟文考虑到相关观点尚未成熟，认为不便于公开发表。

③ ［法］约瑟夫·布伦纳：《作为信息时代精神的哲学——对邬焜信息哲学的评论》，王健译，《哲学分析》2015 年第 2 期。

哲学不仅不是分离的，而且是在一种哲学的科学化和科学的哲学化的向度上动态地相互作用的。信息哲学和科学中的变革，从哲学立场上看，在可以被描述为一种根本的信息转向之中，反映为一种时代的信息精神。

正如邬焜曾指出的，为了正确地探究被看作是标准科学之组成部分的概念（信息），我们还应该重新考察人类知识的整个哲学结构。

在邬焜的概念体系中，信息对于科学和哲学如同德谟克利特的原子论那样具有同样的核心作用。在邬焜描述为哲学的科学化和科学的哲学化的科学和哲学的信息变革的影响下，今天我们参与到了一个可循环的发展过程中。然而，在此精神中，科学和哲学都没有丢失其特殊的内容和方法论。

邬焜通过提供一种以信息术语对存在的复杂性的理解，首先讨论了他的信息哲学，其次也提供了一种人道伦理学的科学基础。

整个宇宙中（世界、自然）的所有"存在"被邬焜放置在客观实在、客观不实在和主观不实在作为其三个主要的区域的分类之中。因此，客观存在的范围比客观实在（物质）的范围更宽泛。物质和精神的分类并不包含整个"世界"。在物质和精神之间存在着一个"客观不实在"的领域，这是传统科学和哲学并未充分注意的，即使它被赋予了一种物理主义的解释。

信息在世界的本体论结构中的奠基，在对知识的研究中起到了重要的作用，即它构成了对科学学科和现代哲学基础之间的经典分离的一种新的和必要的批评。这导致了一种以信息术语所表述的新的世界观，一种新的世界存在图景。尤其是，我们将看到，我们的研究为先前较多地在认识论上所进行的信息理论的范畴探讨提供了一个本体论的维度。

事实上，邬焜的信息哲学包括信息本体论，关于知识、演化、价值的信息理论，一种"信息思维"，以及包含一个严格的概念框架体系的社会信息理论，并对信息的自然属性及其生物学意义、方法论方面和社会价值进行了诠释。正如信息哲学基本理论中所概括的，邬焜认为信息哲学是最高形式的哲学，一种包含多种哲学作为其分支的元哲学。信息哲学将信息看作为一个宽泛的概念，它指涉一种存在的普遍形式，一种认识模式和一种价值尺度，而且我们可以探究它的演化原则。从相应的元哲学视角出发，新的信息本体论、信息认识论、信息生产论、信息社会论、信息价值论、信息方法论、信息演化论等都可以进行建构。邬焜相信信息哲学的建立使得一种新的自然观、认识观、社会观和价值观成为可能，而且对人类信息社会的发展和一种更为文明、民主的社会政治、经济和文化信息秩序的建立起到积极的促进作用。

一个重要的方法论结论在于，邬焜的研究对于恢复辩证法作为一种适当的哲学策略和包括社会和政治科学在内的科学策略做出了贡献。

我的主要结论在于，邬焜的研究构成了从整体上对现代哲学基础的崭新的和原创的必要批评。

邬焜的贡献在于，信息科学和哲学的发展揭示了，在基础的物质世界中，而且也在人的认知世界中，信息既是一个本体论概念又是一个认识论概念，其中，认知世界被看作先前的信息活动的产物。这一情景之所以可能，是通过信息过程产生物质对象的相应结构的存在论意义而实现的。物质—能量和"心智"之间通过信息中介的可能运动，排除了它们的绝对分离的基础和必要性。这就允许一种新的和根本的哲学转向，它意味着一种对本体论范畴的重建。

邬焜基于其关于信息在世界中被发现的理论，从哲学的视角重新规定了：（1）存在的结构（存在领域）；（2）关于主体和客体之间关系的一种新解释。

邬焜认为，从现象到理论建构的过程也必须经过人类主体认知能力、样式和结构的相同中介。相应地，它是一种信息建构活动，而不是一种机械结构，即一些将人类认知能力和方式作为中介的外在系统或过程的一对一描述。然而，不可否认，理论和实在之间的相关联仅仅因为理论乃是从对现象的处理中而获得的。这里，尽管邬焜承认这种关联，但它不是直接的，因为理论和实在之间存在着信息转换的多维中介（包括现象的中介）。就此而言，他的观点与流行的科学实在论和反实在论都有所不同。

邬焜对真理的理解是：人们以其自身的方式获得关于客体的真理；真理自身乃是一种信息的主观形式，而不是一种物质实在的形式。因此，它只能是相对的，相对于一些（不是全部的）实在的差异关系以及人的主体认知能力。从实在到现象，和从现象到理论，任一类别的中介环节的差异都会导致所获得的真理的改变……这是真理的相对性和多元性。

因为实践与相应的理论之间的符合是成功的，我们便可以认为获得了相应的真理……然而，邬焜并不否认真理的可能性以及真理和实在之间的相关性和符合性。他只是将那些观点有条件地看作是相对的而非绝对的。

邬焜和符号学者索伦·布赫尔都认为胡塞尔的先验观念论与世界或自然科学毫无关联。尤其是，邬焜从一种信息立场对胡塞尔进行了一种独特的分析。在本文中，我将简单重申他的关键结论，即人类个体和社会存在和经验的复杂性不能够通过参考一种排除了信息、信息过程及其必要的生理、心理结构的运作的具体功能的"生活世界"和"主观间性"而得到描述。

在诸如塞尔和迪肯等哲学家和神经科学家以及邬焜的著述中，基本的自然科学世界观都高扬意识是自然的组成部分。信息立场或"姿态"的优势在于信息在物理学、生物学、神经科学和心智之间是一个统一的概念。在此意义上，相比于现象学而言，信息哲学是一种对于人类理解机制的更为科学和合理的解释。

邬焜对于现象学方法的基本观点是，由于经典现象学对自然客体和人类身体的悬置，它对人类认识机制的描述便是单向的和不完整的。信息哲学从把握自然客体的信息机制、物化工具的作用、人类生理结构和认知结构的参与，以及种系和个体历史发生学的建构等五个维度的基础性、中介性作用的层面，为阐明人的认识发生的过程和机制提供了一个统一的框架。简言之，信息哲学原理的应用首先使得认知过程中的行动者从他们的现象学悬置中返回。认知的新的整合模型包括经典的现象学解释，所以信息哲学的解释超越了现象学的解释。

我认为现象学并不具有一个自然本体论基础。信息哲学不为现象学所决定，而是相反。在信息时代的精神的术语中，一种"信息现象学"既不可能也不必要。

邬焜的贡献在于：哲学，严格地说，可以赋予科学以特征。在我看来，问题越复杂，这一影响就越显而易见。因此，邬焜以关于它们共同的信息基质的理论为中介，通过一种新的科学联合对发展这一领域做出了突出的贡献。这使得对不同类型的科学的共存和古代科学和哲学的历史共同起源的认知成为可能。

邬焜的理论对于知识及其发展的新进路可以说是变革性的，由此而有必要改变以后的哲学学科教育的主导方式。

在他关于信息哲学的所有著述中，邬焜一以贯之地强调信息的社会价值和功能，认为从它的相关价值和功能中可以获得人类个体和社会存在的整体的理论基础，以及伦理行为的基础。

邬焜为对作为信息过程的伦理行为的基础所进行的再评价，提供了一种新的严格的理论框架。

在邬焜信息哲学的复杂性研究中，关注现象的本体论和认识论方面之必要性同时要求一种宽容心和开放性，这也同样适用于对信息时代的哲学精神的描述。

邬焜相信，信息影响所导致的哲学变革，对于那些最终目的在于发展人类境况的任何计划而言，都是其中一个必要的心智部分。因此，我认为当前这一系列聚焦于邬焜教授的著作的论文（此次论坛的专题论文）的刊发，乃是关于信息哲学和科学在一个更具建构性的新的对话方向上的一大进步。

六 索伦·布赫尔：具有中国特色的信息哲学

在"第十届《哲学分析》论坛：信息时代的哲学精神全国学术研讨会"上，索伦·布赫尔和周理乾合作提交了一篇题为《具有中国特色的信息哲学?——评邬焜教授的信息哲学体系》① 的论文。周理乾、索伦·布赫尔还合作发表过两篇英文文章,一篇专门评价邬焜的著作《信息哲学——理论、体系和方法》,另一篇专门评价邬焜的信息哲学。②

下面仅将他们合作发表的中文文章中的部分评价予以摘引。

邬焜教授由于其长达 30 余年对信息哲学思考与建构,毫无争议地成为中国信息哲学的代表人物。邬焜信息哲学的影响不仅限于国内,现在已经引起了欧洲信息研究领域的注意,出现了对他的哲学的研究性文献以及主要著作的述评。首届国际信息哲学研讨会在西安的顺利召开,更是提高了邬焜哲学在欧洲信息理论研究界的知名度。

在欧洲信息科学基础学术圈 (FIS Group, Foundation of Information Science Group) 看来,邬焜迥异的运思方式让他们感到惊讶与好奇,在这种文化震惊 (cultural shocking) 中很多人给出了相当高的评价。

邬焜的信息哲学一开始就认为要重新审视哲学的基本问题,发现了以往哲学所没发现的新的存在领域,哲学由此也要发生根本转向。

不同于其他科学技术哲学学者,邬焜认为不仅存在于信息理论中的哲学问题或者信息理论能够对传统哲学问题有所启发,信息哲学本身就是一种全新的哲学,是"元哲学"、"第一哲学",代表着哲学的根本转向。像物质、意识一样,信息是哲学的基本范畴。全部哲学,包括本体论、认识论、方法论、价值论等等,都应该在信息的基础上重新构建。

---

① 周理乾、[丹麦] 索伦·布赫尔:《具有中国特色的信息哲学?——评邬焜教授的信息哲学体系》,《哲学分析》2015 年第 1 期。

② L. Zhou and S. Brier, "Philosophy of Information in Chinese Style", *Cybernetics and Human Knowing*, Vol. 21, No. 4 (2014), pp. 83 – 97; L. Zhou and S. Brier, "The Metaphysics of Chinese Information Philosophy: A Critical Analysis of Wu Kun's Philosophy of Information", *Cybernetics and Human Knowing*, Vol. 22, No. 1 (2015), pp. 35 – 56.

邬焜的信息概念虽然与泛信息主义有许多相似之处，但并不完全与这些观点相同。首先，出发点不同。邬焜信息哲学的逻辑起点是存在领域的重新划分。通过重新划分存在领域，邬焜认为发现了被以往哲学所忽视的存在领域，他将这个新发现的存在领域看成信息世界。而其他泛信息主义的观点的出发点则是信息现象。由于信息无法还原到物质层次，因此认为信息与物质、能量一样基本。其次，邬焜的信息概念与泛信息主义的信息概念所指代的对象不同。邬焜用信息来指称他通过重新划分存在领域所发现的部分，而泛信息主义指称的则是日常信息现象。

邬焜的信息哲学是对传统的继承与叛逆。他的哲学继承了自然辩证法的研究传统，又试图超越限于传统身心二元论的以往哲学。在中国科学哲学界大力倡导"西学"的今天，他的哲学的这种原创性尤为珍贵。

相信在未来，通过邬焜教授越来越活跃地参与到国际学术界，他的哲学能够越来越具有影响力。

由于索伦·布赫尔是符号信息学家，所以他从符号需要理解者的现象学的主体性的立场出发对邬焜提出的信息的存在论意义提出了批评。他说：

> 邬焜的信息是先验的、普遍存在的，即使不存在理解者，信息也是存在的；而日常话语中的信息概念则是依附于理解者而存在的，因此只有改变了接收者（或理解者）的主观概率，才算做信息。
>
> 在我们看来，由于他的理论抛弃了理解者，因此还不能够构成日常意义上的信息。
>
> 我们认为，实际上邬焜的信息哲学本质上并不是关于"信息"的哲学，而是借用了信息这个概念来指称他所发现的那个被以往哲学所忽视的存在部分，这个存在领域的部分完全可以用其他的名词来指称而不影响他的整个哲学体系的融贯性。我们认为，真正的信息哲学应该是关于"信息"的哲学，应该从日常信息现象出发来研

究信息。

恰当的信息理论框架应该是一个涵盖客观规律、主观意义和主体间规范的跨学科框架。

虽然他的哲学冠名为"信息哲学"，但由于其逻辑起点为存在领域的重新划分，而非日常世界中的信息现象，因此他的哲学显得有些名不副实。不过，这并不影响他哲学的原创性与启发性。

对于索伦·布赫尔的批评，邬焜也曾给予了回应。他说：

日常经验理解的信息概念……主要是在消息能否给接受者带来新内容的意义上被规定的。显然，这样的理解具有相对性和功能性，它所言说的并不是信息是什么，而是信息相对于接受者所起的作用，即给接受者带来了什么？这与哲学所追求的对信息本质的规定相去甚远。

实用信息科学中的信息概念虽然五花八门，但最有影响的说法无非就是香农和维纳的两个表述：信息是消除了的不确定性；信息即负熵。这两种解释同样具有相对性和功能性特征，因为它们言说的同样不是信息是什么，而是信息对接收者所起的效用，就这一点而言，它们与日常经验理解的信息概念是一致的。

显然，周文所理解的信息就是在日常经验或实用信息科学的层面上给出的，因为他们强调"只有被接收者所理解并改变接收者认知或行为概率的消息才能是信息"。虽然这一层面的理解在具体的科学技术领域，在人的认知的领域都具有一定的意义和价值，但是，在一般哲学的层面仅仅停留于功能性的解释，并不能给我们带来任何关于信息是什么的本质性意见。忘记了在哪篇已经发表的著作或文章中我曾写道：如果按照"信息是消除了的不确定性"的定义方法，我们也可以把粮食定义为"消除了的饥饿状态"。我想，没有几个人会对这样的定义感到满意。

真正的信息哲学，如果它不把自己降低为日常经验和实用信息科学的附庸，它就应该从后者对信息理解的局限性中超越出来，去探求信息自身的本质，并由此本质出发能够包容和解释后者的相关内容。

我注意到周文强调说："恰当的信息理论框架应该是一个涵盖客观规律、主观意义和主体间规范的跨学科框架。"这样的观点是十分正确的。然而，不承认客观信息的存在，要实现对客观规律的涵盖又何以可能呢？在我所建立的信息哲学中，信息本体论、信息认识论、信息进化论、信息社会论、信息实践论、信息价值论是相互融贯和统一的。正是这样的一种理论才可能实现周文所强调的宏伟的信息理论框架。这样的信息哲学既能够体现信息所具有的独特韵味和超然品格，也能涵盖客观信息、主观信息和社会信息的统一性解释；既能把实用信息科学中的语法（形式）信息、语义（意义）信息和语用（价值）信息统一起来，又能够给符号信息以恰当的归属和地位。[①]

七 其他国外学者对中国信息哲学的评价和反响

德国德累斯顿大学的格哈德·卢纳（Gerhard Luhn）教授在读了约瑟夫·布伦纳的文章后评论说：

邬焜的成果非常有趣和重要，从我们的"直觉"感受来看，这意味着经典现象学的终结。我们认为有必要对所有的事物重新进行认识……这似乎是一个重大的成就或努力，我们不得不从一开始就这样做。我们不得不从一开始就把关于"本体"和"现象"（或主观和客观的维度）的辩证关系的争论作为核心范式。约瑟夫，我们研究的最困难的部分在于必须用我们的方法解释清楚那种以人为核心的理论的随意性和危害性，它只是在某种特定场合才具有一定合理性。[②]

---

① 邬焜：《信息哲学的独特韵味及其超然品格——对三篇文章的回应和讨论》，《哲学分析》2015 年第 1 期。

② 摘自格哈德·卢纳（Joseph Brenner）2012 年 2 月 5 日的来信。

他还在其发表的论文中写道：

在我知道的科学家和哲学家中，只有邬焜从哲学的高度揭示了信息的世界本体的意义，并建立了一个关于世界各领域之间复杂性关系的理论。①

在他发表的另一篇论文中，他还写下了这样的"题记"：

This paper is dedicated to Wu Kun and the Chinese approach to Information（本文献给邬焜和中国的信息研究）②

康斯坦丁·科林在出版的中译学术专著《信息科学中的哲学问题》③的"中文版序言"中称邬焜为"信息哲学的创始人"。

2013年10月在西安召开的"首届国际信息哲学研讨会"上，担任会议外方主席的佩德罗·马里胡安在所致的开幕词中对中国学者在信息哲学领域的研究给予了高度评价，并称邬焜为"中国的信息哲学奠基之父"④。

2016年4月6日，霍夫基希纳在与西安交通大学人文学院部分教师和学生举行的学术座谈会上强调：

---

① Gerhard. Luhn，"The causal – compositional concept of information Part I. Elementary theory：From decompositional physics to compositional information"，*Information*，Vol. 3，No. 1（March 2012），pp. 151 – 174.

② Gerhard. Luhn，"The Causal – Compositional Concept of Information—Part II：Information through Fairness：How Does the Relationship between Information，Fairness and Language Evolve，Stimulate the Development of（New）Computing Devices and Help to Move towards the Information Society"，*Information*，Vol. 3，No. 3（September2012），pp. 504 – 545.

③ ［俄］康斯坦丁·科林：《信息科学中的哲学问题》，邬焜译，中国社会科学出版社2012年版，"中文版序言"，第1页。

④ ［西班牙］佩德罗·马里胡安：《统一信息理论和信息哲学研究的历史回顾和未来前景展望》，《西安交通大学学报》（社会科学版）2014年第1期；［西班牙］佩德罗·马里胡安：《信息哲学的现在、过去和未来》，《重庆邮电大学学报》（社会科学版）2014年第2期。

　　邬焜教授所创立的信息哲学，作为当代哲学发展中的前沿理论，它不仅是中国的，而且也是世界性的。①

　　国际信息伦理学中心（ICIE）创始人，乌拉圭州立大学信息学院的拉菲尔·卡普罗（Rafael Capurro）教授，在其为研究生开设的"信息理论研究"（*Seminario Teorías de la información*）的专业课程中有专节内容介绍邬焜的信息哲学理论。②

第五节　历届国际信息哲学研讨会

一　首届国际信息哲学研讨会

　　经教育部国际合作与交流司批准，由西安交通大学国际信息哲学研究中心和注册地在奥地利的国际信息科学研讨会主办，国内外多家大学和研究机构联合协办的首届国际信息哲学研讨会于 2013 年 10 月 18 日到 21 日在西安交通大学召开。本次会议的主席由邬焜和佩德罗·马里胡安担任。来自美国、法国、英国、奥地利、丹麦、以色列、西班牙、荷兰等，以及中国的 100 多位代表参加了会议。本次会议从收到的 68 篇论文中评选出 57 篇作为会议录取论文，其中英文论文 20 篇，中文论文 37 篇。邬焜和他的研究团队不仅为本次会议的召开作了大量的组织工作，而且为会议提交了 19 篇论文（其中英文论文 3 篇），充分彰显了中国信息哲学研究团队在信息哲学领域的研究实力。

　　本次会议取得了丰硕的成果。从论文的议题来看，范围十分广泛。主要涉及十个方面：

　　1. 关于信息本质和信息本体论的研究；

　　2. 关于哲学发展和信息哲学研究方法论的研究；

　　3. 关于信息思维方式的研究；

---

① 《沃尔夫冈院士来校作"信息哲学"学术讲座》，西安交通大学新闻网，2016 年 4 月 11 日，http：//news. xjtu. edu. cn/ssjgy. jsp? wbtreeid＝1033。

② 该课程的课件已经公开发布在乌拉圭州立大学的网站上，http：//eva. universidad. edu. uy/mod/resource/view. php? id＝148712。

4. 关于信息哲学与其他哲学关系的研究；

5. 关于社会信息和信息社会的研究；

6. 关于信息实践和信息伦理的研究；

7. 关于网络文化和网络社会的研究；

8. 关于量子信息、信息量子和信息计算方面的研究；

9. 关于大数据与互联网本质的研究；

10. 关于信息与心理、价值、智能、逻辑的关系的研究。

这样广泛的议题说明了信息哲学的两方面现状：一是信息哲学的跨学科性和多层次、多领域性，二是目前信息哲学的研究还远未达到它所应有的统一性和深刻性。

有25位代表作了大会报告，其中国外代表12位（有两位未到会的代表由其委托的他人代为宣读论文），中国代表13位。会议设了两个分会场：信息哲学基础理论研讨组，信息哲学理论拓展与应用研讨组。有26位代表作了分会报告。

会议的外方主席，佩德罗·马里胡安在所致的开幕词中对中国学者在信息哲学领域的研究给予了高度评价。他说：

中国学者和研究人员在信息哲学与信息科学中所起到的极为重要的作用。我曾有幸与不少中国同事在2010年北京FIS和2013年莫斯科FIS上共享观点。正如我在北京所说："由于信息科学，世界终于团聚起来了。"代表性的人物，如西安的邬焜，北京的钟义信应被分别看作信息哲学与信息科学在中国的奠基之父。

中国研究人员，哲学家和学者们为信息研究带来了一股热情和创造力，对此，我们，即他们的国际同事，表示非常感谢。

今天令人印象深刻的中国研究的发展，也在基础科学、应用科学、工程、社会科学、人文学科和哲学领域，产生了一批精英。当代中国科学家和学者又一次站在了国际研究的领先位置上。我很自豪的是，他们中的一些人正坐在这个大厅里，与久负盛名的国外同事友好交流。

我们应该利用新的驱动力，为信息科学与信息哲学的进步，发展更为成熟的根基。

在我们这个时代，"信息社会"中真正固有的社会维度，应该表现着另一个本质问题：加速发展的信息和通信技术、新的全球化责任、可持续发展的巨大不确定性挑战，它们都使信息科学和信息哲学的进步比以往任何时候都更重要。我们应该仔细考虑这一点。

这次会议将会是一个开创性的时刻，从而推进我们共同的信息思想。……这是一种新的思维方式，我们应该将其推进以超越宏大的基础阶段的理论尝试。我们应该让内含有更新信息科学和信息哲学的，适度的专业性应用研究得以正规化。①

在闭幕式的讲话中佩德罗进一步指出：

在我看来，信息科学在中国的快速成长具有极为深远的重要意义。毫无疑问，这个国家的信息科学与信息哲学的系统化进展比任何其他国家都要更快，更好。即使考虑到这是"国家的奇迹"——相当多的传统的东西都已经在中国过去二十年里令人难以置信的高速发展中消逝了——但它仍然是令人惊叹的。我们在共同领域上的研究机构，分散在西安，北京，武汉，四川等地，当然也包括2010年在北京创建的国际信息科学学会，它们标志着中国和国外信息研究极具前景的未来。②

他在讲话中还对年青一代的科学家和哲学家寄予了厚望。他说：

作为信息化的大科学领域的前沿地带，信息科学应该在与生物，

---

① ［西班牙］佩德罗·马里胡安：《统一信息理论和信息哲学研究的历史回顾和未来前景展望》，《西安交通大学学报》（社会科学版）2014年第1期；［西班牙］佩德罗·马里胡安：《信息哲学的现在、过去和未来》，《重庆邮电大学学报》（社会科学版）2014年第2期。

② ［西班牙］佩德罗·马里胡安：《统一信息理论和信息哲学研究的历史回顾和未来前景展望》，《西安交通大学学报》（社会科学版）2014年第1期；［西班牙］佩德罗·马里胡安：《信息哲学的现在、过去和未来》，《重庆邮电大学学报》（社会科学版）2014年第2期。

社会，和物理等其他领域的交互作用中履行复杂且艰巨的任务。……正如科学史所清楚告诉我们的，一些最深刻的科学革命（例如在能源和热力学的历史中）只发生在一种跨时代的基础中。这是极为可能的，即一个完全成熟的信息科学将在接下来的几十年里，由未来一代的科学家完成和实现。这正是像在座各位年轻学生一样的人们的时代和机会。对于他们而言，成为这一重大科学革命的主角，岂不是非常伟大的吗？①

邬焜在他所致的会议的闭幕词中对世界范围内的信息哲学研究进行了简短的总结。他强调指出：

由于信息哲学的研究是一个极富学术挑战性的全新开拓的领域，其发展出来的门派、不同的观点和理论将可能很多。打破门派壁垒，兼容百家学说，倡导一种自由讨论和相互批评的态度，鼓励对相关问题进行多层次、多视角、有差异的，甚至是对立的探讨应当成为我们发展学术的基本原则。只有采取一种开放式研究的态度，才能为学者们提供一个自由宽松的研究平台，从而更好地促进信息哲学这门新兴哲学学科的发展。

本次会议是首届国际信息哲学研讨会，从会议取得的成果来看，它对于凝聚世界范围内的信息哲学研究队伍，对于开拓富有挑战性和新颖性的信息哲学领域的研究无疑是开了一个好头。我们希望以此次会议为开端，在世界范围内，吸引更多的科学家和哲学家加入到信息哲学研究的方向上来，并获得更多、更好的相关研究成果。用我们的创新性成果彰显信息时代的时代精神，实现人类哲学的信息哲学的新转向。

此次会议将要闭幕了，但是，我们的研究却并未闭幕，它才刚

---

① ［西班牙］佩德罗·马里胡安：《统一信息理论和信息哲学研究的历史回顾和未来前景展望》，《西安交通大学学报》（社会科学版）2014年第1期；［西班牙］佩德罗·马里胡安：《信息哲学的现在、过去和未来》，《重庆邮电大学学报》（社会科学版）2014年第2期。

刚开始。让我们以此次会议为开端，以更加饱满的热情来拥抱已经
到来的信息哲学的春天！①

二 第二届国际信息哲学研讨会

由国际信息研究学会和多国机构联合举办的第一届国际信息科学峰
会 2015 年 6 月 3—7 日在奥地利首都维也纳技术大学举行。本次峰会的主
题是"处于十字路口的信息社会——信息科学的回应与责任"。会议包括
三个分支会议：第六届国际信息科学基础大会（FIS 2015）、第二届国际
信息哲学研讨会（ICPI 2015）、第五届国际信息通信技术与社会学术研讨
会（ICTS 2015）。

在 6 月 6 日，国际信息研究学会召开了执委会扩大会议，总结了研究
会的前期工作并选举产生了由一名主席和十二名副主席组成的第三届领
导机构。中国学者西安交通大学邬焜、北京大学闫学杉全票当选副主席，
钟义信仍然继续担任该研究学会的名誉主席。研究会主席由高丹娜担任。

西安交通大学国际信息哲学研究中心是本次会议的承办单位之一，
邬焜作为峰会主席团成员并担任了"第二届国际信息哲学研讨会"的主
席。邬焜还在峰会大会开幕式上代表中国代表团致辞，并在"第二届国
际信息哲学研讨会"上致开幕和闭幕词。

他在致辞中讲到，首届国际信息哲学研讨会 2013 年在西安交通大学
举行，无论在中国学术界，还是在西方同人中都获得了很好的反响。近
两年来，中国和世界的信息哲学研究都有了新的发展。相关领域的研究
所揭示的信息世界的独立性、普遍性品格，不仅为确立一种新的科学和
哲学的时代范式，为确立一种新的世界观奠定了基础，而且也为统一信
息科学的建立和发展奠定了基本的前提条件。

出席此次会议的中国代表团是本次会议的一个亮点。其中包括众多
在信息哲学和信息科学领域的著名中国学者：钟义信；苗东升；中国科
学院颜基义（1939～ ）教授；中国自然辩证法研究会秘书长、中国科

① 邬焜：《国际信息哲学展望——在首届国际信息哲学研讨会闭幕式上的讲话》，《重庆邮
电大学学报》（社会科学版）2014 年第 2 期。

学院大学尚智丛（1967～　）教授；上海社会科学院哲学所成素梅
（1962～　）研究员；李伯聪教授；肖峰教授；吴国林教授等。

"第二届国际信息哲学研讨会"取得了丰硕成果，共收录论文33篇，论文议题主要涉及七个大的方面：

1. 关于信息科学和信息哲学互动融合性质的讨论；

2. 关于信息本质和信息的存在论地位的探索；

3. 关于东西方信息哲学基本理论的比较研究；

4. 关于信息价值、信息风险、信息文明和信息民主问题的研究；

5. 关于虚拟现实、量子信息哲学、纳米信息伦理的研究；

6. 关于时空和信息问题的研究；

7. 关于信息和符号、信息和传播、信息和音乐、信息和人的精神疾患等问题的研究。

此次会议收录了邬焜和他指导的12名博士生的13篇论文，其中有10名博士生参会。

在峰会举办的信息哲学专场大会报告中，邬焜特邀发言，作了题为"信息哲学与信息科学的互动与融合"的学术报告，国内外学者展开讨论，认为该报告展示了中国信息哲学在"存在领域划分"这个哲学根本问题上独特的创新价值，既强调了信息哲学的元哲学的性质，又强调了信息哲学和信息科学的融合和统一。中国的信息研究提出了一种不同于当代西方信息研究的独特范式，这种范式为回应本次峰会的主题以及为世界信息研究的发展提供了非常有价值的研究视角。其他做报告的各国知名学者还有：卢西亚诺·弗洛里迪；约瑟夫·布伦纳；拉菲尔·卡普罗；尚智丛；成素梅；肖峰；吴国林等。西安交大博士生也在会议上做了报告，并积极参与会议的组织和讨论。多位相关领域的国际知名学者就相关议题与邬焜和西安交通大学青年学者展开了深层的交流和对话。

另有一些中国学者，如，钟义信、苗东升、颜基义等参加了第六届国际信息科学基础大会，而李伯聪则参加了第五届国际信息通信技术与社会学术研讨会。

三 第三届国际信息哲学研讨会

2017 年 6 月 12—16 日，由国际信息研究学会和多国机构联合举办的第二届国际信息研究峰会在瑞典哥德堡市查尔莫斯理工大学成功召开。本次会议由 4 个正规国际会议（Conference）和 4 个学术研讨会（Symposium）组成，有 250 多名专家学者参加了会议，其中中国学者有 50 多人，来自西安交通大学邬焜信息哲学团队的教师和博士生有 17 人。邬焜担任高级峰会 9 位联合主席之一，并兼任四个重要会议之一"第三届国际信息哲学研讨会"的中方主席。峰会安排了十个大会主题演讲人，中国学者钟义信和邬焜都位列其中。

第三届国际信息哲学研讨会的主题是：信息哲学——信息时代的哲学精神。

6 月 12 日峰会正式揭幕，本届国际信息哲学会议特设的"信息哲学博士生论坛"先期召开，来自中国西安交通大学的 9 位博士生做论坛报告，具体探讨了信息哲学的存在论、真理观，以及用信息哲学的基本方法对中西方古代哲学思想、社会管理和社会发展的新方式、中国书法艺术的特点等问题，集中展示了西安交通大学哲学博士生的卓越风采。

6 月 13 日上午，第三届国际信息哲学会议正式揭幕，中方主席邬焜致开幕词。邬焜强调了信息哲学是体现我们这个时代的时代精神的哲学，立足一般哲学的层面，把不同层次的具体信息研究统一起来，实现统一信息科学的理性建构，正是信息所具有的最为一般性和普遍性的品格，由此，我们一定能够实现建构统一信息科学的宏伟理想，从而展示信息时代的哲学和科学精神。

第三届国际信息哲学研讨会取得了丰硕的成果，此次会议共收录中外学者英文论文 49 篇，共有 36 人在这次会议上做了报告。从论文的议题来看，范围广泛涉及 6 个大的方面：

1. 关于信息哲学和哲学的革命及其变革领域的讨论；
2. 关于信息本体论、认识论、信息范式和信息思维领域的研究；
3. 信息哲学和信息科学的统一性关系的讨论；
4. 关于信息文明、信息生态转型及其当代价值的讨论；

5. 关于中国古代哲学和艺术中的信息观念和信息方法的研究；

6. 关于信息哲学、信息科学技术对社会的正负面影响等问题的研究。

邬焜在本次峰会上所作主题报告的题目是：*Philosophy of Information Leading to the Fundamental Transformation of Philosophy*。该报告旨在探讨和展示信息哲学对哲学的根本性变革，其内容涵盖了邬焜建立信息哲学以来的诸多体系性创见。会后，很多外国学者都主动与其交流，并表达进一步合作的意向。

许多中国学者参加了本次国际信息哲学研讨会，并作会议报告。其中包括：钟义信教授；欧阳康教授；成素梅教授；华中科技大学的陈刚（1965~ ）教授；王天恩教授；陕西师范大学的袁祖社（1963~ ）教授；中国人民大学的林坚（1964~ ）教授；广州行政学院的李三虎（1964~ ）教授；重庆邮电大学的代金平（1964~ ）教授；陕西理工大学的冯明放（1958~ ）教授。

参加本届信息哲学会议的国外学者同样人数众多，例如，洛伦佐·玛格纳尼（Lorenzo Magnani）从信息哲学的生态—认知视角，对知识和责任问题进行了探讨。佩德罗·马里胡安就信息科学与信息哲学的本质与统一发表了深刻的见解。约瑟夫·布伦纳也认为两者的统一可以在邬焜的信息哲学的框架下达成。牛津大学的赫克托耳（Hector Zenil）教授提议信息哲学的讨论应该先行一步，不仅指导哲学讨论，而且引导科学研究的发展。退休工程师伊曼纽尔（Emanuel Diamant）和 David Chapman 分别就信息哲学中的基础性问题——信息的本质与信息的层级进行了辨析，澳大利亚悉尼图书馆的约翰·道格拉斯霍尔盖特（John Douglas Holgate）教授、日本东北大学的施罗德（Marcin J. Schroeder）教授和克利斯朵夫（Christophe Menant）工程师更是把思考推进到了信息与语言、智能、进化的相关研究之中，极大地扩展了信息哲学的问题域，给人以深刻启迪。

本届国际信息哲学会议共进行了三天的议程，6 月 14 日下午会议顺利进入到闭幕式环节。邬焜在闭幕词中指出，与前两届信息哲学研讨会相比，此次会议论文的议题的理论层次更高，哲学韵味更深、更浓，这充分体现了信息哲学的基本理念已经开始为更多的学者所关注。全新的信息哲学范式和全新的信息科学范式是镶嵌在一起的，它们互为基础、相互支持,具有内在融合的统一性关系,在这一时代里,无论是我们的哲学家,还是我们的科学家都将是大有作为的。

在接下来的几天里,参会的中国代表还参加了峰会的其他几个子会议、学术论坛的报告和讨论。会议期间,中外学者进行了积极有益的学术交流,使大家在多学科、多层次交叉的多元化理性思考的撞击中受益匪浅,中国信息哲学研究受到中西方学者的深入关注,中国特色信息哲学研究打开了崭新的国际格局。

四 第四届国际信息哲学研讨会

2019 年 6 月 2 日至 7 日,由国际信息研究学会和多国机构联合举办的第三届国际信息研究峰会暨第四届国际信息哲学研讨会在美国加州大学伯克利分校召开,本届峰会的主题是"人工智能中的自我在哪里?信息中的意义在哪里?"。峰会由国际信息哲学研讨会、信息科学研究会议、理论信息研究会议等 3 个子会议,以及其他 6 个分论坛组成。来自欧洲、亚洲和美洲的 120 多位专家学者参加了此次会议。

西安交通大学国际信息哲学研究中心是本次会议的承办单位之一,邬焜作为国际信息研究学会副主席,担任峰会联合主席之一,并兼任"第四届国际信息哲学研讨会"的主席。

在本次信息哲学研讨会的开幕式上,邬焜在其所致开幕词中深入阐释了此次信息哲学研讨会的主题:"信息哲学与智能社会的发展:智能社会的哲学基础、体制诉求以及人的新进化。"邬焜强调,面对人类社会智能化发展的伟大转型,其中所呈现出的方方面面的矛盾冲突也必然会日益多样化、尖锐化,这都需要在哲学层面对其进行深入的研究和反思,以有效保障新的人类文明体制的健康发展,促进人类社会的繁荣昌盛。

会议首日进行的信息哲学研讨会主旨发言,分别由沃尔夫冈·霍夫基希纳、约瑟夫·布伦纳、邬焜、王天恩和高丹娜报告。其中,在题为"全球可持续信息社会中的智能、人工智能和智慧"的报告中,霍夫基希纳提出,面临信息科技化的全球性挑战,我们需要推动人类社会朝向一种新合作状态的转型,尤其人工智能作为非能动性的社会系统扩展,必须合理设计以促成社会系统的新综合,并且不会限制或低估人类的自主性。邬焜在其报告中强调，智能化社会的发展将会导致新的阶层分化，并带来新的社会问题和全新社会协调体制的诉求，适合于未来智能化社会的全新社会体制一定是社会财富高度共享的社会，同时，人也在不断改变、创造着自身的本质，使自身本质的更为丰富、多样的方面创生出来并得以展现。

长期以来，中国一直都是国际信息哲学研究的重镇，而中国信息哲学研究的中心又在西安交通大学。邬焜带领的西安交通大学信息哲学研究团队有 6 位教师和 15 位博士生参加了本次会议（其中有 4 位博士生和 1 位教师正在美国相关大学参加联合培养和做访问学者），并作了大会报告。此外，来自清华大学、中国人民大学、武汉大学、上海交通大学、上海大学、陕西师范大学、西北工业大学、西安建筑科技大学等众多高校的 15 位师生也参加了本届信息哲学研讨会。

参加信息哲学研讨会的国外学者也有 20 多位，其中有 10 位做了大会报告，并发表了很有见地的观点。如，洛伦佐·玛格纳尼、高丹娜就计算主义与具身认知的最新进展发表了深刻的见解；约瑟夫·布伦纳、生物系统杂志（*BioSystems*）主编，纽芬兰纪念大学生物学系的阿比尔（Abir U. Igamberdiev）教授提出信息哲学的研究已经进入到引导相关科学研究发展的阶段；约翰·道格拉斯霍尔盖特和撒母耳（Samuel Pizelo）探讨了信息美学与人工智能的有益连接；施罗德和 Shima Beigi 更是把思考推进到了智能研究与决策科学的相关研究之中。这些研究都极大扩展了信息哲学的问题域。

本届信息哲学研讨会取得了丰硕的成果。会议共收录论文 44 篇，有 39 篇作了会议报告。

从收录论文的内容来看，紧扣会议主题，探讨"信息哲学与智能社会的发展"方面的论文数量最多，共有 14 篇。其中呈现出了许多很有价值的研究议题和思路。如：智能社会条件下人的生存状态分析，智能化社会的共享体制诉求，智能社会面对的生态困境和实践伦理反思，全球可持续发展信息社会中的相关问题探讨，智能社会条件下人的本质的新的进化方式，智能社会的到来和人类的未来发展，未来人机共生世界中的相关问题研究，等等。

其他一些研究方向是：认知科学中的哲学问题；信息哲学基础理论研究；人工智能中的哲学问题；体育、艺术中的信息问题；信息文化与信息社会领域的研究；信息哲学史的研究；等等。

邬焜在其所致闭幕词中强调指出：本届会议论题广泛，不仅涉及智能社会发展，也呈现了人工智能、计算与认知等信息科学研究最新进展，并拓宽了信息哲学在美术、体育、教育与文化领域的应用，这正是信息科学与信息哲学内在贯通和综合的统一性关系的完美展示。信息哲学作为体现信息时代精神的哲学，它不仅是一种全新的哲学，而理应是一种指向社会实践的哲学。它所指向的社会发展理念，一定是一种能够引导人类走向更为自由、民主、和平、幸福和繁荣的新理念。

西安交通大学信息哲学团队的师生除了积极参加第四届国际信息哲学研讨会之外，还参加了峰会的其他子会议、学术论坛的报告和讨论。会议期间中外学者进行了积极有益的学术交流，使大家在多学科、多层次交叉的多元化理性思考的撞击中受益匪浅。中国信息哲学团队与西方学者的学术合作和交流也日益走向深入和成熟，中国特色信息哲学研究已经成为国际信息研究中的最为亮丽的一股中坚力量。

6月7日下午，本届信息研究峰会正式闭幕。在随后召开的国际信息研究学会执委会上，邬焜代表中国分会向执委会汇报了工作，并第三次当选连任国际信息研究学会副主席。

五 信息哲学与智能社会发展高层论坛

2020年9月12日至13日，在西安中国西部科技创新港，西安交通大学人文与社会科学研究院、西安交通大学哲学与文化研究所、西安交通大学信息哲学与智能社会基础理论研究基地、西安交通大学国际信息哲学研究中心和国际信息研究学会中国分会（IS4SI – CC）联合举办了"信息哲学与智能社会发展"高层论坛，论坛旨在探讨国内外信息哲学与智能科技、智能经济和智能社会的发展现状和未来预期等哲学与社会热点议题。

在邬焜的组织下，来自全国高校和研究机构的信息哲学、信息科学和信息基本理论等领域的特邀专家在会上做了主旨报告。他们是：钟义信教授、何华灿教授、肖峰教授、董春雨教授、王天恩教授、欧阳康教授、吴国林教授、江西财经大学黄欣荣（1962~　）教授、范冬萍教授、陈志成博士以及邬焜教授。

另外，还有五位国际学者也以线上报告的方式参加了本次论坛，他们是：沃尔夫冈·霍夫基希纳、约瑟夫·布伦纳、特伦斯·迪肯、佩德罗·马里胡安以及高丹娜·多狄格－科恩科维奇。

西安交通大学国际信息哲学研究中心、西安交通大学人文与社会科学研究院的部分博士生和教师参加了本次论坛。论坛参会人员共计50余人。

本次论坛主要围绕信息的范式革命、信息概念与信息原理、信息与智能社会、信息生命与信息科学等四个方面的内容展开，各位专家和学者根据自己的研究领域分别在论坛上做了报告，并展开热烈的讨论。

在本次论坛开幕式的致辞中，邬焜还强调了人类社会发展的三大特点：信息化与智能化、全球化与互嵌套的大碰撞、复杂性与不确定性，并对这三大特点的相互关系进行了具体的阐释。他还指出，目前某些国家的政治家们仍然沿用的是工业文明时代的制度模式、思维方式和治世理念，这些都已经远远不能适应智能社会发展的新情况。未来社会的发展必须建立一种适合智能社会发展的全新经济、政治和文明体制，这一体制的建构需要世界上的政治家们和方方面面的机构和领袖人物发挥更大的聪明才智，需要某种大智慧和大设计。

本次"信息哲学与智能社会发展"高层论坛取得了非常丰硕的成果。

首先，从学术角度来讲，与会专家在本次论坛上提出了很多全新的研究理论和观点，例如：钟义信关于"信息范式"的深入探讨、邬焜对"信息"概念的重新扩展、王天恩对"信息是物理（物能）的"观点的阐释、何华灿的"泛逻辑"研究、黄欣荣的"数据哲学"、吴国林的"量子半实在"观点、范冬萍教授和张旺君博士介绍的圣菲研究所的"个体信息论"、布伦纳提出的"本体"概念、克恩科维奇提出的"信息计算方法"以及董春雨将"数据密集型"研究方法作为"第四范式"的探讨。这些理论和观点不仅秉承了科学研究一贯坚持的创新性原则，而且具有非常重要的研究意义和价值。

六 第五届国际信息哲学研讨会

2021 年 9 月 12 日至 9 月 19 日，原定在日本的东北大学举办的第四届国际信息科学峰会，由于新冠疫情影响，于线上召开。本届峰会共有 10 个子会议：信息研究中的理论与基础问题（TFPI）；生物灵感的计算架构中的信息（BICA）；数字人类主义（Dighum）；对称性、结构和信息（SIS）；认知与智能的形态学计算（MORCOM）；习惯与仪式（H&R）；哲学与计算（APC）；第十三届自然计算国际研讨会（13thIWNC）；第五届信息哲学国际研讨会（5thICPI）；第三届人工智能全球论坛（3thGFAI）。

峰会主办方决定线上举办。该峰会十个子会议中的"第五届信息哲学国际研讨会"和"第三届人工智能全球论坛"分别由邬焜和钟义信担任主席。邬焜和钟义信还担任整个峰会的联合主席。

国际信息研究会中国分会、西安交通大学国际信息哲学研究中心、西安交通大学信息哲学与智能社会基础理论研究基地、陕西省自然辩证法研究会针对"第五届信息哲学国际研讨会"和"第三届人工智能全球论坛"于 2021 年 9 月 17 日至 19 日，在西安交通大学兴庆校区开办了线下—线上相结合的中国分会场。

中国分会场吸引了众多国内外著名学者，以及青年教师和博士生参会。会议收录的论文总数刚好是 100 篇。

"第五届信息哲学国际研讨会"收录论文 73 篇。其中有 66 篇安排了大会报告。与前 4 届会议相比，本次会议论文的数量不仅最多，而且其内容又呈现出了两个新的特点：一是议题研究的方向更为集中，二是学科交叉倾向明显。会议报告论文涉及了许多很有价值的研究议题和思路，如：物质范式和信息范式的区别和联系；信息、知识、数据、智能、实践、信息范式与信息文明等相关概念之关系的研究；中国信息哲学发展史研究；信息哲学与语言哲学、认知哲学、智能哲学、生命哲学、西方当代意识哲学和马克思主义哲学的异同问题的研究；信息的量子表现及第二次量子革命的哲学意义；当代人工智能技术发展的局限性；生物工程与人工智能融合的路径、方式及意义；未来智能社会发展的合理体制建构；人的全面发展在信息时代的新机遇问题研究；智能社会的发展对教育方式和内容的挑战；智能化战争范式及其对未来社会形态建构的影响的研究；人工智能背景下的诗歌、绘画、书法、音乐、舞蹈、武术等艺术创作和表现的新方式及其意义和价值方面的研究，等等。

参加"第五届信息哲学国际研讨会"的国外学者有：沃尔夫冈·霍夫基希纳；高丹娜·多狄格－科恩科维奇；约瑟夫·布伦纳（Joseph E. Brenner）；意大利帕维亚大学哲学教授洛伦佐·马格纳尼；宗座拉特朗大学哲学教授拉斐拉·乔瓦诺利（Raffaela Giovagnoli）；澳大利亚哲学自由学者约翰·道格拉斯·霍尔盖特。参加"第五届信息哲学国际研讨会"的国内学者有：钟义信；邬焜；王天恩；吴国林；康兰波；黄欣荣；范东萍；中山大学王志康（1951～　）教授；中国政法大学费多益教授；电子科技大学万小龙教授；中国科学院大学李宏芳教授；西安交通大学的金中教授；等等。

本次会议虽然形式特殊，但热情不减。专家学者们在线上与线下，国内与国外进行思想的碰撞与观点的交流，参会的老师与学生受益匪浅。在此次会议上，作为峰会联合主席和子会议主席的钟义信和邬焜不仅在峰会的开幕式上致辞，邬焜还在中国分会场上致了开幕词及闭幕词，钟义信则在峰会闭幕式上组织了"人工智能论坛"的小组座谈讨论。

在9月19日晚举行的国际信息研究学会换届选举中，钟义信当选为下一届国际信息研究学会的联合主席，而邬焜与陈志成则连任当选为副主席。钟义信还被推举为计划2023年在中国举办的第五届国际信息研究峰会的总主席。

历届国际信息哲学研讨会的成功举办让世界学术界更深入地了解了我们中国的信息哲学，也为中国学术走向世界做出了不可替代的贡献。

第二编

信息演化存在论基础理论

第 三 章

信息演化存在论*

中国信息哲学在本体论部分已经涉及了信息存在理论。而信息演化存在论是对现有的信息存在论的扩充与发展。相对于现有的信息本体理论，新的存在论思想将更丰富、更全面，也更具有解释力与生命力。在笔者之前论文中曾有演化存在论的表述，在英文翻译中本体论与存在论本就是同一个词（Ontology），由于本体概念可能带来的歧义①以及为了方便读者的阅读，于是在本书以及笔者后续的研究中都将使用"信息演化存在论"的表述。

第一节　信息哲学基础理论与其中的问题

传统哲学中提出了物质与意识之间具有一个不可逾越的认识鸿沟，但并没有找到物质与意识之间的真正联系，对于物质与意识之间真正关系的阐释也模糊不清。其实在物质与意识之间存在着一个中介环节，它让物质与意识虽然互不可入，但却可以相互影响、作用。在信息哲学中，这个中介就是客观信息（自在信息），正是客观信息联系着物质与意识。而客观信息与主观信息（意识）共同组成了信息领域。这些颠覆性的思

---

* 本章节核心内容最早发表于国际会议论文：Tianqi Wu，"A new way of thinking about being and non‑being"，第一届国际信息科学峰会及第二届国际信息哲学研讨会（ICPI 2015）［国际信息科学联合会（ISIS）和多国机构联合举办，2015 年 6 月，奥地利，维也纳］大会报告论文。

① 邓波：《信息本体论何以可能？——关于邬焜信息哲学本体论观念的探讨》，《哲学分析》2015 年第 2 期。

想完全改变了人类对于信息，对于"存在"本身的认识和理解。

在本书之前的章节中，我们了解到邬焜的信息哲学不仅在国内造成很大反响，国际上更是引起众多关注。邬焜信息哲学从存在论的层面重新定义了信息概念与存在概念，并且重新划分了存在领域。我们知道，邬焜信息哲学的信息存在论是从存在领域划分开始的，这种对于"存在"的全新分类和解读方式从根本上改变了"存在"的范围和内涵，随之而来的也就改变了"非存在"的范围和内涵。作为信息哲学的基础：信息存在论的提出不仅改变了我们认识的这个世界的面貌，同时为物质与意识之间架设了一座桥梁，为人类解释意识本身提供了一条新的路径，进而也改变了"存在"的内涵与界限，也同时为哲学探讨原本虚无缥缈的"非存在"世界创造了基础。

一 信息哲学基础理论的争鸣和讨论

自从邬焜信息哲学思想走出中国学术界之后，与世界哲学开始对话，争鸣不断。近年来，在中国，开始有一些针对邬焜信息哲学的争鸣和讨论。相关的质疑主要来自两个方面：一个方面是坚守传统唯物主义哲学的存在论原则，坚持"存在＝物质＋意识"的基本信条，针对信息哲学存在论思想，否定"自在信息"（客观信息）的理论，如西安交通大学霍有光（1950～ ）教授等人所持的观点。[①]

另一个方面则是从西方意识哲学，尤其是现象学的传统基本观点出发，强调"信息是释义和（或）赋义的产物"，否定有客观存在的信息以及信息的本体论意义。如肖峰等人所持的观点。[②]

这两个方面的争议核心问题都是围绕信息哲学存在论中的"自在信息"（客观信息）是否存在，或如何定义与解释的问题。其实，很多学者都对于这个问题发表了不同的意见。如，周理乾和索伦就在论文中提

---

① 邬焜、霍有光：《信息哲学问题争鸣》，中国社会科学出版社 2013 年版。

② 肖峰：《重勘信息的哲学含义》，《中国社会科学》2010 年第 4 期。

出了一些针对这一问题的见解，这里摘抄了三段比较具有代表性的论述：①

　　邬焜在某种程度上过度放大了信息的含义，成为一种泛信息主义（Pan‑informationalism），其与国际上一些信息理论研究者犯了同样的错误。

　　邬焜认为信息世界是不同于物质世界和精神世界的第三个世界，因此，要想探寻信息的本质，就必须重新划分存在领域，从本体上来确立信息世界的合法性。

　　信息哲学体系通过对存在领域的重新划分发现了被以往哲学理论所忽视的客观不实在域，邬焜称之为信息世界。邬焜的哲学体系中的信息与日常生活意义上的信息并不相同，因此，不是真正关于"信息"的哲学。

我们先对这三段话做简要分析。

首先，在邬焜的信息哲学中的确扩大了信息的含义，将信息定义为与物质世界并列的信息世界，并把信息世界区分为客观信息（自在信息）和主观信息（意识世界）两大部分。但是，这并不表示邬焜信息哲学是泛信息主义，因为泛信息主义的本质是要将信息作为世界最基础的、第一性的存在形式，用来消解原本作为世界第一性的物质世界。而邬焜信息哲学则一直在强调直接存在（物质）是间接存在（信息）的基础，物质第一性，信息第二性。但由于同时物质与信息的双重演化使任何事物都具有了二重性，既是物质体又是信息体。所以，在物质与信息的双重作用下，物质与信息交融在一起成为一种整合存在的关系，并不能简单地进行二元区分。其实，在周理乾和索伦的论文中也涉及了"自在信息"（客观信息）本质的问题。他们也承认存在一个以往哲学忽略的"客观信

_____

　　① L. Zhou and S. Brier, "Philosophy of Information in Chinese Style", *Cybernetics and Human Knowing*, Vol. 21, No. 4 (2014), pp. 83–97; L. Zhou and S. Brier, "The Metaphysics of Chinese Information Philosophy: A Critical Analysis of Wu Kun's Philosophy of Information", *Cybernetics and Human Knowing*, Vol. 22, No. 1 (2015), pp. 35–56.

息世界"。

其次，在邬焜信息哲学中，存在世界包含了物质世界与信息世界，而客观信息世界与意识世界一起组成了信息世界，而不是将信息世界解读为不同于物质世界和精神世界的第三个世界。意识世界是属于信息世界的，不能将信息与客观信息两个概念相混淆。

最后，邬焜的信息哲学所描述的信息世界并不是脱离日常生活意义上的信息世界，而是大大地拓宽了人们日常理解的信息世界的范围，他对信息本质所做的存在论规定，以及他关于信息形态的划分理论，不仅能够包含我们日常生活中的信息和人的主观信息世界，而且还包括了人的生活和意识之外的自然信息世界。邬焜信息哲学的信息概念是一个广义的概念，它力求能够囊括现今所有学科中的信息概念，并完成一种统一信息范式。从而赋予了信息概念以前所未有的解释力和包容力。

另外，邬焜与多位学者进行了关于信息哲学较深入的对话与学术探讨，其中有佩德罗·马里胡安（Pedro C. Marijuán）[①]、特伦斯·迪肯（Terrence W. Deacon）和舍曼（Jeremy Sherman）[②] 等人。涉及的问题有：信息概念流变、历史发展问题；实体概念问题；建立统一信息哲学的基本原则问题；生物信息学问题；信息哲学认识论问题；信息流与能量流关系问题；计算主义与一般信息理论的地位问题；统一信息科学的应有结构问题；信息的本体论地位问题；信息约束理论；信息哲学的双重世界问题；等等。

中国信息哲学既然是一种具有全新意义的元哲学、最高哲学，那么，它与其他传统哲学的基本理论发生冲突便是很自然的事情。当然，邬焜信息哲学的基本理论能否成立？并不简单取决于与传统哲学的相关观点和理论是否一致，而是取决于信息世界本身的品格。

由于信息哲学区别于其他所有哲学思想，所以信息哲学与其他哲学思想的比较研究与争鸣在所难免。而哲学思想间的对话与争鸣也是推动

---

① 王振嵩：《关于信息科学和信息哲学的性质和统一性关系——记邬焜与佩德罗的对话》，《情报杂志》2018 年第 1 期。

② 王萍、邬焜、［美］迪肯等：《关于信息概念、分类和动力学性质的哲学对话》，《科学技术哲学研究》2020 年第 6 期。

中国信息哲学发展的必经之路。

二　与弗洛里迪信息哲学的比较

关于中国信息哲学与卢西亚诺·弗洛里迪的信息哲学相比较的研究在中国很早就出现了，已经出现了几十篇论文都涉及了比较研究两种哲学思想的内容。①②③　最早可以追溯到 2003 年。④　其中比较了弗洛里迪提出的信息哲学研究纲领和邬焜信息哲学范式的异同，并针对信息哲学的"元哲学""第一哲学"的性质进行了具体探讨。

之前在梳理中国信息哲学发展历程中曾提到，邬焜与弗洛里迪在 2008 年 9 月有一次简短的会面，弗洛里迪被邀请到西安交通大学讲学。对于一些相关问题有一些宝贵的互动。

弗洛里迪前期的信息哲学是沿着传统认识论的语义信息论学说的研究路径来建立的。与邬焜信息哲学相比，对于信息概念的主、客观理解具有最大的分歧。

邬焜信息哲学认为，信息在存在论层面分为客观信息与主观信息，使信息概念可以通达各个学科与研究领域，成为一种包容性很强的广义信息概念；而由于在弗洛里迪看来，信息是一种主观形态的存在，它不可能被自然化。所以，在本体论层面，弗洛里迪不认为信息具有客观性，并且，他也认为业已形成的多学科的信息概念是不可能得到理想化统一的。他反对那些谋求建立统一信息论的学者，或者信息自然主义者，并称他们为"还原论者"⑤。从这个角度来说，前期的弗洛里迪信息哲学不

---

①　申丽娟：《中西方信息哲学的歧异与会通——以弗洛里迪与邬焜的信息哲学思想为例》，《西安交通大学学报》（社会科学版）2012 年第 2 期。

②　［法］约瑟夫·布伦纳、王健、刘芳芳：《邬焜和信息元哲学》，《西安交通大学学报》（社会科学版）2012 年第 3 期。

③　王亮、张科豪：《从环境伦理到信息伦理："内在价值"的消解》，《自然辩证法研究》2019 年第 6 期。

④　邬焜：《亦谈什么是信息哲学与信息哲学的兴起——与弗洛里迪和刘钢先生讨论》，《自然辩证法研究》2003 年第 10 期。

⑤　［意］卢西亚诺·弗洛里迪主编：《计算与信息哲学导论》（上），刘钢主译，商务印书馆 2010 年版，第 124 页。

会认同邬焜信息哲学中关于客观信息的理论，也不会给予信息概念本体论的位置；而邬焜信息哲学则会认为弗洛里迪的信息哲学视域太过狭窄——只止步于人类意识。

弗洛里迪在后期的研究中创立了他的信息伦理学。早在 1996 年，英国信息科学家和西蒙·罗杰森（Simon Rogerson）和美国哲学家特雷尔·拜纳姆（Terrell Ward Bynum，1941 ~ ）联合提出了信息技术伦理学，并提出：作为第二代的信息技术伦理学具有更强的研究深度和广度，并将全面替代作为第一代的计算机伦理学。① 而弗洛里迪的信息伦理学是从西方已有的计算机伦理学和信息技术伦理学发展而来的。这是一套以"信息体"为基础的伦理学——宏观信息伦理学。他试图将整个自然物理世界以及其中所有的事物都解释为"信息体"，并希望从信息的角度来探讨宇宙的本质。他认为信息哲学的核心问题是探讨宇宙从根本上来说是否就是依靠信息而形成的，以及宇宙自身的演化过程能否被看作信息动力学的体现。②

在信息伦理学中，他提出了信息圈（infosphere）概念，从道德哲学层面反思当代信息和通信技术如何彻底地影响着人对自我的认知、人与人之间的交往、我们关于外在客观世界的概念，以及人类与外在世界的互动。③

弗洛里迪在描述他的信息圈四个基本伦理原则时所使用的是信息的"熵"理论。④ 最初，熵概念是在克劳修斯对热力学第二定律的阐释中被提出的，当时，熵的概念并未和信息的概念联系起来。随后，玻尔兹曼（Ludwig Boltzmann，1844 ~ 1906）从分子运动论的角度，运用统计方法对熵的物理意义，以及熵增原理做出了概率性解释。⑤ 首先以与熵概念相对

---

① S. Rogerson and T. W. Bynum, "Information Ethics: the Second Generation", In UK Academy for Information Systems Conference, 1996.

② ［意］L. 弗洛里迪、刘钢：《信息哲学的若干问题》，《世界哲学》2004 年第 5 期。

③ L. Floridi, *The onlife manifesto: Being human in a hyperconnected era*, Springer Nature, 2015.

④ L. Floridi, *The Ethics of Information*, Oxford: Oxford University Press, 2013, p. 71.

⑤ L. Boltzmann, *Vorlesungen über Gastheorie: Vol II*, Leipzig, J. A. Barth; translated together with Volume I, by S. G. Brush, *Lectures on Gas Theory*, Berkeley: University of California Press, 1964.

应的关系提出负熵概念的是薛定锷。他在《生命是什么?》①一书中提出了"生命以负熵为生"。首次将熵和信息这两个概念直接关联起来讨论的相关理论,是由香农提出的"信息源的熵"。② 几乎与香农同时,维纳将信息解释为负熵:"信息量是一个可以看作几率的量的对数的负数,它实质上就是负熵。"③ 之后普里戈金④为代表的布鲁塞尔学派提出了耗散结构论基础上的负熵论。⑤ 也就是说,在信息概念上,后期的弗洛里迪并没有做到任何创新,仅仅是沿用了"信息是负熵"这个定义传统。

弗洛里迪认为,信息圈应该清除已有的熵和阻止新熵的产生。不必要的熵增是一种产生恶的行为,因为熵增会导致系统的紊乱。反之,任何保持和促进信息增加的行为便是善的,因为信息的增加有助于系统的稳定,使得系统更有秩序。这样,"某个行动是道德上可限制的,当且仅当它能够引起道德的善或恶,即当它减少或增加信息圈中形而上学熵的量值的时候"⑥。

在这里,弗洛里迪沿用了通常熵和信息理论中的对系统结构化程度的量化判据的方法,把熵和无序统一起来,把信息(负熵)和有序统一起来,之后,他又直接把熵、熵增、无序、无序化简单而直接地和恶统一起来,把信息、熵减、有序、有序化简单而直接地和善统一起来,并由此构建他的信息伦理学的核心理论。

我们可以将弗洛里迪理论的核心大致总结为三点:

①熵(无序)= 恶,信息(负熵)(有序)= 善;

②熵增(无序化)= 恶,熵减(有序化)= 善;

① E. Schrödinger, *What is Life? The Physical Aspect of the Living Cell*, Cambridge: Cambridge University Press. 1944.

② [美] 香农:《通信的数学理论》,载《信息论理论基础》,上海市科学技术编译馆 1965 年版,第 8 页。

③ [美] 维纳:《控制论》,郝季仁译,科学出版社 1963 年版,第 11、65 页。

④ I. Prigogine, *Etude thermodynamique des Phenomenes Irreversibles*, Paris: Dunod, 1947.

⑤ I. Prigogine and I. Stengers, *Order Out of Chaos: Man's New Dialogue with Nature*, New York: Bantam, 1984.

⑥ L. Floridi, *The Ethics of Information*, Oxford: Oxford University Press, 2013, p. 147.

③至善的行为策略是：对熵的绝对排斥——清除已有的熵和阻止新熵的产生。

无论是有生命的还是无生命的，在静态上，只要根据其结构化程度的大小（有序化程度的高低）便可以直接判定其善或恶的程度；在动态上，只要根据其熵增或熵减的程度便可以直接判定其向恶或向善转化的程度。根据这一理论我们可以推出：宇宙大环境的熵增是恶的，局部熵减的小环境则是善的。

现在我们从邬焜信息哲学的角度来探讨一下弗洛里迪信息伦理学的一些观点。

首先，"信息即负熵"的提法，最早是维纳提出的，但他提出这一说法的目的只是利用已有的熵的计算方法从技术处理的角度对通信和控制信息所作的一种实用性阐释，仅仅是实用信息量的一种度量方式。他所寻求的只是一种技术实现的定量处理的方法，而根本不是要揭示信息的一般本质。其实，维纳在把控制信息量称为负熵的同时，也曾对信息的存在论意义上的一般本质做过相应的探讨。他有两段很有影响的关于信息本质的论述：

> 信息就是信息，不是物质也不是能量，不承认这一点的唯物论，在今天就不能存在下去。①
>
> 信息是我们适应外部世界，并且使这种适应为外部世界所感到的过程中，同外部世界进行交换的内容的名称。②

维纳的第一段论述强调的是信息所具有的存在论地位，尽管在这段论述中他没能从正面规定出信息的本质到底是什么，但是，他却十分正确地强调了信息与物质（质量）、能量相比所具有的独立性价值和本体论（存在论）意义。

---

① ［美］维纳：《控制论》，郝季仁译，科学出版社1963年版，第133页。
② ［美］维纳：《维纳著作选》，钟韧译，上海译文出版社1978年版，第4页。

维纳的第二段论述则进一步强调了要阐明信息的一般性本质，不应当简单着眼于信息载体的形式或信息作用的功能等方面，而应当从我们"同外部世界进行交换的内容"上来把握信息。既然是"交换"，就应当是有进有出形成信息反馈环。这样，不仅在我们主体内部，而且在外部的环境世界中都应该有信息。就此而言，客观信息和主观信息的相应学说都应当是成立的。由此也可以同时呼应了维纳所强调的"信息就是信息，不是物质也不是能量"。信息理论不应该仅仅局限于人类意识。

其次，我们还应当注意到，"信息是消除了的不确定性"和"信息即负熵"这样的说法，就是在功能界定的意义上也是十分片面的。因为，在现实领域之中，信息所起的作用是多方面和多层次的，它既可以消除不确定性，也可以增加不确定性；它既可以起到负熵的作用，也可以起到熵的作用。如，当一个人生病的时候，他应当服药来消除体内病变引起的混乱，但是，如果他吃错药了又会发生怎样的情景呢？药显然会给他提供相应的信息，但这种信息并不总是能起到消除不确定性或负熵的作用，在某些时候它所起的作用可能会恰恰相反，是增加了不确定性，是增加了熵。[1]

最后，仅仅以熵量多少来评判善恶的伦理原则是建立在简单性和单极化思维方式的基础之上的。如果按照弗洛里迪所制定的对熵的绝对排斥的至善原则来实践的话，那么，在自然界和生物圈领域只能导致运动变化活力的终结，在人的思想和科学发展的领域只能导致僵化和停滞，在社会领域则只能导致法西斯式的专制集权体制。事物的有序化和无序化发展都是有极限的，熵和熵增并不就是绝对的"恶"，信息和熵减也并不就是绝对的"善"。一个合理的伦理原则应当把诸如信息和熵、有序和无序、整体性和还原性、确定性和非确定性、决定论和非决定论、目的性和随机性、必然性和偶然性这些看似对立的因素兼容起来，并在这些

---

① 　K. Wu, Q. Nan and T. Wu, "Philosophical Analysis of the Meaning and Nature of Entropy and Negative Entropy Theories", *Complexity*, Vol. 2020（August 2020）, pp. 1 – 11.

相关对立因素之间保持某种合理的张力。①

从这里我们可以看出，后期的弗洛里迪并没有在存在论层面将信息"熵"理论进行发展。虽然信息"熵"理论中蕴含了演化思想，但弗洛里迪的信息伦理学理论依然没有包容"存在"与"非存在"相互转化、演化的思想。

三 与西方其他学者信息观念的比较研究

（一）与德雷斯基信息观念的比较

美国德雷斯基的信息理论与邬焜的信息哲学相比，本质的区别是研究角度不同。德雷斯基的知识信息理论是对意向性自然化的一种方法，是从知识论的角度研究信息；而邬焜则是从存在论的角度出发。相似之处是两者研究的内容都是从客观信息出发的。

德雷斯基首先把意向性分级，进而显现出意向性层级进化的趋势，他强调：

> 普通的信息处理系统与真正的认知系统之间是有区别的，必须首先从自然主体角度解释那深层的给认知系统内部状态赋予语义内容的心灵特征是什么。②

德雷斯基从"自然意义"入手对意向性进行自然化，并研究揭示出信息的客观特征。而"自然意义"则是从客观物质系统出发的态度，这也是邬焜定义信息的起始点。

德雷斯基反对香农提出的信息概念，他认为承载消息的信号与被信号承载的消息之间有质的区别。而后者才是真正通常意义上的信息。德雷斯基致力于研究从信源到信宿所传播的信息到底是什么，而非平均信息

---

① K. Wu and J. Wang, "Why is Entropy not Enough? — Good Emerges from the Relaxation between Order and Disorder", *Gordana Dodig – Crnkovic*, *Theoretical Information Studies*, World Scientific, 2020, pp. 37 – 59.

② F. I. Dretske, *Knowledge and the flow of information*, Cambridge：The MIT Press, 1981, p. 175.

量。也就是说：

> 德雷斯基的研究意图提出一个信息的语义理论，或者说是一个
> 信号的命题内容理论。[①]

他把知识定义为信息引发的信念（information – caused belief）。邬焜信息哲学中的自在信息便类似于德雷斯基所说的客观信息概念，独立于主体而广泛存在于客观世界，而且是进化出智能信息体的源泉。邬焜认为，自在信息以信息场和信息的同化与异化两种基本形式存在。而被主体识辨、把握之后的信息，则成了主观信息，这就类似于德雷斯基所说的信念（Belief）。[②] 但是由于两种理论对于信息研究的角度方向不同，文化背景不同，所以很多概念之间虽然类似但还是在界定上有根本区别。比如邬焜信息哲学提出的物质、信息双重存在与双重演化思想在德雷斯基这里就没有找到类似的思想，等等。

（二）与惠勒信息观念的比较

美国的惠勒提出了"万物源于比特"（It from bit）或"万物皆为信息"的思想。[③]惠勒与中国信息哲学一样都是从客观存在的角度来定义信息的，但这种理论与中国信息哲学的最大区别在于信息概念的界定。惠勒的"源于比特"强调的是比特在先，物质在后，比特产生物质，是一种从本体意义上强调的唯信息主义。

中国信息哲学认为，从逻辑上来说信息是在物质的相互作用中产生的，物质作为信息的载体应该在存在性上先于信息。但事实是，在现实性上，世界上所有的物质都已经在普遍相互作用中凝结了信息。这样，我们的世界是物质和信息双重存在、双重演化的，世界上任何事物既是

---

① F. I. Dretske, "Précis of knowledge and the flow of information", *Behavioral and Brain Sciences*, Vol. 6, No. 1（March 1983）, pp. 55 – 63.

② 王振嵩：《基于客观信息的自然主义信息哲学研究进路》，《情报杂志》2019 年第 4 期。

③ J. A. Wheeler, "Information, Physics, Quantum: The Search for Links", in *Complexity*, *Entropy and the Physics of Information*, Wojciech H. Zurek（ed.）, Boulder: Westview Press, 1990, pp. 309 – 336.

物质体又是信息体，既没有不以物质为载体的裸信息，也没有不承载着信息的纯物质，二者是一个存在整体。整个世界也是一个整体存在，甚至是"存在世界"与"非存在世界"。① 既然我们不能将任何事物完全孤立讨论，那也就不能将"物质"与"信息"二者割裂来讨论。综上所述，我们可以得出在邬焜的信息哲学中并没有任何"唯物质"或"唯信息"或"形而上学"的思想倾向。关于惠勒的思想在之后的章节中会进行详细介绍与评价（请见本书第七章第三节）。

（三）与贝茨信息观念的比较

美国的玛西亚·贝茨（Bates，M. J，1942～）致力于建立一个统一的信息科学进化模型。她试图从自然主义的立场出发为统一信息科学提供范式指导。贝茨给出了一个试图涵盖不同学科的统一信息定义：信息是1：物质和能量组织的模式；2：被赋予意义的一些物质和能量组织的模式。②

贝茨将信息定义为模式，而模式又是一种客观的存在物。因此，贝茨与德雷斯基、邬焜相似，都认为客观信息是信息的最基础的存在形式。但贝茨的自然主义又是不彻底的，因为她一方面承认客观信息的存在，另一方面却又主张意义的非自然化，即人类中心化。③

中国信息哲学既然作为一种具有全新意义的元哲学、最高哲学，那么，她将以对以往哲学的全面突破为己任，也必然与其他传统哲学的基本理论会发生冲突。当然，邬焜信息哲学的基本理论能否成立，并不简单取决于与传统哲学的相关观点和理论是否一致，而是取决于信息世界本身的品格。

---

① Tianqi Wu, "A New Perspective on the Existence and Non - existence", In Mark Burgin, Wolfgang Hofkirchner: *World Scientific Series in Information Studies*: *Volume 9*, *Information Studies and the Quest for Transdisciplinarity*: *Unity through Diversity*, World Scientific Publishing Co Pte Ltd, 2017, pp. 325 – 341.

② M. J. Bates, "Information and knowledge: An evolutionary framework for information science", *Information Research*, Vol. 10, No. 4（July 2005）, p. 239.

③ 王振嵩：《对贝茨信息定义的哲学反思》，《情报杂志》2020 年第 6 期。

四　中国信息哲学对哲学理论的革命性变革

由于中国信息哲学是一种既能包容信息世界，又能对存在和非存在世界的关系作出合理的阐释，所以，这一哲学便能建立。全面、系统、宏大的体系，从而在元哲学的层次上对相关的所有哲学问题和哲学领域予以重新审视，并还能够开拓出新的哲学问题和哲学领域，这就必然会引发哲学理论的革命性变革。

依据现有的研究成果，中国信息哲学所变革的主要哲学领域包括：

（一）信息本体存在论

一种关于存在和非存在相互嵌套、转化、关联与指向、整合与统一，以及物质和信息双重存在的理论。

（二）信息认识中介论

其具体内容包括：认识发生的信息中介论；认识过程和机制的多级中介建构和指向虚拟论。

（三）信息演化论

一种关于存在与非存在、物质与信息双重多维演化的理论。其具体内容包括：演化是信息产生、耗散和积累的过程；通过相互作用的信息凝结而导致的时空内在融合统一的理论；宇宙、生命都有其自在的双重进化的过程和机制；与进化过程相一致的信息创生、凝结积累所产生的全息现象的理论。

（四）信息价值论

一种能够同时兼容自然价值、精神价值和社会价值，以及物质价值和信息价值的理论。该理论可以为可持续发展的生态文明实践提供哲学层面的理论基础。

（五）信息思维论

一种区别于传统科学和哲学的实体实在论和场能实在论的信息系统复杂综合的世界图景的理论；一种区别于传统科学和哲学的实体思维方式和能量思维方式的信息思维方式的理论。

（六）社会信息论

一种从社会信息的层面规定社会的本质和发展方式及尺度的理论。

其具体内容包括：社会信息是自在、自为、再生三态信息的有机统一，是信息三个不同性级的质的有机统一；能动地把握、利用、开发、创造和实现信息是人类社会的本质；把握、利用、开发、创造和实现信息的间接化程度是社会进化的尺度；物质守恒，信息不守恒，人类生产不能创造物质只能创造信息，人类的生产和生产力在本质上只能是信息生产和信息生产力。

（七）科学的信息科学化的统一信息科学理论

该理论认为，信息科学绝非只是适用于世界之一隅的狭隘学科。信息科学具有对传统科学全面辐射性的全面改造的范式革命的意义和价值。在信息范式的作用下，传统科学的学科将会面临全方位变革的改造和发展。这就是当代人类知识发展的"科学的信息科学化"趋势。①

上述相关的 7 个方面的理论，是在中国学者近四十年的研究过程中逐步建立起来的。随着中国学者建立的信息哲学理论的完善化和成熟化的发展，这就为用信息哲学的全新视角和方法去挖掘人类已有哲学中的积极性成果，对相关的古代和当代哲学中的观点和理论进行重新解读，对当代西方主流哲学进行实质性的梳理、批判和对话成为可能。这正是中国学者在 40 年来已经进行的和将要在今后继续深化展开的工作。

目前，中国信息科学和信息哲学的发展已经出现了一个很好的倾向，这就是信息科学和信息哲学的重新汇聚。必须要强调的是，中国的信息科学家钟义信在论及信息本质时也吸取了"自身显示说"的合理因素。2002 年，他强调说："信息，就是该事物运动的状态和状态改变的方式的自我表述/自我显示。"②

可以说，中国信息科学和信息哲学在基础理论观点层面的这一汇聚为从哲学和科学的统一的尺度上来建立"统一信息科学"的努力奠定了基础。

有必要指出的是，由于信息科学对传统科学具有全方位改造的范式转型的效应，所以，统一信息理论的建立便不仅是可能的，而且是必然的。现代西方学说中有一种反对给概念下定义的倾向。然而，这一倾向

① 邬焜：《科学的信息科学化》，《青海社会科学》1997 年第 2 期。
② 钟义信：《信息科学原理》（第三版），北京邮电大学出版社 2002 年版，第 50 页。

只适合于对已有科学概念和理论的解构，而不适合于建构新的科学概念和理论。统一信息理论是一种新理论的建构，如果不对其所涉及的基本概念进行统一性的规定，那么，要建立一个统一性的理论则根本不可能。另外，从系统的观点来分析，任何一个概念、理论的确立，必须在一个相应的概念群或理论群中才能得到确定而清晰的解读，否则，这些概念和理论便是不能被正常理解的，希冀通过这样的一些未经统一规定理解的相应概念建立起某种统一性的理论也是根本不可能的。由于信息在哲学存在论层次上具有其独特的性质，所以对其最为一般性的普遍性品格的本质揭示只有在一般哲学的层面上才能达到。正因为如此，统一信息理论的建立必然首先具有一般哲学理论的性质，只有从信息元哲学的高度所阐释的信息的哲学理论才可能为统一信息理论奠定合理综合的基础。统一信息理论必然会超越申农信息论。因为申农信息论是基于机械通信信息系统设计的，机械通信信息系统是信息的接收和传输系统，其功用是如何保证即定信息的传输和在终端的准确再现，而统一信息理论却必须对信息自身的存在方式、新信息的产生、信息形态的进化、主体信息的创造以及主体信息在客体中实现的机制和过程等方面的问题进行合理解释。这样，统一信息理论必须建立关于信息创生系统和信息实现系统的相应模型和理论。[①]　在探索"统一信息科学"的方向上，钟义信和邬焜在科学和哲学两个层面上所做的工作都是十分有益的，也许可能期待的是，这两个领域的研究终将会走向统一。

五　现有信息哲学存在论中表现出的问题

回顾中国信息哲学基础理论的发展，在信息存在论的基础上，中国信息哲学进一步提出了信息演化论。[②]信息哲学的演化思想是与传统哲学的单向进化思想相区别的。演化包含了进化与退化两个方向。演化是"存在"运动转变的表现。而因为"存在"就是"物质"与"信息"的集合，即双重存在，所以，世界的演化即为物质形态和信息形态的双重

---

① 邬焜：《信息系统的一般模型》，《系统辩证学学报》1998 年第 2 期。

② 邬焜：《相互作用、演化与信息》，《西北大学学报》1991 年（增刊）。

演化。①在信息哲学的演化思想中，时间与空间组成了时空，世界的演化即在时空的相互作用中进行。邬焜信息哲学对人类对于时间的认识过程进行了简单的梳理。他认为"时间就是变化"，是由空间相互作用引起的空间结构的转换的变化。②这种变化不仅仅是物质层面上的，而且也是信息层面上的。正是事物在空间相互作用中派生的信息场的中介，以及信息的同化和异化过程使事物的物质和信息双重演化成为可能，并成为事物以全息性方式而存在的基础。③信息哲学也对于"无"（非存在）概念进行了研究。他从中国古代哲学的"有、无"学说入手，将中国哲学的有无问题归结于古代哲人对于世界的统一性、整体性和系统性的认识或理解。于是"有无之辩"可以总结为是将"无"统一于"有"，还是将"有"统一于"无"的世界本原之辩。④但同时信息哲学也由现代科学的研究成果联想到了中国春秋末期哲学家老子（姓李名耳，字聃，约前571～前471）的"无"，并认为大爆炸始于"奇点"与老子的"有生于无"具有相似的哲学内核。⑤信息哲学还提出了两个很重要的问题：在"奇点"中那个所谓能量为"零"的状态是一种什么状态呢？正能量与负能量湮灭之后将会转变为一种什么样的"存在"呢？⑥从这两个问题的提出可以看出邬焜信息哲学已经想到了存在观中很深层的问题，而且恰好信息哲学是可以回答这些问题的。如果沿着这些问题继续追寻，那么，我们便可以进一步对"非存在"世界进行一种别开生面的认识。

现有的邬焜信息哲学已经发展了 40 年，但从存在论层面上从来没有新的进步与发展。信息哲学提出了物质、信息双重存在和双重演化的理论，我们完全可以沿着这种双重存在和双重演化的理论进一步提出物质、

---

① 邬焜：《演化范畴的双重规定》，《哈尔滨师专学报》1994 年第 1 期。

② 邬焜、夏群友：《再论自在信息》，《科学技术哲学研究》2012 年第 2 期。

③ 邬天启：《从辑佚学引发的社会文化的全息性思考》，《西安交通大学学报》（社会科学版）2015 年第 4 期。

④ 邬焜：《魏晋玄学及之前的哲学家关于有无关系论述中的整体统一论思想》，《重庆邮电大学学报》（社会科学版）2008 年第 1 期。

⑤ 邬焜：《物质思维·能量思维·信息思维——人类科学思维方式的三次大飞跃》，《学术界》2002 年第 2 期。

⑥ 邬焜：《信息哲学——理论、体系、方法》，商务印书馆 2005 年版，第 417 页。

信息、非存在三重世界的理论。新的存在理论——信息演化存在论正是在这个基础上提出的。如果从存在论层面出发，现有的信息哲学存在着以下一些问题：

（1）信息存在论在存在领域的划分上是静态、孤立的，并没有在存在论层面上体现出演化思想；

（2）信息的定义仅仅揭示出信息与物质的关系，而没有体现出信息与信息、信息与"非存在"的关系；

（3）现有的信息哲学对于时间概念的本质有独到的理解和阐释。但是，时间作为非常重要的概念必须被实质性地纳入存在论的体系；

（4）"非存在"作为与"存在"概念相对应的范畴，也应该成为存在论的重点讨论对象；

（5）存在论的基础不应该只局限于"存在"（物质与信息）的划分与相互作用，应该扩展到整个世界，应该具体阐明"存在"与"非存在"相互转化、演化的思想；

（6）存在领域的划分应该转化为存在领域的多个方面，非存在、存在、物质与信息不应该被简单地划分开，它们本是由指向性联系着的一个多方面的整体。

而由于以上这些问题正是信息演化存在论需要和能够回答的。所以说信息哲学演化存在论是对现有信息哲学的"存在"和演化学说的进一步修正、整合和扩展。

第二节　信息演化存在论①

中国信息哲学提出了一种全新的存在观，整个信息哲学的理论体系正是从信息存在论开始的，或者说是从存在领域的划分开始的。信息哲学在提出物质和信息双重存在的哲学存在论学说的基础上，又进一步提

---

① 本节内容最早发表于国内会议论文，见邬天启《信息时代的新视野——信息哲学演化本体论》，"信息·智能·工程与社会发展"学术研讨会分会论文，西安，2019 年 10 月。[中国自然辩证法研究会，陕西省自然辩证法研究会主办，2019 年 10 月 11—13 日，西安，西北工业大学]。

出了物质和信息双重演化论的思想。中国信息哲学中信息存在论的提出具有很巨大的时代意义。我们需要沿着其给予的新方向进行新的延伸思考，发现并解决其存在的一些问题，发展其脉络，拓宽其领域，完善其思想。信息演化存在论是一个结合了信息哲学与系统论中整合主义思想的全新的存在理论。研究内容是将"存在世界"与"非存在世界"通过指向性在存在的多维层次和方面下进行整合，进而将存在、非存在、时间、物质、信息、意识等多种元素及其演化关系进行整合。从而使它们全部成为一个不可分割的整体。这是一种新的信息哲学存在论体系，一种演化与整合的存在论思想。新的存在论思想的拓展研究会改变人类对于世界的认识，开阔人类的视野，建立新的世界观。

一 事物存在的几个方面①

邬焜在 1987 年提出了信息的哲学分类思想。为了更好地理解信息这个被广义化了的概念，邬焜将信息世界进行了详细的划分，见（图 3.1）。

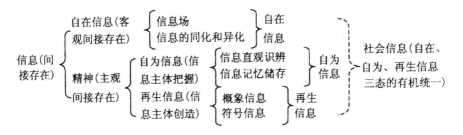

图 3.1 信息的哲学分类图（邬焜）②

笔者在之前发表过的阐述信息演化存在论思想的论文中曾经提到过存在领域的划分问题，并将存在领域归纳为四个层次：A. 客观直接存在；

---

① 邬天启：《基于信息哲学理论关于存在问题的新思考——存在的层次、存在与非存在》，《自然辩证法研究》2015 年第 11 期。这里有所删改。

② 邬焜：《哲学信息论导论》，陕西人民出版社 1987 年版，第 119 页。

B. 客观间接存在；C. 主观自为间接存在；D. 主观再生间接存在。①而这四个存在层次的划分则正是来源于邬焜信息哲学中的信息的哲学分类。如"图 3.1"，信息演化存在论中的 A、B、C、D 四个层次分别对应了物质、自在信息、自为信息、再生信息。信息演化存在论只是从"存在"的角度将这些"存在"的方面重新命名，以使"存在"与"非存在"的关系问题更容易解释。但在后续的研究中发现，层次的划分这种表述方式隐含的是对"存在"整体性的割裂，因为层次概念本身含义是在描述等级性，其中含有主次、上下、高低等多重含义。所以为了保证存在世界的整体性，使用"四个方面"这样的表述方式应该更为贴切。

综上所述，事物的"存在"是多面的，"存在"的多面性是新存在观中非常重要的观点，在分析"存在"与"非存在"的时候是离不开这种多面性关系。"存在"的多面性理论是信息演化存在论中的核心思想，只有将"存在"的每一个方面理解认识清楚了才可以将具有指向性的、不统一的、多面的存在形式统一起来，使新规定的存在领域具有统一性、完整性与解释性。

同样，我们还将对非存在领域进行了划分，这种划分不是没有意义的。虽然非存在领域的每个部分下都无内容，但这种无内容只是相对于"存在"而言的。无内容并不是毫无意义。因为"非存在"的方面时常是与"存在"的方面相交融的，因为它们有着相同的指向性。

意识是属于信息性的"存在"，但它可以创生"存在"而又超越了客观直接存在（物质存在），这种超越一方面在于它可以利用自然给予的信息材料进行任意的组合、创造与构建，另一方面在于它不仅能够认识和理解"存在"本身，而且对于"非存在"也可以认识与理解。

按照信息哲学对存在领域的新划分方式，"存在"包括了直接存在和间接存在，而间接存在又分为了客观间接存在和主观间接存在。这样，存在领域便有理由划分为三大领域：直接存在、客观间接存在、主观存在。如果从主观存在的本质为主观信息这个角度出发，便可以再将主观

---

①　邬天启：《基于信息哲学理论关于存在问题的新思考——存在的层次、存在与非存在》，《自然辩证法研究》2015 年第 11 期。

存在细分为自为信息（主体直观把握的信息）与再生信息（主体意识创造的信息）两大类，我们也可以将这两大类相应地称为"主观自为存在"和"主观再生存在"。这样，我们便可以将存在的方面归纳为四个：

  A. 客观直接存在；

  B. 客观间接存在；

  C. 主观自为存在；

  D. 主观再生存在。

二　事物四种存在方面的含义

现在就需要分别讨论这四种存在方面的含义。

"A. 客观直接存在"和"B. 客观间接存在"是一般事物的最基础存在方式，在没有智慧生物的主观介入情况下，世界上只有这两种存在形式，那样的世界不存在被认识或被理解。那样的自然是天然自在的，依照着它的规律和本性运动和发展着。只要我们承认世界本身的永恒存在性，我们就必须承认客观物质与客观信息是世界永恒存在的形式，它们相互生成和转化、相辅相成，永恒地运动着、变化着，并随时变换着自身存在的具体样态。自然地发展进化出了生命形式，紧接着进化出了智慧生命。

作为智慧生命的人类做的第一件事就是开始审视自然，进而认识自然、理解自然、改造自然。新的存在形式开始出现，出现在以人类为代表的智慧生物的意识中，这就是主观存在的形式。这种主观存在表现为两个方面：C 和 D。

"C. 主观自为存在"的内容其实就是自为信息，邬焜曾这样解释自为信息：

   自为信息是主观间接存在的初级形态，是自在信息的主体直观把握的形态。[①]

---

① 邬焜：《信息哲学——理论、体系、方法》，商务印书馆 2005 年版，第 51 页。

其实，自为信息是一种生物神经系统的反射信息，是一种生物应对客观存在永恒运动和变化的一种神经映射。这种映射的具体形式虽然经过了生物体感知系统的生理结构和某些认知方式的中介，并在这一中介下会发生相应的信息选择、变换和重构，但是，就其本质而言，这一方面的信息并不带有任何主观意识的刻意参与。因为，这一方面的信息仅仅是生物主体的感觉、知觉活动所把握的"存在"。所以我们所讨论的，唯物论所研究的外部世界虽然是与外部客观存在相对应的，但却并不能等同。因为这些基于我们感觉的现象与体验都是属于自为信息，也就是主观自为存在的范畴。我们是通过自己感受到的自为存在推导出了其背后的客观直接存在的，在这一过程中利用客观间接存在作为中介。中介给予我们的只可能是变换了具体形式的客观存在的某一或某些方面，这些方面呈现的只能是客观存在的部分，而不可能是全部。换句话说，由于不同存在形式之间的相互对应只可能具有同态的性质，而不可能具有同构的性质。所以，这几种不同的存在方面是不能混为一谈的。"C"方面的"存在"依赖于当下观察者的观察行为，就像"D"方面的"存在"依赖当下意识主体的意识活动一样。

最后一种存在形式是"D. 主观再生存在"。这种存在形式的内容就是再生信息：

> 再生信息是主观间接存在的高级阶段，是信息的主体创造性的形态，它的基本形式是概象信息和符号信息。概象信息是人类意识创造的新形象，符号信息则是人类意识创造的主观代示信息关系的符码。[1]

概象信息和符号信息这两种信息的分类是基于人类两种创造性的思维方式来定义的，即形象思维与抽象思维。这种存在形式是在高等智慧生物主观中所独有的。是意识运用思维与智慧对于感知信息进行加工与改造的产物，是一种意识创造的特殊的存在形式。

---

[1]　邬焜：《信息哲学——理论、体系、方法》，商务印书馆 2005 年版，第 55—56 页。

现在我们用一个例子来阐释这几种存在形式的区别与联系。比如桌上的一个苹果，它是一个客观实在的苹果，这就是苹果的客观直接存在；苹果通过辐射或反射各类粒子、波场，将自己的某些差异关系用这些粒子或波的特定场态分布的模式显示出来，或者将其映现在特定的外在物中，如，水中、镜中……这就是苹果的客观信息的显示，也就是苹果的客观间接存在；当载有苹果的某些差异关系的粒子、波场与我们的相应感官相作用时，我们通过神经器官的相应操作，在我们的大脑中产生了与苹果相对应的大小、形状、颜色、气味、硬度、温度等主观呈现的信息，进而，我们还可以把这样一些主观呈现的模式通过内部的相关操作过程转化为短时或长时的记忆，这样的关于特定苹果的主观呈现和记忆的信息便是苹果的主观自为的信息，也就是苹果的主观自为存在；现在我们可以通过对我们感知、记忆中的众多苹果进行内部加工的比较、分类、综合的思考，从而建立起关于苹果的一般类的抽象模式，这就产生了我们意识创造的再生信息中的概象信息。接下来我们还可以用一个符号来代示这个概象，我们把它叫作"苹果"（有语音的声，有文字的形），而英语系的人则把它叫作"apple"（也有语音的声、文字的形），我们还可以把苹果的一般形象画在一张纸上，刻成一个雕塑，捏成一个泥形，等等，这些文字、语声、画、雕塑……便是关于苹果的符号信息。这些符号信息就是苹果的主观创造的信息形态，亦即，苹果的主观再生存在。

从上面的例子可以看出，如果用苹果来举例，这个苹果就有 4 种存在形式：A. 客观直接存在的苹果：作为这个苹果最基础的"存在"，其他存在形式都是以它为基础，由它作为本原而派生出来的"存在"；B. 客观间接存在的苹果：具有多方面的特性，这个"存在"是客观直接存在的存在方式和状态的自身显示；C. 主观自为存在的苹果：它是主体直观把握客观间接存在产生的"存在"，它是智慧生物认识世界的窗口和门户，是主观再生存在产生的最基础的原材料；D. 主观再生存在的苹果：主体创造性的信息形态，在意识中进行了加工性改造、重组性再造过的自为存在。①

---

① 下文中再提到这四种存在方面一般会直接用 A、B、C、D 代替。

三　"非存在"概念的认识与理解

当"存在"问题被作为重点讨论对象时，在存在概念已经在信息哲学中确定了其范围（即包括了物质和信息两个大的部分，信息中又包含了意识），而且又对"存在"的方面做出了划分之后，一个新的问题又随之出现了：与存在概念相对的非存在概念又该如何定义呢？

如果存在概念被定义为"有"，那么与"有"的相对概念"无"应该就是"非存在"的含义和范围了。最早提出存在概念的巴门尼德这样说道："存在物存在，非存在不存在"，并反复证明"存在"与"非存在"的对立特性。他认为"非存在"是无法被认识的，"非存在"当然也无法言说。其实巴门尼德对于存在概念的定义并不是绝对的"无"，因为在巴门尼德看来，人们主观感知的映象（现象）和语言描述的世界都是"非存在"，只有现象背后本体世界才是"存在"。所以他这里的存在指的就是存在物，是在思想之外的东西。①

这个将思想与意识对立于"存在"的传统也是由来已久。在中国哲学中"有"永远是和"无"这个概念一起出现的，道家提到的"道"和"无"的概念其实也不是真正的什么都没有。老子将"道"和"无"的关系解释为：

> （道是）无形、无名，是无状、无象、无声、无响，不可推问，不可体察。②

虽然老子讲了许多关于"道"是如何难以考察和把握的，但从来没有否定它的存在，而且确定"道"是一种不依赖其他却又包容一切的"存在"，是一种最高形式的"存在"。"道"这种"存在"是可以被确定和证明的。体察不到"道"的是人，而证明和确定"道"的也是人。能够心领神会"道"的内涵的那类人群就是老子在《道德经》中经常提及

① 赵敦华：《西方哲学简史》，北京大学出版社 2001 年版，第 19—21 页。
② （三国魏）王弼：《老子道德经注》，楼宇烈校释，中华书局 2011 年版，第 35 页。

的"圣人"。"圣人"可以将对于"道"的体悟和经验带入生活，指导认知和行为。①关于老子的"道"在本书之后的章节中会进行进一步的详细分析。

因为佛家所说的"空"也同样不是指绝对的"无"，小乘佛学提出，人是由色、受、想、行、识五蕴和合而成，人可以分解为各种因素，世界也是这样。所以人、"我"与现象的世界都是本质"空"。这种"空"是相对于世界的纷繁变化而得来的，是为了摆脱世俗所认识的种种假象，认清"性空幻有""一切皆空"。这种"空"的概念是对于世界现象的变化和复杂性的一种逃避性的认知。随着佛教传入中国后的佛道交融，佛家借用了道家的"有生于无"来解释"空"。之后又在"有无"和"色空"这些相对概念中做出了辩证、同化的解释。这就是佛家经常提到的中道论：

> 色不异空，空不异色；色即是空，空即是色；无中生有，有中含无；非有非无，亦有亦无。②

黑格尔对于"有""无"概念的思想起源也是从巴门尼德的存在概念中归纳出"有"，从东方道家和佛学中归纳出"无"。但黑格尔为了给他提出的"纯存在"概念提供基础，他将"有""无"概念形而上学化，最后产生出纯概念化的"纯有"和"纯无"。"有在无规定的直接性中，只是与他自身相同，而且也不是与他物不同，对内对外没有差异"；"纯有是无法言说的"，"不可感觉、不可直观、不可表象"③；"纯无"则是和"纯有"相同。之后黑格尔将这两个无法言说的概念做了统一：

> 有与无的真理已经走进了无中之有和有中之无。④

---

① （三国魏）王弼：《老子道德经注》，楼宇烈校释，中华书局2011年版，第21页。
② 赖永海：《佛教十三经》系列，《金刚经·心经》册，中华书局2013年版，第125—139页。
③ ［德］黑格尔：《逻辑学》（上卷），杨一之译，商务印书馆2009年版，第78页。
④ ［德］黑格尔：《逻辑学》（上卷），杨一之译，商务印书馆2009年版，第79页。

　　显然，前文提到的众多思想中的"有""无"概念都不是纯粹的"有、无"或"存在、非存在"。纯粹的"存在"应该包括整个世界的存有，而"非存在"应该是纯粹的虚无。巴门尼德曾提到"存在物存在，非存在不存在"，"非存在"是无法被认识的，"非存在"当然也无法言说。但是当他提出"非存在"这个词的时候却可以明确地给出定义，就是在这个世界上根本没有的东西。由此推论，既然我们可以对"非存在"概念下定义，并可以思考和言说"非存在"概念，那么，至少"非存在"在作为一个概念的情况下是可以被理解的，可以言说的，就必然是存在的。"非存在"这个概念必然是属于存在的范畴。

　　既然是"非存在"，那么，所有"非存在"之间是没有差别的，也是没有内容的，但是它作为"存在"的对立面也是可以被认识，甚至分类的，当然，在这些分类下也是没有内容的。

　　"非存在"分类的类别概念则是属于信息性的存在范畴。关于概念与内容的关系，这种例子非常多，就像苹果这个词属于信息范畴，而它概括了所有物质性的苹果。只有概念，概念下无内容的例子也很多，比如"宙斯"这个神话角色，尽管有很多故事中的表述，尽管有很多演员在剧集中出演了无数个"宙斯"形象，但"宙斯"永远都只是一个信息的概念"存在"，并无物质实体，其实这种概念的 A、B 方面就是属于"非存在"范畴（当然这是无神论者的单方面观点）。还可以举出很多例子：如月球人、以太、永动机，等等。

　　其实在数学上，"非存在"问题就相当于关于零和空集合问题的讨论。埃及工程师穆罕默德·埃尔·纳西（Mohamed El Naschie，1943～　）提出的 Menger – Urysohn 空集无限空间理论就是对零这个空集的扩展得来的。[①]零在无内容的同时也进入了无限的范畴，正因为是无才能达到真正的无限。在他的另一篇论文中，他将空集 $\dim d_{nu} = -1$ 扩展为完全的空集 $\dim$

---

　　① M. S. El Naschie, "A review of E – infinity theory and the mass spectrum of high energy particle physics", *Chaos*, *Solitons & Fractals*, Vol. 19, No. 1 (January 2004), pp. 209 – 236.

$d_{MU} = -\infty$。①这种扩展就是一种运用数学在零与无限之间架设桥梁的尝试。数学上的零或许是最接近我们现在所说的非存在概念，数学上的零概念所指向的内容都属于"非存在"领域。而非零的一切就都是指向了"存在"领域。因为空集合所指向的内容就是零，所以，所有的空集合所指向的内容也属于"非存在"范畴。但是跟"非存在"这个词一样，"零""空集合""无"这些确定范围的词本身就属于信息方面的"存在"范畴。

萨特在"存在与虚无中"有这样的形容：他描述了"虚无"的嵌入：

就像蠕虫嵌入到一个苹果中。②

这种对于"虚无"即"非存在"的嵌入问题有很多的讨论，像"存在和几乎不存在"中所提到的"存在"的连续性、完整性以及"存在"中的"洞"等相关问题都表现出一种"存在"与"非存在"相互交融相关的态度。③但把"非存在"比作洞不如将"存在"比作岛，"存在"正像是在"非存在"海洋中的一个沉浮不定的小岛，随时变换着位置与形态，而"存在"的周围则都是无尽的"非存在"之海。与其说是"非存在"嵌入了"存在"，不如说是"非存在"包裹了"存在"（如下个小节中的图 3.2 和图 3.3）。

四 "非存在"领域的划分

"非存在"也是可以进行领域划分的，而非存在的划分则是由"存在"的性质以及时间之矢的不可逆性决定的。这种领域划分依然跟非存在概念一样，每一个领域都是空集的形式，只有领域名称的概念是属于

---

① M. S. El Naschie, "The theory of Cantorian spacetime and high energy particle physics (an informal review)", *Chaos, Solitons & Fractals*, Vol. 41, No. 5 (September 2009), pp. 2635 – 2646.

② M. S. El Naschie, "On the Philosophy of Being and Nothingness in Fundamental Physics", *Nonlinear Science Letters B: Chaos, Fractal and Synchronization*, Vol. 1 (2011), pp. 4 – 5.

③ K. McDaniel, "Being and Almost Nothingness", *Noûs*, Vol. 44, No. 4 (December 2010), pp. 628 – 649.

存在领域的。非存在领域的划分可以帮助我们更好地理解非存在概念。

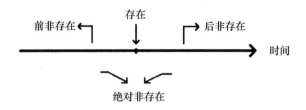

图3.2 "存在"与"非存在"（2015，邬天启）

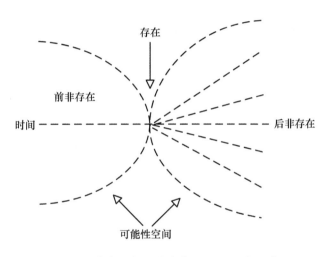

图3.3 "存在"与"非存在"（2015，邬天启）

如图3.2所示，存在只是一个在时间轴上移动的节点，而时间轴走过的和将要走过的部分都是属于"非存在"的范畴。当然，时间轴之外的所有部分也都是"非存在"的区域。图3.2只是为了更好地表达绝对非存在的位置以及更鲜明地显示时间、前非存在、存在、后非存在和绝对非存在的位置关系。因为，其实后非存在所处的位置并不是一个确定路径，所以更准确的对于前非存在和后非存在的表示应该是图3.3，这里可以发现图上有两个可能性空间出现。后非存在应该是一个还未展开的可能性空间，代表着"存在"可能随时间发展的一切可能性，而前非存在除了已经逝去的"存在"之外也包含着一个可能性空间，这个空间对应的内容是已经逝去的"存在"的一切可能性。可能性空间和当下"存在"之外的部分就都是绝对非存在了。

从时间上来看，已经逝去的时间和将要到来的时间都是属于"非存在"的范畴，而"存在"也是一样。由于已经逝去的"存在"和其可能性与将要演变出的"存在"与其可能性也都属于"非存在"的范畴。所以在存在演化的时间轨迹轴上都是用虚线来表示的。由于真正的"存在"只是时间轴上的一点，而且随着时间轴的移动而演变着。所以，从图上可以看出"存在"是随着时间无止境的变化着的，永恒不变的"存在"是不存在的。

已经逝去的时间和"存在"都是前非存在，当然也包括那些逝去的"存在"演变的各种可能性。但是逝去的物质存在是可以有一些信息存在被保留下来的，这些保留的可能主要是由于"存在"和"非存在"相互转化时的几个性质决定的。对于前非存在和"存在"的转化来说主要是延续性和可回顾性。

"存在"在演化过程中会有一个多线路的可能性空间，这个理论最先是由自组织理论提出的，这就是关于事物在自组织演化过程中的可能性分叉空间以及分叉空间随机选择与突现性质的生成的理论。这里也有"存在"与"非存在"的转化问题，"存在"选择的演变方向就是当下的"存在"。而那些可能的选择方向无论是"存在"最后没有选择的还是将要选择的，在"存在"选择之前都是属于"非存在"的范畴。一旦"存在"选择过后，那些没有被选择的其他可能性就都属于前非存在范畴了。

最后一个范畴就是绝对非存在，就是指在时间存在轴上绝对不可能出现的可能性和从未出现过的以及从未可能出现过的可能性。也就是图3.3中时间存在轴与可能性空间之外的全部空间的内容，有的西方学者将此领域称为绝对的虚无（Nothingness）。为什么会出现一个绝对非存在领域呢，它与其他非存在领域又有什么关系呢？我们可以发现只有当下的"存在"才是真正的"存在"，因为时间的流逝与物质世界的流变性导致除当下以外的 A、B、C 方面的"存在"都转化为了"非存在"，而我们的意识建构出的 D 方面的"存在"却可以依然存在。我们可以回忆、安排、设想过去和预测未来，但人类的意识是依赖着 A、B、C 方面的"存在"所提供的相关信息材料的加工处理才可以产生和运作的。超出我们能够想象范围的事物，我们是无法想象的。比如我们想象一个"飞马"的概念，这个"飞马"的形象就会存在于我们的脑中，这就是 D 方面"存在"的飞马。但我们的意识会自动地将"飞"与"马"这两个概念联系起来，而这两个概念产生的源初所指都是我们世界中存在着的。"飞"指向了任何可以飞离相对时空的可能性，无论是任何"飞"的载荷物，如，翅膀、螺旋桨、火箭推进器，等等，都是我们曾经接触过的存在物的内容。由于"马"也是指向了我们约定俗成称为马的动物，不可能指向到狮子或者水壶。那样的话"飞马"就变成了"飞狮"和"飞壶"了。所以，我们的想象也是基于已有的形象、逻辑和语言信息而进行建构的，我们的"飞马"概念其实是将存在的"飞"和"马"这两个概念组合在一起罢了，同时也将这两个概念所指向的内容（A 方面的存在）结合了。但人的意识只能结合 C、D 方面的存在，无法去操作 A 方面的存在。于是，"飞马"便是一个切切实实地 D 方面的存在，由于这个概念指向的 A 方面并不存在，所以它只能指向"非存在"。

至于那个绝对的虚无领域，即绝对非存在，则是我们这个世界曾经未出现、未来也绝对不会出现的事物（在 A、B、C、D 所有这四个方面），既不是任何事物的相似性与可能性，也不是任何可能事物的组合与部分。所以在这样的情况下，我们的意识完全不可能获得这方面的信息素材，也就绝不可能涉及这个范围。这就是绝对非存在领域。

"存在"是依赖着时间的，时间之矢问题是哲学和科学上经典的研究对象。但因为时间本身具有强烈的过程性和不确定性，与人类一直追求的确定性和唯一性是背道而驰的。

人类一直追求的这种唯一性到底是什么呢？是世界的本质还是仅仅是人类的一厢情愿？荷兰人文学科大学的简·巴尔（Jan Baars）教授就指出：因为人类热衷于追求确定性，所以在对于生命的追问中只注意到了出生与死亡这两个节点。而又由于忽略了最重要的部分，即生命的整个过程，也就是成长和衰老。所以对于衰老和老龄化群体的研究是十分少的。①但其实"存在"就是随着时间的流动而涌现出来的,"存在"创生的这个过程才是最重要的。

德国哲学家海德格尔也提到过这个问题:

> 出生和死亡,像是人的一生,但人生当中的出生和终结的事件只是帮助我们思考每一天的当下,就是"现在"。②

"存在"是自然内在的,也是我们本身,因为我们就是自然的一部分,自然从非存在而来,存在于当下,并终将走向"非存在"。规律也好、宿命也罢,这是我们共同的道路,永远无法逃离,不如尽心享受。

第三节 信息演化存在论的核心问题

因为信息演化存在论提出之后,很多相关概念的含义以及性质都得到了改变。所以,在它的视域下需要对一些核心问题进行讨论和研究。

一 "存在"与"非存在"相互转化中的几种性质

"存在"和"非存在"是一直在无休止地相互转化之中的,在转化的过程中可能遵循着几种性质,它们分别是:延续性、发展性、偶然性、回顾性、预测性和指向性。在之前发表过的一篇论文中我们总结了"存在"与"非存在"相互转化的过程中具有的几种性质,这些性质分别是:1. 延续性;2. 发展性;3. 偶然性;4. 可回顾性;5. 可预测性。③但其中却忽略了一个非常重要的性质,就是6. 指向性。下面我们来详细说明这

---

① J. Baars, *Philosophy of aging*, *time*, *and finitude. A guide to humanistic studies in aging*: *what does it mean to grow old*?, Baltimore: Johns Hopkins University Press, 2010, pp. 105 – 120.

② R. Irwin, "Climate Change and Heidegger's Philosophy of Science", *Essays in Philosophy*, Vol. 11, No. 1 (January 2010), pp. 16 – 30.

③ 邬天启:《基于信息哲学理论关于存在问题的新思考——存在的层次、存在与非存在》,《自然辩证法研究》2015 年第 11 期。

些性质。

（一）延续性

"存在"的延续性是存在物的基础性质。存在物可以在时间流中保持一定时长的相对固定性质和结构，以及相对的稳定，这都是延续性的体现。但每种存在物因为延续性而保持的时长又各不相同，从量子加速器产生的 b 夸克在衰变之前可存在的 1 皮秒（10^{-12}秒）到能够维持 1000 多亿年的恒星，千差万别。但是无论时间长短，每一个存在物基本都可以找到一个时间段来确定它的寿命。这个时间段只是用来确定这个存在物保持这种相对稳定的状态的时间，而由于既然有寿命就有变化，所以其实"存在"永远都是随着时间在改变着的。

每一刻的真正的"存在"只有当下的那一刻，但也不能说存在物每一刻都是不同的事物了。存在物虽然只在当下"存在"，但因为存在物的延续性，所以在一段时间中每个存在物都是变化并保持着一种相对稳定的存在模式。于是可以说之前的我是我，今后的我也是我，但只有当下的我才是最切实存在的我，其他时间的我与现在的我是不同的，只是一种我存在延续性的体现。因为，我永远不可能回到过去的我或者提前抓住未来的我。所以，只有把握当下的我才是最真切的"存在"本身。这样的描述不禁让人又想起了海德格尔所描述的"此在"概念：

此在是在世中展开其生存的。[①]

延续性很容易被理解为不变性。其实我们所说的延续性是相对的，因为对于任何事物确切的延续时间其实很大程度上是由人类主观决定的，如果我们用微观视角看待我们的世界，任何我们宏观中觉得没有变化的事物其实都在瞬息万变之中。

生物在不停地进行新陈代谢，与外界交换着物质粒子。哪怕是岩石也在向空气中挥发着自身，只是岩石要完全风化需要很长的时间罢了。

[①]　［德］海德格尔：《存在与时间》，陈嘉映、王节庆译，生活·读书·新知三联书店 2006年版，第 117 页。

空气无时无刻不在和它接触到的物质之间发生着反应，氧化反应从来没有停止过。这就是为什么我们身边的铁器会生锈，书写的纸张会发黄，切开的苹果会变红，等等。

因为受限于我们的感官，那种所谓不变的、绝对的延续性是不存在的，那只是我们的一种错觉。我们现在所说的延续性是一种相对的延续性。

那么，关于这种相对稳定的存在模式究竟存在到什么时间才算是失稳，或者才算是突变呢？以人类的能力是根本无法给出问题的确切答案的。既然能力有限，就无须强求。唯一可以肯定的是延续性使瞬息万变的事物在无限的时间长河中得以片刻的相对延续，也给了我们维持个人的体貌特征得以生存的可能。

（二）发展性

"存在"的发展性是由整个世界的运动演化规律所决定的，它是可回顾性和可预测性的基础。

存在物的延续性决定了存在物在时间轴上占有了一个区域的位置，但因为存在物总会受其寿命的限制而最终走向自身的完结或湮灭（转化为它物）。物的质量和能量的转化，受到外部环境的影响或者内部结构的限制，由一种存在物转化为其他存在物或者质—能形式。

热力学第二定律描述了一种事物与环境同化演化的方式。按照一种标准大爆炸宇宙理论的学说，如果我们所处的这个宇宙的总质量恰好等于宇宙密度的临界值，那么，我们这个目前正处于膨胀演化期的宇宙的膨胀将会在自引力的作用下停止下来，但由于引力不够大，并不至于引发再度收缩，最终整个宇宙便可能会达到一种热寂状态。所有"存在"和信息都表现为独立粒子自由运动的形式。但是，如果宇宙的总质量超过了这个宇宙密度的临界值，那么，在宇宙膨胀的末尾，宇宙将会再度收缩，并在收缩的末尾坍塌为黑洞，直至"奇点"，那么所有存在物和信息都会湮灭，也就不存在独立的存在体以及任何信息。按照霍金的理论会归于"无"，也就是绝对的"非存在"。但"奇点"里究竟有什么，这个问题应该没有人会知道。当然，也有理论认为，真正的所谓"奇点"是不可能达到的，在某个尚未达到奇点的极限状态，宇宙将会重新爆发，再度开始它的膨胀期。这样，宇宙便是一个循环的宇宙，其中的物质和信息将会永远处在自身运动和转化过程之中，而并不会出现真实意义上的绝对的完结或湮灭。如果真是这样，那便符合唯物论学说所言明的物质永恒、物质不灭的情况，当然，这也便否定了上帝创世之说。

决定存在物状态和演化方式的正是存在物所具有的发展性，宇宙的基本定理和规律决定存在物的发展性在一条相对固定的路径上，随着时间的进程而展开。但是发展性并不是绝对必然的或者刚性机械的，任何存在物在演化发展中又具有一定的自由度。这种自由度就是偶然性。

（三）偶然性

因为，偶然性是与发展性并存的，这种存在物发展过程中的自由度的表现就是如"图3.3"前非存在与后非存在领域的那两个部分所标示的可能性空间。所以，偶然性也可以理解为可能性，它包括过去的可能性与未来的可能性。

偶然性不是不遵从这个世界的演化规律，它只是演化过程中的波动，复杂性理论中的自组织思想提出事物演化过程中的发展方向对初始条件有着极其敏感的依赖性，一点点小小的改变完全可能引起完全相反的结果。最早的实验是用电脑上的天气模拟器做出来的。"蝴蝶效应"一词也来源于此。偶然性使存在物的发展带有很大的随机性，而这种随机性既可以来自外部环境的影响，也可以来自内部因素的自由扰动，这就是两种不同的随机性：内随机和外随机。

因为世界上的存在物都是对内和对外普遍开放互动的，没有对内或对外绝对孤立的存在物存在，在实验室模拟出来的人工无干扰环境仅仅是理想化的，所以很多必然性的实验其实在自然世界里并不那么可靠。

但偶然性还是被世界的运动演化规律所限制，在这样的情况下"存在"虽然有很多种选择，但每种选择都是位于可能性空间之中，"存在"绝对不可能从绝对非存在中选择发展路径。最后，因为"存在"总会在后非存在中选择一种发展方向，并继续随着时间向下一步发展方向前进。所以这种偶然性使后面将要提到的可预测性具有很大的不确定性。

前非存在中的可能性空间出现的原因则是由于已经逝去的"存在"所包含的所有可能性。"存在"因为偶然性的原因只会在众多发展可能性中选择一条路径，所以那些没有被选择的可能性也会随着逝去的"存在"回归于"非存在"。但有意思的是主体意识不仅可以构建出关于已经逝去"存在"的信息，甚至还可以构建出没有被已经逝去的"存在"所选择的可能性的信息，从这个意义上来说，这个可能性空间是有可能被思想的构建信息所指向的。那么它们就不能被归类为绝对非存在。

（四）可回顾性

因为存在物有延续性和发展性，所以存在物具有可回顾性，这个性质都是以信息的形式体现出来的。正是存在物的发展性可以被回顾才得以被总结，世界的运动演化规律才得以被认识。

流逝的时间表现为存在物过去的历史，并可以部分地以信息的方式凝结在当下的 A 存在的结构和过程中，这便是以 A 存在为载体的 B 存在，这也是信息哲学为什么说所有的物体都既是物质体，又是信息体，都是直接存在和间接存在的统一体的根据。

认识主体可以部分地破译、提取或分辨相关物体内部凝结的信息，并将其梳理成历史，从历史中总结规律和理论。而这些相关的信息一旦被人类的认识破译、提取、分辨、概括和总结，其存在方式便会从 B 方面的"存在"上升到了 C、D 方面的"存在"。认识主体的记忆就是从历史中记录下来的。

其实人类主体的记忆只是属于"存在"的 C、D 方面，而 A、B 方面的"存在"很多已经转变为前非存在了。比如我们从过去的书中读到了已经逝去的作者的思想，逝去之人的个体已经成为"非存在"，而在我们阅读到他们留下的思想脉络，或读到他们的生平事迹时，这些人物会跃然纸上，但那也只是在我们的思想中作为主观再生的"存在"。其实我们想象中的那个人也只是关于逝去之人的一小部分信息的内容而已，它和那个人当年的 A、B 方面的"存在"具有指向性，但根本不具有完全的同一性。因为，我们所获得的信息内容是通过了多级中介的转换和再造的，这其中就包括相关史料、文献的真与假，我们对其解读的方式的合理与不合理……在这里，"那个人"很可能只是我们通过复杂中介的重构而创造出的一个对象罢了。

这种建构的方式很类似于现象学所提出的意向性，在下面即将提到的"6. 指向性"中我们会详细分析指向性与意向性的关系。关于那个真正的人的"存在"已经成为了前非存在，我们根本无法从他的部分史料的分析中去对他进行全面而绝对合理的定位和言说。"非存在"是无法言说的，当你举出例子来时就已经是"存在"了，而这个"存在"也只是人主观再生的思想，甚至根本不是你想要言说的"非存在"对象，最多就是指向那个"非存在"对象。根本就不存在的"非存在"对象又如何去直接言说呢？

（五）可预测性

可预测性使具有主体意识的个体能够运用自己的智能和生活经验在"存在"与"非存在"的转化过程之前就可以做出一定的预测判断。但是之前也提到了，因为世界的偶然性存在，所以这种可预测性是不准确的。很多时候都只能预测出一个大概的范围而已，尤其在复杂性问题上更是如此，在变量众多的混沌模型下甚至做不到任何预测。

最简单的预测例子就是苹果落地，这种预测能力连很多低级动物都是有的。这种预测不需要多么复杂的理论基础，多数就是生活经验和因果律的总结。复杂的例子也很多，最明显的就是天气预报，其实至今的天气预报多数也只能是应用天气学、动力学等原理对某一区域未来一定时段的天气状况做出定性或定量的预测罢了。

由于认识主体具有主观能动性，可以对"存在"的转化做出一定的预测，所以可以遵循自然法则和物理原理来自主地改造自然。人类社会也是在这种主观能动性中建立起来的，脱离智能主体的自然演化不可能产生人化自然。

是人类使很多存在物的发展方向巨变而产生出更多的后非存在向"存在"转化的可能性。比如田地工具、道路住房，等等，这些原先属于"非存在"的事物都被转化到了"存在"范围。以上关于"存在"与"非存在"的元理论不仅在国内发表，还曾经在外文刊物上正式发表。①

---

① Tianqi Wu, "A New Perspective on the Existence and Non – existence", in Mark Burgin, Wolfgang Hofkirchner：*World Scientific Series in Information Studies*：*Volume 9*，*Information Studies and the Quest for Transdisciplinarity*：*Unity through Diversity*，World Scientific Publishing Co Pte Ltd，2017，pp. 325 – 341.

（六）指向性

指向性是指"存在"与"非存在"之间的一种同指、嵌合、贯通、联系、转化的关系。这种联系和转化在思维与外部世界中同样存在。

在上文中我们将"存在"归纳为四个方面，"存在"的四个方面相对于任何事物都是具有指向性，并由指向性贯通在了一起。很多事物在某些方面属于"存在"而在某些方面则属于"非存在"，但指向性依然联系着这些方面。正如巴门尼德所说："思维与'存在'是同一的。"我们现在所说的意识与外部世界是具有指向性的，因为这也是"存在"的基础性质，而信息与物质都属于存在范畴。

从指向性这个概念很容易联想到现象学中所提到的意向性概念。德国哲学家、心理学家弗兰茨·布伦塔诺（Franz Brentano，1838～1917）最早提出了现象学中的意向性概念。胡塞尔也是吸取了布伦塔诺的思想并提出了现象学。意向性这一概念提出的出发点就是认为意识都是关于某物的意识，而意向这个概念在胡塞尔这里是指"to intend to"，意味着意向有着"朝向"或"指向"的含义。①

指向性只是具有某种贯通性和目标性的性质，绝对不是同一性或相同性。在上文的可回顾性中我们提到了意识回顾已逝去的"存在"时就是具有指向性的。在具有完整的四个存在方面的事物中，我们的指向性很容易理解。比如我们面前的一个苹果，无论是客观间接存在的苹果、主观自为存在的苹果，还是我们的意识构造出的主观再生存在的苹果，它们都是指向着客观直接存在的苹果。

尽管主观再生的苹果是我们的意识构造出来的，这里就是现象学所说的意向性的意向构造。但如同意向性所解释的一样，这种构造和创生依然是朝向和指向着那个我们感知到的苹果，即那个客观直接存在的苹果。

现在我们再列举一个意识回顾已逝去的"存在"的例子。比如我们现在回忆之前见到的那个苹果。因为那个苹果本身已经不存在了，或者之前存在的状态已经改变，所以我们回忆中的苹果其实是我们的意识自

---

① 倪梁康：《胡塞尔现象学概念通释》，生活·读书·新知三联书店2007年版，第288页。

行构造出来的，但我们使用了我们之前依靠记忆保存下来的之前那个苹果给予我们的信息。以这些信息作为基础构造出的主观再生的苹果依然是具有指向性的，但这个指向性却指向了"非存在"领域，即那个已经逝去了的曾经存在过的客观直接存在的苹果。

现在又有一个例子。自然是按照其自在本性来演化，然后在时间的长河中发展出新的"存在"，湮灭旧的"存在"。如前文所说的，但思维却不同，思维是属于信息的"存在"，它可以创生"存在"而又超越了原有的"存在"，这种超越一方面在于它可以利用自然给予的信息材料进行任意的组合、创造与构建，另一方面就是它不仅认识和理解"存在"，而且对于"非存在"也可以认识与理解。

当我们的主观意识要创造一些什么的时候，这些新的"存在"的指向性是指向某些"非存在"的。比如我们想象出的飞马形象和概念，虽然是利用飞与马这两个自然中的存在素材组合而成的，但飞马的形象和概念直接指向的却是那个"非存在"的客观直接存在的飞马。我们可以将我们想象出的飞马形象在纸上画出来，也可以用文字形容出来写在书里。但这些画面和文字也仅仅是我们思想的一种载体，承载着描述我们思想的信息。毕竟纸与书、图案与文字不是客观直接存在的飞马本身。但这些信息都指向那个客观直接存在的、"非存在"的、活生生的飞马。再比如对于一个已经逝去的故人，我们可以回忆与他一起经历的往事，这个人的音容笑貌犹如昨日。我们可以看他的照片或者录像，可以听别的认识他的人来描述他、来怀念他。可以阅读他的作品，甚至可以幻想现在他就在我们身边，就如同从未离开过。但事实是无论思想中的这个人多么鲜活，眼前照片和录像中的他显得多么真实，逝去的他本人，那个客观直接存在的、物质的他则是再也回不来了。但这些关于他的信息的确是全部指向那个已经逝去的"存在"，那个已经成了"非存在"的，曾经客观直接存在的他。

另外指向性是单向的，它只会从"存在"与"非存在"的 D 方面指向 A 方面，反之则不会具有指向性。而且只有信息可以指向"非存在"世界，物质则是无法指向"非存在"世界的。

从这些例子我们可以发现，"非存在"是与"存在"的各个方面相互镶嵌、交融的,正因为它们有着相同的指向性,或者说也正是由指向性将"存在"与"非存在"通达了起来。

二 "存在"与"非存在"的对立性与相互转化

我们已经在上个小节中列举了"存在"与"非存在"的转化过程中遵循的六种性质,下面我们将重点剖析"存在"与"非存在"的转化过程。前文中提到,"存在"只是时间轴上的一个点。这个点代表着当下时间上的"存在",而"存在"则随着时间而运动、变换着。"存在"在自身的演化中,在时间的变换中由"非存在"而来,之后又复归于"非存在"。

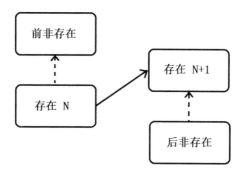

图3.4 "存在"与"非存在"转化

图3.4是事物"存在 N"演化为事物"存在 N + 1"的一种简单示意图。图中有一条实线与两条虚线,分别表现了两个种类,同时进行的三个转化关系。实线表示的是"存在"随着时间的自我演化关系,两条虚线则表示的是"存在"与"非存在"之间的转化关系。事物 N 在演化为事物 N + 1 的同时,本来的事物 N 状态也转化成为"非存在"的形式。N在演化为 N + 1 后,原本的 N 就属于了"前非存在"的范畴。而因为在 N演化为 N + 1 状态之前,N + 1 并不存在,所以是属于"后非存在"的范畴。就在 N 演化为 N + 1 的同时,N + 1 也由之前的"后非存在"成为当下的"存在"。

　　举一个简单的例子：我们从一个简单存在物的视角单独分析，在例子之前我们需要强调的是，"存在"是由所有存在物组成的，"存在"是一个整体，有四个方面。将一个存在物单独列出必须排除它与这个世界的复杂相互作用的关系和存在物的所有"存在"方面。将复杂问题的一个方面抽离出单独分析，为了易于理解，所以假设这是一个理想实验：桌子上有一个苹果，现在将它咬一口再放回桌子上。之前完好的苹果我们称之为苹果 N，咬一口的苹果称之为苹果 N＋1，N 在被咬成为 N＋1 的同时，过去的那个 N 也转化成为"非存在"。N 在被咬后成为 N＋1，之前的那个完好的苹果 N 就不存在了，N 也就属于"前非存在"范畴。而在 N 还没有被咬之前，N＋1 这个不完整的苹果还没有存在，于是 N＋1 是属于"后非存在"的范畴。就在 N 被咬后成为 N＋1 的同时，N＋1 也由之前的"后非存在"成为当下的"存在"。在这个例子中讨论的苹果仅仅是在它的"客观直接存在"方面，而苹果的其他存在方面未必都转化成了"非存在"。比如我们脑中关于苹果 N 的记忆与想象并没有因为 N 被咬成 N＋1 后而消失。图 3.4 也如同这个例子一样，只是一个简单易于理解的示意图，综上所述，图中"存在 N"与 N＋1 并不能简单地理解为"存在"的全部方面。

　　这里我们还需要强调几点：

　　1. "存在"与"非存在"的相互转化只是在"存在"的某些方面（存在具有四个方面），并不是绝对完全的，或者说存在每个方面的转化过程并不是同步的，而是相对独立的。

　　2. "存在 N"演化为"N＋1"是不依赖于"非存在"的，"存在"的演化行为是自组织的，自然的。

　　3. "前非存在"与"后非存在"在指向的内容上是同一的，所有"非存在"指向的内容都是同一的，都是绝对的"无"，无差别，无内容。命名不同仅仅是因为与"存在"的转化关系有区别。

　　4. 实线表示的"存在 N"演化为"N＋1"是相互作用的结果，是需要中介的；而虚线表示的"存在"与"非存在"转化关系则需要从两个角度来讨论，可以说这种转化过程既可以有中介也可以没有中介。

三　信息演化存在论对现有信息存在论问题的分析

针对本章刚开始提出的邬焜信息存在论中的几个问题，信息演化存在论有其独到的阐释：

邬焜信息存在论将信息定义为："物质存在方式和状态的自身显示。"在新近出版的一本教材中，邬焜等又提出了一个拓展性的定义："信息是标志间接存在的哲学范畴，它是物质（直接存在）存在方式和状态的自身显示、再显示，以及认识和实践主体对信息的主观把握和创造，其中也包括创造的文化世界"①。

第一个定义仅仅揭示出信息与物质的关系，而信息原本在世界上的位置应该更复杂。因为它不仅是物质的自身显示，同时它也可以显示信息自身，甚至可以指向"非存在"。所以它不应该只是物质的显示，而应该是整个世界的显示。也就是说，邬焜的信息定义只是从信息发生学的角度来定义的。从产生根源上来看，所有的信息确实都是物质的显示，但从信息的作用和在"存在"中扮演的角色的角度，这个定义就不全面了。就像如果给苹果下定义不能只是说"一种植物的果实"或"水果的一种"，这样的定义太单薄，并不能体现出苹果区别于其他植物果实的特点。第二个信息定义能够包容所有的信息形态，但这个定义仍然未能包容信息对存在和非存在世界的指向性特征。

综上所述，新的信息定义应该为："信息是标志间接存在的哲学范畴，它是物质（直接存在）存在方式和状态的自身显示、再显示，以及主体对之的把握与创造，并且，它还是存在世界与非存在世界的指向者。"

恩格斯提出，哲学的基本问题应该是思维和"存在"的关系问题。②而邬焜的信息哲学认为，应该将何物存在的问题突显到哲学基本问题需

---

① 邬焜、王健、邬天启：《信息哲学概论》，西安交通大学出版社 2021 年版，第 143 页。

② 《马克思恩格斯选集》（第 4 卷），中共中央翻译局翻译，人民出版社 1995 年版，第 223 页。

要首先解决的前提性问题的高度。[①] 而关于存在世界，哲学的最简单起点一直都是自身与他人与外部世界的关系。但又不能归结于主客体关系这种二元分割世界的观点中。[②] 但是既然作为本体论，就应该将人类的理性继续向终极推进。人类历史上也出现了多次的"有无之辩"，但因为没有信息世界的相关理论作为支撑，这些"有无之辩"只能陷入无尽的迷思之中。所以哲学上最基本的、最原始、最终极的问题，应该是"有、无"问题或"存在与非存在"问题。

信息存在论的基础是"存在"（物质与信息）的划分与"存在"的相互作用。但从之前提到的最原始、最终极问题的角度上，本体论的基础就应该扩展到世界，应该是存在世界与非存在世界，以及两个世界之间相互转化、演化的思想。但其实这两个问题又互相交织着，如果没有解决存在世界的问题就根本没办法延伸到非存在世界。从另一个角度来说，现有的信息存在论又是信息演化存在论的基础。这样一个循环推导的过程，就如同一个人只有在心智经历过日常之思的建设和洗礼成熟之后才能够跳出日常之思而反思更深层、更高级的问题。

其实，在邬焜的信息哲学中已经提到了物质与信息的双重存在与双重演化，而且强调二者是互相嵌入的，是交融难以分割的。而在信息演化存在论中又将这种思想延伸到了"非存在"领域。而且是在个体存在物本身的基础上，任何存在物本来都是由指向性联系着的一个多方面的整体，一个"存在"与"非存在"相互转化、交织、镶嵌、整合、统一的整体。每一个完整的存在物应该具有 A、B、C、D 四个"存在"的方面，B、C、D 三个方面指向着 A 方面，而 A 可以是物质也可以是"非存在"；若 A 为"非存在"则 B 可能是"存在"，也可能是"非存在"；如果没有主体介入，那么这个存在物的 C、D 方面则为"非存在"。这种统一"存在"与"非存在"两个世界的思想被称为整合存在论。在整合存

---

　　① 邬焜：《存在领域的分割和信息哲学的"全新哲学革命"意义》，《人文杂志》2013 年第 5 期。

　　② 邬天启：《从信息世界的发现反思存在于哲学基本问题》，邬焜、成素梅主编：《信息时代的哲学精神——邬焜信息哲学思想研究与讨论》，中国社会科学出版社 2016 年版，第 55—67 页。

在论中主体与客体是统一的，主体在客体之中，客体也延伸于主体之内。四种存在方面在形式上是永恒统一的，区别只是部分或全部存在方面归属于"非存在"领域而已。而"存在"与"非存在"也是统一的。对于某一具体的存在物而言，只有当与之对应的四种存在方面全部转化为"非存在"之后才会到达真正的、绝对的、永恒静寂的无限与同一。

第四节　系统演化存在论与信息演化存在论

因为信息演化存在论的基础理论提出之后需要在研究中进行拓展与完善，这就有必要与世界前沿思想进行比较研究。信息演化存在论的提出与沃尔夫冈·霍夫基希纳的系统演化存在论关系密切。

沃尔夫冈·霍夫基希纳一直致力于复杂性思想、人类学、社会学、系统科学、信息科学、哲学等方向的交叉性和综合性的学术研究。他认为，在信息科学发展迅猛的今天，我们应该有能力也有责任建设一种更普遍、更包容的统一信息范式。在其中可以更全面和精确地定义信息的概念和内涵，并在这个基础上建立出一套涵盖现代科学技术和人文社会的大统一理论。[①]

一　霍夫基希纳的统一信息范式与可持续性信息社会构想[②]

在沃尔夫冈·霍夫基希纳看来，对于信息范式的研究应该借助于现代信息科学的研究成果。但科学研究的分科传统使各个学科对于信息现象的研究是独立的、片面的、割裂的。由于信息概念在不同的学科中出现了截然不同的解释，很多解释之间甚至相互冲突。所以，一个重要的工作就是需要将各个分门别类的科学学科中的信息概念统一起来，建立一个更具有解释力与预测力的信息范式。这个范式需要既能包含各学科所提出的信息理论与思想，又可以做出之前传统理论所不能覆盖的更多

① W. Hofkirchner, *Emergent Information: A Unified Information of Iinformation Framework*, World Scientific Publishing Company, 2012, p. 1.

② 这部分内容已发表，见邬天启《系统演化本体论与信息哲学演化本体论》，《自然辩证法研究》2019 年第 4 期。此处有改动。

现象的解释与预测。[①]

霍夫基希纳的统一信息范式的构想是很好的，任务也是艰巨的。但更艰巨的任务应该是他对于这一构想的初衷，这个初衷就是希望统一的信息范式能够为之后的信息大统一理论提供存在论支持，而信息大统一理论则是为建设全球可持续性信息社会提供理论支持。[②] 而建立全球可持续性信息社会的构想才是他的终极目标。这个信息社会构想具有三个主要特征：[③]

    1. 全人类社会革命层面的全球性；

    2. 不会被人为干扰破坏的可持续性；

    3. 依赖信息科学技术的信息化。

这个信息社会构想需要人类各个学科与机构的共同努力才可以达到。对于人类个体来说，最大的改变就是对于个体的个人素质要求很高，信息社会中的公民由个体公民转变为世界公民。公民在追求个人的自由与价值的同时不仅要遵纪守法，也要承担起维护世界利益的责任。世界公共资源的涌现需要每个公民的劳动联合创造，而丰富的福利及公共资源又需要再反馈于全民。[④]

霍夫基希纳的构想显然具有划时代的意义。但要完成这项艰巨的人类社会体制革命需要各方面的配合和努力，需要科学、技术、生态、经济、政治、文化、宗教、社会等层面的协同作用。如果要将这些几乎涉及人类全部知识领域的环节联系在一起，必不可少的就是大量交叉科学的参与研究，尤其是哲学的参与。信息哲学其实很早就提出了相似的信

---

① W. Hofkirchner, *Emergent Information*: *A Unified Information of Iinformation Framework*, World Scientific Publishing Company, 2012, p. 13.

② ［奥］沃尔夫冈·霍夫基希纳：《全球性挑战时代的可持续信息社会转型》，《西安交通大学学报》（社会科学版）2017 年第 1 期。

③ W. Hofkirchner, *Critique*, *Social media and the information society*, London and New York: Christian Fuchs and Marisol Sandoval, 2013, pp. 66 - 75.

④ W. Hofkirchner, "The Commons from a Critical Social Systems Perspective", *Recerca*, Vol. 14 (2014), pp. 73 - 92.

息社会构想。①其中也明确提出了建设信息社会是全人类的共同任务，是全球化的；信息技术是不可缺少的，它是推动信息社会进程的基础；并预测在 21 世纪中叶可以初步建成全球信息社会。②

霍夫基希纳关注到很多问题，并提出了解决的方法。他还相应提出了今后信息科学发展的愿景。我们可以从他的多篇论文与专著中发现一个分步骤进行的系列研究过程，这里可以按顺序总结为如下几个方面：

1. 系统演化存在论（Systemism）是超学科研究（Transdisciplinarity）的基础。

2. 超学科研究（交叉学科合作研究）是统一信息范式（Unified Information Paradigm）出现的基础。

3. 统一信息范式是信息大统一理论（Unified Theory of Information）的基础；

4. 信息大统一理论是全球可持续性信息社会（Global Sustainable Information Society）得以实现的理论基础；

5. 全球可持续性信息社会革命对于全人类具有重要意义。③

但遗憾的是，由于霍夫基希纳最终并没有给出一个兼容并包的信息概念，也没有找到统一众多信息科学的传统理论的方法，所以他的信息大统一理论也仅仅是一个构想框架，而他只能做到设计出整个体系中最初的一个环节。他运用复杂性科学的研究方式尝试提出了一套复杂系统演化的存在论思想作为基础，以支撑他所提出的超学科研究计划。无独有偶，邬焜信息哲学在 20 世纪末就已经提出类似的人类社会发展思想，而霍夫基希纳的存在论思想与信息哲学演化存在论思想也有很多相近之处。

---

① 邬焜、邬晓梅：《信息社会及其对人类文明的全面变革》，《图书与石油科技信息》1996 年第 3 期。

② 邬焜：《信息哲学——理论、体系、方法》，商务印书馆 2005 年版，第 5—6 页。

③ ［奥］沃尔夫冈·霍夫基希纳：《全球性挑战时代的可持续信息社会转型》，《西安交通大学学报》（社会科学版）2017 年第 1 期。

二　系统演化存在论及其问题

霍夫基希纳提出了一种全新的、系统的跨学科的世界图景：涌现主义（Emergentism）。[1]而这种新兴的系统理论提供了一种存在论。在这种存在论中，现实中的复杂问题将被描述为复杂的原貌，因为它们都是自组织现实系统（self-organising real-world systems）的过程、结构、整体以及相互联系中的一部分。这些现实系统的演化和新特性以涌现的特征被体现出来。演化系统具有多阶段、多层级的性质，而最终的模型（如图3.5），将对整体世界重新予以描绘。

系统演化本体论阶段模型

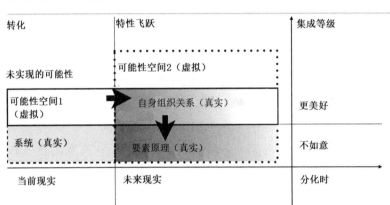

图 3.5　系统演化存在论阶段模型[2]

霍夫基希纳提出的演化系统存在论针对的是现实世界的事件或者实体之间的演化现象及相互联系。他用演化系统的阶段模型（stage model

---

① W. Hofkirchner, "Emergent Information. When a Difference Makes a Difference", *TripleC*, Vol. 11, No. 1 (2013), pp. 6-12.

② W. Hofkirchner, "Transdisciplinarity Needs Systemism", *Systems*, Vol. 5, No. 1 (February 2017).

principle）图示来解释这种思想。①

　　我们可以看到图中的坐标系：横向坐标是分化时（Differentiation pha-
ses），就是时间；第一个纵向坐标是特性飞跃（leap in quality），第二个
纵向坐标是集成等级（Integration levels）。图中描述的只是现实系统连续
无休止演化过程中的一个环节，而这个环节就是在一个时间节点之上发
生的。这个时间节点位于第一纵轴与横轴的交界处。这个节点可以理解
为当下的时间中经历着的当前现实（the present real）飞跃为下一个未来
现实（the future real）的涌现过程。

　　当前现实在当下阶段（phases）就是一个真实（实在）系统（Actual
systems），它在当下具有一个虚拟（虚在）"可能性空间 1"（Virtual Pos-
sibilities space 1）包含着它在下一个节点演化的一切可能性。它还具有一
个未来演变发展的趋势：未实现的可能性（Not‐yet），由于这个"尚—
未"领域包含了真实系统的长远发展路径，所以它本身就包含了可能性
空间（1，2，…，N）。这个当下"真实系统 1"受到自身组织关系（or-
ganisational relations）和要素原理（elements）的制约并演化飞跃为第二
个未来"真实系统 2"。与此同时，由未来变为当下的"真实系统 2"开
始了它的演化进程，并具有了新的虚拟"可能性空间 2"。

　　而第二个纵向坐标表达了一种价值关系，那是在有主体参与的演化
系统中才会出现的价值取向与评价过程。主体根据自己的意愿通过改变
系统演化环境、组织关系、要素等条件促进系统向对自己更具价值（the
better）的方向演化发展。这两个纵向坐标分别的解释为：一种坐标给出
了潜在性到将在未来建立的现实性的发展，另一个坐标给出了一种从
"不如意的现在"到"更美好的那时"的发展的主体意愿。这个理论最早
来自德国哲学家、批判理论家恩斯特·布洛赫（Ernst Bloch，1885—
1977）意义上的"尚—未"的观点。②而这一观点最早又可能要追溯到古

---

　　①　W. Hofkirchner, *Emergent Information: A Unified Information of Iinformation Framework*,
World Scientific Publishing Company, 2012, pp. 123 – 124.

　　②　Lvakhiv Adrian, "Cinema of the Not‐Yet: The Utopian Promise of Film as Heterotopia",
Journal for the Study of Religion, *Nature & Culture*, Vol. 5, No. 2（June 2011）, pp. 186 – 209.

希腊哲学家亚里士多德的"潜在"概念。①

潜在性是一种植根于某一阶段某一层次上的现实性条件的可能性空间。未来现实性是来自可能性空间中某种可能性的现实化，它为现有的现实增添了一个层次。潜在性应该被附加上一种价值，从而辨别它是否比此时此刻的现实更好一些。潜在性只有在改善的情况下才能得以实现。这便是从较少美好到更多美好的发展。指向"尚—未"的可能性在突破节点后便完成了。"尚—未"就是更为美好的未来。它位于当下的潜在性中。因此，可以说当下之中蕴含着爆发，它们预示着更为美好的未来。

但系统的演化方向是严格遵守系统演化规则的。因为，系统只能涌现为自己下一步可能性空间中的一种状态，而且主体的参与也是能力有限的，所以也很可能会出现事与愿违的情况。所谓谋事在人，成事在天，并不是一定能够使系统从不如意（the less good）演化为更美好（the better）的状态。

图 3.5 中我们可以发现霍夫基希纳的演化系统存在论思想是十分深刻的，它将真实世界总结为演化中的真实系统，并将这种思维方式渗透到每一个真实实体与事件之中。霍夫基希纳认为，所有的学科、跨学科、实体、事件，甚至整个世界都可以运用这个存在论进行描述与解释。如人类学研究在跨越自然科学与社会科学的研究后总结出人类、自然、社会共同演化的系统过程。② 区别于如美国心理学家迈克尔·托马塞洛（Michael Tomasello，1950~　　）所认为的人猿祖先进化主要原因是利己主义与竞争性。③ 最终人类学研究应该让位于一种真正的跨学科理论，即人类、社会起源（和演化）系统。

加拿大籍哲学家、物理学家马里奥·本格（Mario Augusto Bunge，

---

① ［古希腊］亚里士多德：《形而上学》，李真译，上海人民出版社 2006 年版，第 342—343 页。

② W. Hofkirchner, "Ethics from Systems: Origin, Development and Current State of Normativity", In *Morphogenesis and the Crisis of Normativity*, Archer, M. S., Ed., Springer: Dordrecht, The Netherlands, 2016, pp. 279 – 295.

③ M. Tomasello, *A Natural History of Human Thinking*, Cambridge: Harvard University Press, 2014, p. 4.

1919 ~) 就曾从社会学研究的角度评价过系统演化理论,他认为系统演化理论是超越了个人主义与整体主义的更先进的存在论思想。①

关于系统主义存在论的研究还很多,西方学者普遍的倾向是认为系统演化存在论可以完全替代个人主义与整体主义这两个传统的思想系统。②

霍夫基希纳的系统演化存在论只是西方系统主义存在论中的一个分支,他的理论也并不完善,也存在以下六个问题:

1. 图 3.5 中区分出了真实与虚拟两种状态,虚拟态在信息哲学的解释下应该是"虚在",也就是信息。而在霍夫基希纳这里并没有做出明确的解释;

2. 关于"系统1"演化为"系统2"之后的"系统1"的归宿问题并没有考虑到;

3. 对于"尚—未"的理解应该有所补充;

4. 整个演化系统存在论只是针对真实世界系统,即实在领域,而虚在领域,如自在信息、虚拟现实系统或心灵系统并没有涉及;

5. 霍夫基希纳的演化系统存在论并没有给予信息概念的存在论位置,而信息哲学对于信息概念的研究正好可以弥补这个不足;③

6. 主体价值的参与在丰富这一理论的同时也成了一种限制,首先需要区别价值本身与价值评价问题,信息价值论已经深刻地讨论过这个问题。将价值概念引入演化过程是需要谨慎的。④

以上这些问题将在下文中尝试运用信息哲学演化存在论的思想予以回答。

———————

① M. Bunge, "Systemism: the alternative to individualism and holism", *The Journal of Socio – Economics*, Vol. 29, No. 2 (2000), pp. 147 – 157.

② M. Reihlen, "Thorsten Klaas – Wissing, Torsten Ringberg. Metatheories in Management Studies: Reflections Upon Individualism, Holism, and Systemism", *M @ n @ gement*, Vol. 10, No. 3 (2007), pp. 49 – 69.

③ 王振嵩:《信息本体论与信息科学范式的建构》,《自然辩证法研究》2018 年第 7 期。

④ 邬天启:《信息价值论中若干问题的讨论》,《系统科学学报》2015 年第 1 期。

三　系统演化存在论与信息演化存在论

演化系统存在论是针对演化中的复杂对象而提出的，是一个动态的过程。而信息哲学演化存在论也是相同的。如果运用复杂性系统思维来理解这个世界，那么首先，任何事物或事件都受到了外部环境、自身组织结构、自然法则等因素的多重影响。然后通过自组织过程进行着非决定性的演化，在演化过程中，系统会沿着可能性空间中的可能分支发生轨迹运动。这些可能分支则产生了各种可能的未来轨迹。[①]于是在当下这个节点，原系统最终崩溃并涌现出新的系统（如图 3.6）。[②]

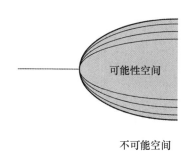

图 3.6　自组织系统的轨迹，可能性和不可能性空间[③]

如果要更充分地发挥这种演化思想，我们就需要将其引入更基本、更全面、更宏观的领域，即对存在、非存在领域的解读。而信息哲学演化存在论正是朝着这个方向进行的，如果将图 3.6、图 3.5 和之前的图 3.3 三幅图比较研究就会让问题更加明朗起来。

世界上的事物或事件都具有演化的本质（如图 3.6）。复杂性科学向我们揭示了演化路径与可能性空间概念，并推翻了以往的机械演化思想。

① K. Haefner, "Information Processing at the Sociotechnical Level", in *Evolution of Information Processing Systems*, *Haefner*, *K.*, *Ed.*, Springer: Berlin, 1992, pp. 309–319.

② E. Oeser, "Mega–Evolution of Information Processing Systems", *in Evolution of Information Processing Systems*", *Haefner*, *K.*, *Ed.*, Springer: Berlin, 1992, pp. 103–111.

③ W. Hofkirchner, "Emergent Information. When a Difference Makes a Difference", *TripleC*, Vol. 11, No. 1 (2013), pp. 6–12.

所有机械因果关系的共同特征是，函数仅仅是单一原因引发的单一事件的过程；这些过程取决于系统的性质，并依赖于环境对系统的影响。这一事件的结果乃是自组织过程的某种极端化的表现形式。具有偶然性关系的轨迹反映了这样一个事实：特定的自组织系统在由若干个备选路径所构成的可能性空间中做出了某种自由的选择。这与那种只有一个可能性的机械系统形成了鲜明的对照。

从这个角度看，严格的确定性因果关系只是一个极端化的特例，它仅适用于系统运行的可能性空间缩至一个轨迹，即其他一些备选方案都不能被选择的情况。因为，复杂性科学的演化思想直接反驳了传统的机械论思想，所以图 3.6 中的自组织系统的轨迹也可以理解为世界（存在）演变的轨迹，如图 3.3 中所描述的存在演化思想那样。

之前提到的在演化系统存在论中的，也就是分析图 3.5 中出现的问题，我们都可以在信息哲学演化存在论中找到以下答案。

第一，霍夫基希纳已经区分了真实（实在）与虚拟（虚在），但并没有总结出二者真正的内涵。当代信息哲学存在论的起点就是存在领域的划分，而这一划分正是从区分实在与虚在（不实在）这两个概念开始的，并得出实在为物质（质量和能量），虚在则是信息，并认为实在与虚在共同组成了存在世界。信息哲学演化存在论还在对存在领域进行方面划分的基础上，讨论了"存在"与"非存在"关系的问题，认为每个事物或事件在主体介入的情况下都具有四个"存在"或"非存在"的方面。于是将非存在概念引入了演化存在论范畴。这个概念的引入恰好可以回答以下的问题。

第二，在"系统 1"演化为"系统 2"之后，"系统 1"与"可能性空间 1"的归宿问题只能用非存在概念来解释。"非存在"一直是一个非常晦涩的领域，本书之后的篇章中会进行详细的介绍，其实在几千年前哲人们就已经开始讨论"非存在"问题了。然而，在哲学史上对于"非存在"概念一直没有很好的诠释，随着信息科学的发展进而信息哲学的出现则给出了对于非存在概念的新解释。依据这种新解释，我们可以破解霍夫基希纳模型中的"系统 1"与"可能性空间 1"的归宿问题。"系统 1"在演化为"系统 2"之后，在实在层面已经属于了图 3.3 中的前非存在，但在虚在层面它依然可能存在。指向它的信息痕迹依然在"系统2"中以"客观间接存在（客观虚在、客观不实在）"的形式保留，如果有主体介入，指向"系统1"的信息还可能会存在于"主观自为存在"或"主观再生存在"这两个方面。

第三，图 3.5 中运用"尚—未"来描述一种系统演化的可能性以及未来趋势，但因为它将系统的历史可能性这一内容忽略了。所以仅有"尚—未"这个概念是不够的，应该使用一个假如（What If）概念来描述事物或事件的可能性空间。如图 3.3 中的非存在领域就具有两个可能性空间（前非存在和后非存在），也可以理解为"假如"空间。这两个可能性空间分别包括了事物或事件过去演化的一切可能但并没有变为现实的可能性与未来演化的一切可能性。

第四，如图 3.5 中描述的，整个演化系统存在论只是针对真实世界系统，即实在领域。而信息哲学认为，是实在与虚在这两个世界进行着共同演化，这就是世界的双重演化。[①]但在霍夫基希纳的演化系统存在论模型中虚拟（信息）世界的演化完全被忽略掉了，比如自在信息、虚拟现实系统或心灵系统都没有被涉及。

第五，前文中已经提到霍夫基希纳希望将各个分门别类的科学学科中的信息概念统一起来，建立一个更具有解释力与预测力的大统一信息范式。但他本人并没有找到合适的方法，他提到了需要超学科研究来提供帮助，而哲学思想的介入或许才是真正的突破口。而且他的演化系统存在论并没有给予信息应有的存在论位置，这些问题都在信息哲学的研究中被解决了。信息哲学对信息概念做出了归纳与统一，并将信息科学体系进行了梳理和整合。信息演化存在论提出的信息定义："信息是标志间接存在的哲学范畴，它是物质（直接存在）存在方式和状态的自身显示。"[②] 因为，这个信息概念包容了科学中各个学科对于信息的定义，并从哲学的高度将意识包含在了这个广义的信息概念之中。所以信息哲学所提出的信息演化存在论正是霍夫基希纳所追求的统一信息范式。

---

① 邬焜：《相互作用与双重演化》，《内蒙古大学学报》（哲学社会科学版）1994 年第 2 期。
② 邬焜：《信息哲学——理论、体系、方法》，商务印书馆 2005 年版，第 45—46 页。

第六，霍夫基希纳将主体价值引入了他的系统演化存在论，但他所谓的使系统从不如意演化为更美好的状态该由谁来评价？如何评价？按照信息哲学价值论，这样的描述仅仅是涉及主体的价值评价，并不是价值本身。因为价值应该是事物通过内部或外部相互作用所实现的效应。价值应该是不具备好与坏的评价的。因为同一个事件对于不同的主体可能会出现完全相反的价值评价，于是怎样衡量，从哪个角度来判断不如意与更美好将是一个很复杂的问题。

第五节　整合存在论

科学的分科研究传统为科学各个学科的快速发展带来了巨大的促进。因为分科研究使各个学科可以更细致和深入地研究学科中的问题，具有方向性、专业性、针对性等优势，所以成效巨大。而且如今的科学分科非常详细，大学科之下还有若干小学科，小学科之下还有分支学科等，但科学的分科传统却将我们所处的完整、统一的世界割裂开了。现实情况与实验室并不相同，大量的来自环境与事物自身的相互作用是无法被忽略掉的。如今越来越多的问题已经不再是在一个学科之内或局限于几个学科联合的情况下就可以解决的了。美国密歇根州立大学的沃伦·伍德教授（Warren W. Wood）写道，自意大利物理学家、数学家、天文学家、哲学家伽利略·伽利雷（Galileo Galilei，1564～1642）和英国物理学家艾萨克·牛顿（Isaac Newton，1643～1727）时代以来：

　　　　科学家们通过精心的实验设计和边界及初始条件的选择，消除相互作用的影响，努力理解基本的生物学和物理过程。这种还原主义的方法在理解我们的生物和物理世界方面非常成功，而且仍然是科学教学的基础，也是大多数人理解科学的基础。但这种还原主义的研究传统如今遇到了越来越多无法解决的问题，而解决这些问题的唯一方法就是需要一种思维范式的转变。①

在科学的起步阶段分科是必须的。但在科学长足进步的今天，分科却也同时成为科学研究的壁垒，不仅仅在不同学科之间，还包括同一学科之内。于是大量的交叉学科出现，力图将分科为科学整体研究架设的壁垒打破。这种将各个学科交叉研究的趋势已经成为一种新的研究方法与思维范式，称之为整合主义、融合主义或集成主义（Integrationism）。

一　整合主义思想

整合主义在世界上也引起了很多研究领域的重视。美籍奥地利生物学家贝塔朗菲（Bertalanffy Ludwig von，1901～1972）曾经认为需要一个通用系统理论（General System Theory）来整合分科传统下的知识体系。②他称其为一种全新的、系统的、跨学科思维方式：整合主义。

美国社会学家塔尔科特·帕森斯（Talcott Parsons，1902～1979）将整合主义思想引入了社会学，并创立了社会整合理论。③因为他运用的正是贝塔朗菲提出的系统论思想，所以他也同时是将系统论引入社会研究的先驱。④他提出了一个行动系统的理论框架，认为任何行动系统都需要四个最基本的功能模式：

1. 适应（Adaption）；
2. 目标达成（Goal attainment）；
3. 整合（Integration）；

---

① W. W. Wood, "Reductionism to Integrationism: A Paradigm Shift", *Ground Water*, Vol. 50, No. 2 (2012), pp. 167 – 167.

② L. Von Bertalanffy, *General System Theory*, *With a Foreword by Wolfgang Hofkirchner & David Rousseau*, New York: George Braziller, 2015, pp. 1.

③ R. Vanderstraeten, "Talcott Parsons and the enigma of secularization", *European Journal of Social Theory*, Vol. 16, No. 1 (July 2012), pp. 69 – 84.

④ J. Greve, *Talcott Parsons: Toward a General Theory of Action / The Social System*, Hauptwerke der Emotionssoziologie, 2013, pp. 255 – 266.

4. 潜在模式维持（Latency pattern maintenance）。①

这个理论被称为（AGIL），而整合是其中的一个系统基本功能模式。

气候变化科学吸引了大多数流行媒体的注意，将社会和物理因素与有时超乎寻常和不直观的反馈机制结合起来，成为这一范式发挥作用的明显例子。而水科学（groundwater science）几十年来一直在引领这一方向。在水科学领域，运用新的整合主义思想作为指导，建设出了新的水文模型。其中集成了水循环过程、气候变化的影响、土地利用变化、计算机大数据、经济、人口和其他社会模型。②

在语言沟通理论（a groundbreaking theory of language and communication）方面，也有了新的整合主义模型，将语言、符号、写作、艺术、交流、人机交互等众多元素利用整合主义范式构建起来。这个模型可以更好地解释非语言写作、互动多维符号等领域。并利用整合主义以一种书面文字不可能做到的方式，将各种活动结合起来。③

在心理学方面，美国心理学家、哲学家肯·威尔伯（Kenneth Earl Wilber，1949~ ）运用整合主义的方法，构造出了一个意识的大统一理论，这就是他的《意识光谱》④，他借用物理学中的光谱或频谱概念来类比说明不同水平上的意识之间的关系，他将意识划分为心灵层、存在层、自我层和阴影或人格面具层四个层面，然后将它们进行了整合，并提出意识的结构就如同光谱。之后他又将心理学进行了整合，提出了《整合心理学》。⑤

---

① M. Junge, "Die Persönlichkeitstheorie von Talcott Parsons", *Schlüsselwerke der Identitätsforschung*, 2010, pp. 109 – 121.

② W. W. Wood, "Reductionism to Integrationism: A Paradigm Shift", *Groundwater*, Vol. 50, No. 2 (December 2012), pp. 167 – 167.

③ S. Pryor, "Who's afraid of integrationist signs: writing, digital art, interactivity and integrationism", *Language Sciences*, Vol. 33, No. 4 (July 2011), pp. 647 – 653.

④ ［美］肯·威尔伯：《意识光谱》，杜伟华、苏健译，万卷出版公司2011年版，"序言"，第1页。

⑤ ［美］肯·威尔伯：《整合心理学》，聂传炎译，安徽文艺出版社2015年版，"序言"，第1页。

在生物医学研究领域，整合主义的研究方式已经将生物学、医药学、化学、物理学、机械工程、计算机等众多领域结合在一起，形成了一个新的复杂性生物学体系，被称为"活细胞"的复杂生物化学、生物生理学和药理学的详细数学模型（Complex biochemically, biophysically and pharmacologically detailed mathematical models of "living cells"）。通过这个模型就可以利用计算机大数据研究生物体解剖结构，并进行数学建模，设计生物体器官虚拟模型。运用模拟器官进行实验可以更快速方便地获得大量数据，帮助分析学术研究中最前沿的问题，了解器官组织活动在各种（病理）生理条件下的功能，测试新药物疗效与潜力、开发疾病治疗策略，等等。强大的预测能力使这种研究方式对生物医学研究、社会卫生保健具有重大的影响。[①]整合主义是当下科学研究中普遍使用的新方法，也是未来科学发展的必然趋势。整合主义已经渗透进越来越多的学科，但将整合主义思想以及研究方法引入哲学的研究还有待进一步发掘，前景可期。

邬焜的信息哲学从提出已经有 40 年的历史。信息哲学梳理了历史上各个学科对于信息的定义并在这个基础上重新定义了信息概念并重新规划了信息科学的分类以及发展方向。这项研究具有划时代的意义。信息哲学正是运用了整合主义的思想。而信息哲学相关的深入研究也需要运用到整合主义，并发展为一种新的"整合信息论"。整合信息论的存在论层面是信息演化存在论，[②]而信息演化存在论的基础是一种新的存在理论——整合存在论。

综上所述，我们可以发现整合主义思想是发源于系统论思想，是一个基于各学科之间系统性关系展开研究的思想。从信息哲学的视角来分析，整合主义的切入点是信息，而因为我们不可直接面对并无法直接观测物质，所以我们可以进行整合的也只有信息，并且，我们也只能通过

---

① P. Kohl and D. Noble, "Computational modelling of biological systems: tools and visions", *Philosophical Transactions of the Royal Society of London. Series A: Mathematical, Physical and Engineering Sciences*, Vol. 358, No. 1766 (January 2000), pp. 579–610.

② 邬天启：《系统演化本体论与信息哲学演化本体论》，《自然辩证法研究》2019 年第4 期。

信息处理的方式来改变物质的结构和状态。这也是为何如今各个领域的整合主义研究都离不开相互作用分析（互动）、计算机、大数据、信息活动等要素。从另一个角度来看，如今整合主义思想的兴起和飞速发展的原因也正是由于近几十年里人类对于信息获取、认识、分析、交互能力的大幅快速提升。鉴于此，我们需要重点分析两个运用整合主义思想得到的非常相似的研究成果。一个是上一节中提到的霍夫基希纳的系统科学世界体系，另一个是邬焜信息哲学中的现代信息科学体系。

二 系统科学世界大厦与现代信息科学体系

霍夫基希纳提出了一个各学科大统一理论的设想。[①] 并提出了一种全新的、系统的跨学科的世界图景：涌现主义（Emergentism）[②]。而这种新兴的系统理论提供了一种存在论。这个存在论称为系统演化存在论。他认为需要将各个科学学科中的信息概念统一起来，建立一个更具有解释力与预测力的信息范式。那么，众多交叉学科的合作研究是必不可少的，这就需要建立一种新的研究方向，即超学科研究（Transcending the Disciplines）。

他认为科学学科是由特定的目标、特定的范围和特定的工具决定的。目标是一个确定的问题解决方案，研究对象是一个确定的现实目标，目标化是由一系列确定的方法指导的。然而，由于存在复杂的问题，单一学科的方法不再适用于这种情况。需要多学科、多学科和跨学科的综合方法。自此，跨学科性得到了相当大的关注。它在目标、范围和工具上不同于单一学科。

在目标方面，学科应超越利益相关者的参与，通过参与研究和开发过程，通过创新的扩散，让他们共同决定什么应该被视为问题，什么应该被视为解决方案。为解决复杂问题，需要构建技术知识。

在研究范围上，应超越学科，将跨空间因素（长距效应）、时间因素

---

① W. Hofkirchner, *Emergent Information*：*A Unified Information of Iinformation Framework*, World Scientific Publishing Company, 2012, p. 1.

② W. Hofkirchner, "Emergent Information. When a Difference Makes a Difference", *TripleC*, Vol. 11, No. 1 (2013), pp. 6 – 12.

（长期效应）和物质因素（副作用）相互依赖纳入研究重点。基于此，理论知识将能够描绘出比孤立的现实更大的图景来支持解决复杂的问题。

在工具方面，规程应该通过包含一个公共代码来超越，该代码将执行一个域的概念到其他域的概念的转换。通过这样做，方法学知识应面向跨领域的相似性识别，以便更深入地理解复杂的问题。

而超学科研究是需要一种存在论来支持的，于是他利用整合主义思想结合和吸收了来自系统论、信息论、控制论、耗散结构理论、超循环理论、突变论、协同学、混沌学、分形几何学等复杂性科学的思想精髓，并提出了一套系统演化存在论作为超学科研究的基础。

但首先，他需要将系统思想放置于存在论的位置。于是他使用系统主义的方法来将系统科学世界进行了划分与统一（如图3.7）。

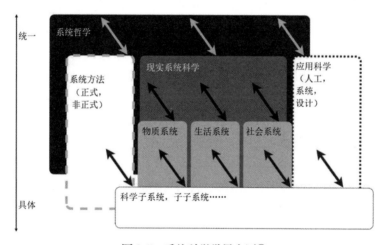

图3.7　系统科学世界大厦①

对于人类知识大厦中的不同学科间的关系，有一个带有还原论色彩的机械主义范式，这一范式强调：各个学科之间的研究内容是相对独立的，并具有明确的界限，各学科之间最好在不触及各学科根本原理的情况下进行相互交流。在前文中我们也涉及了还原主义的研究范式。

---

① W. Hofkirchner, "Transdisciplinarity Needs Systemism", *Systems*, MDPI, Basel, Switzerland, Vol. 15, No. 5 (2017).

但霍夫基希纳从系统主义的思维范式出发，重新对知识世界及其各领域间的关系进行了划分和阐释（如图3.7）。霍夫基希纳提出的系统演化存在论认为，在所有科学的层次之间都有半渗透的边界，并具有向上和向下的相互作用。通过这样一种复杂交织的关系建立起了一座具有系统综合性的科学世界的大厦。其中大厦最高层，也是最综合的部分就是系统哲学，之下的三座并排建筑分别为：1. 系统方法论；2. 现实系统科学；3. 应用科学（人工，系统，设计）。

接下来又将现实系统科学细分为三个子系统：1. 物质系统；2. 生活系统；3. 社会系统。

而所有系统都与子系统或子子系统科学相联系，并对其规范开放。

在这样的大背景下，这个活跃的科学知识体系可以被认为是不断成长和发展的，在这个由统一向具体伸展的知识大厦中有着前馈环与反馈环的双向指导与制约。这座大厦的设计打破了实证主义认为的单独学科观念，而将各门学科转变为部分学科，将知识整合为一套知识体系，成为一个整体，并使用系统思想将其联系在一个整体系统中。

而邬焜的信息哲学在很早的研究中就已经运用了这种系统的整合主义思想①。只不过信息哲学是从广义信息科学的角度提出自己的相关整合思想的（图3.8）。

图3.8 现代信息科学体系的等级结构②

---

① 邬焜、邬晓梅：《信息社会及其对人类文明的全面变革》，《图书与石油科技信息》1996年第3期。

② 邬焜：《科学的信息科学化》，《青海社会科学》1997年第2期。

如图 3.8，邬焜信息哲学在信息科学领域也整合出了与霍夫基希纳非常相似的知识等级结构，其中也出现了结构鲜明的系统性分类，有类似于子系统与子子系统的分支部分。信息哲学还进一步总结出了信息科学体系中各等级层次之间的相互作用模式，更加形象和全面地描述出整个知识体系中各子系统之间的运作、协同关系（如图 3.9）。

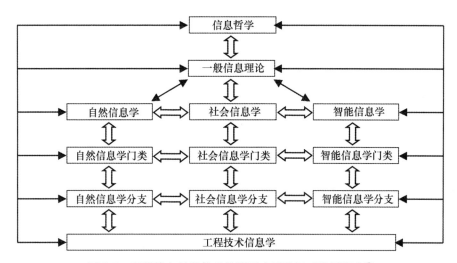

图 3.9　现代信息科学体系的等级分层及相互作用模式①

对比图 3.9 与图 3.7 我们可以发现很多相似和对应之处：

1. 位于图中最高的部分分别为信息哲学与系统哲学，都是哲学体系；

2. 一般信息理论可以对应现实系统科学；

3. 在一般信息理论中的三个部分可以对应现实系统科学中的三个部分，分别是：自然信息学——物质系统，社会信息学——社会系统，智能信息学——生活系统；

4. 在图 3.9 中，在三个信息学主分支下都有子分支层级，类似现实系统科学中三个分支系统下的子系统与子子系统；

5. 两幅图中各分支之间的双向剪头都具有反馈环联系的含义。

从这些比较中我们可以发现，邬焜信息哲学早在 20 世纪末就已经运

---

① 邬焜：《信息哲学——理论、体系、方法》，商务印书馆 2005 年版，第 30 页。

用类似系统思维的整合主义思想将信息科学的层级进行了统一与梳理。而20多年之后的今天，这些思想依然属于世界学术研究前沿！

三 整合存在论

信息哲学将存在领域划分为两种存在方式：直接存在（物质）与间接存在（信息）；然后又将间接存在划分为三个层面：自在信息、自为信息、再生信息。信息演化存在论将信息哲学存在论的研究进一步扩展，引入了对"非存在"领域的研究。在信息哲学的基础上提出了"存在"的四个方面（客观直接存在、客观间接存在、主观自为间接存在和主观再生间接存在）。作为信息演化存在论基础的整合存在论认为："存在"的四个方面是一个整体，"存在"世界是一个整体，而"非存在"世界与"存在"世界也是一个统一的整体，并且统一于"存在"的四种"存在"方面之中。两个世界在四种"存在"方面中达到了真正的统一。整合存在论正是运用了整合主义方法在信息哲学的视域下完成了"存在"世界与"非存在"世界的整合。

在整合存在论中，"存在"分为A、B、C、D四个方面：A. 客观直接存在；B. 客观间接存在；C. 主观自为存在；D. 主观再生存在。在前文中我们已经详细说明。

"存在"的四个方面来源于经典信息哲学对存在领域的划分，但对于这四种存在方面的理解又不完全相同，因为在整合存在论中"存在"与"非存在"是相互"镶嵌"的，无法割裂的，如图3.10。

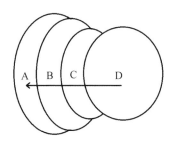

图3.10 整合存在模型

图 3.10 中的 A、B、C、D 四个存在方面首先是一个互相嵌入、相互作用、无法割裂的整体。箭头所表示的是"存在"的指向性，指向性紧密联系着 A、B、C、D 四个存在方面。同时需要强调的是，图 3.10 不仅仅是在描述存在世界，同时它也描述了非存在世界，因为存在世界与非存在世界是镶嵌在一起的，是统一的整体。指向性是由外延指向内涵，由衍生指向基础，同时指向性也是人类认识方式的方向（类似于现象学中的意向性）。

A 与 B 两个存在方面是不依赖于主体参与的"存在"，也可以理解为哲学中常用的客观世界的概念。C 与 D 则是主观"存在"的方面。因为 A 为物质存在方面，A 显示自身而产生了 B（客观信息），所以由 A 产生的 B 指向着 A，而人（最常用的主体个例）的意识都是有对象的，都是关于对象的意识。而人类意识的对象要么是直接知觉把握到的 C 存在（自为存在），要么是意识加工过后的 D 存在（再生存在）。而这两种存在方面都是指向着 A 或建构出的 A（非存在）的。比如幻想中的"飞马"是融合了自然界生物的飞行现象以及自然界中活生生的马的形象而创造出的再生信息存在。而"飞马"这个再生信息并没有指向飞行或马，而是指向了一个活生生的、有翅膀的、会飞行的物质实体，一个非存在的"飞马"。也就是"飞马"的 A 方面存在，而这个方面的"存在"是"非存在"的。于是非存在的 A、B、C 方面的"飞马"与主观再生信息存在方面的"飞马"镶嵌到一起了，成为一个整体的存在。在这一情境中"飞马"成了认识的客体，而创造"飞马"形象的有意识的生命成了认识的主体。

这里谈的主体与客体概念只是为了易于理解，在整合存在论中主体与客体是统一的，主体在客体之中，客体也延伸于主体之内。四种存在方面在形式上是永恒统一的，区别只是部分或全部存在方面归属于"非存在"领域而已。而由于存在与非存在也是统一的，所以也正是在这四种存在方面全部转化为"非存在"之后才就会到达真正的、绝对的永恒、无限与同一。而一切事物又都是向着绝对的永恒、非存在（无）发展着的，就像我们所说的真理的绝对性与绝对真理都属于非存在范畴的特征。①

四 整合存在论下的"我"

图 3.10 因为已经高度抽象，所以它既可以描述存在世界、非存在世界，也可以描述任何个体或存在物。我们就以人的个体存在举例。在我们所认识的自然界中，人的个体存在是最复杂的。其中直接牵扯到人的本质研究，以及对于"我"的理解。邬焜信息哲学认为人是多维的存在，②同时也认为人的认识是在多级中介中建构和虚拟的，是多维的统一。③但整合存在论在邬焜信息哲学的基础上对于人的存在维度又有了新的解释。

首先，最重要的一点，"我"是一个统一的存在整体，它有多面、多维，可以剖析讨论，但绝不能割裂。"我"与其他"存在"相同，是在时间中流变着的。信息演化存在论认为存在是在演化、流变之中达到统一的。"存在"是在时间中流变的节点。在"存在"的演化过程中，"非存在"转化为了"存在"，"存在"又转化为了"非存在"，"非存在"是"存在"的前状态与归宿。而由于"非存在"与"存在"的转化方式的不同，区分出了"前非存在"（已经逝去的"存在"，及一切已逝去"存在"的可能性）、"后非存在"（一切还未展开的"存在"演化的可能性）与"绝对非存在"（两个可能性空间以及当下"存在"之外的"非存在"）。但需要强调的是"非存在"领域本身并不能划分，因为"非存在"领域是绝对的"无"，在内容上是绝对的无限与同一。而"我"就在"存在"与"非存在"这两个统一的世界之中。

"我"的存在具有上文提到的完整的四个存在方面，同时又具有四个存在维度，它们之间互相交融、影响、贯通，无法割裂。"我"的四个存

① 邬天启、邬焜：《认识的主体相对性和真理的相对性》，《西安交通大学学报》（社会科学版）2019 年第 6 期。

② 邬焜：《试论人的多维存在性》，《求是学刊》1995 年第 5 期。

③ 邬焜：《认识：在多级中介中相对运动着的信息建构活动》，《长沙理工大学学报》（社会科学版）1989 年第 3 期。

在维度为:

1. 众我［他人意识（主观信息）中的我］;

2. 本我［当下的体验中、选择中、束缚中、潜意识、意识、幻想与情感及各种可能性中的我（现实的我的存在与非存在）］;

3. 故我［已经流逝的时间中的我（信息与前非存在）］;

4. 超我［未来将要到来的时间中、期望中、理想中的我（信息与后非存在）］。

"我"最先并不是存在于自身,而是存在于他人,即"众我"之中。在"我"的意识未产生之前,甚至"我"的存在A方面还没有存在（即非存在）的情况下,"众我"已经产生了。"众我"的第一个阶段即为他人对还未降生的"我"或未产生主体意识的"我"的期待与设想。"我"最开始就是以他人的主观信息（D方面）的方式存在。比如"我"的父母或长辈对于"我"的想象与期望等。而这些想象的素材来源于他人（人类）的成长过程、经验等,而并不来源于"我"自身,因为最初的"众我"出现时,"我"并没有存在。但这些对于"我"的想象都是指向他人设想中的那个非存在的A方面的"我"。而当"我"的A方面真正存在之后,"众我"就进入到第二个阶段,即他人认为的"我"。这个第二阶段的"众我"将包含更复杂的内容,包括他人直接对于"我"的所言所行而做出的一切认识,以及间接接收到的一切关于"我"的信息所做出的一切认识,还有他人对于"我"的期望与想象,等等。而第三阶段的"众我"则是"我"作为认识主体出现后所认识或设想的他人认识中的"我"。

当"我"具有了自我意识之后就开始产生出"本我"维度。"本我"是对于"我"的每一个当下的把握,以及"我"的当下的A、B、C、D存在的方面。"本我"包含了当下的躯体、体验、需求、分析、尝试、选择、束缚、潜意识、意识、幻想与情感等多方面的内容。在时间流逝中,每一个当下的"本我"决定了"我"的所识所想、所言所行、所作所为、发展与走向。每个当下的"本我"在流变中造就了"我"是谁。

"故我"是已经流逝的时间中的"我","故我"由曾经的"本我"而来,而曾经的"本我"已经流逝。留下的"故我"在"本我"这里永远只是残缺、片面的，是被选择、裁剪过的事实所组成的主观再生信息存在，并指向着"我"的"前非存在"。它包含着记忆、经验、观念、文化、习惯、能力、纠缠等方面的内容。它是"我"在时间中的行走痕迹，"故我"被"我"所扭曲、隐藏、美化（丑化）等。"我"永远无法真实地、客观地认识和面对"故我"。"故我"是"本我"行动的经验基础，"故我"只能残缺地告诉"我"，"我"从何而来。

"超我"是未来的时间中的"我"，"超我"是"本我"的未完成或未到达状态。"超我"包含着近乎无限的可能性与不确定性。"超我"包含着渴求、行动、理想、预期、猜测、计划、展望、局限等内容。"超我"的走向与实现直接由"我"的预测能力决定。"超我"还分为下一步、长期、终身等几个阶段。"超我"是"本我"行动的目的与目标，"超我"的设定预示着"我"将去向何处。

最后，存在与非存在在四个世界方面交融、镶嵌；第三阶段的"众我"与"本我""故我""超我"互相渗透、作用、影响，并与第一和第二阶段的"众我"一起，最终统一、整合为一个整体的"我"，流变的"我"。

"我"的各个维度有很强的时间性，并随着时间的变化有着巨大的变化，因经历、学习、思考、躯体改变、外部影响等都会对"我"造成严重影响，甚至是天壤之别。也正是时间让"我"出现了四个维度的区分，造就了"我"本身。时间也是信息演化存在论中重点涉及的一个部分。离开了时间将无法讨论整合存在论，也无法讨论"我"。这种关于"我"的解读不仅显示出"我"是一个系统性、复杂性、演化性的存在，同时还是一种多维、互动、整合的存在。

整合存在论是一个全新的关于世界解读的思想，不仅整合了存在的四个方面，还有存在与非存在两个世界。彻底改变了人类认识世界方式。刚刚起步的整合存在论在今后一定会有更深远的发展和影响。

第 四 章

信息演化存在论重点问题研究

在信息演化存在论的视野下，很多哲学上的概念与思想需要进行重新解读，这里包含一些重点的概念，如：认识、真理、知识、上帝（神）、哲学基本问题，等等。

第一节　认识的主体相对性和真理的相对性①

哲学认识论的信息中介论学说具体揭示了人的认识过程和机制所具有的多级中介的信息建构和虚拟的性质。这些中介环节最起码包括五个方面：

1. 客体信息场；

2. 主体生理结构；

3. 先已生成的主体认识结构；

4. 物化工具；

5. 自然史和社会史的积淀。②③

---

① 参见邬天启、邬焜《认识的主体相对性和真理的相对性》，《西安交通大学学报》（社会科学版）2019 年第 6 期。此处有改动。

② 方元（邬焜笔名）：《哲学认识论的信息中介论探讨》，《兰州学刊》1984 年第 5 期。

③ 邬焜：《认识：在多级中介中相对运动着的信息建构活动》，《长沙理工大学学报》（社会科学版）1989 年第 3 期。

这就向我们提出了一个不可回避的问题：中介本身的多样性、不确定性和发展性能够给人的认识方式带来怎样的复杂性特征？能够给人的认识中的真理性问题带来怎样的具体解读方式？

一 认识的主体相对性

在哲学认识论中有一个最基本的原理：认识是在主客体相互作用的过程中产生出来的。在最一般的意义上，相互作用乃是事物的存在方式，而相互作用的实质便是相互的改变。邬焜信息哲学的相关理论指出：

> 信息产生于物质的相互作用，因为物质在相互作用中必然会向外辐射或反射信息场，而物质的相互作用则正是通过各类信息场的中介实现的。①②

既然信息是通过物质的相互作用产生出来的，那么，任何信息场中所携带的信息都是物体在相互作用的过程中有所改变了的存在方式和状态的显示。就此而言，信息场的产生首先便是某种信息变换的过程。由此我们便可以理解量子力学所揭示的不确定性原理及"薛定谔的猫"的理想试验所描述的情境。信息场中所显示的对象的信息并不是直接关于对象未曾显示此信息之前的状态，因为显示此信息的信息场的产生通过了物体内部或外部的某种相互作用的改变，所以，信息场中呈现的信息内容便只能是辐射或反射这个场的物体有所改变了的情境。另外一个可以想见的情况便是，信息场中所呈现的信息内容还具有瞬时性，它只是关于当下的，而不是关于历史的或未来的（从中破译出信息的历史或未来关系的情境则另当别论）。不确定性原理及"薛定谔的猫"所描述的仅仅是微观探测的情境。其实，从信息哲学所揭示的信息场的产生过程和机制上来看，不确定性原理及"薛定谔的猫"所描述的情境在所有物质层次上都是一个必然的现象。

---

① 邬焜：《论自在信息》，《学术月刊》1986 年第 7 期。
② 邬焜、夏群友：《再论自在信息》，《科学技术哲学研究》2012 年第 2 期。

事实上，由于主客体的相互作用通过了多级中介，所以，在所有的中介面上都将发生相互的改变。就此而言，主体对客体的认识便不得不是在多重信息改变的变换过程中完成的。

早在 1989 年邬焜就发表过一篇题为《论人的认识方式》① 的论文。那篇论文集中阐释了"认识的主体相对性"。认识的发生是一个在主体、客体及其多级中介和环境所构成的参考系背景下产生出来的过程。这个参考系本身的性质和特点就规定了认识可能发生的方式和样态的限度。一般而论，人的认识只能在特定的参考系中产生，而且无法超越这个参考系。如果说得更集中一点，那便是，人以自身的状态（既包括人的生理和心理结构，也包括人所创造的物化手段和工具，还包括人所发育和拥有的自然史和社会史的相关因素的积淀）规定着自身认识的限度。正是这个作为认识限度的参考系的作用规定了人的认识的主体相对性。人的认识的主体相对性不仅表现在认识的过程和方式上，而且还表现在认识的内容和结果上。

换一个角度来讨论，我们也可以说：特定的认识客体要求与特定的认识主体的特定状态（包括主体的生理状态、知识和认识水平与认识方式、所拥有的物化手段和工具、相应的自然与社会的条件，等等）保持一致。在不同的主体状态面前特定客体的特定信息能否呈现，以及以什么具体的方式或样态而呈现都具有普遍的差异性、不确定性和复杂性。

认识的主体相对性揭示：主体以其特定状态的参照作用不仅对客体信息具有选择作用，而且还具有信息匹配、重组、建构和虚拟的作用。

显然，认识的主体相对性是随着人的认识方式（科学知识）和人的认识工具（物化手段）的发展而不断进化的，这便构成了人的认识的历史性和社会性。不同时代的人对对象世界认识的广度和深度是不同的。

二　真理的相对性和多元性

传统认识论中机械反映论的失当之处在于把主体认知中呈现的模式简单看作对象模式的直接符合的复制或摹写。这种机械反映论的符合论

---

① 邬焜：《论人的认知方式》，《求是学刊》1989 年第 3 期。

学说的哲学渊源可以一直追溯到古希腊哲学家的相关学说。

真理概念在古希腊哲学家柏拉图的学说中占据着很重要的地位,他认为灵魂受到了感官的欺骗而与真理产生距离。①柏拉图认为,真理就是最初显现于人面前的精神实在本身,它超越了矛盾,它体现了真正的存在。他由此得出结论,存在思维形式和逻辑思维形式是不同的。而亚里士多德认为的恰恰相反:真理是存在思维形式和逻辑思维形式之间的对应;它不是现实,而是现实在人类意识结构中的反映。② 亚里士多德曾经强调指出,人的认识的感知和思维的发生:

> 正像一块蜡接纳图章的印迹……在性质上却必定潜在地与对象一致。③

亚里士多德的这一蜡块印迹说深刻影响了后来的机械唯物论哲学家的思维方式。西方近代唯物论的代表人物洛克就曾据此提出了他那著名的"白板说"。④ 就连后来的辩证唯物主义哲学家列宁在阐释其关于认识发生的反映论学说时,仍然采用了"复写、摄影"⑤ 这样一些极具机械论色彩的用语来描述感觉现象的发生。

通过多级中介环节而发生的认识,从第一个中介环节(信息场)开始就不具有直接符合的复制特征,信息场中所呈现的对象的信息是经过对象内部或外部的相互作用而被改变了的样态的显现。在后续的若干中介环节(工具、主体的生理和认识结构)中更是经过了多重信息选择、

---

① S. Shapoori and H. B. Ghahi, "The relation between truth and tragedy according to plato", *Journal of Scientific Research and Development*, Vol. 2 (2015), pp. 129 – 133.

② K. V. Vadimovich and L. I. Yevgenyevich, "The Role of Plato and Aristotle in the Formation of Orthodoxy and Catholicism", *Mediterranean Journal of Social Sciences*, Vol. 6, No. 5 (September 2015), pp. 428 – 428.

③ 北京大学哲学系外国哲学史教研室:《西方哲学原著选读》(上卷),商务印书馆1981年版,第149—150页。

④ 北京大学哲学系外国哲学史教研室:《西方哲学原著选读》(上卷),商务印书馆1981年版,第450页。

⑤ [俄]《列宁选集》(第2卷),中共中央马克思恩格斯列宁斯大林著作编译局编,人民出版社1972年版,第128页。

匹配、建构和虚拟的过程。而任何一个中间环节的差异都将带来主体中所呈现的认知模式的不同。由于主体状态的不可超越性，所以，任何一种主体认知呈现的模式都是相对的，并且，不同主体状态中所呈现的认知模式也不具有绝对相互同一的可通约性。由这种主体状态参考系的多样性所导致的认知模式的多样性直接便产生了真理的多元性和相对性。

显然，主体状态参考系的作用也并不支持不可知论。因为，在感知认识的层面，主观呈现的模式并不是与对象完全脱离的，二者显然具有某种对应性关系。就是主体通过思维加工创造出来的理论模式，其是否具有真理性也是可以通过实践的是否成功来相对或绝对、部分或全部地得以证明的。否则，我们就不能有效地保持与环境的协调，并在环境中有效地生存。

从康德开始直到语言哲学和现象学，西方意识哲学的发展沿着一条主客体相互分离的路线前行，从主客体之间不可逾越的鸿沟的设定，[①]到纯粹语言和意向性的活动与构造，其基本倾向是对外部世界、自然世界、人自身的肉身生理的悬置和排斥，[②]虽然在后续发展起来的西方身体哲学中，这种对人自身的肉身生理的悬置和排斥的程度有所消解，但是，西方意识哲学的发展至今仍未走出主客体相互割裂的单极化困境。

其实，西方意识哲学的这样一种研究进路是和从古希腊开始的西方哲学延续的一条物质和意识绝对割裂的思维路线一脉相承的。之前提到的柏拉图与亚里士多德的两种对真理的态度让西欧哲学和科学在其中获得了立足点。这两种倾向，旨在发展认识世界的非理性模型与理性模型，而在宗教哲学中则将非理性模型进一步地丰富与发展了。[③] 我们知道，在西方哲学传统中，很多哲学家都强调只有上帝或神才是真理的拥有者，

---

① ［德］伊·康德：《纯粹理性批判》，韦卓民译，华中师范大学出版社 1991 年版，第 69 页。

② ［德］胡塞尔：《纯粹现象学通论》，李幼蒸译，商务印书馆 2009 年版，第 169、173、174 页。

③ D. G. Robertson, "Book Review of Hagiography and Religious Truth: Case Studies in the Abrahamic and Dharmic Traditions", *Journal of the British Association for the Study of Religions*, Vol. 20 (2018), pp. 196 – 198.

人的主观精神只能来源于上帝意志（神、绝对理念、绝对精神）的启示。柏拉图是这一思维路线的最早奠基者，他认为个体灵魂是轮回的、不死的，人们通过学习活动所获得的知识，都是对已经被尘世暂时湮没了的、灵魂在很久以前随神游荡时早已把握了的、关于绝对理念的某些知识的回忆（"分有"）。[①] 这也是西方哲学传统中延绵不断的各种版本的"天赋观念"说，以及宗教神学关于"上帝之光使我认识真理"[②]，"只有信仰上帝，才能理解上帝"，才能通达真理境界的相关学说得以产生的历史渊源。[③]

然而，随着近代以来科学的发展，已经逐步揭示了上帝的虚设性，导致上帝在一般科学和哲学领域中的退场。这样，再延续传统的人的意识直接来源于上帝意志（神、绝对理念、绝对精神）启示的路线已经不可能。但是，由于仍然坚持物质和人的精神的绝对割裂的思维取向，这就迫使西方的主流哲学家们只能从人的精神活动的内部来寻求人的精神发生的原因。从康德开始的西方当代意识哲学的发生就是沿着这样的一条路径展开的，其最为极端化的形式便是将自然和人的肉身通通予以悬置的胡塞尔的现象学。

符合论和主体意向的单向构造论是哲学认识论上的两个极端性理论，这两种理论都不能很好地解释人的认识发生的合理过程和机制，更无法阐明人类认识的真理性与否的问题。

我们承认人之外的客观实在的物质（质量和能量）世界的存在，同时也承认存在一个与我们通过直观反映所获得的经验现象相对应的外在的实在。在这一点上，我们与通常的科学实在论的观点基本一致。但是，由于从实在的对象到达直观的现象通过了多级的信息选择、变换、匹配、建构和虚拟的中介，所以，实在和现象之间的对应关系并不是机械反映

---

① 北京大学哲学系外国哲学史教研室：《西方哲学原著选读》（上卷），商务印书馆1981年版，第75—76页。

② 北京大学哲学系外国哲学史教研室：《西方哲学原著选读》（上卷），商务印书馆1981年版，第224页。

③ 北京大学哲学系外国哲学史教研室：《西方哲学原著选读》（上卷），商务印书馆1981年版，第240、472—475页。

式的，二者的对应仅仅是某些差异关系的映射，并且，这种映射还具有两方面的特征：一是并非同构性（只是部分差异关系的映射）；二是并不是以实在本身的方式，而只能以主体自身性质所决定的方式呈现。这样，从实在到现象经过了一系列的以实在自身显现的能力和方式，以及主体的认知能力和方式为中介的信息选择、变换、匹配、重建和虚拟的过程。

从现象到理论建构的过程同样经过了人的认知方式和认知结构的中介，这又是一个以人的认知能力和方式为中介的信息建构和虚拟的活动。就此而言，从现象到理论同样并不是一个机械构造的活动。

然而，不能因为理论是从对现象的加工处理过程中获得的便否认理论与实在之间的关联，在这里，我们虽然承认这种关联，但是我们并不认为这种关联是直接的，因为，在理论与实在之间经过了多级中介的信息变换（其中也包括现象的中介）。就这一点而言，我们的观点与通行的科学实在论和反科学实在论的观点都不同。

与上面的观点相一致，我们对真理的认识是这样的：人是以自己的方式获得关于对象的真理的，真理本身是主观的信息形态，它不是物质的实在的形式。这样，真理便只能是相对的，相对于实在的某些（并非全部）差异关系，相对于人的认识能力和方式。从实在到现象、从现象到理论所经历的任何一种中介环节的不同，都将可能引起人们所获得的真理的改变，这就是说，在不同的实在的显现能力和方式面前，在不同的人的认知能力和方式面前，人们所获得的现象，人们因此而概括出来的真理将可能是不同的。这便是真理的相对性和多元性，真理与实在对应的多样性、多方式的不确定性和非决定论的特征。

然而，我们却不应当就此而否定我们获得真理的可能性，也不能就此而否定真理和实在之间的关联性和一致性，我们只是在相对的而并非绝对的意义上有条件地承认这一点。另外，我们还应当肯定，由于根据相应的理论在实践中获得了成功，我们便可以认为我们获得了相应的真理，并且，我们获得的这一真理与外在的实在对象不仅是相互关联的，而且还具有一致性特征。

邬焜信息哲学所提出的哲学认识论的信息中介论理论认为，认识发生的中介因素既有来自客体自身的信息显现（客体信息场）的方面，也有来自主体生理结构的方面，还有来自主体认识结构（其中就包括意向性的活动）和主体创造的物化认识工具的方面。其所采取的认识路线是从客体和主体双向出发的互逆综合的原则，是从主体外部和主体内部双向出发的互逆综合的原则，是从自然和从人自身（包括肉身和主观认识的结构）双向出发的互逆综合的原则。这种内外合的认识路线既克服了符合论的机械性，也克服了西方意识哲学的纯粹主观意向的活动和构造的独断论特征。从而能够合理地阐明人的认识发生的具体过程和机制，并为人类认识的可能通达真理的方式和途径提供了某种相对性的判据。

在这里，相关理论强调的仅仅是人只能以自己的方式来认识世界，而相应的认识所可能达到的真理性也只能依赖人自己的认识方式来相对的判明。而由于中介参考系统的多样性和可变性，人的认识所可能达到的认知状态以及具体真理的呈现方式也只能是相对的和多元的。人只能以自己的方式来认识世界的观点，进一步推论便是：世界是在人的认识方式的参照下相对可知的。

三 不确定性原理及"薛定谔的猫"的信息认识论意义

量子力学中的不确定性原理，又称为测不准原理。这一原理是德国物理学家海森堡（Werner Heisenberg，1901～1976）于1927年提出的。该原理可以在多种意义和层面上得到解释。该原理的发现改变了我们对于世界时空关系的认识。

至今时间在物理学中的作用仍然是个谜。现代物理学缺乏对时间（与观察者时间）元素恰当而统一的形式化描述。在广义相对论中，时间作为 3 +1 洛伦兹时空中的第四个坐标具有几何意义，时间在旧量子理论中也没有被重视起来。[1] 而海森堡测不准原理的出现使时间在新量子力学中不仅仅是另一个时空坐标，而还是一个不可或缺的变量。[2] 通常表示为

---

[1] J. G. Muga, A. Ruschaupt and A. Delcampo, *Time in Quantum Mechanics Vol.* 2, Springer, 2009.

[2] W. Heisenberg, *The Physical Principles of Quantum Theory*, NY: Dover, 1930.

与位置和动量相对应的典型哈密顿变量的标准差。①

对于不确定性原理有一种测量学意义的解释。这一解释认为：一个微观粒子的某些成对的物理量不可能同时被精确地测度，例如位置和动量、方位角与动量矩、时间和能量等，其中一个量愈确定，则另一个量的不确定性程度就愈大。相关的解释认为，这个不确定性发生的原因可能来自三个方面：一个可能的原因是仪器在测量粒子行为的某一特征时会发生与该粒子的不可扼制的相互作用，从而将会不可避免地扰乱该粒子的行为、改变该粒子的状态；另一个可能的原因则是微观世界本身具有波动性，这一性质限定了我们对粒子状态进行测度的精确性；第三个可能的原因则是，微观粒子成对的性质之间并没有直接的相关性，而我们设计的仪器的功能只能在同一时刻对其中的某一单一性质进行测量，而不可能同时兼顾测量两个不相关的性质。②

量子力学中的不确定性原理所阐明的其实正是人的认识方式和人的认识可能达到的程度和样态。人的认知方式不仅依赖于我们的感官和神经系统，而且还依赖于我们的认识工具，同时也依赖于我们的认识对象对我们的显现方式。我们在前面的讨论中已经阐明，事物是在内部和外部的相互作用中通过辐射或反射信息场（粒子、波场）来显现自身的，这就意味着，事物是在通过相互作用所引发的事物自身的改变的过程中向外显示自身的，既然是通过自身的改变的自身显示，那么，造成事物改变的相互作用的性质、途径和方式便规定、制约和限制了其自身显示的内容、途径和方式。就此而言，任何显示着的内容都是一种多少被改变、扭曲和重构了的样态，这其中都会遇到显示内容和事物本身存在方式之间对应关系的是否完整性、是否完全符合性、精确度可能达到的程度等方面的问题。在微观世界的探测中，由于仪器设备的介入便不可避免地更增加了相应相互作用的特殊性和复杂性，由此便出现了测量仪器和测量对象之间的不可扼制的相互作用，以及这种相互作用所引发的对

①　R. Pérez – Marco, "Blockchain time and Heisenberg Uncertainty Principle", *Springer*, *Cham*, Vol. 858（November 2018）, pp. 849 – 854. https：//doi. org/10. 1007/978 – 3 – 030 – 01174 – 1_66.

②　赵国求、桂起权、吴新忠、万小龙：《物理学的新神曲——量子力学曲率解释》，武汉出版社 2004 年版，第 230—232 页。

象行为的改变。由于微观粒子行为本身所具有的动态波动性特征便更是增加了相关测度所可能达到的精确性的难度。就此情境而言，针对微观世界的测不准原理便是可以成立和可以理解和解释的了。

然而，在微观世界的探测中所呈现出的测不准原理并不仅仅在微观世界的探测中存在，它理应成为人类对所有层次（宏观、微观、宇观）事物的观测和认识中普遍存在的一条规律。因为人类所有层次的认识都是通过捕获对象在相互作用的相互改变中所生发出来的信息而实现的，只不过，在宏观和宇观的层面事物的波动性特征不是那么明显，所以给我们的精确测度带来的误差可能会小些。但是，在相关测度的过程中，对象信息显现的方式、测量环境和条件、相关仪器和设备、人的生理结构和认识结构（包括理论阐释的方式和方法）的中介参与作用所带来的对测度和认识所可能达到的程度、途径和方式的限制也是不可避免的。

为了形象地阐明微观世界的不确定性特征，奥地利物理学家薛定谔于 1935 年提出了一个著名的理想实验"薛定谔的猫"。这一理想实验的主旨是要描述量子世界的不确定性和复杂性。这一理想实验要证明的是，微观粒子的某些特性、状态和行为具有多种可能性的不确定性，而只有当外部观测者通过特定的方式对其进行测度时，粒子才会呈现出某种特定的性质和状态。

这个实验的具体设计是这样的：在一个密闭的盒子里放有两样东西：一只猫和放射性毒气。放射性毒气什么时候释放是不确定的，能确定的是放射性毒气具有一定的衰变率，当毒气衰变被释放出来时就会将猫杀死，而放射性物质不衰变时猫将会活着。[①]

这样，盒子里的猫到底是处于死还是活的状态是不确定的，我们只能假定猫在实际上将会处于这两种状态（既不死也不活）的叠加态。一个观察者如果想知道盒中猫的具体状态，他必须打开盒子才能观察到。这样，当盒子被打开时，观察者将会获得猫是死还是活的观察结果。

这样就出现了在两个不同层次上的矛盾现象：（盒子中的）微观层面

---

① ［德］瓦尔特·顾莱纳：《量子力学：导论》，汪厚基、王德民译，北京大学出版社 2001 年版，第 367 页。

上猫将会处于既死又活（既不死又不活）的两种不确定态的叠加态，而（盒子被打开后）观察者在宏观层面得到的观察结果却只能是死或活两种状态中的一种。

由于量子力学的新发现，人类对于认识本身需要有新的解释。这就出现了一些科学家将微观现象引申到宏观世界，并认为物体没有独立的存在或独立的特性，而现实则是由高度相关但又截然不同的脑基（metabrain）产生的意识流组成的观点。①

"薛定谔的猫"的理想实验要揭示的是微观世界粒子行为的不确定性，正如微观粒子同时具有粒子和波的特性那样。但是，"薛定谔的猫"的理想实验设计得却十分糟糕，它采用了宏观判据的方法来解读微观粒子的行为，放射性毒气是否释放成了猫生还是死的原因，这样，在这个实验的解释中猫的生或死的两种状态都是以宏观判据的方式展现出来的。

其实，微观粒子的行为并不依赖于宏观判据的模式，现实的微观粒子的行为并不只在粒子性或波动性这两种状态之间跳跃，而是一种二者兼容的复杂性状态，说得更直白一些便是粒子性和波动性之外的第三种状态。量子力学中采用了"叠加态"的说法并不贴切，因为并不是宏观测定的两种状态的叠加，而是两种状态（或人们尚未观测到的更多种状态）的融合，这种融合是一种不同于宏观测定的两种状态的新状态。谈到猫的生或死的情况也是这样。在微观世界里没有生或死两种状态的分立，也没有这种分立状态的单一状态的选择，更不存在对某种单一状态进行选择的某种毒气是否释放。

我们对微观世界的认识只能通过相应的仪器设备把其中的相应信息放大到宏观尺度。波或粒子、生或死都是宏观判据。而这些状态的分立并不是微观世界本身所具有的特征，它只是我们凭借特定的测量仪器和设备所能够测度出的一种测量效果。显然，这一测量效果既依赖于微观世界所显现的信息，也依赖于我们测量工具的性质。微观世界的信息是在相应测量工具的中介作用下被改变之后所呈现出来的。正因为加入了

---

① T. G. Schumann, "Subjective nature of Reality: The Metabrain and Schroedinger's Cat", *Journal for Foundations and Applications of Physics*, Vol. 2, No. 1 (2015), pp. 7 – 10.

测量工具的中介，微观世界的行为才可能在不同测量工具的中介下呈现出完全不同性质的状态。所以，波或粒子、生或死都不是微观世界对象的本征特征，也不是微观世界对象的行为必须二中择一的选择。微观世界对象的行为是一种具体统一的自身运动，这种运动在观察者从不同的视角、利用不同的工具对其进行观察时才能呈现出观察效果的差异。正如"横看成岭侧成峰""仁者见仁、智者见智"一样。所观察的对象的行为并不是在峰或岭、仁或智之间进行二者择一的选择，它也不可能在多重状态之间跳来跳去。对象是"一"，观测的结果是"多"。从"一"到"多"的原因是由于我们用以观测的方式和工具、解释的理论和原则是有差异的、是"多"的。这就是真理的相对性。

为了弥合这种各自所具有的相对性的片面，丹麦物理学家尼尔斯·亨利克·戴维·玻尔（Niels Henrik David Bohr，1885～1962）才提出了他的"互补原理"（既是波又是粒子）。然而，这个所谓"互补原理"充其量也只能是一种折中主义的方案。在我们无法获得对象的"一"的本征存在方式的情况下，科学家们也只能这样来处理问题了。但是，"既是波又是粒子""既死又活"这样的表述是有欠缺的，这是一种肯定式。也许，我们应当把这种肯定式表述换成否定式表述。即："既不是波也不是粒子，而是……""既不是死又不是活，而是……"。这是一种"既非亦非"的否定式逻辑。在这里，我们不禁联想起了印度大乘佛教中观理论的奠基人龙树提出的"四句义"和"八不否定"论：

> 非有，非无，非亦有亦无，非非有非无。[1]
> 不生亦不灭，不常亦不断，不一亦不异，不来亦不出。[2]

如此看来，量子力学中所揭示的"不确定性原理"、"互补原理"以及"薛定谔的猫"的理想实验，等等，所可能证明的也只能是人的认识的主体相对性、真理的相对性和多元性。这样的一些情境最终说明的也

---

[1] 黄心川：《印度哲学史》，商务印书馆1989年版，第233页。
[2] 姚卫群：《印度宗教哲学概论》，北京大学出版社2006年版，第189页。

只能是：人有人的认识方式，人只能以自己的方式来认识世界，虽然，人的认识方式又是历史的、社会的、现实的和不断发展着的。

第二节　人类知识探索中的上帝情怀①

对于完美智慧和能力的追求是人类最古老的一种志思取向。这一取向的最初范式是和所谓的神或上帝联系在一起的。

一　人类哲学思维中的上帝情怀

古希腊的哲人们最初从他们所意识到的人的存在和人的思想的有限性出发，把完满的智慧赋予了神或上帝。这就是最初的人类追求完满智能的上帝情怀。

古希腊哲学家赫拉克利特（Heraclitus，前 535～前 475）在强调"智慧只在于一件事，就是认识那善于驾驭一切的思想"②的同时就指出，只有神能够具有"善于驾驭一切的思想"，而人并不具有这样的能力。人只能通过追求和体悟神所拥有的真理才能获得相应的智慧。他还用人和猴子心理水平的差异来隐喻人和神的思想智慧差异。③

基于同样的认识，古希腊哲学家苏格拉底也并不认为人有智慧，他自称只是一个"爱智者"，他只能通过服从神的意志来获得一定的智慧。④

亚里士多德认为，研究"智慧是一门关于第一原理的科学"，而拥有智慧则只能是神所专有的特权，至于人，由于其本性的局限却不可能拥

---

① 参见邬天启、邬焜《人类哲学和科学中的上帝情怀》，2018 陕西省价值哲学学会第 23 届年会暨"社会发展与价值变迁"研讨会论文，陕西省价值哲学学会主办，2018 年 12 月 29 日，西安，西北大学哲学学院。此处有改动。

② 北京大学哲学系外国哲学史教研室：《西方哲学原著选读》（上卷），商务印书馆 1981 年版，第 26 页。

③ 北京大学哲学系外国哲学史教研室：《古希腊罗马哲学》，生活·读书·新知三联书店 1957 年版，第 26—27 页。

④ 北京大学哲学系外国哲学史教研室：《古希腊罗马哲学》，生活·读书·新知三联书店 1957 年版，第 148 页。

有智慧。①

柏拉图则直接提出了具有客观精神韵味的理念论，他认为绝对理念是世界的终极性存在，人的灵魂轮回不死。人的灵魂中把握的人的知识同样具有永恒存在的性质，只不过，个体需要通过相应的学习才能够回忆出来。② 柏拉图还强调：

> 在世的灵魂受到了感官的欺骗而与真理产生了距离。③

而真理就是最初显现于人面前的客观精神实在本身，它超越了矛盾，它体现了真正的存在，而这种存在正是指向神的。④ 在教育上，柏拉图也认为上帝是哲学生活的终极目标，我们与上帝的神启关系使我们通过学习获得知识和美德成为可能。⑤

由于西方古代的哲学家们普遍认为神是具有完满智慧和无限能力的普遍性、永恒性、绝对性、无限性和终极性的存在，所以，在西方哲学传统中，一切有形的事物，包括无生命的、有生命的，也包括动物和人，都只能是一种具有特殊性、有限性、暂时性、相对性和片面性的存在，并且，这些具体的事物又都只能是由神或上帝创造出来的。这样，上帝或神便成了绝对真理的化身，而人则只能通过追随神或上帝获得某些微弱的智慧。这就是柏拉图所提出的万物都只能从绝对理念那里获得能力、智慧和真理的"分有论"，这一理论直接成了之后西方传统哲学中的"天赋观念"说的理论渊源。

---

① ［古希腊］亚里士多德：《形而上学》，李真译，上海人民出版社2006年版，第20、319页。

② 北京大学哲学系外国哲学史教研室：《西方哲学原著选读》（上卷），商务印书馆1981年版，第75—76页。

③ S. Shapoori and H. B. Ghahi, "The relation between truth and tragedy according to Plato", *Journal of Scientific Research and Development*, Vol. 2 (2015), pp. 129 – 133.

④ K. V. Vadimovich and L. I. Yevgenyevich, "The Role of Plato and Aristotle in the Formation of Orthodoxy and Catholicism", *Mediterranean Journal of Social Sciences*, Vol. 6, No. 5 (September 2015), p. 428.

⑤ M. É. Zovko, "Worldly and otherworldly virtue: Likeness to God as educational ideal in Plato, Plotinus, and today", *Educational Philosophy and Theory*, Vol. 50, No. 6 – 7 (2018), pp. 586 – 593.

　　柏拉图的绝对理念模型所具有的模糊的神启性的神秘化韵味在之后西方宗教神学的相关理论中得到了进一步的丰富与发展。[①] 这就是"上帝之光使我认识真理""只有信仰上帝，才能理解上帝"的基督教的神学理论。这样的理论认为人只能通过爱慕、信仰、学习和追随神，才能在神的启迪下获得真理，从而通达纯粹而光辉的具有神性精神的真理境界。[②]

　　但是，由于人的存在的有限性和神的存在的无限性之间具有巨大的鸿沟，所以，在西方哲学传统中，人通向神或上帝的途径不仅是漫长的，而且还是没有终点的，这个追寻神或上帝真理的道路永远只能是一个过程。

　　随着西方近代唯物主义哲学的兴起，尤其是在费尔巴哈之后，上帝的绝对性地位被一步步消解。费尔巴哈强调说：上帝是人创造出来的投射人自身本质的理想化形式。基督教关于上帝创造了人的说法恰恰颠倒了人和上帝的关系。是人创造了上帝而不是上帝创造了人。在人所创造的理念中，人把自身的本质一分为二，把人的现存性的有限性和理想性的无限性对立起来，并把后者称为上帝。这样，所谓上帝的智慧、能力和真理，等等，也就是人自己的现实的和理想的智慧、能力和真理的一种投射物。通过这样的一种全新关系的揭示，费尔巴哈首先把上帝降低为人，同时又把人提升为上帝。

　　随着西方近代科学的崛起和近代唯物主义的发展，上帝的绝对性地位也被一步步消解。这就导致了西方现代哲学的认识论、语言哲学和现象学的几次研究领域和视角的转向。这个转向的一个基本局面是：上帝的退出导致了"分有"上帝智慧的"天赋观念"说的瓦解。原有的从上帝那里获得人的认识的理论失去了根基。

　　在传统哲学的物质和精神相互割裂的范式体系之中，谈论人的精神发生的原因不可能从物质世界中去寻求，这样，上帝的退场导致的直接

---

　　① D. G. Robertson，"Book Review of Hagiography and Religious Truth: Case Studies in the Abrahamic and Dharmic Traditions"，*Journal of the British Association for the Study of Religions*，Vol. 2 (2018)，pp. 196－198.

　　② 北京大学哲学系外国哲学史教研室：《西方哲学原著选读》（上卷），商务印书馆 1981 年版，第 240、472—475 页。

结果便是，只能从人的精神内部的活动去考察人的精神发生的原因。这就是当代西方意识哲学发展的一个基本路径。其最为极端化的形式便是胡塞尔的现象学所强调的意识发生的纯粹主观意向自身建构的意向性自我显现的"意向性活动和意向性构造"。① 就此而言，外在的上帝情怀转变成了内在的上帝情怀。人的精神直接变成了构造人的精神、构造人自身、构造外部世界的上帝。

二　人类科学中的上帝情怀

哪怕在近代科学发展的过程中，这种上帝情怀仍然在发挥着作用。如：牛顿所说的"第一推动"；拉普拉斯妖（Démon de Laplace）的"万能的智慧"；麦克斯威妖（Maxwell's demon）的"洞察一切的能力"……

我们知道，牛顿力学是建立在上帝创世说的基础之上的。他强调：世界最初始的材料是由上帝创造的有质量的、实心的、僵硬的粒子构成的。因为这些粒子是上帝创造的，所以，任何力量都不可能把它打碎。据此，他把这些由上帝创造的初始粒子称为"永久粒子"。②他的整个力学大厦的体系就是由这些"永久粒子"间的引力相互作用逐级建构起来的。

法国天文学家、数学家皮埃尔－西蒙·拉普拉斯（Pierre－Simon Laplace，1749～1827）根据牛顿力学的基本原则提出了一个假定：他假定了一个无所不包的万能的"智慧"，认为这个智慧能够把握自然运行的全部特征参量，并能用某一个万能的宇宙方程来精确推算过去、预测未来。他说：

> 智慧，如果能在某一瞬间知道鼓动着自然界的一切力量，知道大自然所有组成部分的相对位置；再者，如果它是如此浩瀚，足以分析这些材料，并能把上至庞大的天体，下至微小的原子的所有运动，统统包括在一个公式里，那么，对于它来说，就再也没有什么是不确定的了。在它的面前，无论是过去或将来，一切都将会昭然

① ［德］胡塞尔：《纯粹现象学通论》，李幼蒸译，商务印书馆2009年版，第377、409页。
② ［美］韦斯科夫：《20世纪物理学》，杨福家等译，科学出版社1979年版，第47页。

若揭了。①

拉普拉斯阐释的是一个完全刚性的决定论的宇宙观，他所假定的这个万能的"智慧"，后人称之为"拉普拉斯妖"。其实，除了那个全智全能的上帝之外，谁又能够具有这样的"万能的智慧"呢？

牛顿力学所描述的世界、拉普拉斯的世界，是一个即定的世界。在这个世界里，一切都是设定好了的，它不可能有创造，不可能发生奇迹和偶然变异，因而也便不可能有任何新的事物发生，整个世界的运行只能服从某种既定的严格程序（公式），就像是一只一次上足了发条就永远做机械运行的钟表那样，沿着一个封闭的圆圈运动。而这样的秩序又只能依赖于一个具有全智全能的超越宇宙一切的"万能智慧"来设计、创造和安排。而这个"万能智慧"只能是上帝。

1871 年，英国物理学家、数学家詹姆斯·克拉克·麦克斯韦（James Clerk Maxwell，1831～1879）提出了一个与热力学第二定律相悖的假说。他假想存在这样一个神通广大的"妖精"，它能跟踪充满容器的每个气体分子的运动。把这个容器用一道隔板分为 A、B 两个部分，并在隔板上安装一个阀门。假设这个容器起先充满了一定温度的气体，通过在适当时刻打开隔板上的阀门，妖精就能让快的分子从 A 进入 B，慢的分子从 B 进入 A，只要时间足够长，B 部分集聚的快分子的数量就会增加，温度就会上升，同时，A 部分集聚的慢分子的数量也会增加，温度就会下降。按照麦克斯韦的这一假说，只要系统中存在这样一个能够适时打开阀门开关的"妖精"就能增大系统内部的温度差，从而导致系统总熵的减少。后人将这个假想的"妖精"称为"麦克斯韦妖"。由于后来的研究表明，在一个孤立的系统中，不可能为"妖精"提供分子运动快慢的信息，所以，"麦克斯韦妖"要展开工作就必须打破体系的孤立性，从体系外部输入照亮分子的光。

如果我们认真分析一下，我们便一定会得出这样的结论："麦克斯韦

①　转引自赵红州、蒋国华《当心啊！拉普拉斯决定论》，《光明日报》1985 年 7 月 8 日第 3 版。

妖"和"拉普拉斯妖"具有同样的思维取向。这就是，它们都依赖于某种能够超越任何限制条件的"万能的智慧"，而这样的智慧只有人类创造的"上帝"才可能拥有。

在现代科学中，虽然显态的上帝已经明显退场，但是，隐态的上帝却依然存在。这就是科学家们始终保留着的上帝情怀的基本志思取向——对完满性、绝对性、无限性、永恒性和终极性的追求。从第一类、第二类永动机的设计，到宇宙起源于无的"奇点论"；从统一一切相互作用的"超大统一场论"，到万物归弦的"超弦理论"，等等，都无不具有这样的性质。

当代理论物理学和宇宙学的最为震撼的一个假说便是霍金提出的宇宙起源于无的"奇点论"。

我们知道，20世纪初量子力学的重大贡献之一就是反粒子和正反粒子湮灭现象的发现。相关理论认为，有质量的粒子可以在能量场中以正反粒子的形式同时生成，也可以通过正反粒子的湮灭转化为能量。这就导致了质量消失、能量比质量更为基本的现代科学和哲学中的唯能论观念的兴起。

然而，当代物理学的相关假说又提出了也许能量也并不是构造世界的终极性存在。霍金在《时间简史》中就曾写过如下一段话：

> 在量子理论中，粒子可以从粒子/反粒子对的形式由能量中创生出来。但这只不过引起了能量从何而来的问题。答案是，宇宙的总能量刚好是零。宇宙的物质是由正能量构成的。然而，所有物质都由引力互相吸引。两块互相靠近的物质比两块分得很开的物质具有更少的能量，因为你必须消耗能量去克服把它们拉在一起的引力而将其分开。这样，在一定意义上，引力场具有负能量。在空间上大体一致的宇宙的情形中，人们可以证明，这个负的引力能刚好抵消了物质所代表的正能量，所以宇宙的总能量为零。①

---

① ［英］史蒂芬·霍金：《时间简史》，许明贤、吴忠超译，湖南科学技术出版社1997年版，第120页。

如果霍金的这段话揭示了宇宙存在的真谛的话，那么，按照宇宙大爆炸理论所作的推论，在宇宙大爆炸产生之前的宇宙"奇点"状态，所有的宇宙能量都聚集在一个无限小的空间尺度上，那么，当时的宇宙能量恰好为零。这意味着我们所处的宇宙正是由"无"中创生出来的。无独有偶，历史上的众多神话、哲学思想，如各种本原学说以及阿那克西曼德的"无限"思想，佛家与道家思想等都是从"无"开端的。在本书之后的章节中会详细梳理这些重要思想。我们的信息演化存在论就是在逻辑和归属分类的基础上提出了"有"创生于"无"的新的存在论学说。

其实，宇宙起源于"无"的学说同样给上帝创世说留下了余地。梵蒂冈基督教教皇约翰·保罗二世（Saint John Paul II，1920～2005）就曾在召见霍金时表示：

> 研究宇宙在大爆炸后的演化是可以的，但是由于大爆炸本身是创生的时刻，因而是上帝的事务，所以我们不应该去询问那个时刻本身。①

现代理论物理学中的另一个十分奇特的理论便是宇宙起源于某种超大统一状态的"超弦理论"。这一理论把世界的根基建立在一种没有其他维度，只有长度的极短的一维弦上。这一理论认为，目前量子力学所发现的所有点状粒子都不是基本的存在形式，它们只是人们观察到的弦振动的不同模型的影像。② 不仅如此，超弦理论还指出：宇宙的维度是 11 维的（10 维空间加 1 维时间），并且 1 维弦的最小尺度不能小于 10^{-33} 厘米（普朗克尺度）。一个极端化的推论便是：宇宙起源于一根高度蜷缩在普朗克尺度的一维弦，而当宇宙大收缩回到起点的时候就会最后塌缩为一根一维弦。

---

① ［英］史蒂芬·霍金编：《时间简史续编》，胡小明、吴忠超译，湖南科学技术出版社1996年版，第106页。

② ［英］史蒂芬·霍金：《时间简史》，许明贤、吴忠超译，湖南科学技术出版社1997年版，第142—146页。

　　然而，这样一来，就出现了与宇宙起源于无的"奇点"论相似的一个问题：这根作为最初起源的一维弦又是由何而来的？这无疑就给上帝、就给创世说留下了余地。对世界终极性解读的追求始终是贯穿在科学发展中的一条主线。然而，任何一个终极性阐释方案的被宣布，都意味着人类科学志思所暂时达到的一个限制。相应志思被限制在何处，相应志思终极的止点在何处，上帝就在何处出现。

　　人类科学经历了不断提出终极性方案的过程，在这一过程中不断提出的终极性方案又先后被后续的终极性方案所打破。这一过程也构成了对上帝所拥有的能力和权力的不断的消解或限制。

　　在对世界进行终极性解释的方案的追寻过程中，人类的科学已经走过了如下的历程：实体（固定不变的微粒）—原子论（有重量的微粒）—化学原子（有质量的微粒）—电子、质子、中子（组成原子的内在组分）—基本粒子（分立的四种基本相互作用力场）—超弦（超大统一力场）。

三　信息科学，包括人工智能中的上帝情怀

　　在信息科学，包括人工智能的研究方法、特征和未来发展的可能性的实践研究和理论构想中，同样保留着这种上帝情怀的志思取向的痕迹。

　　图 4.1 简要标明了人类试图建立的从分立的四种基本相互作用力场走向超大统一场理论的探索历程。

　　鉴于在早期信息科学，包括人工智能研究中计算主义的方法所取得的成功，许多研究人员便回到了毕达哥拉斯时代，认为一切智能行为都可以通过数的计算和逻辑的推演而实现，而整个宇宙、万事万物的所有秩序和演化也都无非数的计算的过程和结果。进一步的比附则是，数就是信息，就是比特。世界不是由物质构成的，而是由数、比特，或说是信息构成的，所有的物质都可能是由信息派生出来的。惠勒（John Archibald Wheeler）就曾形象地把宇宙表述为一个被许多小网格包裹着的球体，网络的每个部分用二进制的"0"或"1"表示。他还宣称："万物源自

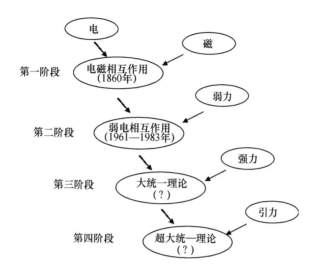

图 4.1 四种基本相互作用力探索历程

比特"（It from bit.）。他强调：①

> 在我研究物理学的一生中，它可以分为三个阶段。在第一阶段……我笃信万物皆为粒子。而我把我第二阶段的信仰叫做万物皆为场。……现在，我深信我的新观点：万物皆为信息（Everything is Information）。

> 所有物理性的东西从起源上说都是信息性的，这是一个参与性的宇宙。

我国化学家、自然科学家、中国科学院朱清时（1946～ ）院士则把信息科学、量子信息学、意识哲学和佛学进行了相互比附性的解释，得出了一系列惊世骇俗的结论：

---

① 转引自闫学杉《信息科学的历史、现状与未来》，浙江教育出版社 2007 年版，第 9—10 页。

信息世界比物质世界更基本，是信息构造了物质世界，而不是相反。物质和能量都是由信息派生的幻象、附属物，物质就是信息（信息是世界的本源）。[①]

意识和物质不可分，我们的观察生成了物质世界，人类的主观意识是客观物质世界的基础——客观世界很有可能并不存在（物质世界是精神世界的产物）。[②]

人的记忆可以来自人的基因中储存的祖先的记忆（天赋观念）。[③]

量子纠缠告诉我们，人的意识完全可以存在于宇宙之中，人脑意识和宇宙中的意识存在着量子纠缠，在人死亡的时候，意识就可能离开你的身体，进入宇宙，人死后灵魂会重新回到宇宙之中，灵魂是不会真正死亡的（灵魂不灭）。[④]

佛学和自然科学的研究就像爬喜马拉雅山一样，一个从北坡往上爬，一个从南坡往上爬，总有一天两者要会合的（科学即是神学，神学即是科学）。[⑤]

虚拟现实技术的初步成就也鼓舞了计算主义思想家们的幻想。他们认为凭借电子编码的结构构造就可以迫使一部分人完全生活在虚拟现实之中。朱清时宣称：

我们可能只是一个巨大的电子游戏里的虚拟存在而已。如果在高维的世界中，有一个比人类智能更高的物种，他们中有一位超级

① 朱清时：《科学与佛法谈世界和人生的真相》（四、五），2016 年 8 月 9 日，https：//weibo. com/u/1984930215？is_all＝1。

② 朱清时：《量子意识？——现代科学与佛学的汇合处》，2017 年 2 月 1 日，http：//www. sohu. com/a/126543502_481659。

③ 朱清时：《科学与佛法谈世界和人生的真相》（一），2016 年 8 月 7 日，https：//weibo. com/u/1984930215？is_all＝1。

④ 朱清时：《量子意识？——现代科学与佛学的汇合处》，2017 年 2 月 1 日，http：//www. sohu. com/a/126543502_481659。

⑤ 朱清时：《量子意识？——现代科学与佛学的汇合处》，2017 年 2 月 1 日，http：//www. sohu. com/a/126543502_481659。

程序员，在一台超级计算机的三维屏幕上虚拟"生命游戏"。①

由于生物工程中的 DNA 遗传密码的破译、置换、重组技术的发展，再加上纳米技术的初步成果，一些富有理想主义色彩的研究家十分乐观地提出，未来人类完全可以通过纳米技术和生物工程的方式直接生产出我们所需要的任何形式的产品，包括无机物、有机物，甚至生命、大脑、人和智慧。这些研究家开始在人造结构、人造生命技术发展的基础上讨论创造"超人"，以及人类个体不死的永生技术。更有甚者，有人居然指出了永生技术创生的时间——2029 年。这使得很多人都小心翼翼地准备努力再多活十几年，以求达到理想的不死的永生。以色列学者尤瓦尔·赫拉利（Yuval Noah Harari, 1976 ~ 　）还以此发表了三本厚厚的畅销书，分别是《人类简史——从动物到上帝》②《未来简史——从智人到智神》③《今日简史——人类命运大议题》④。在这三本书里，作者以极大的热情提出展望：

> 生物开始越来越由智慧设计形塑。⑤
>
> 信息技术和生物技术的双重革命不仅可能改变经济和社会，更可能改变人类的身体和思想。我们将能学会如何设计大脑、延长生命，也能选择消灭哪些想法。⑥
>
> （人类将以）生化机制，再造我们的身心，（并以）长生不死，

---

① 朱清时：《科学与佛法谈世界和人生的真相》（四、五），2016 年 8 月 9 日，https：//weibo. com/u/1984930215？is_all = 1。

② ［以色列］尤瓦尔·赫拉利：《人类简史——从动物到上帝》，林俊宏译，中信出版集团 2017 年版。

③ ［以色列］尤瓦尔·赫拉利：《未来简史——从智人到智神》，林俊宏译，中信出版集团 2017 年版。

④ ［以色列］尤瓦尔·赫拉利：《今日简史——人类命运大议题》，林俊宏译，中信出版集团 2018 年版。

⑤ ［以色列］尤瓦尔·赫拉利：《人类简史——从动物到上帝》，林俊宏译，中信出版集团 2017 年版，第 398 页。

⑥ ［以色列］尤瓦尔·赫拉利：《今日简史——人类命运大议题》，林俊宏译，中信出版集团 2018 年版，第 6—7 页。

幸福快乐，以及化身为神（作为自己追寻的目标；人类可以通过）生物工程，半机械人工程，非有机生物工程（将自己）升级为神。①

还有一些计算机科学的研究人员则强调人工智能的最终结果可能会生产出"超人类的机器"，这类机器必将会成为地球的统治者，并反过来压迫、奴役，甚至灭绝人类。随着"阿尔法狗"在与人对弈中的胜利，这样的观点又再度得以喧嚣。

当人们把大数据、云计算这样的信息技术所取得的部分成功绝对化的时候，那种排斥因果关系，排斥偶然性、随机性、不确定性的绝对化的思维方式也便得以张扬。按照这样的思维方式，人们只要对已有大量现象作数理统计的分析便可以精确地探明事物发展的未来走向。

这里所罗列的这一切观点都呈现着上帝情怀的思维方式，因为，只有上帝才具有这样的完满性和发展的可精确预期性，从而凭借着某种单一化的方式绝对化地实现那种完满智能的成果。

四　上帝情怀思维范式的积极与消极意义

上帝情怀是一种追求完满理想化、追求无限永恒性、追求绝对终极性的具有简单性、极端化色彩的思维范式。它的积极作用在于引导人们不断地在理论和实践方面去追求美好和完善。人类科学和技术发展的动力之一便是这种对完满理想化的追求。试想，科学家们如果不认为"机器会思维"，又怎么能会在技术上去设计会思维的机器，还怎么会有智能科学和人工智能技术的实践。

然而，这种简单性、极端化的思维范式本身的局限性也是相当明显的。世界真的只是一架可以计算的机器吗？通过数的计算，运用可程序化的逻辑的推演，也包括大数据的统计计算分析，真的可以创造出会思维的智能机器，真的会准确无误地探明未来发展的轨迹吗？

人脑的思维、人的有智能的实践活动是迄今为止我们所知道宇宙进

---

① ［以色列］尤瓦尔·赫拉利：《未来简史——从智人到智神》，林俊宏译，中信出版集团2017年版，第18、38页。

化的最为复杂的现象，其间充满了多维、多层、多向度的交织、互动的不确定性和随机性因素。诸如外部环境和内部策略的随机变化的场域，自然与人与社会的复杂相互作用的映射，情感、顿悟、解释、想象、策划、创造的多歧路的随机变化的涌现，还包括生理的潜能和随机变化的情境，等等，这一切都很难通过逻辑计算的单一方式来实现。

人的思维和实践的本质在于自由：自由的意志、自由的思想、自由的抉择、自由的行为。人工智能的瓶颈在于如何赋予机器以这样的自由，而这样的自由是无论如何也无法通过程序化的逻辑计算的单一方式来实现的。

当然，人的自由并不具有绝对的性质，它必须受到自然的、社会的，乃至生理的和认知结构的制约，其中充满了内随机和外随机的互动影响，由此更呈现出不确定性和复杂性的特征。这就更增加了人工智能模拟的难度。

当代科学中的复杂性理论揭示，在事物进化的方向上，未来可能实现的模式是分叉的，在事物质变的分叉点上做出分叉方向选择的是某种特定偶然因素的介入，而不仅仅依靠与事物的原有性质相一致的简单的量的积累。而所谓大数据的统计方法是依据历史的、多概率的路径分析对未来发展进行模拟，这样的方法是靠牺牲和忽略小概率事件、历史上未曾发生的事件来获得相关结论的，也就是说，它是对偶然性、不确定性、新颖性的排斥。据此而论，大数据的统计分析也只是适应于某些常规变化领域的简单性方法，并不具有复杂性方法的特征。另外，事物之间跨层次的相互作用的新的性质的建构和涌现也不可能通过单一的数的逻辑统计方法直接计算出来。因为，这种综合建构的新的性质是一种创造，它并不具有可还原、可计算的特征。而在人的智能活动中充满了极为复杂的外部情境、感知体验、思维创造和实践活动的层次跨越，相互作用的内在交织、制控、转化、支撑和融合，这一切都很难通过单一的数和逻辑的计算的方式来实现。就此而论，计算主义的观点和方法在人工智能的发展过程中的作用也并不具有人们所期望的那种完满性。

复杂系统的一个基本特征是，构成系统的要素不是一个僵死的单元，每个要素都是具有自主活动能力的主体（能动者）。① 能动者的活动方式既有服从整体约束的方面，又有自己自主活动的"自由意志"。由此便产生了复杂系统所具有的内随机性、不确定性和非决定论的性质。这样，复杂系统的未来运演方式也不是能够靠大数据的历史性统计所能完满预测的。

在前文中曾提到过，复杂性理论中有一个"蝴蝶效应"的隐喻，强调的就是事物未来演化的不确定性特征。这一隐喻指出，越是长期天气预报越是需要有精确的初始数据。这样的精确数据甚至要达到连一只蝴蝶扇动翅膀的微小因素都要考虑进去。然而，真实的情况比这一隐喻考虑的方面更为复杂，即使你考虑到了蝴蝶扇动翅膀的因素，要精确预报长期天气状况也是不可能的。因为，蝴蝶是有自由意志的，你计算了它当下扇动翅膀的频率，但是你不能预料它下一步如何动作，扇还是不扇翅膀？以多大力向什么方向扇动翅膀？这也使我们想起了"圣诞火鸡"的故事。在人和火鸡构成的系统中，由于人的自由意志和自由行为的自主性，火鸡通过以往人对它的行为惯例的大数据统计所得出的理想情境失效了。

爱因斯坦曾经说过"上帝不会掷骰子"。这是一个决定论的命题。然而，事实上，不仅上帝会掷骰子，自然会掷骰子，人也会掷骰子。人工智能的瓶颈恰恰在于怎样教会机器在外部和内部的复杂场域的互动中去掷骰子。然而，在自然、在人的认识和实践活动中真实发生的情境远比掷骰子更为复杂。掷骰子是在已有既定若干类型的模式中的选择，而自然、人的认识和实践活动中的创新、涌现，新事物的产生、旧事物的消亡则属于增加或减少模式的类型、重构模式的关系或框架。用概率论来解读就是，零概率事件的发生或大于零概率事件转化为零概率事件，或事件的数目、种类及其概率分布的变化。这样的情境绝非掷骰子能力所能应付，也绝非大数据、云计算的统计分析所能直接完满地获得。或许，目前的人工智能的统计计算方法只是对那些渐进的变化有所预期，而对

---

① ［美］约翰·霍兰：《隐秩序——适应性造就复杂性》，周晓牧、韩晖译，上海科技教育出版社 2000 年版，第 41—42 页。

那些具有超常新颖性的新质涌现的突变性变化则可能束手无策。而人类智能行为中的创新则往往具有新质涌现的突变性特征。要真正实现这一层次的智能模拟，人类智能科学的发展还任重道远。如果从宇宙、自然（人的社会、智能行为也是自然进化的结果）的无限性与人类、人类思维、人类实践、人类社会的有限性的差异上来考察，那么，人类的智能模拟实践则永远不可能达到那种"上帝情怀"所寄望的完满程度。

还需要讨论的一个问题是逻辑和统计的关系。大数据、云计算技术是建立在归纳统计计算方法的基础之上的。有人据此提出了排斥因果性和逻辑方法的观点。最近，一个极富讽刺意味的事件就是，新版阿尔法狗零（AlphaGo Zero）只按照给定的围棋规则学习了三天就打败了所有的老版阿尔法狗。而这个新版阿尔法狗零的设计原则与以往的所有版本的阿尔法狗的设计原则截然不同，前者是根据逻辑规则通过自我学习来实现的，而后者则是建立在对大量人类下棋高手的经验数据统计运用的基础之上的。这明显的是逻辑对统计的胜利，因果规则对大数据的胜利。这也难怪有评论者强调指出，阿尔法狗零的行为方式更接近于人类的行为方式。

关于机器能否最终战胜人类，甚至灭亡人类的想法其实并不是一个什么新鲜的观点预期。在人类的历史上，在人工智能科学尚未产生之前，人类就已经制造了可以灭亡人类自身的种种手段和方式。如，不同时代的形形色色的杀人武器、毒药、化学制剂、火枪、火炮、核武器，乃至专制主义的国家机器、直接以屠杀为目的的战争。这一切都是人自己制造出来的。智能机器也这样。在这里，关键的是人和人的对立，而不是杀人工具、战争、智能机器和人的对立。

武器、机器都是人制造的，是由人控制的。人们可以利用这些产物为自己造福，也可以利用这些产物伤害或毁灭人类自身。问题的关键在于如何能够建立一种民主、自由而和谐的人类社会。在专制主义、极端化体制充斥的地球环境上，人类自身的灾难并不仅仅依赖于是否研制出了所谓"超越人类的智能机器"。

第三节 反思存在与哲学基本问题①

哲学研究离不开哲学的基本问题，哲学基本问题从哲学出现时就一直起到支撑哲学理论和对哲学思想倾向区分的作用。在邬焜的《哲学基本问题与哲学的根本转向》②（下称《哲基》）一文的开篇就提到：恩格斯在1886年写的《路德维希·费尔巴哈和德国古典哲学的终结》一书中第一次对哲学基本问题作出了明确表述：

1. "全部哲学，特别是近代哲学的重大的基本问题，是思维和存在的关系问题"；③

2. "思维对存在、精神（意识）对自然界的关系问题，全部哲学的最高问题"；④

3. "唯物主义这种建立在对物质和精神（意识）关系的特定理解上的一般世界观"。⑤

这个基本问题触到了人类哲学思考最根本的追究——自身，他人与外部世界的复杂关系的解读。这三个部分互相交融又互相隔阂，互相限制又互相依存，人类历史上的所有哲学一直都围绕着这三个部分的关系在思辨着、探索着。并一直在孜孜不倦地追求着这三者的统一。从古希腊最早的本原学说，东方最早的天人观，宗教上西方的上帝，东方的佛学一直到现今的现象学，自然本体哲学，等等，无不如此。但新兴的信息哲学与

---

① 本节内容已发表，见邬天启《从信息哲学的认识方式反思哲学基本问题》，《系统科学学报》2019年第3期。这里有改动和扩充。

② 邬焜：《哲学基本问题与哲学的根本转向》，《河北学刊》2011年第4期。

③ 《马克思恩格斯选集》（第4卷），中共中央翻译局翻译，人民出版社1995年版，第223页。

④ 《马克思恩格斯选集》（第4卷），中共中央翻译局翻译，人民出版社1995年版，第224页。

⑤ 《马克思恩格斯选集》（第4卷），中共中央翻译局翻译，人民出版社1995年版，第227页。

以往的哲学不同，它开创了一个新的视野和思辨的领域。信息哲学重新定义了存在，对存在领域进行了新的划分，对思维、物质、意识、信息、自然这些哲学的最基础的概念进行了全新的思考和界定，从而找到了物质与意识、客体与主体相互联系和统一的具体环节、过程和机制。当然，信息哲学的提出和发展是与人类科学和社会的发展分不开的。信息哲学正是依赖着当今科学和社会的进步，以及前人哲学的思辨成就而创造出了一种对世界的全新解读方式，并具有巨大的解释力与生命力。

一　从哲学的基本问题开始

《哲基》一文中已经对恩格斯的哲学基本问题有很详尽的分析。其中提到了思维和存在的关系问题是这一基本问题的抽象表述，其后的表述仅仅是这一表述的解释和补充，但后面的表述仅仅是这一抽象表述的简单化和通俗化，没有哪个表述可以简单等同或替代这个最抽象的表述形式。

《哲基》对哲学基本问题的论述包括如下要点：[①②]

　　①存在概念本身就是一个尚未解决的问题，只有在具体解决了存在的范围和内涵问题的前提下才可以真正解决哲学的基本问题。或者说存在的概念和范围的问题也就是存在领域的划分问题成为了哲学基本问题的前提性问题，正是基于这样的看法，《哲基》的作者邬焜先生才提出，恩格斯所说的哲学基本问题并不基本，"存在领域的划分问题"才是哲学的最高范式。

　　②存在的概念不该狭义化，存在的含义不该简单等同于物质，存在领域所对应的应该是"有"，"有"才应该是存在最贴切的界河，物质—能量是"有"，思维同样是"有"，自然是"有"，意识也同样是"有"，信息也同样是"有"。"存在"即是"有"，它就是世界上所有事物和现象的统一性指谓。

---

①　邬焜：《存在领域的分割和信息哲学的"全新哲学革命"意义》，《人文杂志》2013年第5期。

②　邬焜：《哲学基本问题与哲学的根本转向》，《河北学刊》2011年第4期。

③不应该将思维和存在、物质和意识、人和自然界这三对概念简单划分开，对立起来。思维也是一种存在形式，意识也有它存在的物质基础，人类也是自然的一部分。它们是统一的，这也是哲学一直在追求的统一。

④将信息概念引入存在范围后，这些问题开始有了全新的解决路径。信息既是连接意识与"物质—能量"的桥梁，也是主体认识客体的中介，同时信息也把思维与意识作为自身的高级形态而包容到了自身之中。信息哲学应用了当今科学对于信息的研究成果，在存在论层面重新解释了世界，划分了存在的领域。

⑤信息在人类历史上一直是哲学存在论和人类科学中缺失的世界。信息哲学从存在论的意义上对世界领域进行了重新划分。信息哲学所揭示的世界领域是相互嵌套的、多重而复杂的。其中包括了一个物质世界和三个信息世界：物质世界（以实体和场的物质体的方式存在）、自在信息世界（以客观信息体的方式存在）、自为和再生信息世界（以主观意识活动的方式存在）、文化信息世界（以人类创造的再生信息的可感性外在储存的方式存在，亦即社会信息的存在）。显然，在这四个世界之间存在着以自在信息为中介的复杂交织的相互作用。

个人对于外部世界的无知与恐惧促使人探索和思考其合理的解释。人类力量的渺小和诸多不足与缺憾以及肉体无法逃避的生老病死让人类总是倾向于追求那种永恒的、不变的、完美的、唯一的东西。于是人类思想的惯性促进了哲学追求那个不变的"一"，并把它推到世界本原的位置。这是哲学的开端，也是哲学基本问题的开端。

西方哲学发源于古希腊，从泰勒斯（Thales，约前624～前547）把世界的本原规定为水开始，人类就开始从理性的寻找世界本原的过程中探寻自身与世界的关系，确定自己（人类）在世界中的位置。确定世界的本性才可以确定自己的本性。在东方的中国古代哲学中则是由天地、宇宙、道开始探求心物、心身关系，理气的关系；① 在古印度哲学中则是大梵与万有

---

① 陆建猷：《中国哲学》（上卷），上海三联书店2014年版，第28—29页。

和人的关系；在佛学中是世界的空与无和人的关系问题；在西方的宗教神学那里又变成了上帝（或神）与自然和人的关系。所以可以发现哲学基本问题也是随着时代而流变的，但万变不离其宗。这个最中心的问题总是一直在围绕着那个人类追求的永恒的"一"，也就是"存在"本身。

回顾上文中总结的五个要点来看。由于信息科学和信息哲学对信息世界的发现，今天，存在问题又重新从哲学基本问题中被突现出来。存在问题也在哲学史上被称为哲学的第一问题。其实存在概念的定义及其领域的划分决定着一个哲学流派的根基。就像新的存在观和新的存在领域划分方式成了信息哲学的理论根基一样。

该如何从人类最原始的初衷去追寻存在和哲学的基本问题，或许只有回到最简单的起点，即自身、他人与外部世界这个关系上，才能把这一问题理出一个头绪。

二　自身、他人与外部世界

再次回到本文开篇提到的人类哲学的基本问题所反映的人类对于世界解释性的追求，就是自身、他人与外部世界的复杂关系的合理解读。这也是历代哲学的终极追求。这三者的关系很微妙，可以用图4.2来表示。

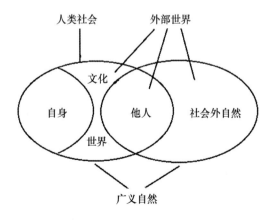

图4.2　自身、他人与外部世界关系

从图4.2上看，整个世界可以被统称为广义自然或存在世界，自身以外的世界被称为外部世界。外部世界包括了他人与自身之外的社会与自然，自身、他人与人类创造的文化世界组成了人类社会。首先，这幅图并不是要将人与自然割裂开，广义自然即包含了人类社会与社会外自然。广义自然也就是存在世界，存在世界是一个无法割裂的整体。其次，自身与外部世界的关系不能归结于人与自然的关系。所以存在世界的问题也不能简单归结于物质与意识的问题。

如果非要把众多的哲学流派划入唯物与唯心两个部分，根据应该就是哲学问题的出发点。从图4.2的左侧进入世界的就属于唯心主义，反之则是唯物主义。其实如果从认识的方式来说，正常人认识世界的顺序永远都是从图示的左侧进入的也就是唯心的路线。因为，人从出生开始，都是只能通过自我探索以及了解他人来认识世界，通过认识自我才能设想他人，人只有在自我与外部世界互动的过程中才能逐渐地认识这个世界，知道自身与外部世界的差异。所以唯心地认识世界应该是一种人类认识方面的惯性。反而唯物主义认识方式才是被后天强加的一种相对、比较、换位后产生的思维方式。唯物主义的认识方式是从外部世界开始的，这是一种反指向性的方式，这就可以解释为何这种认识方式为众多哲学流派所诟病，最著名的应该就是西方流行的现象学学派。

现象学学派创始人胡塞尔为了避免被后天加入进来的唯物主义思维方式所蒙蔽而寻找人类最初认识世界的方式，他不想被预设的外部世界影响，所以他通过现象学方法先验还原得到"纯粹意识""纯粹自我"，为一切知识提供先验的存在基础。他主张在考察意识活动时必须反对"自然主义"的态度，把关于外在自然的任何命题都予以"悬置"，这样做的理由就是为了保持认识方式的单向性和纯粹性，避免双向思考带来的扰乱。所以胡塞尔的"悬置"理论并不是要否定自然、否定物质世界自身的存在，他只是要借此寻求一种探索意识本质的方法，他说：①

　　我并不否认这个世界，并不怀疑它的存在。

---

① 赵敦华：《现代西方哲学新编》，北京大学出版社2001年版，第113页。

使用悬搁……（的用意在于）完全阻止运用关于时空存在的判断……使从属于自然态度的一般命题失去作用。

现象学的思考路径就是从自身出发为外部世界找到存在的基础，但在理论行进中还是遇到了很多问题，对外部世界的"悬置"、对意识内容的"悬置"只是回避或搁置了自然界和意识、物质和意识关系的问题，其实并没有解决这个问题，由此带来的麻烦就是如何由自我的纯粹意识推向他人，推向自然，既然已经将外部世界"悬置"了？这样下去就要陷入唯我论的境地。为克服这一困难，胡塞尔在晚年提出了"交互主体性"理论，以承认他人同样具有自我意识的有效性。于是他开始为他的理论打开了一个缺口，有一个缺口就意味着可能会出现更多的缺口。紧接着胡塞尔在其晚年又提出了"生活世界"的理论。他写道：

生活世界是永远事先给予的、永远事先存在的世界……一切目标以它为前提，即使在科学真理中被认知的普遍目标也以它为前提。①

"悬置"理论带来的一系列难题。因为，靠这样打补丁的方式一次次地打开缺口，但又会面临更多的麻烦。所以，单向性地从自身进入世界是非常艰难的，不依靠科学以及人类这么久的认识基础为前提的思辨过程最后也就是一场思维游戏而已，根本没办法作为一种严谨的科学，更不用说作为科学的基础。

从现象学的例子来看，单纯地从图4.2左边进入，从自身出发来认识、规定世界是很艰难的，所谓的外部世界预设，也就是唯物主义的观念是正确认识世界的基础，也就是说以人类历史严谨的科学研究成果作为基础，这样才可以真正地把握住存在，认识世界。

在信息世界被发现前，科学主义的认识方式是单纯从图4.2右边进入的。运用的手段是将世界分成一个个部分，割裂地、独立地展开研究。

---

① 赵敦华：《现代西方哲学新编》，北京大学出版社2001年版，第115页。

当解剖学将人脑解剖后却怎样都找不到人类灵魂的位置，活脑中的思想只是一股股的神经脉冲。人的身体则被肢解为一个个器官，独立地在进行自己的任务。实证科学虽然为人类的物质生活带来了翻天覆地的改变，但对于意识这片圣域却收获甚少。哲学一直都在这方面对于科学十分失望，哲学与科学的分歧也日趋严重。在复杂性和整体性思潮兴起之后科学希望利用一系列的新兴理论来解释意识的产生，寻找灵魂的位置。信息作为一种不同于能量和物质的存在形式被科学发现后紧接着就被利用到了科学研究的各个层面，它的生命力异常旺盛，但信息本身的含义却一直不是很明确。科学家们也在尝试运用信息来解释人类思维，计算机的出现使人工智能得以实现，反过来运用人工智能的原理来解释人类自己的智能却显得简单化和机械化，人不仅仅是一个信息处理器。在认知心理学中人们运用通信信息论的相关概念和方法把人的认识活动当作一种信息通信过程来研究，但这样的研究方式并不能很好地解释认识活动本身，信息的处理并不能简单等于认识本身，认识活动应该作为信息处理的高级形态，综上所述，认识本身就是信息。另外，我们还应当同时将认识活动的复杂性考虑进去，而不应该只是简单地运用实验室状态来研究意识，这也是所有科学学科研究方式的通病。人类意识的发生拥有人类历史的社会实践活动的深刻背景以及人身体本身的差异性和局限性，即个体性。这也是笔者在图 4.2 中所强调的自身的独立性和特别性。因为，单纯像传统科学那样从外部世界来解释我们的世界也有其局限的一面。所以，只有做到科学与哲学的统一，只有做到将信息概念同时引入哲学与科学，或许才能找到真正解决这些问题的路径。

三 信息哲学揭示了人对世界的全新认识方式

信息科学的发展导致了信息哲学的产生，信息哲学针对上文提到的一系列问题提出了新的解决路径。信息哲学则是从图 4.2 的双向（内外合）进入式方法。运用信息概念寻求思维与物质之间的关系，确定存在的范围，解释、认识自然世界。

首先从图 4.2 的右边进入，科学上信息世界的发现为我们提供了对存在领域的构成和人的认识方式的复杂性的新看法，从而打破了传统的物质和意识、主体和客体、自身和外部世界的二元对立关系。首先实在并不等于存在，而客观的东西并不都是实在的。就像本人与自己照片上的人大家都会说这是同一个人，但这两个明显不是同一个"人"。一个是真正的人，而另一个只是与这个人相貌相同或相似的影像，影像仅仅是一种光学效应，照片只是模仿了一个人对于我们肉眼的光学体验。人是实在的，而照片只是一个在胶片上的影像，照片是一个影像也不可能是个人。这种映现的某物的内容、特性显然并不等同于某物本身，也并不等同于映现这些内容、特性的另一物。照片的内容是客观的，类似照片传递的内容是一个新的存在领域，就是"客观不实在"。按照邬焜信息哲学的讨论，"客观不实在"正是对客观事物间的反应（类反映）内容的指谓。在客观世界中普遍映射、建构的种种自然关系的"痕迹"正是储存事物之间的种种反应内容的特定编码结构。正是在这一特定的意义上，我们说"客观不实在"与标志物质世界的"客观实在"的存在方式具有本质的区别。[①]

如果以直接存在来指谓物质世界的存在方式的话，那么就可以相应地以间接存在来指谓信息世界的存在方式。据此可以确立一种新的存在观：世界是统一于物质基础上的，物质和信息（直接存在和间接存在）双重存在的世界。（见前文中提到的图0.1）。信息哲学里将存在世界归纳为物质—信息双重存在，于是重新定义的存在世界的包容性使它成为真正的"有"。

紧接着信息演化存在论重新定义了存在与非存在领域，并将时间概念引入了存在与非存在体系。（如前文中图0.1），在经典信息哲学的存在领域划分的基础上，将存在问题扩展到存在与非存在的大世界图景上，将时间因素考虑入内之后。存在就成为一个在时间轴上移动的节点。只有当下的存在才是真正的存在。类似海德格尔的此在和共在概念，但在存在的认识出发点和内容上又不同。这里的存在包括了世界中一切的"有"（意识，客观信息与物质）。

信息哲学认为，在一般哲学的领域，本体论和认识论应该是统一的。

---

① 邬焜：《信息哲学——理论、体系、方法》，商务印书馆2005年版，第37页。

信息哲学在提出了物质和信息双重存在和双重演化的信息存在论（本体论）理论的基础上，又建立一种全新的哲学认识论理论，这就是"哲学认识论的信息中介论"。这一学说首先从发生学的意义上，揭示了认识主体产生的自然信息活动的过程和机制。即从左侧进入图4.2，应该首先从认识的发生出发，自身以及他人，或者说所有的智能生物都可以被作为认识主体。而认识主体的产生必须以信息的凝结为中介，认识主体的基础是在漫长的生物种系进化过程中，种群对适宜信息不断同化和异化、不断凝结积累、不断选择自构而生成的一个特殊信息体，而这种信息体主要体现在遗传信息上。认识主体的首要需求是适应自然，对适宜环境信息（包括人类创造的文化信息）的不断同化，这是认识主体得以存在和形成的基础。[①]

而这种同化的过程同时又具有双向相互作用的韵味。这样，任何认识主体一旦产生，便同时具有了主客体双向作用的性质，对这样的过程进行考察就不能不采取双向综合的方法。

在人的现实认识发生的过程和机制的论述方面，信息哲学采取了一种同时从图4.2的左右两个方向（内外合）进入的路线。因为，信息哲学将认识主体认识世界的过程总结为：凭差异而识辨，依中介而建构，借建构而虚拟。[②]所以，主体自身正是凭借自己的信息特性认识自己，认识他人和外部世界的，这其中既有外部因素（客体信息场）的介入，也有主体内部因素（生理结构和认识结构）的规范、匹配、整合和重构。这样，在信息哲学看来，如果不考虑主体由自然进化所产生的自然发生学的意义，仅从人的现实性上而言，人的认识的发生乃是一个通过多级中介（客体信息场、主体生理结构、主体认识结构、物化工具）所实现的主体和客体相互作用的信息选择、匹配、重构的信息建构和虚拟的活动。[③]综上所述，自身正是凭借信息的特性认识自己、他人和外部世界的。

---

① 邬焜：《信息哲学——理论、体系、方法》，商务印书馆2005年版，第158—163页。
② 邬焜：《信息哲学——理论、体系、方法》，商务印书馆2005年版，第168页。
③ 邬焜：《信息认识的一般过程和机制》，《系统科学学报》2006年第4期。

　　信息哲学将存在问题从哲学基本问题中突显了出来，并对存在领域做出重新分类，其实也重新定义了存在的含义。在人类认识世界以及人本身的道路上信息哲学又提供了一个新的路径，就是之前提到的双向综合的理解方式，这种独特的认识理解方式会影响到哲学存在论、认识论、价值论等领域。这种全新的存在观和理解方式一定会为以后的哲学和科学的发展带来诸多方面的启迪。

第三编

信息哲学存在论视域下东西方存在观的比较思考

——巴门尼德之前

第 五 章

前"存在"概念：本原论，易变与中介

"存在"（Being）概念是西方哲学的经典概念，德国哲学家黑格尔认为，只有当古希腊哲学家巴门尼德提出"Being"概念之后，西方哲学史才真正开始。而西方对于"Being"这个概念的解释也成为西方哲学史的脉络。可见巴门尼德的"Being"概念的提出可以算是哲学研究中的一个标志性时间点，我们可以将西方哲学划分为前巴门尼德时期与后巴门尼德时期。这个时间点就是公元前5世纪中叶（前450）。其实在巴门尼德提出"存在"概念之前，古希腊哲学中就已经有了很多基础性的"存在"思想，海德格尔早年也曾注意到了这一点，并从中发掘出他哲思的根基。而且不只是在古希腊，古代中国与印度也产生了大量相似的"存在""本原"思想，以及一大批思想家与哲人。本书在这一编中将会对一些巴门尼德之前的主要的、有特点的"存在"和"本原"思想从历史的横向与纵向上做出分析、比较和梳理。

古希腊哲学对于世界的思考，从一开始就指向了世界的本原，本原的内容与现在的"存在"概念是相通的。东方的哲人们也是如此，无论是古代中国还是印度都独立地提出了自己的本原论学说，从而解释世界，找寻自己在世界上的位置。综上所述，我们可以说哲学初期思考的第一个问题就是"存在"问题。

第一节 哲学的起点，"存在"的前身："本原说"①

在中国的确没有像巴门尼德"Being"概念这样的提法，据此，西方一些学者将哲学概念狭隘化之后则提出了中国无哲学只有思想的荒唐言论。如果真如西方学者说的那样，那么东西方的思想将不能站在哲学这个平台上来对话；而且类似本篇论文的哲学比较研究也就无从下手了。

先不多讨论这种偏见所带来的问题，单从哲学思想的最初起源来看，正如西方哲学对于"存在"概念的追溯要从最早的古希腊自然哲学所提出的世界本原论开始一样，其实东方哲学思想也正是如此，甚至比西方研究要更早，更丰富。古代中国就有最著名的几种本原论：如太极本原论、道本原论、玄本原论、元气本原论、理本原论和真如本原论，等等。②

水本原说是世界上最早提出的本原说之一，古代很多早期的人类文明都分别独立地创造出了相似的水本原倾向的学说或神话传说。它将古代几个最著名的文明的思想联系在了一起，可以想象着不同肤色、语言、文化的哲人们在一起快乐地谈论着一个相同的哲学学说或神话故事的和谐场面。从这里也可以看出水在人类这里拥有怎样的崇高地位。

而且这些水本原思想有很多相似的特质。而当"水"被作为世界本原从世界中被提取出之后，"水"就已经不是那个描述物质水的概念了，"水"的概念与内容都发生了巨大的改变。

一 自然主义的水本原论③

古希腊被公认为西方第一位哲学家的泰勒斯提出了水本原说。他认

---

① Tianqi Wu, "'Water Origin Theory' and Existence Question", *Proceedings*, IS4SI 2017 Summit digtalisation for a sustainable society, Gothenburg, Sweden, No. 1, 2017. 这里有改动。

② 王少良：《〈文心雕龙·原道篇〉哲学本原论思想探微》，《文艺评论》2013 年第 10 期。

③ 邬天启：《信息哲学视域下的"水本原说"与存在问题》，《系统科学学报》2021 年第 1 期。这里有修改和扩充。

为水有滋养万物的作用：①

> 泰勒斯有这个想法，也许是由于观察到万物都以湿的东西为滋养料，而且热本身就是从湿气里产生，并靠潮湿来维持的（万物从其中产生的东西，也就是万物的本原）。他得到这种看法，可能是由于这个缘故，也可能是由于万物的种子都有潮湿的本性，而水则是潮湿本性的来源。
>
> 他观察到世间万物，尤其是生命都是依赖于水作为最重要的养料，而且热这种现象似乎也是从湿气中产生并在其中维持的。生物的种子都有潮湿的本性，所以得出了万物都离不开水这种世界本原的结论。并宣称地是浮在水上的。

很多西方哲学家评价泰勒斯是一个泛神论者，并认为他的水本原论最后是归于神创论的。因为他借用水与世界的关系（即世界是处于基质水中的）而推导出了世界与灵魂的关系，他声称世界也是灵魂的基质，石头也是具有灵魂的，因为磁石可以移动其他的石头。所以这样的观点就类似于万物有灵论或泛神论了。② 但华沙生命科学大学的安德鲁·科尔恰克（Andrzej Korczak）教授则认为这是对于泰勒斯思想的一种误解。泰勒斯这样描述灵魂的本意应该是在对抗当时盛行的宗教传统，将灵魂从神授的位置拉回到了我们的世界本身。灵魂不再是人独有的，而是自然的，他将世界的本质从宗教带回到了自然秩序，就像泰勒斯所说的：

> 水是世界的本质，而神是思想依赖水所创造的形式。③

---

① 北京大学哲学系外国哲学史教研室编译：《古希腊罗马哲学》，生活·读书·新知三联书店 1957 年版，第 4 页。

② A. Korczak，" Whythewater？ Thevisionoftheworldbythalesofmiletus "，*Necmettin Erbakan Üniversitesi？ lahiyat Fakültesi Dergisi*，Vol. 35（2013），pp. 43 -51.

③ A. Korczak，" Whythewater？ Thevisionoftheworldbythalesofmiletus "，*Necmettin Erbakan Üniversitesi İlahiyat Fakültesi Dergisi*，Vol. 35（2013），pp. 43 -51.

因为"水"的地位在泰勒斯这里已经高于了神。所以，泰勒斯最值得赞赏的地方不仅仅在于他是西方第一个提出了"什么是世界本原"的问题，最重要的是他并没有试图借助于自然之外的神灵或者各种假设来回答这个问题，而是从自然世界本身去寻找答案。

希腊雅典大学的西奥多西（E. Theodossiou）和玛尼马尼（V. N. Manimanis）也评价道：

> 泰勒斯走出了古希腊神话的神创论的传统思维模式，第一次将水作为一种世界基础元素提出来，并引领了古希腊哲学从自然中寻找世界本质的传统。①

而中国古代的水本原说与泰勒斯一样，也是从自然本体的角度出发，尊重自然自身的演化过程。先秦时期《管子·水地》篇（约前475～前221）中写道：

> 地者，万物之本原，诸生之根菀也，美恶、贤不官、愚俊之所生也。水者，地之血气，如筋脉之通流者也。故曰：水，具材也。②
> （地，是万物的本原，是一切生命的植根之处，美与丑，贤与不肖，愚蠢无知与才华出众都是由它产生的。水，则是地的血气，它像人身的筋脉一样，在大地里流通着。所以说，水是具备一切的东西。）
> 何以知其然也？曰：夫水淖弱以清，而好洒人之恶，仁也；视之黑而白，精也；量之不可使概，至满而止，正也；唯无不流，至平而止，义也；人皆赴高，己独赴下，卑也。卑也者，道之室，王者之器也，而水以为都居。③
> （怎样了解水是这样的呢？回答说：水柔弱而且清白，善于洗涤

---

① E. Theodossiou and V. N. Manimanis, "The cosmology of the pre‐Socratic Greek philosophers", *Mem. S. A. It. Suppl*, Vol. 15 (2010), pp. 204‐209.

② 《管子》（下），李山、轩新丽译注，中华书局2013年版，第656页。

③ 《管子》（下），李山、轩新丽译注，中华书局2013年版，第656页。

人的秽恶,这是它的仁。看水的颜色虽黑,但本质则是白的,这是它的诚实。计量水不必使用平斗斜的概,满了就自动停止,这是它的正。不拘什么地方都可以流去,一直到流布平衡而止,这是它的义。人皆攀高,水独就下,这是它的谦卑。谦卑是"道"的所在,是帝王的气度,而水就是以"卑"作为聚积的地方。)

故曰水神。集于草木,根得其度,华得其数,实得其量,鸟兽得之,形体肥大,羽毛丰茂,文理明著。万物莫不尽其几、反其常者,水之内度适也。①

(所以说,水比于神。水集合在草木上,根就能长到相当的深度,花朵就能开出相当的数目,果实就能长出合适的数量。鸟兽得到水,形体就能肥大,羽毛就能丰满,毛色花纹就鲜艳亮丽。万物没有不充分发展生机,而能回到它正常生命状态的,这是因为它们内部所含藏的水都有相当的分量。)

由于《管子》中的水本原说其实是由地本原说引申而来的,水被解释为地之血气、筋脉,所以"地"正是因为"水"才能生万物,也是因为有了"水"才能维持"地"的存在。而将水与谦卑的品格和"道"的结合,也可以找到老子关于水的理解的影子。而关于水滋养万物的思想又同泰勒斯的水本原论非常相似。《管子·水地》篇中最后总结道:

故曰:水者何也?万物之本原也,诸生之宗室也,美恶、贤不肖、愚俊之所产也。②

(所以说:水是什么?水是万物的本原,是一切生命的植根之处,美和丑、贤和不肖、愚蠢无知和才华出众都是由它产生的。)

从《管子·水地》中的描述我们可以看出,它清楚地表达出一种思想,就是世界是由"地"生成的,而"地"则需要有"水"才能维持其

---

① 《管子》(下),李山、轩新丽译注,中华书局 2013 年版,第 657 页。
② 《管子》(下),李山、轩新丽译注,中华书局 2013 年版,第 663 页。

存在。

之后，魏晋时期的杨泉（字德渊，约 239～294 年）发展了这一理论，他的水本原论是由气本原论引申而来的，在他仅有保留下来的《物理论》残卷中写道：①

　　"立天地者水也，成天地者气也。水土之气，升而为天"；
　　（支撑世界的是水，生成世界的是气。水化为气，升起后生成了天。）
　　"所以立天地者，水也。夫水，地之本也。吐元气，发日月，经星辰，皆由水而兴"；
　　（所以支撑世界的是水，水是维持地存在的根本。水化为元气，生成了日月与星辰，这些事物都是由水生成的。）
　　"元气皓大，则称皓天。皓天，元气也，皓然而已，无他物也。"
　　（"元气"非常浩大，生成了宇宙，宇宙中除了皓大的"元气"以外，就别无他物了。）

杨泉的本原论比《管子》的本原论更加形象，叙述更细致。他认为，水中浑浊的部分变成了土沉积而下成为地。而变为蒸汽的水则成为"元气"，化为天，而"元气"成为组成世界的根本。"水"在杨泉这里的地位与《管子》中很相似，甚至更高。杨泉的"水"是作为"地"与"元气"二者的本根，《管子》中的"水"只是作为"地"的本根。而他们认为创成世界的都不是"水"，而分别是"元气"与"地"。杨泉对于人的生命有这样的描述：

　　人含气而生，精尽而死。死犹澌也，灭也。譬如火焉，薪尽而火灭，则无光矣。故灭火之余，无遗焰矣；人死之后，无遗魂矣。②

---

① 肖父：《略论杨泉》，《武汉大学学报》（人文科学版）1980 年第 4 期。
② 杨丽娜：《杨泉哲学思想研究》，硕士学位论文，陕西师范大学哲学系，2010 年，第 22 页。

（人身体中有精气才得以生存，精气散去就死了。死后就完全灭亡掉了。就如火一样。柴薪烧完以后，就不会有余光。所以火灭了就不会再有剩下的火焰，人身体死了以后，也不会再有剩下的魂魄。）

因为杨泉认为人死如火灭，不会再有什么魂魄留下来了。所以从这里可以看出杨泉也是一位唯物论者。

如上文所述，另一个需要提到的古代中国哲学家就是老子，他虽然提出的是"道"本原论，但是在他的学说中相当推崇水的精神，对水的评价很高。他认为水是最接近"道"的精神的一种物质：

上善若水。水善利万物而不争，处众人之所恶，故几于道。居善地，心善渊，与善仁，言善信，政善治，事善能，动善时。夫唯不争，故无尤。[1]

（最极致的善就像水那样。水善于滋养万物而不与万物相争。它停留在众人所不喜欢的低洼之地，所以这种精神最接近于"道"。具有善的人在居住上要像水那样顺其地势、安于卑下，看待问题思考问题要有水一样的深度和广度，做人要做到仁爱之心，说话上要做到诚实守信，治理国家要做到善于梳理，做事情要做到合理运用自己的能力，行动的时候要做到顺应自然时节。做人要是像水那样与万物无所争，就不会再有烦恼。）

他还与泰勒斯一样提到水对于万物的滋养作用：

大道泛兮，其可左右。万物恃之以生而不辞，功成而不有。[2]

（"道"如水一样，四方漫流并滋养万物。万物依赖它生长，它从不推辞，但完成了功业之后，从不占有名誉。）

---

[1] （三国魏）王弼：《老子道德经注》，楼宇烈校释，中华书局2011年版，第22页。

[2] 陈鼓应：《老子今注今译》，商务印书馆2003年版，第203页。

他借水的属性来弘扬"道"的理念。水的特性也被延伸于人的塑造层面，进而将水的特性延伸到了"柔""弱"这两个概念，并进一步进行弱—强、柔—刚这两对概念的对比。最后提出以柔克刚的经典辩证理论：

> 天下之至柔，驰骋天下之至坚。①
> 天下莫柔弱于水，而攻坚强者莫之能胜，以其无以易之。弱之胜强，柔之胜刚，天下莫不知，莫能行。②
> （天下最柔软的东西，可以在天下最坚硬的东西之间自由驰骋。天下再没有什么东西比水更柔弱了，而攻坚克强却没有什么东西可以胜过水，没有什么能够代替它。弱胜过强，柔胜过刚，天下没有人不知道，但是没有人能实行。）

但老子虽然推崇水的精神，但只是说它近于"道"，不能替代"道"本身。因为水终究是一种"有"，而老子说的世界本原"道"是"无"。但到了《管子》那里，"水"就被作为世界的本原被明确地予以强调。

澳大利亚迪肯大学的罗德（Rod Giblett）教授也认为后来《管子》中的水本原论思想是与老子推崇水的这一观点分不开的，或者说是直接来源于老子的思想。③

二 神话中的水本原倾向

如果说在人类最早的哲学思想中就有水本原说。那么在人类更早的时期，就开始不约而同地产生大量的水本原倾向的思想。在人类神话与宗教出现伊始，水本原倾向的创世神话已经开始流行。

比如在古印度神话或古印度哲学中这种水本原倾向的思想就比上文中提到的水本原哲学思想更早。在古印度最早的诗歌典籍《梨俱吠陀》（Rig Veda，约前1500～前900）中的《无有歌》、《金胎歌》、《水胎歌》

---

① 陈鼓应：《老子今注今译》，商务印书馆2003年版，第239页。
② 陈鼓应：《老子今注今译》，商务印书馆2003年版，第339页。
③ R. Giblett，"The Tao of Water"，*The International Centre for Landscape and Language*，Vol. 3 (2013)，pp. 15 - 26.

和《原人歌》中就曾提出了关于宇宙生成的"太一"（The One）孕化论、水生论、卵生论和"原人"转化论等。[①]

《无有歌》中这样描述道：[②]

期初，即使是虚无也不存在，更没有"存在"，那时没有空气，也没有超越它的天空。什么覆盖了一切？一切又在什么地方？谁又在那？那只有宇宙之水（混沌之水），在最深之处？那时既没有死亡，也没有永生，也没有日夜的交替。

太一由于自身的力量呼吸而无气息，此外没有其他的东西存在。

那里就是黑暗，最初全为黑暗所掩，一切都是混沌，一切都是水，那太一为虚空所掩，由于自身的热力而产生出来……

其中对于"太一"还未产生之前的世界描述中提到：只有宇宙之水。而太一则从宇宙之水中自生而来。

《金胎歌》中则有这样的描述：[③]

当洪水来到世界的时候，大水怀持着胚胎，携带着宇宙的种子（金胎）。

生出了阿耆尼（火）。

由此产生了诸神唯一的生灵。这是神明（Devas）的一种精神。正是我们要用我们的供物所敬拜的神。

从中可以看出，因为在金胎出现之前世界都是水，所以开始才会有洪水怀持金胎落世，产生了世界最初的生灵（神明、存在）。

《水胎歌》中也认为世界之初是水中的胚胎诞生了最初的神灵，并有

---

① 邬焜：《古代哲学中的信息、系统、复杂性思想——希腊·中国·印度》，商务印书馆2010年版，第212页。

② 黄心川：《印度哲学史》，商务印书馆1989年版，第41—42页。

③ 黄心川：《印度哲学史》，商务印书馆1989年版，第42—44页。

类似的描述：①

> 在天、地、神和阿修罗之前，水最初怀着什么样的胚胎，在那胎中可以看到宇宙中的一切诸神。

> 水最初确实怀着胚胎，其中集聚着宇宙间的一切天神。这胎安放在无生（太一，指宇宙最高存在——引译者注）的肚脐上，其中存在着一切东西。

在印度神话中，创世金胎中产生的那个"太一"也被称为梵天（Brahma），是印度神话中最著名的创世神，梵天在罗摩衍那（Ramayana）（约 11 世纪）中被描述为 Swayambhu。无独有偶，印度神话中的另一个创世神毗湿奴（Vishnu），在印度史诗（Matsya purana）② 中也被称为 Swayambhu。而 Swayambhu 这个词的意思就是"自我表现"、"自我存在"或"由它自己创建"。③ 而这个含义与信息演化存在论中的"存在"自我演化思想具有相似的性质。

中国社科院哲学所研究员巫白慧（1919～2014）就曾强调指出：

> 宇宙的原质是什么物质？一位吠陀智者推测说："太初宇宙，混沌幽冥，茫茫洪水，渺无物迹。"太初宇宙既然只是一片洪水，那么水就是宇宙的最初物质，从水产生万物。奥义书哲学家对此作了具体的补充："太初之时，此界唯水。水生实在，实在即梵。梵出生主，生主产诸神……""……水构成众物形状：大地天空、气层山岳、人神鸟兽、草木牲畜、蝇虫蚂蚁……"印度哲学这一古老的原水说比希腊泰勒斯的"水是万物的本原"的观点，至少要早数百年。④

---

① 黄心川：《印度哲学史》，商务印书馆 1989 年版，第 44 页。
② Matsya purana 是 18 个主要的 Purana（马哈普拉纳）之一，也是印度教中最古老、保存最完好的梵语文学文献之一。出自维基百科，https：//en. wikipedia. org/wiki/Matsya_Purana。
③ 出自于维基百科，https：//en. wikipedia. org/wiki/Swayambhu。
④ 巫白慧：《印度哲学——吠陀经探义和奥义书解析》，东方出版社 2000 年版，第 104 页。

综合上文的列举和分析，我们可以发现，不仅在古代的朴素唯物主义本原论思想中表现出很多水本原论的倾向，而且很多古代神话中的创世说也都有这种水本原的倾向。

再比如古埃及（约前10世纪）对于创世的神话版本很多，但神话的主旨都指向了太阳神"拉（Ra）"的诞生，几乎所有版本都是将原初世界描述为一片混沌之水，原始海洋，或者被称作海洋之神"努恩"。而太阳神"拉"则是由水面上一枚蛋中孵出来的。[①]

这种描述与印度神话中《金胎歌》的创世思想十分相似。提出的时间也非常接近。

更早的"七块创世泥板"——《埃努玛·埃立什》（Enuma Elish Enûma Eliš，约前15～14世纪）史诗中记载了巴比伦的创世神话：

> 相传太古之初，世界一片混沌，没有天，没有地，只有汪洋一片海。海中有一股咸水，叫提亚玛特，还有一股甜水，叫阿普苏，它们分别代表阴阳两性，在汪洋中不断交汇，生出几个神祇，到安沙尔和基沙尔时，他们又生出天神安努和地神埃阿，于是宇宙出现了最初的几代神灵。[②]

其中认为世界之初只是天地未分，汪洋一片。海洋中的一股称为提亚玛特（Tiamat）的咸水和一股称为阿普苏（Abzu）的甜水彼此交融，最后生出了世界最初的几代神灵。

这部被称为人类史上有记载的最早的创世神话之一也认为世界是从水开始的。而这部神话与世界许多神话都有相似之处。比如与《圣经》中的旧约全书，很多西方的研究者得出了一个普遍的结论，即旧约中的故事是基于《埃努玛·埃立什》上记载的神话而创作的。其中最主要的相似之处包括：在世界创造之前都提到了原初的混沌之水；创造世界的起始都是从混沌中分离开了天与地；不同类型的水域在世界的创建过程中

---

① 麦永雄：《古埃及神话的基本背景与文化蕴含》，《外国文学研究》1996年第2期。
② 饶宗颐编译：《近东开辟史诗》，辽宁教育出版社1998年版，第4—6页。

被分离；以及创造世界的步骤和天数之间的相似性，也就是使用了 7 天时间。美国芝加哥大学的海德尔·亚历山大（Heidel Alexander，1907 ~ 1955）还在他的书中提到了《埃努玛·埃立什》上记载的神话与其他宗教的一些广泛的共同之处，比如古埃及、古代腓尼基和印度《吠陀》作品中提到的世界原初的混沌之水。①

类似的水中诞生世界的神话在世界各地都有，比如中国、日本创世神话以及古希腊的创世神话，等等。

这些水本原论或者水创世论都有一个共同的倾向，就是将水作为世界生成的一种原初的基质，世界出现之前的"前世界"或世界的"前状态"。这种状态或基质构成了这个世界的根本环境。而水与世界，即基质与世界的关系正相似于当代信息哲学提出的信息演化存在论中的"非存在"与"存在"的关系。

三 "水本原说"中的特性与"存在""非存在"

我们从上文可以看出，水本原说是人类古代哲学中的一个世界现象，而且它们都有一个相似之处，就是将"水"定义为一种世界的原初基质。

如果从科学的角度来看，古代先哲们对水之于生命重要性的领悟是相当贴切的。因为，无论是从水的性质还是水分子中重要的氢键出发来看，对于地球生命都具有独一无二、无法替代的神圣地位。

在生命诞生之初，地球的环境极其恶劣。温度波动剧烈，大气成分复杂，但就是得益于地球表面庞大的水体，为生命提供了绝佳的维持环境。当地球表面温度在零度以下时，水面会结冰。而恰巧由于冰的密度比水小，所以冰层不会沉到水下，而是漂浮在水面，冰层成为下方水域天然的保护屏障，从而保持下方水域的温度；而当地表温度迅速升高时，水分子中强度较大的氢键需要吸收大量的热量才会被破坏，导致水的比热容很大，从而可以吸收环境热量来阻止水体热量剧烈变化。而且水的热传导速度很差，水温会呈层次梯度分布，可以有效地作为高温的屏障。

生命的遗传物质，如 DNA、RNA、蛋白质等的结构都是通过氢键来

---

① H. Alexander, *The Babylonian Genesis*, Chicago: University of Chicago Press, 1951, p. 1.

进行绑定的。水中的氢键结构可以使生命遗传物质保持稳定。在遗传物质转录、翻译的过程中也依赖着氢键参与以保证遗传物质所携带信息的准确性。还有生命中大量的酶催化作用都需要在特定温度和 pH 值的水中才能高效率地进行。水的化学相对稳定性和对大量元素、化合物的溶解包容性，为生命活动提供了一个绝佳的生存、反应的外部与内部环境。综上所述，从多方面角度来说，水也的确是当之无愧的生命之源。

回到我们之前列举的例子中，可以发现，从最早的创世神话中我们可以找到许多似曾相识的对于世界诞生的描述。《埃努玛·埃立什》中写道，海中的咸水与甜水作为阴阳两性孕育出了神灵；古埃及则是认为原始海洋中孕育出的蛋孵出了创世之神"拉"；《梨俱吠陀》的《金胎歌》中则是认为大水怀着金胎，而金胎中就是世界最初的神灵。虽然古代中国的《管子·水地》、杨泉与古希腊的泰勒斯的水本原论与更早期各古国的神话相比显得更加具有逻辑性与唯物主义色彩，但不约而同，它们所阐释的水在世界中的位置却很微妙地相似。

我们同时还可以发现这些水本原论、水本原神话中创造世界的或者说创造这个世界本身或存在的其实并不是水。"水"犹如一片混沌，混沌中诞生了"存在"。就像神话中从混沌中诞生的神创造了整个世界，如卵中孵出的"拉"，金胎中孕育出的神灵。而水中诞生的神的创世行为则相当于"存在"的自我演化。"水"这片混沌的任务只是创造了神，之后"水"就完成了它的主要工作而退居到一个蕴含在万物之中或包裹万物的类基质的地位。就像《管子·水地》与杨泉的水本原论中强调生成万物的本原其实是地本原与气本原。

《管子·水地》中一开始就先提出了地是万物的本原，因为地生出了万物。而"水"作为"地"的血气、经脉使地有了生成万物的能力，所以"水"成为"地"创生万物的基础，"水"也蕴含于万物之中，成为万物的基质。

杨泉在论述"水"与"气"的关系时也是这样的态度，因为"水"在产生"气"之后就将创生世界的任务交给了"气"。所以，他称"水"为立天地者而同时称"气"为成天地者：

气自然之体也。地发黄泉，周伏回转，以生万物。①

（气是自然的本体，水由地中发出，在天地间循环辗转，从而生成了世间万物。）

水的根基在地，水循环的基础是地承载的大量水系，水化为气在天地间循环才得以让气生万物。从而气生日月、星辰、风石，等等，也包括人本身，他将人的生老病死完全总结为精气的聚散：

人含气而生，精尽而死，死犹澌也，灭也。譬如火焉，薪尽而火灭，则无光矣。故灭火之余，无遗炎矣；人死之后，无遗魂矣。②

好像"水"在生成"气"后任务就完成了，"气"完成了最后创生世界的所有工作。所以很多学者也认为杨泉的学说是坚持和发展了西周的气一元论。

泰勒斯坚持认为世界是浮在水上的，水在万物之中蕴含，万物消亡又复归于水。于是水作为世界基质和大环境的性质也是非常明显的。

从各个文明的水本原论可以总结出其中水所具有的一些性质：

1. "水"是先于世界（存在）的，类似于世界（存在）的基质；

2. "水"运动而不变、具有同一性、永恒性；

3. "水"衍生出了世界（存在）演化的开端（创世者），万物演化最终会归于"水"；

4. "水"并不是创世者本身，世界（存在）的演化是脱离水之后的；

5. "水"蕴含在世界（存在）万物之中。

进一步可以概括出人类古代哲学中水本原论所描述的水与世界的关系（如图 5.1）：

从图 5.1 中我们可以看出，在人类古代哲学的水本原论中所描述的

---

① 杨泉：《物理论》，《中国古代思想家列传编注》，华东师范大学出版社 1985 年版，第 373 页。

② 杨泉：《物理论》，《中国古代思想家列传编注》，华东师范大学出版社 1985 年版，第 372 页。

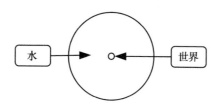

图5.1 水本原论中水与世界关系

"水"是作为世界的基质将世界囊括于其中。在那里,"水"已经超越了它具体"存在"的样态,它已经被脱离出来成为一个抽象的概念,而且有很多哲学史上的概念都与这个抽象概念相类似。比如古希腊哲学中阿那克西曼德的"无限"(也称无限定,apeiron,Boundless,ἄπειρον,即无固定限界、形式和性质的物质)概念。中国古代道家老子所提出的"道"或"无"的概念,以及印度哲学中"空"的概念,等等。

信息演化存在论重新阐释了"存在"与"非存在"的关系。之前总结出的水本元论中相关的几点性质与"非存在"的一些特性极其相似。

下面我们可以列出与水概念相对应的"非存在"概念所具有的一些性质:

1. "非存在"是先于"存在"的,类似于"存在"的基质;

2. "非存在"是无限的并具有同一性、永恒性;

3. "非存在"转化为了"存在","存在"又转化为了"非存在","非存在"是"存在"的前状态与归宿;

4. "非存在"并没有创造"存在"本身,"存在"的演化是自身的、自然的;

5. "非存在"蕴含在"存在"之中。

如水本原论中的水一样,因为"非存在"本身是无限与永恒的。所以如同水是先于世界,作为世界的基质一样。"非存在"也是先于"存在"并作为"存在"的类介质,只在当下的"存在"被无限的"非存在"所包裹着,"存在"在自我的演化过程中从"非存在"中诞生又复归于"非存在"。区别是信息演化存在论所讨论的"存在"是物自体世界与信息世界两体交融的"存在",比水本原论中的世界更加全面与复杂。

四 "水本原说"与"非存在"

阿那克西曼德将世界本原抽象为"无限"。(后面的章节中会对"无限"概念与"无"、"非存在"等相关概念做出详细的比较与论述)他认为,"无限"在运动中分裂出冷和热、干和湿等对立面,从而产生万物。因为"无限"本身是无固定限界、形式和性质的东西。所以它只能在永恒的运动中先分裂出对立的形式,然后这些具体的对立形式再进一步创生了"存在"世界。而对于道创生世界的过程老子有这样的描述:

> 道生一,一生二,二生三,三生万物。万物负阴而抱阳,冲气以为和。①
>
> (道产生出"一","一"产生出"二","二"产生出"三","三"产生出万物。世上的事物都是由阴、阳二种气相互融合而产生的。)
>
> "天下万物生于有,有生于无。"②

道也不是直接创生了世界,而是创生了太极(系辞中对于一的解释),之后阴阳(二),其实真正形成世界的为阴阳(阴、阳、半阴半阳为三)。万物是生于有,也就是有自身的自然地演化生出了万物,而"有"则是产生于"无",而道家的道与"无"是同一的。这两段话描述的其实是一个意思。与之相同,"非存在"也不是直接创造了"存在",就如同魏晋哲学家王弼(字辅嗣,226~249)所谓的有"以无为本",说明了"有"与"无"之间只有体用、本末关系,并不含有"母"与"子"的生成关系。③它们二者并不是母子的互生关系,只是逻辑归属的关系。这个思想就完全契合了信息演化存在论对于"存在"(有)与"非

---

① (三国魏)王弼:《老子道德经注》,楼宇烈校释,中华书局2011年版,第120页。
② (三国魏)王弼:《老子道德经注》,楼宇烈校释,中华书局2011年版,第113页。
③ 葛荣晋:《魏晋玄学"有无之辩"的逻辑发展》,《河北师范大学学报》(哲学社会科学版)1994年第1期。

存在"（无）的解释。即："存在"是在自身的演化运动过程中完成了与"非存在"之间的转化。所谓转化不是生成关系，而是逻辑归属问题。"存在"的演化是自然的，是不依赖于"非存在"的。

古代哲学的水本原论中也出现了明显的复归思想，世界来源于"水"并最终复归于"水"。中国的道家也认为万物生于道（无），灭归于道（无）。就如同印度哲学中的"空"与"实有"这对概念一样。印度哲学中的"空"的概念与"实有"概念相对，是印度哲学的核心概念，印度典籍《唱赞奥义书》（*Chandogya Upanishad*，约前7世纪~前6世纪）中对世界起源于"空"就有这样的描述：①

> 此世界何自而出耶？
>
> 空也。唯此世间万事万物，皆起于空，亦归于空。空先于此一切，亦为最极源头。

关于万物起于"空"亦复归于"空"的思想与"存在"起于"非存在"亦复归于"非存在"的思想在本质上是相通的。在阿那克西曼德对"无限"概念的阐释中也出现了相似的思想，他强调了生成与消亡共同构成了世界的运动。在这一思想的基础上他提出了关于事物生成和消亡的"补偿原则"。②根据这个原则，从"无限"中分离出事物的生成过程是对"无限"的损害，因而要使一些事物回归"无限"作为补偿。这是"时间的安排"和"报应"，"根据必然性而发生"。③赫拉克利特所推崇的"火"的精神也是如此，他认为火这种最剧烈的运动正是体现出了世界无休止运动的本质。

赫拉克利特也认为事物的演化与消亡是同时的，区别只是他这里的起始与归宿是"火"。而恰好就如同泰勒斯所说的那样："水生万物，万

---

① 《五十奥义书》（修订本），徐梵澄译，中国社会科学出版社1984年版，第64页。
② 赵敦华：《西方哲学简史》，北京大学出版社2001年版，第12页。
③ 苗力田主编：《古希腊哲学》，中国人民大学出版社1989年版，第24页。

物复归于水。"①

"水"与"火"虽然都是出自自然界的原型，但因为经过了哲学的高度抽象，其实它们已经从自然界中被抽离出来，并与世界本身相对立。就如同其他的本原说所抽离出的概念一样，都成了世界之前的原状态或者世界出现后的介质、根基。并在世界的演化运动中保持着一个稳定、唯一、恒定的状态，提供一个世界延续发展的大环境。而且同时，它们不仅在世界背后，也在世界中每一个存在物的背后或说是蕴含其中。泰勒斯认为，水是世界不可缺少的成分，尤其生命更是依赖其而存在。《管子·水地》中也认为"水"作为"地"的血脉，蕴含在"地"之中并维持其存在。杨泉更是认为"水"不仅维持了"地"的存在，而且化身为气，并以气的形式创生了万物。同样，"非存在"也是蕴含在"存在"之中的。"存在"与"非存在"是有多个方面与维度的整体，一个事物在某个维度上存在而在另一个维度上则有可能属于"非存在"的范畴。无论是物质还是信息，皆是如此。因为"存在"与"非存在"相互交织着，无休止地相互转化着，所以它们是相互交融无法割裂的。

抽离出作为世界本原的"水"概念，以及上文中提到的很多相似的本原概念，为何它们会如此相似于"非存在"概念？

因为它们都被定义为一种纯粹的、原初的、唯一的、无内在和外在差别的"存在"概念。它们所指向的内容因为没有了差别，没有了与他物的联系，也就无法与任何他物进行相互作用，所以这种完全孤立的事物也就无法显现自身，也就无法存在。因为"存在"是在相互作用中得以体现自身，在差异中得以存在的。所以当"水"被提炼出来作为世界的本原时，"水"就不是我们平时所认识的物质性的水了。其实这个概念的内容已经指向了"非存在"领域，其他类似概念也是如此。而"非存在"领域是绝对的"无"，是绝对的无限与同一。它们之间如此相似也就在情理之中了，因为它们在内容上是同一的。

或许古代的先哲们也敏锐地发现了这个问题，所以他们的思想在最

---

① 北京大学哲学系外国哲学史教研室编译：《古希腊罗马哲学》，生活·读书·新知三联书店1957年版，第4页。

后都基本让那个设置为绝对的、唯一的、无限的、同一的、永恒的事物放在了神隐的位置。而将创生流变世界任务交给了由那个本原事物衍生出的派生事物。

西方哲学从巴门尼德开始一直在追求某个永恒不变的"存在"，那种对于形而上的追求一直紧紧扼住西方哲学的咽喉。而东方哲学则不同。中国哲学最著名的经典，被尊为"群经之首，诸子百家之源"的《周易》所推崇的"易"字的含义就是变化，世界是在变化中展开的。与西方的存在观一样中国古代的存在观与世界观是分不开的，所以要讨论东西方古代的存在观问题首先要从"周易"开始。

第二节 "易"变、流变与"存在"问题①

虽然《周易》成书很早，但是成书的确切年代还备受争议，因为很多古籍经历了几千年的时间，或者各种人为、天灾的原因，有些已经完全佚失有些则被部分保存或者改动，所以年代推算十分困难，就像《连山易》和《归藏易》已经失传。《周易》的成书年代现在认同最多的是在殷末周初，相传为周文王所作。② 按照两个朝代的时间推算，殷商大约是在"前17世纪~前11世纪"，而周朝是在"前1046年~前256年"，由此推测，周易成书时间大约是在"前11世纪~前10世纪"。如果考虑到已经失传的《连山易》和《归藏易》，此三易所代表的古代中国易学可以和印度的《梨俱吠陀》年代并驾齐驱。

《周易》对中国的文化思想影响巨大。因为中国文化来源于百家，而百家皆是深受《周易》的影响，《周易》中的思想包罗万象，发挥空间巨大。1715年法国传教士约阿希姆布维（Jesuit Joachim Bouvet，1656~1730）和 简弗朗索瓦（Jean - Francois Fouquet，1665~1741）在当时康熙皇帝的支持下，把《周易》翻译为英文在西方世界出版。从此《周易》

---

① 本节内容已发表，见邬天启《信息哲学视域下的"易"变、流变与"存在"问题》，《中国哲学史》2021年第1期。这里有修改和扩充。

② 廖名春：《从语言的比较论〈周易〉本经成书的年代》，《许昌师专学报》1999年第1期。

也开始在西方世界中产生影响。包括当时的莱布尼茨的思想也深受周易的影响。①

《易经》中原本有"三易",《连山易》和《归藏易》已经失传,此三易代表了古代中国的易学研究传统,其中唯一保留的《周易》发展了中国古代的阴阳论,将世界的变化统一于阴阳的变化。但贯通于"三易"的这个"易"字才是整个易学的精髓。因为"易"即易变,西方就将《周易》直接翻译为 "*The Book of Changes*" 意即"关于变化的书"。所以"易"或"变"才应该是易学关于世界解释的核心思想。

《周易》中表达出一种以阴阳、天地、乾坤这些相对概念为本根的世界观。这也是中国哲学中最早的关于存在论层面的学说。这种存在论思想认为世界存在的基础是建立在一系列无休止的易变之上,而易学则是力求在这些貌似杂乱无章的变化中去寻找其中的规律和本质的学说。

一 《周易》中的存在论思想

中国哲学中的阴阳论出现很早,但起初只是认为阴阳是自然界中的两种力量,没有认为是一切的本根。在中国第一部国别体史书《国语》(约前 990～前 453)中,就有运用阴阳概念来解释自然现象的记载:

> 阳伏而不能出,阴迫而不能烝,于是有地震。(周语)②
> (阴、阳二气的对立、消长,破坏了大自然秩序的平衡,从而产生了地震。)

《周易》中将世界描述为"天地":

> 天地交而万物通也;上下交而其志同也。③
> (天与地之间相互交流,则万事万物皆流通和畅;君臣上下相交

---

① R. J. Smith, "How the Book of Changes Arrived in the West", *New England Review*, Vol. 33 (2012), pp. 25 – 41.

② 张岱年:《中国哲学大纲》,中国社会科学出版社 2004 年版,第 25 页。

③ 《周易》,中国戏曲出版社 2008 年版,第 60 页。

沟通，则会志同道合。）

天地革而四时成。汤武革命，顺乎天而应乎人。①

（天与地有寒暑的不停革新、变动，从而形成了一年四季。商汤时期周武王的革命胜利，就是顺从了天道规律而又顺应了民众的愿望。）

天地变化，草木蕃。天地闭，贤人隐。②

（天地自然的变化，使一切植物茂盛繁衍。如果天地闭塞昏暗，那圣贤有能力之人都会隐退避世。）

这里的天地对应着自然本身，而另一方面，天地的精神也就是自然精神，同时也是人应该效仿的精神：

夫大人者，与天地合其德，与日月合其明，与四时合其序，与鬼神合其吉凶。③

（所谓的大人，就是乾卦九五爻辞中所说的有德之人，他的德行如天地一样负载万物；他的圣明如日月之光普照大地；他的进退如四季交替一般井然有序；他的运气与鬼神的吉凶相契合。）

天地交泰，后以财（裁）成天地之道，辅相天地之宜，以左右民。④

（天地相互交合，象征着亨通太平。君王应该效法此道，适当剪裁运用，掌握安排天地化生的规律，进而可以调节管理天下百姓。）

中国人"内圣外王"的人才塑造方式也可以从这里最早地反映出来，借用归纳出的自然天性来映射人性的培养，同时配合着当时的政治统治及男权的社会状态。天地之道也被总结为君主治国安民所应该崇尚的态度和方法。这样，中国的哲学从一开始就是通过对自然本体的片面解释，

---

① 《周易》，中国戏曲出版社 2008 年版，第 234 页。
② （三国魏）王弼：《周易注校释》，楼宇烈校释，中华书局 2018 年版，第 14 页。
③ （三国魏）王弼：《周易注校释》，楼宇烈校释，中华书局 2018 年版，第 5 页。
④ 《周易》，中国戏曲出版社 2008 年版，第 61 页。

而达到控制人的思想和生活；塑造人的品格和志向；维系家族关系和治理国家的目的。因为，所谓"修身、齐家、治国、平天下"也是在为民众输入统治者理想的世界观与价值观。所以在《周易》中这种借自然、天地之名义设立社会阶级，控制人民思想的存在论延伸解读是封建社会留下的糟粕，必须用批判的态度对待。

在《周易》中最开篇的卦象就是乾卦和坤卦，而乾坤正是对应着天地。而阴阳也同样对应着坤乾，而女男则对应着阴阳。在象传中乾元为阳，坤元则为阴。

> 大哉乾元，万物资始，乃统天。云行雨施，品物流形。①
>
> （博大的、象征万物创始的乾卦。万物依靠它而开始生长，它是统率万物之本源。它使云朵飘行舞动，雨水纷纷洒落，使各种事物各具形态而不断发展。）
>
> 至哉坤元，万物资生，乃顺承天。坤厚载物，德合无疆。含弘光大，品物咸亨。②
>
> （广阔无垠的大地，是生成万物的根源。万物都依靠它生长，它柔顺地秉承天道的法则。大地深厚且承载孕育万物，它的功德广阔无穷。它含藏了弘博、光明、远大的功能，使万物都顺利地成长。）

乾元是万物得以生成的资本与起始，但创生和承载万物的是坤元。乾坤缺一不可，这就如同天地，阴阳，男女。于是这种朴素的二元的辩证的世界存在观被应用到生活的各个层面。

综上所述，《周易》中的天地不仅代表着一种世界观、政治观，同时也代表着一种对立统一的朴素辩证法。而这个统一并没有在《周易》中出现，而是出现在了作为诠释《周易》的《易传》中。《易传》是战国时期诠释《周易》的一部经典著作，《易传》与战国中期哲学家庄子（名周，字子休，约前369～前286）及其后学所著的《庄子》有着微妙

---

① （三国魏）王弼：《周易注校释》，楼宇烈校释，中华书局2018年版，第2页。
② （三国魏）王弼：《周易注校释》，楼宇烈校释，中华书局2018年版，第12页。

的联系。所以自古就有以《庄子》解释《易传》者或以《易传》解释
《庄子》者。① 因为可以肯定的是《易传》受道家的影响很深。② 所以
《易传》作为对《周易》思想的补充明确表达出一种类似于道家的"道"
本原论的一本原论思想。《易传》作为一部儒道融合的哲学作品，对《周
易》思想进行了创造式的诠释。《易传》中归纳总结道：

> 易始于太极。太极分而为二，故生天地。天地有春秋冬夏之节，
> 故生四时。四时各有阴阳刚柔之分，故生八卦。八卦成列，天地之
> 道立，雷风水火山泽之象定矣。③
>
> （"易"从"太极"而来，"太极"一分为二，产生了天地，天
> 地之间有春夏秋冬四时节气，所以产生了"四时"。"四时"又有阴、
> 阳、刚、柔的区分，于是最后产生了八卦。八卦经过有序的排列组
> 合，这就成就了天道的形成过程。于是天、地、雷、风、水、火、
> 山、泽八卦之象就此确定下来了。）

而"太极"这个词最早也出现于《庄子》：

> 夫道，有情有信，无为无形；可传而不可受，可得而不可见；
> 自本自根，未有天地，自古以固存；神鬼神帝，生天生地；在太极
> 之上而不为高；在六极之下而不为深；先天地而不为久；长于上古
> 而不为老。④
>
> （道是真实的存在，恬淡寂寞且没有形态；可以精神领悟而不可
> 以双手授受，可以心神体认而不可以耳目闻见；它自生自长，没有
> 天地之前，大道就一直存在着；使鬼与上帝变得神灵起来，产生了
> 天和地；在太极之上不算高，在六极之下不算深，生于天地之前不

---

① 钱穆：《庄老通辨》，生活·读书·新知三联书店 2005 年版，第 343—353 页。
② 陈鼓应：《老庄新论》，上海古籍出版社 1992 年版，第 272—286 页。
③ （汉）郑玄：《易纬乾坤鉴度》，《四库全书荟要》第 3 册，吉林人民出版社影印本 2002
年版，第 1 页。
④ （战国）庄子：《庄子》，方勇译注，中华书局 2013 年版，第 102 页。

算久远，长于上古也不算古老。）

《庄子》这里的"太极"是指天地未分之前的清虚混沌之气。① 而且在这句话中写得很清楚，认为"道"在本质上是高于"太极"的。

"太极"在《易传》中被解释为天地背后的那个易变的发动者，也就是世界易变的主体，世界的本原。"太极"相对于"天地"是一种形而上的存在。它作为所有易变的发动者，同时也是万物的缔造者。"太极"从字面上来看的意思是时间与空间上的无穷与极限状态，是一个无所不包的概念，这个概念就类似于"无"（非存在）了。同时《易传》中又对"易"本身做出了解释："生生之谓易。"运用"生生"这个动态的流变概念来解释"易"是非常恰当的，解释这个演化的"存在"世界本身也已经足够了，而"易"本身就是这个"存在"世界的本质。而在《易传》构造出"太极"这个概念之后，相当于将"无"（非存在）概念引入了《周易》原始的存在论思想。

从伏羲时代的《连山易》到黄帝时代的《归藏易》，最后到周代的《周易》。东汉末年儒学家、经学家郑玄（127～200）这样概括道：

> 《连山》者，象山之出云，连连不绝；《归藏》者，万物莫不归藏其中；《周易》者，言易道周普，无所不备。②
>
> （《连山易》取象征于流动的云连绵不绝的从大山深处飘出来，一座座山连在一起所以名为连山。而《归藏易》象征万事万物都归属藏盖于大地之中，所以称之为归藏。《周易》则是象征着易之道周而复始、普变循环。具有包罗万象、无所不备的含义。）

综上所述，我们可以发现，易学中将"易"这个概念已经设定为连绵不断、蕴含万物、无所不备的世界本身。"易"即代表着永恒运动的世

---

① （战国）庄子：《庄子》，方勇译注，中华书局2013年版，第103页。
② （三国魏）王弼：《周易略例·第三论三代易名》，《四库全书荟要》第1册，吉林人民出版社影印本2002年版，第21页。

界本质。但对于人本身来说易变的难以判断和预测带来了很多的不确定性,这种不确定性对于人来说是危险的,是恐惧的。于是出于人们对于生活安全、稳妥、确定的追求,人们不仅要探讨世界易变的规律,而且还要寻求那个作为易之变化开端的不变的东西。在《系辞传》中这个作为变化开端的不变的东西就是"太极"。"太极"作为易变的发动者,那个唯一不变的一,就像理念、上帝这些概念一样。既然易变是这个"存在"世界永恒的本质,为何非要在这个本质背后去找寻那个形而上的发动者呢? 就像赫拉克利特为世界的永恒流变背后找到了一个支撑,即"永恒活火"或"逻各斯"的概念一样。或许这只是人因果思维方式的惯性,一种上帝情结,一种对于"无"(非存在)的执念而已。所有一元论思想的归宿只会是"无"(非存在),在"存在"世界寻找一元论本原的思想本身是背离"存在"世界本性的。

在《系辞传》中,正是由于"太极"的不变性与世界的易变性形成了对比,所以产生出了新的概念,即"不易"。

因为,其实《易经》的中心概念就是易变,所以"易"本身就可以认为是这个"存在"世界的本质,即自然界本身。这种"存在"世界处于永无休止的运动和变化中的观念很符合现代科学的观点。在古代西方哲学中很早就有了类似的学说,比如赫拉克利特等。

二　流变与"易"变,"逻各斯"与"不易"

赫拉克利特认为,火是世界的本原,他把整个世界看作一团永恒的活火,认为世界是包括一切的整体,按一定的规律燃烧和熄灭。虽然,赫拉克利特认识到事物无休止的运动和变化,并认为事物向自己对立面的转化是如此迅速,致使世界陷入了完全的不确定性,但是,赫拉克利特又肯定了一个东西是不变的,这就是"逻各斯"。他的学说中所提出的几个重要概念经过发展也都渗透到了未来的科学与教育学的层面,如"变化""逻辑""道德",到后来又发展出的"辩证法"与"复杂性"。①

---

① V. Tasdelen, "Logos and Education: On the Educational Philosophy of Heraclitus", *The Anthropologist*, Vol. 18, No. 3 (October 2014), pp. 911 – 920.

同时，他也将"逻各斯"称为"一""智慧"，它们在本质上是统一的。赫拉克利论述道：

> 万物皆变，万物常驻，人不可能两次踏进同一条河流。①

这句话被后来的人们看作他的学说的标志和精髓。然而，他并没有在自然之外找寻形而上的基础，而是把这一切都归结于自然：②

> 那一，那唯一的智慧，既愿意又不愿意接受宙斯这一称号。
>
> 智慧只在于一件事，就是认识那善于驾驭一切的思想。
>
> 思想最大的优点，智慧就在于说出真理，并按照自然行事，听自然的话。

在赫拉克利特这里，火与"逻各斯"两者之间也并不冲突，二者其实甚至是统一的。赫拉克利特的火本原说并不是简单地将火作为本原，而是采纳了火的精神：

> 一种可能的解释是：他把一事物转化为另一事物的原因视为这一事物的多余和另一事物的不足。③

这样的表述又会让人很自然地想起之前论述水本原思想时提到的阿那克西曼德的"补偿原则"。赫拉克利特认为，事物之间的转化是遵循一种原则的，这种原则就是逻各斯。而由于这种原则在外部世界中最直接、剧烈，具有代表性的表现形式就是燃烧现象，也就是火。所以火便成了与逻各斯具有统一性的世界的本原：④

---

① 赵敦华：《西方哲学简史》，北京大学出版社 2001 年版，第 15 页。

② 北京大学哲学系外国哲学史教研室编译：《西方哲学原著选读》（上卷），商务印书馆 1981 年版，第 22 页。

③ 赵敦华：《西方哲学简史》，北京大学出版社 2001 年版，第 14 页。

④ 苗力田主编：《古希腊哲学》，中国人民大学出版社 1989 年版，第 37 页。

世界的构成是不足,焚烧则是多。

火在升腾中判决和处罚万物。

赫拉克利特一方面在强调世界无休止的变化,甚至到了一些极端的状态,任何事物在这种剧烈变化中都没办法保持住自身,这就是他的万物流变思想。他选择"火"作为世界的本原,也是因为"火"正是一种剧烈无休止变化过程的体现:

> 为了发挥不断活动的思想,他选择了他所知道的某种最容易动的、永不停止的东西,作为他的原始的基质,这就是永生的火,有时他称之为蒸气或气息。①

赫拉克利特并不像古代哲学中的其他本原论哲学家们那样只是简单而直接地抓住自然界中的某个或某些具体的事物来解释世界,他抓住了火,但又扬弃了火的具体的形式,他需要的是火的精神,是那种永无休止剧烈变化的精神——永生的火。

但是同时他又提出了"逻各斯"这个概念,逻各斯与火某种程度上说是统一的,但是火的剧变与不确定性是如此极端,让人难以预测和描述,而逻各斯却是智慧,却是可以掌握和学习的,是不变的。这看似矛盾的自我对立的逻辑在其他人的文献中也有类似的表达。

伊朗神话中的天神艾霞·凡许达(Asha Vahishta)也具有类似的自我对立特性,它身为火的化身,名字是"完美的秩序"的含义。同时它又是世界秩序的维护者与恶魔的惩戒者,兼并维护、创生与毁灭于一身,它的本质也极其类似于逻各斯。②

这种矛盾的思维方式也同样出现在前面提到的"易"学中。"三易"为我们描述了一个不停变化的世界,世界如山之出云一般,云之气象万

---

① [美]梯利、[美]伍德:《西方哲学史》,葛力译,商务印书馆2013年版,第21页。

② S. S. Ahmadabad, "Mohammadreza Sharifzadeh. Observing the relationship between the word 'logos' from Heraclitus perspective (Cross Symbol Pattern in Iranians' thought)", *Bagh - e Nazar*, Vol. 13 (2016), pp. 45 - 46.

千、连绵不绝，貌似变化无常、难以把握。而其实万物又藏于其中……无所不备。而在《易传》中这个藏于背后的、无所不备的就是易变的发动者"太极"，即"不易"。

《易传》中对于《周易》中的"不易"概念做出了举例概括：

> 天尊地卑，乾坤定矣。卑高以陈，贵贱位矣。动静有常，刚柔断矣。方以类聚，物以群分，吉凶生矣。在天成象，在地成形，变化见矣。是故刚柔相摩，八卦相荡，鼓之以雷霆，润之以风雨，日月运行，一寒一暑。乾道成男，坤道成女。乾知大始，坤作成物。①
>
> （天尊贵而地卑微，以此乾坤的地位就定下来了。地位高低确定下来之后，万物的贵贱地位也就确定了。通过天地的运动与静止的规律，可以区分出刚健与柔顺这两种属性。方位有类别，万物有种群，则会出现同异、聚分的现象，顺应规律则吉祥，逆之则会凶险，于是有了吉与凶的区别。天上有日月星辰，地上有山川草木，这些千变万化、各不相同的事物足以体现世间的变化。所以我们可以看到：刚与柔相互作用，八卦之间相互推移，雷霆鼓动天地，风雨润泽万物，日月交替运行，形成昼夜、寒暑的交替，形成四季。乾坤统一后产生的万物有男有女（雄雌）。万物产生，得于乾道的成男与坤道的成女。乾的规律开始推动万物的生机，令万物由无形变成有形。坤的作用是形成了具体的万物。）

这段对于"不易"的叙述深刻地表现出一种朴素的自然本体的思维逻辑，"不易"即为天地之道，是推动世界易变的"太极"，同时也是世界运行的规律。这样的思维方式与赫拉克利特的思想相当契合。《周易》中的"太极"与"不易"和赫拉克利特的火与逻各斯，这两对概念在本质上都是相同的。

综上所述，经过比较深入思考之后我们可以发现，这样的思维其实并不矛盾。火与"易"变只是表象，表象即现象，现象世界是瞬息万变

---

① （三国魏）王弼：《周易注校释》，楼宇烈校释，中华书局 2018 年版，第 232 页。

的，但事物演化背后，内在的规律是逻辑的、不变化（不易）的、可把握的、可理解的。而掌握了这些规律的人自然拥有了逻各斯认识到了"不易"，即真理、智慧。

但这里出现了一个问题，人所认为的那些事物演化背后、内在的"万物定律"真的是不变的呢，还是人为构建和设想呢？可能事实必须经过事实与逻辑的验证。但其实现代科学研究却一直在沿用这样的思维方式。

三 "真理"与"非存在"

信息哲学的发展非常迅速，正在改变着人类的传统认知。尤其是对于"存在"与"非存在"这个哲学史上的难题。信息演化存在论认为，"存在"随着时间轴的推进在无休止地变化着，而"存在"背后并没有那个唯一的、不变的、永恒的事物存在，包括那些所谓的大统一理论。那些所谓的永恒存在，即永恒的绝对的真理也只能是"非存在"的。因为宇宙空间、时间的无限性与人类的有限性，人类发现的只能是相对真理。

规律、定律都是人类社会信息的一部分，它们是人类通过常识、实验、推理得出的描绘这个世界的图示，但并不是世界本身。它们受到很多因素以及时间的制约。我们现在计算出的太阳与地球的距离其实每时每刻都在改变，直到地球轨道越来越靠近太阳，最后被太阳（或太阳的尸骸白矮星）解体吞噬，之后地球都不存在了（或许还没等到太阳吞噬地球，地球就已经因为各种原因不存在了），还谈什么距离呢？再比如科学上的其他数据或者公式、理论，物理学中的定理都严格受到环境的制约，牛顿力学在高速运动的物体上就会失效，而欧几里得几何学在宇观尺度上就会失效。在超微观尺度时空结构的描述中，广义相对论和量子力学不相容。不同规模的宇宙、宇宙的不同层次、宇宙演化的不同阶段，物理定律都是不同的。现在我们所运用的所有物理定律，包括最著名的热力学第二定律，即熵增定理也仅适应于某种规模的特定演化阶段的宇宙（现在推断的宇宙阶段：大爆炸前，大爆炸，暴涨阶段，膨胀阶段，可能一直膨胀或者坍塌收缩，取决于我们的宇宙是开宇宙还是闭宇宙）。而最具讽刺意味的是，备受物理学界推崇的大爆炸理论以及之后为了支持大爆炸理论而提出的暴涨理论，还有近年来热度超高的暗物质理论、虫洞理论与平行空间理论等，都只是在思想实验阶段，虽然有很多所谓的证据。但由于人类能力的局限性，很多思想根本无法，或至少当前无法做出实验来验证，与其说这些理论是科学假说还不如说是哲学思想。所以，关于这个当下最"完美"的宇宙演化理论一直都有反对的声音。①或许我们只是真的找不到另一个更好的理论来解释我们所观察的事实、描述我们所处宇宙的演化而退而求其次而已。爱因斯坦的后半生正是被消耗在苦苦寻找那个他所设想的"大统一理论"，而最后还是一无所获。而如今物理学界研究最火热的弦理论（自 20 世纪 70 年代中期以来被称为最有希望能够统一量子力学和广义相对论的一种万物理论）至今仍然只是一种数学公式形式的假设，依然无法做出任何实验来证明。②

因为我们的无能与无知和这个世界近乎无限的内容与无休止演化，所以"存在"背后不可能有那个我们所设想的唯一的、不变的、永恒的存在事物的位置。就像霍金所说的那样：

> 宇宙创造过程中，"上帝"没有位置。没有必要借助"上帝"来为宇宙按下启动键。③

这里需要再强调一句：宇宙的演化过程中，"终极原理"没有位置。因为宇宙的演化有其不同的阶段，不同的时期，它就必然不会被任何"终极原理"，"绝对真理"所束缚。所以之前提到的那些背后的、唯一的、不变的、永恒的"存在"概念，就是将对象指向了虚无，就如同"水""不易""逻各斯""永恒之火""上帝"等。其实形而上的概念一直在支配着人类的思想，这已经是一个根深蒂固的传统。其实，形而上

---

① D. F. Chernoff and S. H. H. Tye, "Inflation, string theory and cosmic strings", *International Journal of Modern Physics D*, Vol. 24, No. 3 (2015).

② U. H. Danielsson and T. V. Riet, "What if string theory has no de Sitter vacua?" *International Journal of Modern Physics D*, Vol. 27, No. 12 (2018).

③ ［英］斯蒂芬·威廉·霍金：《大设计》，吴忠超译，湖南科学技术出版社 2011 年版，第 1 页。

的概念来源于人类的抽象思维习惯，就像前文中提出的一种"上帝情结"。

杜威（John Dewey，1859～1952）也曾提到：

> 海森堡的不确定原则和质量随速度而变化的发现表明了一切物理法则都是属于统计性质的这样一个概括的结论。我们知道这些法则是对一可观察的事情的概率所做的一些预测。[①]
>
> 其实确定性的寻求是寻求可靠的和平，是寻求一个没有危险，没有由动作所产生的恐惧阴影的对象。因为人们所不喜欢的不是不确定性本身，而是由于不确定性使我们有陷入恶果的危险。[②]

不确定性充斥于我们的世界，这是"存在"世界无休止演化的终极体现。由于这种机制的自然条件与过程产生了不确定性和危险性。所以人类热衷于总结和发掘多变的现象背后的原因和规律，给自己制造安全感。一切本原说正是来源于这种思维模式。

哲学就需要借助于理性抽象的方法超越感性的直观，对世界进行更具普遍理性的深刻把握。哲学追求普遍理性的抽象是哲学思维的一个最基础的特点。

抽象概念来源于自然界的直接概念，而又比直接概念复杂、丰富、凝练。古希腊哲学家们提炼出的"存在"（being）概念就是这样的一种具有普遍理性特色的抽象概念。它是一个包容一切现实事物的具有综合性的抽象度极高的概念。这些概念以信息的方式存在，但这些概念指向的内容就是另一回事了，尤其是那种描述为纯粹的、原初的、唯一的、无内在和外在差别的"存在"概念。因为，它所指向的内容因为没有了差别，没有了与他物的联系，也就无法与任何他物进行相互作用，所以，这种完全孤立的事物也就无法显现自身，也就无法存在。"存在"是在差

---

① ［美］约翰·杜威:《确定性的寻求——关于知行关系的研究》，傅统先译，上海人民出版社2004年版，第251页。

② ［美］约翰·杜威:《确定性的寻求——关于知行关系的研究》，傅统先译，上海人民出版社2004年版，第5页。

异中得以体现的。所以换一个角度，既然"存在"本身背后并不存在一个唯一、不变与永恒的存在形式，那么这个"存在"背后的"存在"就只能是"非存在"。

如果说"存在"背后并没有那个所谓的形而上的"存在"世界，那么形而下的世界就正是"存在"的全部。而形而上的世界就成为了绝对的"无"，也就是"非存在"的世界。绝对的"无"，即"非存在"，也必然是无限的、不变的、唯一的、绝对的、永恒的。哲学史上所有那些形而上的终极概念都是指向了这个"非存在"领域。既然"存在"世界中没有绝对的事物，那么所有人类总结的所谓的规律就成为了无用之物了吗？其实不然，因为人类也正是利用这些智慧的成果在创造前所未有的人类文明的奇迹。人类开始认识到我们所处的世界本身就是一个不确定的世界，一切总结的规律都是相对的、概率的或者是严重的受着环境约束与限制的。在条件的制约下我们可以利用智慧预测很多的未来，甚至仅仅依靠习惯与本能。这种预测行为让我们得以生存，也让我们在改变着自然与我们自身。

美国哲学家查尔斯·桑德斯·皮尔士（Charles Sanders Peirce，1839~1914）在100多年前就曾提出："没有永恒不变、一劳永逸的真理。"① 但同时他也提出：

> 追求真理是最崇高的事业，真理虽然不一定是可以达到的目标，但它应当被理解为一个探究的规整性原理。探究应该由这样一个希望来引导，即对于每一个问题都有一个正确的解答。如果否认真理的存在，思想和推理就会没有目标。②
>
> 如果不承认有真理，我们就不会问任何问题，探究和争辩也就

---

① https：//baike. baidu. com/item/% E6% 9F% A5% E5% B0% 94% E6% 96% AF% C2% B7% E6% A1% 91% E5% BE% B7% E6% 96% AF% C2% B7% E7% 9A% AE% E5% B0% 94% E5% A3% AB/ 5028870？fr = aladdin .

② C. Hartshorne and P. Weiss （eds. ），*Collected Papers of Charles Sanders Peirce*，*Volumes II*，Cambridge：Harvard University Press，1932，p. 135.

不可能了。①

所以否定真理的存在，就阻挡了人类探究之路，因为正是心怀追求真理的希望，我们才有机会获得知识。真理是科学探究不可或缺的目标和预设。②

德国数学家、物理学家、哲学家赫尔曼·外尔（Hermann Weyl，1885～1955）也曾说过：

如果没有对真理和现实的超验信仰的支持，如果没有科学的事实和建构与观念的表象之间的持续相互作用，科学就会消亡……③

皮尔士提到的这一点的确非常重要，我们需要承认的只是绝对真理的"非存在"性，而不是相对真理。对于相对真理的探究和追求是需要人类不懈坚持下去的。而正如赫尔曼所说的，有时候在科学研究中对待"绝对真理"的态度又是一种信仰，类似于为了科学不会灭亡而笃信的那个"绝对真理的上帝"。

逻各斯、"一"、"太极"、"不易"与"智慧"等思想的本质就是运用人类总结的各种自然规律、定律来进行正确或有效的预测行为。而这种预测行为正是意识本身对于"存在"与"非存在"转化过程的体验与认识。生物为了适应自然，在自然中得以生存和繁衍，智慧应运而生，无论是出于 DNA、本能、外界刺激，还是后天的学习与锻炼。

"存在"的流变性与"非存在"的永恒性也是一种统一，它们之间的相互转化被意识部分地把握，而这种相对的把握使意识能够对其做出有限的正确预测，而这种相对正确的预测即为智慧，也就是逻各斯与"不易"。如果从这个角度来说，赫拉克利特的流变与恒定，易学中的"易"

---

①　C. Hartshorne and P. Weiss（eds.），*Collected Papers of Charles Sanders Peirce*，*Volumes V*，Cambridge：Harvard University Press，1932，p. 211.

②　邱忠善：《皮尔士的真理观初探》，《江汉论坛》2013 年第 9 期。

③　H. Weyl，*Philosophy of Mathematics and Natural Science（Revised）*，Princeton：Princeton University Press，2009，p. 1.

与"不易"也有其更深刻的思想。在相对的、有限制、有条件的层面，我们已经通过我们的经验部分、相对的把握了世界，并进行了相关的预测和操作，改造了世界与自身，获得了长足的进步。

但是从另一个角度来说绝对正确或有效的预测行为也是不存在的，一切预测都要受到多方面条件的约束，我们要承认自己能力的有限性与相对性。尽管人类有非常强大的科学技术与工程能力，也具备了强大的预测能力，但这个世界本身是复杂与混沌的。因为蝴蝶效应①的存在，人类现在连当天的天气都没法很好地预测，更不要说长远的天气状况预测了。宏观领域是如此，微观领域更是如此。不确定性原理的提出正是证明人类在量子领域的精确预测成为泡影，只能退而求其次地使用概率论来进行近似预测。综上所述，逻各斯、"一"、"太极"、"不易"或"终极万物理论"这些以信息方式存在的概念所指向的那个绝对的真理本身是不存在（非存在）的。

从上文的论述出发，需要进一步避免走入另一个极端。这就应该对于一种流行的说法做出一些修正，在描述世界的变化本质时我们经常会看到美国思想家斯宾塞·约翰逊（Spencer Johnson，1940～2017）所说的一句话："世界上唯一不变的就是变化本身。"这句话想要表达的意思很容易理解，乍一看与本文所论述的观点很相似。但却经不起推敲。从学术研究的严谨态度来说，这句话本身就是错误的，是一个悖论。如果这个世界上有唯一不变的东西，那这个世界就不是绝对的变化了；如果世界的本质是绝对变化着的，那么就不会有那个唯一不变的东西。由于这句话在用"不变"修饰"变化本身"，所以产生了悖论，无法成立。而又由于世界上并没有任何唯一、永恒与不变的"存在"（物质或信息），有的只是"存在"与"非存在"之间无止境的相互转化（变化本身）。所以这句话又掉入了前文中提到的那个人类思维定式的陷阱，一个人类对

---

① 美国数学与气象学家，混沌理论之父爱德华·洛伦兹（Edward Lorenz，1917～2008）最初创造了这个词，因为他的电脑模拟天气变化的吸引子像一只蝴蝶的形状（Laszlo 1987）。其观点的要点是当输入的不同参数的差异在一个极小的小数水平，计算机程序将给出截然不同的结果。这就产生了一个隐喻，即这个细微的变化就像一只蝴蝶在地球上的某个地方拍了一下翅膀则可能改变另外一个地方的天气。

"一"的痴迷追求（总试图去追求一个永恒、无限、唯一、普世的事物）。

第三节 对立统一、中介与"存在"问题①

前文中我们已经讨论了关于人类认识世界初期的很多"存在"思想，而且基本都是一元论思想。我们可以发现人类对于世界的认识是一个否定之否定的过程。从最开始的复杂混沌到一本原论、矛盾论，最后又回归到复杂性，而人类对于"大统一理论"的追求却从没有放弃过，这个终极理论的内核正是一元论的。因为人类在最初的时候，如同动物一样适应着这个瞬息万变的世界，为生存而面对着不友善的自然，在挣扎中适应进而觉醒。所以，在那个时期人类认为这个世界是混乱而危险的，世界复杂多变，难以预测。人类要求得生存就需要处处小心，随机应变。面对这样的一个世界，人类最希望的是能够将身边的环境简单化，能够做出容易且准确的预测，能够从茫然的状态中找到最好的出路，做出最正确的选择。就像中国古代最古老的学说"易学"就是在研究占卜，前面提到的《周易》也是一部用来卜卦的书籍。无论是占星术，解梦术还是萨满文化，或是任何的古代宗教都不可否认地具有一个重要的功能，就是占卜和预言，指导人的行为与决定。而由于对于世界的解释最简单的应该就是一本原论，所以，告别蛮荒的人类文明不约而同地都是由一本原论开始。

如果神话作为人类文明史的开端，人类所有神话的开端几乎都是从天与地的分离开始的，人类认为世界在最初是一个整体。②可以说神话的存在论层面应该都是一本原论的，神话中世界产生的过程就是一个由一而多的过程。就像在之前"水本原说"章节中提到的很多古代神话。这

① 本小节的英文版曾作为国际会议分会发言论文，见邬天启："Contradiction、medium and the existence question"，第三届国际信息研究峰会 & 第四届国际信息哲学会议论文，美国，2019年6月。[国际信息科学联合会（ISIS）和多国机构联合举办，美国，加州大学伯克利分校，2019年6月] 本书中有所改动。

② [德] 罗塞堡：《哲学与物理学——原子论三千年的历史》，朱章才译，求实出版社1987年版，第11页。

个思维传统一直延伸到哲学领域与科学领域至今，在哲学中无论是泰勒斯提出的水本原说，还是古希腊哲学家柏拉图的理念论；无论是老子的"道"本原论，还是先秦的"气"本原说，抑或是黑格尔的绝对理念思想与宗教哲学中的上帝信仰。而在科学上无论是数学的终极公式，还是物理学中的大统一理论，这些科学上的终极追求的内核也是一元论的。

哲学中的一本原论思想非常多、非常早，这些哲学思想都希望将复杂的世界总结、归纳为最容易认识和理解的单一事物。但这或许是人类的一厢情愿罢了，不约而同的是，所有的一元论为了适应这个世界的本来复杂面目，都会在最后做出由一向多的过渡演进。那么，第一步就是将对立从唯一中突显出来，在"一"与"多"之间架设了一个桥梁。于是这种认识方式演进的第一步就是二元论或矛盾论。

一 对立统一问题的提出

我们前面提到过的赫拉克利特的思想就是一个矛盾的结合体，他一方面认为火是世界的本原，这是标准的一本原论。而另一方面赫拉克利特又认识到事物无休止的运动和变化，他认为：

> 万物皆变，万物常驻，如同人不可能两次踏进同一条河流。[①]
> 自然也追求对立的东西，它是从对立的东西产生和谐，而不是从相同的东西产生和谐。例如自然便是将雌和雄配合起来，……自然是由联合对立物造成最初的和谐，而不是由联合同类的东西。艺术也是这样造成和谐的，显然是由于模仿自然。绘画在画面上混合着白色和黑色、黄色和红色的部分，从而造成与原物相似的形相。音乐混合不同音调的高音和低音、长音和短音，从而造成一个和谐的曲调。书法混合元音和辅音，从而构成整个这种艺术。[②]
> 互相排斥的东西集合在一起，不同的音调造成最美的和谐；一

[①] 北京大学哲学系外国哲学史教研室编译：《西方哲学原著选读》（上卷），商务印书馆1981年版，第23页。

[②] 北京大学哲学系外国哲学史教研室编译：《古希腊罗马哲学》，生活·读书·新知三联书店1957年版，第19—20页。

切都是斗争所产生的。①

他认为事物无时无刻不向自己的对立面转化,世界的和谐性是在对立性中产生的。这种二元对立思想可以算是西方矛盾论的鼻祖。

对立面统一问题是一个非常具有研究性的问题,英国开放大学埃姆林·琼斯(Chris J. Emlyn – Jones)教授在他的论文中就从哲学史的角度对于这个问题进行了深入的研究,他引用了大量的希腊语原文进行分析。这个思想直接影响着逻辑学的发展,它不仅影响着古希腊哲学家亚里士多德的形式逻辑思想,它也成为辩证法的源头,黑格尔最后将其发扬光大。恩格斯则将辩证法引入了自然本身,创立了自然辩证法,而马克思的哲学体系也深受其影响。这个思想不仅深远地影响了哲学,而且还深刻影响到了宇宙学、宗教、艺术、美学等思想领域。②

东方在很早也出现了类似的思想,像前文中提到过的作为一对对立的概念出现的阴与阳。直到《周易》,阴阳就与天地、乾坤这些相对概念出现了,而且它们被认为是世界的本根。

《周易》中除了乾坤、天地、阴阳以外还经常提到上下、内外、刚柔等一些二元的对立概念,《周易》中这样写道:

> 泰,小往大来,吉亨。则是天地交而万物通也;上下交而其志同也。内阳而外阴,内健而外顺,内君子而外小人,君子道长,小人道消也。③
>
> (天与地之间相互交流,则万事万物皆流通和畅。君臣上下相交沟通,则会志同道合。本卦象显示内阳刚而外阴柔,内强健而外柔顺,内为君子而外是小人。这表明了君子之道渐长,小人之道渐消。)

---

① 北京大学哲学系外国哲学史教研室编译:《古希腊罗马哲学》,生活·读书·新知三联书店1957年版,第21页。

② C. J. Emlyn – Jones, "Heraclitus and the Identity of Opposites", *Phronesis*, Vol. 21, No. 2 (1976). pp. 21 – 114.

③ 《周易》,中国戏曲出版社2008年版,第60页。

这段话说明要想吉祥安泰，其实就是和谐，必须要天地、上下交合，阴阳调和才可以做到祥和文明。犹如清阳之气蒸腾而上，阴雨之水绵绵而下，万物才得以滋润化生。这句话同时也是在描述君子为人处世的态度和修养，君子的基本面貌是必须外柔内刚、内健外顺。《周易》中充满了使用对立概念来解释世界的思想，这种矛盾的思维方式也成为一种东方经典的哲学思想。

老子在《道德经》中进一步发展了《周易》中的对立统一思想：

> 天下皆知美之为美，斯恶矣；皆知善之为善，斯不善矣。故有无相生，难易相成，长短相形，高下相倾，音声相和，前后相随。①
>
> （如果天下的人都知道美好的东西是美的，就显露出丑来了。如果都知道善的东西是善的，就显露出不善来了。所以有与无互相存在，难与易相互成就，长与短相互表现，高与下相互依靠，单音与和声相互和谐，前与后相互依存。）

从这段话可以看出老子也是借用了对立统一的思想来解释"有、无"之间的相互转化和统一和谐的。"有、无"不仅是一起出现，而且需要通过对立面才能比较、认识、理解、凸显出来自身。不仅如此，老子认为对立的双方还是相互渗透、相互依存的：

> 万物负阴而抱阳，冲气以为和②。
>
> 万物都是包含阴阳这两个对立元素的，并且阴阳调和并统一于万物之中。

他所说的"道生一，一生二，二生三，三生万物"③ 指的就是道生出那绝对无偶的唯一，而一则生阴阳，阴阳相互渗透、相互配合，相互矛

---

① （三国魏）王弼：《老子道德经注》，楼宇烈校释，中华书局2011年版，第7页。
② （三国魏）王弼：《老子道德经注》，楼宇烈校释，中华书局2011年版，第120页。
③ （三国魏）王弼：《老子道德经注》，楼宇烈校释，中华书局2011年版，第120页。

盾冲突,最后得以衍生万物。(如果统一《周易》和《易传》的思想,那个道生出的一就为"太极"。)老子并没有让"道"直接产生万物,而是让"阴""阳"这两个对立面去衍生万物,也可以认为这是一种中介思想的雏形。因为"道"无法直接产生与"道"不同的他物,所以只有借助阴阳这个中介才可以产生出复杂的世界。

老子的矛盾、对立统一思想涉及的问题非常广泛,他进而将这种思想也推演到了为人处世之道上:

是以圣人处无为之事,行不言之教,万物作焉而不辞,生而不有,为而不恃,功成而弗居。夫唯弗居,是以不去。①

(圣人顺其自然,无为而治,施行不用言辞指使的教化,完全随应万物规律而不推辞,顺其生长而不占为私有,有所施为但是不依靠,顺应自然成就并不居于自己的功劳。正因为不居于自己的功劳,所以才能立于不败之地。)

唯之与阿,相去几何?善之与恶,相去若何?②

(礼貌客气的回答和轻慢敷衍的回应,都是回应,相距有多远?美好和善良的与丑陋和凶恶的,又能相差多少呢?)

祸兮,福之所倚;福兮,祸之所伏。③

(祸是造成福的前提;而福又含有祸的因素。)

将欲歙之,必固张之;将欲弱之,必固强之;将欲废之,必固兴之;将欲夺之,必固与之,是谓微明。④

(需要收敛的事物,必须先要张弛一下;需要削弱的事物,必须先要加强一下;需要废弃的事物,必须先要兴起一下;需要夺取的事物,必须先要让与一些,这是不引人注意,很难察明与理解的道理。)

---

① (三国魏)王弼:《老子道德经注》,楼宇烈校释,中华书局2011年版,第7页。
② (三国魏)王弼:《老子道德经注》,楼宇烈校释,中华书局2011年版,第50页。
③ (三国魏)王弼:《老子道德经注》,楼宇烈校释,中华书局2011年版,第156页。
④ (三国魏)王弼:《老子道德经注》,楼宇烈校释,中华书局2011年版,第93页。

老子与赫拉克利特在相隔甚远的两地几乎是在同一时间独立地提出了各自的矛盾学说，并为东西方哲学与科学奠定了根基。而德国哲学家，神学家卡尔·雅斯贝尔斯（Karl Theodor Jaspers，1883～1969）提出的"轴心时代"理论。①正是凸显出了那个人类文化突破、自我觉醒的时代，一个深刻影响人类思想至今的时代。

加拿大尼亚加拉学院的康拉德·兰赞（Conrad Ranzan）在他的论文中就高度赞赏了赫拉克利特的对立和谐理论，并认为这种思维方式是理解现代宇宙学的一把钥匙，他认为现在关于宇宙中暗物质的存在以及如何影响宇宙总质量和引力效应等问题都需要用赫拉克利特的相关理论思想来进行理解和研究。②

二　对立面统一与中介

在当代信息哲学提出的信息演化存在论中，"存在"与"非存在"（有、无）的关系也可以大概地解释为前文中提到的对立统一关系。"存在"与"非存在"是两个对立的世界。我们需要依靠"存在"（有）来理解"非存在"（无）的概念和范围，而"非存在"则是"存在"消亡之后的归宿以及"存在"将要发展为的可能性，两者之间有着一种类似对立统一的和谐关系。但它们二者又不是单纯的对立面关系，它们是独立的两个世界，没有交集。"存在"的演化是自在自为的，并不依赖于"非存在"。"非存在"作为绝对的虚无既无演化也无作用与反应。"存在"与"非存在"二者之间的转换却与存在领域的相互作用不同，它们之间并不需要中介。

重新回到赫拉克利特这里，他将自己的辩证思想发展成了一种极端的状态。他对于对立统一的辩证关系理解为：

> 一物既是自身，又不是自身；

---

① ［美］凯伦·阿姆斯特朗：《轴心时代》，孙艳燕、白彦兵译，海南出版社2010年版，第1页。

② C. Ranzan, "The story of gravity and Lambda—How the theory of Heraclitus solved the dark matter mystery", *Physics Essays*, Vol. 23, No. 1 (2010), pp. 75–87.

不朽的有朽，有朽的不朽；

我们踏入又不踏入同一条河流，我们存在又不存在。①

赫拉克利特只注意到了"存在"的发展性而忽略了"存在"的延续性。"存在"的发展性也就是整个世界无休止变化的原因，它涉及了很多方面，包括事物的演化、过程、反应，等等。

我们身处于这种瞬息万变的发展过程中，可以理解赫拉克利特对于这种变化的困惑导致了思想的极端状态。因为，我们对于"存在"的认识是需要中介的，经过多层中介的传递，信息的畸变与损耗之后我们的确不能真正地把握住当下的"存在"。所以，无论是在本体论层面还是认识论层面，只有中介思想才能最终打破赫拉克利特世界的极端状态。

比如，我们在地球上看到的太阳是太阳光经过了 8 分钟多、穿过了遥远的宇宙空间和致密的大气层，再加上地球的自转引起的光偏等的干扰。于是，我们观察到的太阳其实是 8 分钟前的、扭曲的，甚至不是在那个位置上的太阳。

因此，我们的确是踏入又不踏入同一条河流，同一条河流是指建立在"存在"的延续性基础上的同一条河流，就像我们今天和昨天看到的是同一个太阳。但不同又是绝对的，只要时间轴在发展，任何时间轴上的"存在"都在瞬息万变，都是不同的，哪怕再细小的变化也是如此，这种不同是由"存在"的发展性决定的。

而在这种变化之中，所有存在物又保持着一种结构、属性、层级上的相对稳定。由于在一段时间中，存在物会尽量维持一个相对不变的结构和功能，而这个现象就是由"存在"的延续性决定的。所以，存在物不可能是存在又不存在的，在时间轴上当下的这个节点上存在物要么存在要么不存在，或者存在物的某些方面存在而某些方面则不存在。

我们可以发现二元对立统一学说在人类思想史上出现得很早。包括从中发展出的矛盾思想与辩证法思想。但这些思想都表现出一种对世界

---

①　北京大学哲学系外国哲学史教研室编译：《西方哲学原著选读》（上卷），商务印书馆1981 年版，第 22—23 页。

的理解过于简单和幼稚的倾向。

如果换一个角度，为什么非要从一到多来理解这个世界呢？这个世界本身就是复杂的、混沌的、多元的。将这个人类一厢情愿创造出的"一"放在世界最根本位置的行为本身就是多余的。人类希望世界如同"一"一样简单，一样易于理解，混沌与不确定的世界本身对人类来说是危险而恐怖的。因为人类做出的每一步行为都是源于自己凭借以往的经验而对未来的预测。如果一切事物都能够总结规划为"一"，那么世界将是易于预测和判断的，这个世界会更简单、更安全、更易于生存。

于是无论多有说服力的形而上学思想，最终都需要从顶端走下来，与复杂的、混沌的世界原貌接轨。从"一"走出来到二元对立模式，然后就是关于"三"和"多"的学说。而"三"就是通往"多"的桥梁，因为承认了"三"，那么，"多"便是不言而喻的了。①就像老子所讲的："一生二，二生三，三生万物。"②

亚里士多德曾经有过这样的论述：

> 事物都有相反者，即矛盾双方，但在什么意义上才能区分一与多，大与小的对立还有所谓的相等呢？怎样区分大些、小些、相等以及它们的对立面呢？③

于是他提出了最早的中介思想。他认为在大与小之间有一个"既不大也不小"的概念作为中介，而"既不好也不坏"的概念也是好与坏之间的中介物。④于是他紧接着归纳了中介物的三种性质：

1. 中介物与极端状态全都在同一个种之中。

---

① 邬焜：《古代哲学中的信息、系统、复杂性思想——希腊·中国·印度》，商务印书馆2010年版，第177页。

② （三国魏）王弼，《老子道德经注》，楼宇烈校释，中华书局2011年版，第117页。

③ ［古希腊］亚里士多德：《形而上学》，李真译，上海人民出版社2006年版，第302—303页。

④ ［古希腊］亚里士多德：《形而上学》，李真译，上海人民出版社2006年版，第303页。

2. 中介物总在两个极端对立面之间。

3. 由于中介物因为分享了两种极端状态，所以它们全都是由对立面组合而成的。①

其实我们可以从亚里士多德的理论中发现当中介物概念被提出时，极端对立面不再是最重要的部分。因为自然界中真正存在的只有两极之间的中介物，而两极是永远达不到的。比如没有极端的大与小，也不存在极端的好与坏。因为，这些极端的概念只存在于信息层面，而其所对应的事物却是属于"非存在"范畴。所以，其实并不是中介物分享了两种极端的状态，恰恰相反，而是人类从事物的差别中总结、设想、建构出了两极状态，两极状态来源于事物差别的经验总结。究其本质，所谓的二元、矛盾、对立的两个极端的实体反而在现实中是不存在的，仅仅存在于人类的设想中，仅仅存在于那些人类创造的概念信息中。人类对于极端概念的认识就是从事物之间的差别和比较中推断设想而出的。而这些两极状态，如无限大、无限小，无限高、无限低等概念所指向的内容只能属于"非存在"的范畴。

另一个需要强调的是亚氏的这个中介物概念仅仅是中介思想的雏形，它并不能等同于信息哲学中的中介概念。

三　黑格尔的中介学说与其中的问题

黑格尔同时发展了二元对立的矛盾学说与中介理论，他首先提出：在一切地方，一切事物，每一个概念中都可以找到中介。②中介理论贯穿了黑格尔的哲学体系。黑格尔不仅使用中介这个概念联系了矛盾的两极，而且还联系了任何进行相互作用的两个事物，进而又联系了同一事物的过去、当下与未来。在他那里，中介就是事物间的联系也是事物自身：

---

① ［古希腊］亚里士多德：《形而上学》，李真译，上海人民出版社 2006 年版，第308—309 页。

② ［德］黑格尔：《逻辑学》（上卷），杨一之译，商务印书馆 1966 年版，第110 页。

　　这种自身中介就是某物自身，它仅仅被认为是否定之否定……
起初某物仅仅在自身的概念中变化，它只是在自身的关系中单纯的
保持自身。①

　　从这里我们可以看出，他认为任何事物在原初就具有之后会演变成
另一个事物的规定性，就类似于亚里士多德所提出的"潜在"概念。于
是在演变中事物自身便成为自身演变的中介。这就是他所说的"以自身
为中介"和"自身同一"。②进而他提出了任何事物的演化过程都是：

　　一个单一的东西分裂为二的过程和树立对立面的双重化过程。③

　　任何一个事物都只存在于它的对立面中，两个对立面相互渗透、相
互包含。绝对的对立是事物的本质，事物永不停息地不成为着当前它所
是的这个东西；但它并不变成虚无，因为它自己成为对方，而这个对方
又成为对方自己的对方。于是重新成为第一个（有规定的东西）。④这就是
在黑格尔的哲学下所表达的事物绝对矛盾，永不安宁的本质。于是在黑
格尔这里，事物、世界的演变行为是被肯定的。他提到：

　　没有世界，上帝就不是上帝。世界是被创造出来的，就是"存
在"自身进行的创造，永不停息的创造。⑤

　　但可惜的是最后他将这种创造、演化的行为归结于绝对理念。但他
最后又强调这也是自然的理念。
　　黑格尔很巧妙地利用中介关系解释了事物的无休止演变过程，并将

---

① ［德］黑格尔：《逻辑学》（上卷），杨一之译，商务印书馆1966年版，第110页。
② ［德］黑格尔：《逻辑学》（下卷），杨一之译，商务印书馆1976年版，第176页。
③ ［德］黑格尔：《精神现象学》（上卷），贺麟、王玖兴译，商务印书馆1979年版，第11
页。
④ ［德］黑格尔：《黑格尔论矛盾》，贺麟主编，商务印书馆1963年版，第11—12页。
⑤ J. McCarney, *Hegel on history*, Taylor & Francis e – Library, 2002, p. 50.

中介与事物本身进行了统一。但这样的推论只是为了他的大统一理论而做的铺垫。他在解释中介理论的论述中出现了一些问题。首先事物的演化过程并不是"要不成为当前所是的这个东西"，而应该是，演化过程让事物一直在因环境（外部环境与内部环境）而改变着自身的状态，事物应该是在用"自己"尽可能的方法来保持自身的当前状态，这是一种类似惯性的自然属性。以运动过程为例，一方面，事物皆是尽量维持不变的速度，除非有不可抗的外力致使其改变；另一方面，虽然事物在尽可能地保持自身的结构状态，但环境的作用使它无法阻挡地进行着反应与变化，随着外部环境与内部环境的双重作用，突变会使其最终突破极限并遵循着一些自然法则而步入自己的下一步演化进程，成为一种新的结构与状态。这样的情况在自组织系统中尤为明显，一个开放的自组织系统总是尽力地从外界获取能量和信息来维持自身结构与功能的稳定，直到系统崩溃无法维持为止。

事物的确在演变中不会变成虚无〔虽然事物之前的状态的确变成了虚无（非存在）〕，但事物绝不是在向自己的对立面转化，事物只会转变为它自己的另一个状态，演变后的自身不能理解为自身的对立面，更不能将差别与对立这两个概念相混淆。事物演化过程中的不同是绝对的，但这只是事物演化中的不同状态，这是由"存在"的发展性决定的，但"存在"的延续性决定了事物在一段时间（演变进程）中保持相对的结构与功能的稳定和同一。我们需要避免再次陷入赫拉克利特对于世界无尽变化极端不确定的解释中。

黑格尔自信地使用中介思想解决了事物无休止演变的内部问题，进而中介思想又被用来开始解决事物的外部问题，即事物与事物之间的关系。他声称：界限即中介，通过中介，某物与他物既是又不是。[①]界限就是两者间的中项。[②]这里的中介延伸成为事物之间的区别、联系与过渡的中间环节，区别并联系着矛盾双方。然后中介概念还被延伸到了认识论，他提出：

---

① ［德］黑格尔：《逻辑学》（上卷），杨一之译，商务印书馆 1966 年版，第 122 页。
② ［德］黑格尔：《逻辑学》（上卷），杨一之译，商务印书馆 1966 年版，第 123 页。

灵魂是精神与肉体的中介，或是二者之间的联系。①

从自然哲学过渡到意识哲学……灵魂是一种普遍的中介。②

最后中介概念被整合在了他最著名的"否定之否定公式"中。中介被解释为公式中的"第一个否定"，正反合其中的"反"即三段式中的中项。可能因为局限于那个时代的科学研究，人类认识的发生过程与灵魂、精神、意识这三者的概念是不明确的。包括至今的很多哲学思想也存在这些问题。而认识论的这个部分正是信息哲学的多维中介理论可以合理解答的。③

黑格尔将一切问题都简单粗暴地整合为其大统一的三段式思想中。中介这个概念起到了联系、过渡、界限、中项的多种作用。利用中介理论完成了他的"否定之否定公式"，并将世界都统一于绝对理念，将世界的演化解释为绝对理念的运动。其中不免有太多牵强和臆造之处。而且因为中介所承担的任务过重而出现了概念不清、内容过度庞杂的情况。而这种将世界统一于一个公式或绝对理念的行为也是典型的形而上学哲学思维，这种形而上的概念最后也只能跟哲学史上其他的"无内无外"的概念一样步入"非存在"的范畴。

黑格尔的这一哲学理论在之后的哲学史上备受诟病，从德国哲学家弗里德里希·谢林（Friedrich Wilhelm Joseph Schelling，1775~1854）、丹麦宗教哲学家，心理学家索伦·克尔凯郭尔（Soren Aabye Kierkegaard，1813~1855）到法国哲学家雅克·德里达（Jacques Derrida，1930~2004）都将黑格尔的学说放置在了压迫一切思想的帝国主义哲学的位置。④于是对于他的哲学的批判声从未停止。但不容否认的是中介思想在经历了黑格尔的发掘有了很大的发展，一种新的中介思维或称为联系思维的思维

---

① ［德］黑格尔：《小逻辑》，贺麟译，商务印书馆1980年版，第103页。

② ［德］黑格尔：《哲学史讲演录》（第一卷），贺麟等译，商务印书馆1959年版，第198页。

③ 邬焜：《认识：在多级中介中相对运动着的信息建构活动》，《长沙理工大学学报》（社会科学版）1989年第3期。

④ K. Pahl, *Tropes of Transport Hegel and Emotion*, Northwestern University Press, 2012. p. 1.

方式出现了。这比简单的单向性思维或矛盾思维要深刻许多。不仅对于哲学,甚至深远地影响了科学研究的思维方式与研究方向。

信息哲学中的中介思想也是深受黑格尔思想的影响,信息哲学存在论的自在与自为概念(自在信息、自为信息)就是来源于黑格尔的 an sich(in itself)和 fur sich(for itself)两个概念。尤其是在信息认识论中的多级中介建构理论。①其中提到了主体认识经过了四个中介环节到达客体,反之亦然。这四个环节分别是:客体信息场、主体神经系统的生理结构、主体认识结构、物化手段。它们保证了信息流的传导,但同时也对信息流进行了不同程度的选择、变换、匹配、复合、重组和建构②在这里,中介已经不再是一个笼统的设想与概念,而变成存在的事物,有其系统与结构,并有其演化进程。

而信息演化存在论中涉及的"存在"与"非存在"(有、无)之间有对立统一的关系。但由于二者之间的转化机制与"存在"自身演变的机制不同,二者仅仅是停留在概念归属的层面,并没有发生相互作用,所以并没有中介可言。

---

① 邬焜:《认识,在多级中介中相对运动着的信息建构活动》,《长沙理工大学学报》(社会科学版)1989 年第 3 期。

② 邬焜:《信息认识论》,中国社会科学出版社 2002 年版,第 140—149 页。

第 六 章

"类存在"概念的抽象与出现

哲人们在对世界本质追求的过程中，直接从自然界获取一些概念，将它们作为世界的本原。如泰勒斯和《管子》中的"水"；《周易》中的"天""地"；赫拉克利特的"火"；古希腊哲学家阿那克西美尼（Άναξιμένης ό Μιλήσιος，前586～前526）、西周末年伯阳父和杨泉的"气"；毕达哥拉斯的"数"；古希腊哲学家恩培多克勒（Empedocles，约前493～约前435）的"火、土、气、水"；中国最早的一部历史文献汇编《尚书》（约前5世纪）中最早记载的五行说中的"水、火、木、金、土"；等等。虽然在之前章节的分析中我们可以发现这些概念一旦被提取、抽离出自然之后就有了新的内涵。但这样的拿来主义手段只是人类追求世界本质最初级的举动，在"存在"（being）概念被提出之前就已经出现一些类似于"存在"的概念，我们可以称其为"类存在"概念，这些"类存在"的抽象概念则与之前本原论中直接从自然界拿来的概念完全不同。首先，这些"类存在"概念的提出，标志着人类已经认识到单纯的存在物不能涵盖"存在"世界本身；其次，"类存在"概念标志着对所有存在物的共性的归纳与提取；最后，这些概念经过了哲学的抽象与重塑，是一种对于"存在"世界本质更深入的探索和认识的成果。

第一节 阿那克西曼德的"无限"与老子的"道"①

如本编一开始提到的,在巴门尼德提出"存在(Being)"概念之前的古希腊哲学中就已经有了很多基础性的"类存在"思想,哲人们借助于归纳与抽象提出了很多富有哲学内涵的新概念。阿那克西曼德的"无限"就是其中的一个相当重要的概念。这个概念抽象而深邃,又带有几分东方思想的神秘色彩。

海德格尔以及德里达都是通过研究古希腊巴门尼德前的先哲,尤其是阿那克西曼德的思想才得到的灵感,并提出了自己的存在学说。②"无限"概念与"存在"、"非存在"和中国道家的"道"等概念都有很多相通之处。而"无限"与"道"正是巴门尼德之前最重要的两个"类存在"概念。

一 "无限"与"存在"

在西方,最早有记载的关于世界本原的抽象概念应该是阿那克西曼德的"无限"(无定)概念,他认识到了如果使用直接从自然界中获得的一种或几种实体来作为世界本原是无法解释世界全部性质的,既不能合理解释单一物质的运动和转变,也不能自圆其说几种物质之间的转化和组合。毕竟世界是多样、复杂、运动的,解释世界必须通过抽象的哲学概念来浓缩。

他认为万物的本原不是具有固定性质的东西,而是"无限",是无固定限界、形式和性质的东西。"无限"在运动中分裂出冷和热、干和湿等对立面,而产生万物。他认为"无限"只能变换其部分,而整体则常驻不变。

古罗马帝国时期天主教思想家奥古斯丁(Saint Aurelius Augustinus,

---

① 本节内容已发表,见邬天启《对阿那克西曼德的"无限"概念的几点思考》,《西北大学学报》(哲学社会科学版)2015 年第 6 期。这里有所改动。

② J. De Ville, "Rethinking the notion of a 'higher law': Heidegger and Derrida on the Anaximander fragment", *Law and Critique*, Vol. 20, No. 1 (2009), pp. 59 – 78.

354~430）在他的《上帝之城》中提到了阿那克西曼德：

> 阿那克西曼德不认为万物是从一实体生成的，……而每一事物
> 都出于自身特有的本原。这些个别事物的本原，他认为是无限的，
> 并且产生出无数的世界以及在其中出现的东西。[1]

其实，阿那克西曼德是针对泰勒斯的观点提出了自己对世界本原存
在的看法的。他认为，在寻找世界本原的过程中既然直接找到的现实物
如水、火、气等都有其局限性，既然用"一"来解释其他或一切总是或
多或少有些牵强和不尽如人意，那就索性用多来解释多，水的本原就是
"水"，火的本原也只是"火"，以此类推，整个世界也就没有一个"一"
或者统一的"本原"作为可以解释世界生成的那个最初的原因。

有一种见解认为他的思想是简单和割裂地看待世界的。阿那克西曼
德的这种哲学思维方式认为，不同性质的事物不能相互转化，也不能相
互生成。不同的事物各自拥有自己的本原，并在这种本原的基础上各自
独立的变化、运动和发展。在这里，他显然注意到了事物内部的质的稳
定性。

虽然阿那克西曼德认为世界的发展为多线条的，但这并不就意味着
他认为世界上的事物是绝对相互脱离而割裂的，因为在他的相关学说中
并没有否定事物之间的联系、运动、变化、转化、互生、互克和发展。
他承认世界有一个"永恒的始基"，正是从这个始基中产生出来"热和
冷""火球""太阳和月亮""星辰"，等等。另外，他还认为生物由于太
阳而产生，人产生于鱼：

> 在产生世界的时候，永恒的始基分出某种能够产生热和冷的东
> 西，从这个东西生出一个火焰的球，……当这个球破裂而成个别的
> 环时，太阳和月亮以及星辰就产生了。生物是从太阳所蒸发的湿的
> 元素里产生的。人是从另一种动物产生的，实际上就是从鱼产生的，

---

[1] 苗力田主编：《古希腊哲学》，中国人民大学出版社1989年版，第26页。

人在最初的时候很像鱼。①

他这样的观点似乎与我们上面提到的他所主张的多本原论的观点相矛盾。

阿那克西曼德关于有一个"永恒的始基"以及由此产生各种物象的观点，不仅运用了进化的思想来解释世界，而且还运用了很多相对和联系的思想，比如冷和热、干和湿等。他用多线条的发展方式解释世界，还原了这个世界本来的复杂性。

现今的复杂性科学也在强调差异、区别、系统、网络化、多层次、混沌的世界图景。阿那克西曼德的"无限"概念描述的正是世界的一个没有任何规定和差异的原初起点，这也类似于《周易》中所描述的宇宙之初的"天地氤氲，万物化醇"的混沌状态。②还有中国古代哲学中的"道"以及先于天地，并幻化天地的"混沌之初"的混沌，也有点相似于当代科学中的宇宙大爆炸理论所猜想中的爆炸奇点。

然而，阿那克西曼德的"无限"概念则可能蕴含一个致命的悖论。"无限"既然是无固定限界、形式和性质的东西，那么它就是一个无法言说的"无"。于是这个为了反驳世界本原为"一"而提出的概念最后又变成了另一个"一"。一个无任何规定性的，不知其为何物的，既迷茫又混沌的"一"。

二 "无限"与"非存在"

在阿那克西曼德对"无限"概念的阐释中，第一次在古希腊哲学中出现了对因果关系的论述，他强调了生成与消亡共同构成了世界的运动。在这一思想的基础上他提出了关于事物生成和消亡的"补偿原则"。这一原则强调，当从"无限"中产生出一些事物的时候，同时要有另一些事物回归到"无限"。③在之前的章节中我们也提到过这个重要思想。

---

① 北京大学哲学系外国哲学史教研室编译：《古希腊罗马哲学》，生活·读书·新知三联书店 1957 年版，第 8—10 页。

② 赵敦华：《西方哲学简史》，北京大学出版社 2001 年版，第 11 页。

③ 赵敦华：《西方哲学简史》，北京大学出版社 2001 年版，第 12、24 页。

从这一思想中可以看出在阿那克西曼德那里已经注意到了几个重要的概念：第一，时间性在"存在"问题上的重要性；第二，事物生成与消亡的同时性和必然性。

其中体现的辩证法思想是十分深刻的：生成同时便意味着消亡；消亡的同时便意味着生成；而世界则正是一个在有"时间""报应"的"必然性"中，处于不断生成和消亡之中的过程。

根据阿那克西曼德的阐释，他的"无限"概念，已经具有了"存在"概念的一般哲学抽象的性质。但是，如果细究起来，与其说阿那克西曼德的"无限"概念类似于"存在"概念，还不如说其更像是"非存在"概念。"存在"必然是有限的，而真正无限、无定的是"非存在"。

阿那克西曼德后来的哲学家们在阐述他的学说时曾经写道：

> 阿那克西曼德说，存在物的始基是"无限"，因为万物都从无限中产生，而又消灭复归于无限；因此有无穷个世界连续地从它们的始基中产生，又消灭复归于它们的始基。
>
> "无限"没有它的始基，因为说"无限"有它的始基就是说它有限。"无限"之为始基，是不生不灭的。凡是产生出来的东西都要消灭，而一切毁灭都是有限的。因此"无限"没有始基，而它本身就是其他事物的始基。它包容万物，并且支配万物。①

从这些话中可以看出，在阿那克西曼德那里，存在物产生于"无限"又消灭后复归于"无限"。这就有理由可以大致把他的"无限"解释为"非存在"，而把由此产生出的"存在物"解释为"存在"。

信息演化存在论所提出的存在观认为"存在"产生之前是"非存在"，消亡之后又是"非存在"。表面看来，信息演化存在论提出的观点和阿那克西曼德的观点是一致的，但是，认真分析之后我们会发现，信息演化存在论和阿那克西曼德的观点却存在一个根本的区别。

---

① 北京大学哲学系外国哲学史教研室编译：《古希腊罗马哲学》，生活·读书·新知三联书店 1957 年版，第 8—10 页。

阿那克西曼德的"产生"和"消亡"是一种转化、诞生的意思，产生的存在物从"无限"中来，由"无限"转化而生，最后又转化回"无限"。而我所说的"存在"则并不由"非存在"转化生成，其消亡之后，也不是转化成了"非存在"。

在信息演化存在论的阐释中，"存在"和"非存在"并不是一种相互转化和相互生成的关系，而仅仅具有一种归属类型的意义。也就是说，存在物在生成为存在物之前属于"非存在"，存在物产生之后就成为确定的"存在"；存在物彻底消亡之后便不再是"存在"，而应当属于"非存在"范畴。

综上所述，在信息演化存在论的规定中，"存在"不能产生于"非存在"，也不能转化为"非存在"；特定的存在物只能产生于另一种特定的存在物，特定的存在物的消亡只能转化为另一种特定的存在物，而"存在"这个概念正是对所有现实存在物的一个总概括，而那些尚未生成的和已经消亡的存在物则是一种非现实的存在物，它们正是归于了"非存在"世界。

事实上，"存在"只能产生于"存在"，而不能产生于"非存在"，也就是，无不生有，有生有；有可以变无，无可以转有。但这里所谓的"变"和"转"，并不是"有"和"无"之间的相互"生成"和"转化"，而仅仅是一种归属类型意义上的概括。

在归属类型的意义上，"有"与"无"是可以相互过渡的，这个相互过渡过程是随着时间"存在"的演化过程。正如阿那克西曼德所说，这是"时间的安排"。并且，在时间的造化中，"存在物"的产生必然带来另一些"存在物"的消灭，而在消灭中又必然同时伴有创生，于是没有了生就没有了灭，没有了灭也就不会有生。"存在物"的生与灭是对立而统一的，是缺一不可的。而这一个归属转变的动力便是时间，基础则是"非存在"。

我们可以把"非存在"定义为："已经消亡的'存在'及可能性、当下存在指向的'非存在'、尚未产生的'存在'及可能性以及在任何时间完全不可能产生的'存在'四个部分。"根据这个定义，"非存在"被扩展到了真正意义上的"无限"。

三 "无限"与老子的"道"

后人对阿那克西曼德的"无限"经常有两种主要的理解：一种看法认为每种"存在"的本原都是"无限"，都是不确定的；还有一种看法认为世界只有一个本原，就是"无限"，是不确定的。无论是哪种看法，总之，这种不确定、不可知的"无限"还是站在了一切"存在"的本原的位置，并且这个本原还具有不生不灭的永恒性。如果沿着这样的思路进一步予以考察我们将会发现，阿那克西曼德关于"无限"的学说与中国的"道"思想有很多相似之处。

中国的道家就把"道"看作世界的本原，并强调这个本原是无形无名的。虽然人们能够感受到它，但是却无法对其描述，因为无法言说也就无法形容和传授。但它又是不生不灭、常驻不变的，并具有永恒性。在这一方面"道"的特征与阿那克西曼德的"无限"十分相似。同样，"道"与上文提到的"非存在"概念也有很多相似，如果说"存在"是"有"、是"有限"、是暂时的，那么，"非存在"作为"存在"的对立面就成为"无"和"无限"，是永恒的。尽管这里的"无限"与阿那克西曼德所谓的"无限"有很大的不同，但其中有其相通的内容，比如不确定、无法限制、具有永恒性等。

在老子所著的《道德经》中不仅强调了"道"的无形无名，而且还强调了这种无形无名的状态恰恰构成了世界的始基性存在。诚所谓：

> 有物混成，先天地生。寂兮廖兮，独立不改，周行而不殆，可以为天地母。吾不知其名，字之曰道。①
>
> （在天地产生之前，已经有一样东西浑然生成，它没有任何我们可以感觉得到的特征，它自己运行而从不停止，它是世间万物的根本，我不知道它叫什么名字，而勉强给它取名为"道"。）

老子认为，因为一切万物都是产生于无，从无开始，而具体的事物

---

① （三国魏）王弼：《老子道德经注》，楼宇烈校释，中华书局 2011 年版，第 2 页。

又得到"道"的生长、养育，所以"道"是万物之母。"天下万物生于有，有生于无。"①在这里"道"就是"无"，万物生于"道"最后再归于"道"。而且这种"无"并不是绝对的"无"，因为我们可以通过意识来把握和理解，只是不能言说。

老子对"道"为何无法言说的解释也非常像阿那克西曼德的"无限"，即世界初始的本原是无形无状的，没有任何的规定性的，是循环运动的，是无法言说的，等等。但这并不意味着老子的"道"和阿那克西曼德的"无限"具有同样的内涵。究其深意，老子所说的"道"与阿那克西曼德的"无限"其实具有诸多方面的不同：

首先，阿那克西曼德的"无限"是从各种具体事物之中抽离可以为人所感觉得到的特征，从而抽象出无规定之物，而老子的"道"却无法在现实生活中找到原型，它没有具体形态，并且，世间的一切"存在"又都分有"道"，它是万物运动的基础。由此看来，在老子那里，他对"道"的解释，始终具有一种不可知的神秘主义色彩。

其次，阿那克西曼德的"无限"只是作为对本原的一种抽象化规定，正因为它没有具体的规定，既不能被解释为物质现象，也不能被解释为意识现象，它才被放到了本原的位置。而"道"虽然也没有规定，但它却被设定为所有"存在"之母又结合于一切"存在"之中。这就意味着，老子的"道"与一般哲学中的"存在"，或说是"有"，是有交集的，它是让这个世界存在、运动的基础，是法则，是规定，是自然……

最后，阿那克西曼德的"无限"与老子的"道"虽然在很多特点的解释上都与"非存在"很接近，但因为阿那克西曼德的"无限"概念是从存在物中提炼抽取出来的一种抽象表达形式，来源于存在物，他对于"无限"的定义为："无固定限界、形式和性质的物质。"所以阿那克西曼德所描述的这个概念指的是一种"物质"，并不是信息演化存在论中所界定的绝对的"无"（非存在），仍然属于一种"有"（存在）。而老子所描述的"道"其实也具有相同的性质。

---

① （三国魏）王弼：《老子道德经注》，楼宇烈校释，中华书局 2011 年版，第 113 页。

四　"道"与"非存在"

虽然老子解释的"道"与他所谓的"无"是一个概念，但究其深意，"道"还是跟信息演化存在论中绝对的"无"（非存在）有很大的差别。老子曾这样描述"道"：

> 明道若昧，进道若退，夷道若纇；上德若谷，大白若辱，广德若不足，建德若偷，质真芳渝；大方无隅，大器晚成，大音希声，大象无形。道隐无名。夫唯道，善始且善成。①

> （光明的"道"似黑暗，前进的"道"看上去像后退，平坦的"道"看上去崎岖不堪，崇高的"道"看上去显得低下，洁白的"道"也有污点，最洁白的也好像污浊，广大的"道"也像不足，有建树的"道"也像是偷来的般不真实，质朴充实的"道"也好像空虚不能持久，最方正的没有棱角，最大的器具最后完成，最大的声音没有声响，最大的事物没有形象。大道隐匿而没有名声，但只有道，善施于万物并促使万物生成。）

> 视之不见名曰夷，听之不闻名曰希，搏之不得名曰微。此三者不可致诘，故混而为一。其上不皦，其下不昧，绳绳不可名，复归于无物。是谓无状之状，无物之象，是谓惚恍。迎之不见其首，随之不见其后。执古之道，以御今之有。能知古始，是谓道纪。②

> （看它看不见的称它为"夷"。听它听不到的称它为"希"。摸它摸不着的称它为"微"。这三者都是不可以追问到极限的，所以它们的形象难以区分开来，是浑然一体的。在它的上面不会显得光洁明亮，在它的下面也不会显得昏暗不明，用法度去衡量它也说不出什么名堂，反复思考之后还是把这种状态归为没有东西一样。所以就可以把这样的状态叫作不知道是什么状态的状态，没有物象的现象，所以这种现象也可以叫作"恍惚"。想要迎面对着它来看却看不

---

① （三国魏）王弼：《老子道德经注》，楼宇烈校释，中华书局2011年版，第115—116页。
② （三国魏）王弼：《老子道德经注》，楼宇烈校释，中华书局2011年版，第35页。

到它从哪里开始，跟随着它也不知道它的结尾在哪里。拿着古时候认识事物的道来驾驭现在存在的事物和现象就能知道古时候是怎样开始认识事物的了，这就可以叫作道开始时候的头绪）

老子将"道"和"无"的关系解释为："道"是无形，无名，是无状无象，无声无响，不可推问，不可体察。从"视之不见，听之不闻，搏之不得，迎之不见其首，随之不见其后"这样的形容中可以看出老子一再强调的其实并不是"道"是绝对的"无"，而是强调"道"只是一种人类无法体察到的"无"。虽然他讲了许多关于"道"是如何难以考察和把握的，但从来没有否定它的存在，而且确定"道"是一种不依赖其他却又包容一切的"存在"，是一种最高形式的"存在"，这种"存在"是可以被确定和证明的。

体察不到"道"的是人，而证明和确定"道"的也是人。能够心领神会"道"的内涵的那类人群就是老子在《道德经》中经常提及的"圣人"。

道德经中有很多关于圣人借鉴"道"的品格来为人处世的例子：

是以圣人处无为之事，行不言之教，万物作焉而不辞，生而不有，为而不恃，功成而弗居。[1]

天地所以能长且久者，以其不自生，故能长生。是以圣人后其身而身先；外其身而身存。非以其无私耶？故能成其私。[2]

（天地之所以能长久，是因为天地不只为了自己而存在，还为了化育、繁荣万物而存在，所以天地长生。圣人也同天地一样，往往把己之身放在最后考虑，于是总能得到众人的支持，处在人民的前面，正因为他将自己的肉体置之度外，所以他的人最后才能在众人心中永远留存下来。这些不正是因为圣人的无私吗？所以才能在事实上成就了他的自身：大私。）

---

[1] （三国魏）王弼：《老子道德经注》，楼宇烈校释，中华书局2011年版，第7页。
[2] （三国魏）王弼：《老子道德经注》，楼宇烈校释，中华书局2011年版，第21页。

是以圣人去甚，去奢，去泰。①

（所以那些圣人会去掉过分，去掉奢靡，去掉骄狂，不会走极端。）

从上面的例子可以看出，老子所谓的"道"并不是绝对的"无"（非存在），而是一种"有"。一种虽然人无法体察到，但却可以在意识层面把握的存在。而且人是可以运用道之品格来为人处世、认识世界的。

但老子这样解释和认识的"道"概念与阿那克西曼德所描述的"无限"概念所指向的内容真的是实际的"有"（存在）吗？他们都将"无"（非存在）的一些性质（不生不灭、常驻不变的，并具有永恒性和无限性）与"有"（存在）的一些性质（运动不止，可认识，可效仿，提炼抽取自存在物）相交融，并创造出了全新的概念。但既然区分了"有"与"无"；"存在"与"非存在"这样两个对立的世界，那么从逻辑上来说这两个世界就不可能有任何交集。逻辑上同时具有无交集两者性质的事物就不可能存在：常驻不变的事物就不可能被认识和理解，因为人类依赖差异而辨识；不变、不生、不灭的事物就不可能运动不止，这两个概念本身就是完全抵触的，有此无它的，运动本身就意味着变、生、灭；永恒性与无限性就不可能从任何存在物之中被提取出来，因为没有任何存在物是永恒、无限的。所以，他们对于"道"与"无限"的解释本身就是一个悖论。

老子将一些为人处世、治国安邦的思想强加于了一个无内容的形而上学概念："道"与"无"，并称其为"自然"，这样的行为本身也同样是有悖于逻辑的。他所谓的"道"与"无"指向的内容是无法认识、理解和言说的，是完全的虚无，又怎么可能会成为人身体力行、学习效仿的指导思想呢？那么归根究底，"道"与"无限"这两个概念还是指向了"无"（非存在）的范畴。

———————————

① （三国魏）王弼：《老子道德经注》，楼宇烈校释，中华书局 2011 年版，第 78 页。

第二节　东方的原子论学说："极微"与"端"

另一个对于世界本质著名的抽象概念就是"原子"。关于原子论，最著名的是古希腊的原子论学说。它是在巴门尼德"存在"概念之后提出的，一位先驱为古希腊哲学家留基波（Leucippus，约前 500 ~ 前 440），他的思想受到巴门尼德的很大影响。原子论的另一位先驱是古希腊哲学家阿那克萨戈拉（Anaxagoras，约前 500 ~ 前 428），他则是一个典型的伊奥尼亚学派哲学家，赫拉克利特则是伊奥尼亚学派的代表人物。最后古希腊原子论集大成者正是留基波与阿那克萨戈拉的学生古希腊哲学家德谟克里特（Democritus，约前 460 ~ 前 370）。①综上所述，古希腊的原子论也被称为巴门尼德与赫拉克利特思想的融合，它利用了微观不变、宏观可变的思想将古希腊两个最重要的思想相融合。并且寻找这一世界最小组成成分证据的思路也成为了之后科学发展的重要方向。

古希腊的原子论学说知名度很广，影响深远。但其实在巴门尼德之前，古代东方就已经有了类似于原子论的学说。

一　"奥义书"中的"极微"概念

在古印度哲学中也有一种类似于古希腊哲学中关于世界本原的原子论的学说。但比古希腊的"being"与"原子"概念早了几百年。这一学说认为，事物只能从一种有转化为另一种有，不能无中生有。而构成世界的最基本的或最基础的有是一种我们用感官观察不到的"极微"（或译为精微、细微）。

《奥义书》（前 10 ~ 前 5 世纪）是印度古代最经典的哲学典籍。其中对于世界的本原有很多不同的说法，包括世界起源于并统一于"空"的论述，世界统一于风、气的理论，世界统一于六大、三界的理论，等等。

书中之前的章节就曾提到了在《梨俱吠陀》中的《无有歌》、《金胎歌》、《水胎歌》和《原人歌》中就曾提出了关于宇宙生成的"太一"孕

---

① 赵敦华：《西方哲学简史》，北京大学出版社 2001 年版，第 27 页。

化论、水生论、卵生论和"原人"转化论等关于世界起源的学说。在《唱赞奥义书》第六篇中就有一种唯物主义观的世界本原思想。其中以父子问答的形式形象地讲述了"极微"的相关思想。

首先父亲提出了为什么无不能生有，父亲说因为在世界之初只有"有"，除了"有"以外而没有其他。所以"有"是由"有"生成的，而不是由"非有"生成的：

> 吾儿！太初唯"有"，独一而无二者也。有说太初唯是"非有"者，独一而无二；由"非有"而"有"生焉。
>
> ……如何从"非有"而生"有"耶？吾儿！太初唯"有"，独一而无二者也。①

紧接着父亲举出了水的例子，因为水无论是从东而来还是从西而来都是要注入海中的，最后都化为了海水，当所有的水都混合到一起的时候，自己也都分不清各自是什么地方的水了。所以世上一切生命也是如此，所有都是从"有者"而来，也都属于"有者"，但大家都只是不知道而已：

> 吾儿！如此诸水也，东者东流；西者西注，出乎海，归于海，而化为海；如是于此中彼等不自知：我为此水也，我为彼水也。
>
> 吾儿！世间一切众生亦复如是。当其来自"有者"也，不自知其来自"有者"也。世间彼等凡是者，或虎，或狮，或狼，或野彘，或蠕虫，或飞鸟，或蚋，或蚊……皆一一为其所是者矣。②

而这个生出万物的"有者"就是精微，精微是宇宙万物自身固有的性质，是"真"，是"自我"：

---

① 《五十奥义书》（修订本），徐梵澄译，中国社会科学出版社1984年版，第139页。
② 《五十奥义书》（修订本），徐梵澄译，中国社会科学出版社1984年版，第139页。

是彼为至精微者，此宇宙万有以彼为自性也。彼为"真"，彼为"自我"，施伟多凯也徒（说道者的儿子——引者注），彼为尔矣。[①]

由此可见，在这里"极微"就是宇宙万物的本原、本质或本性，是最真实的存在。"极微"生成了宇宙中的所有即"万有"，当然也包括生命世界即"自我"，于是也包括说话者的儿子本身。这是一种彻底的唯物论的，从宇宙的本性和本原以及存在方式出发，具有整体性、系统性、统一性的一元论学说。

之后父亲为了让儿子能够更真切地体会到"极微"的思想，并验证"极微"这种最本真的存在方式，他列举了许多形象而普遍的例子来说明。

首先他用无花果来说明万物与"极微"的关系，他吩咐儿子采来了一颗无花果并将其破开，这时就可以看到无花果中有许多细小的籽。然后再将其中一粒籽破开，儿子发现籽中已经没有什么东西可以看见了。但紧接着父亲说道，正是这籽长成了参天的无花果树，儿子认为无物仅仅是肉眼无法看见，因为这就是"极微"，虽然人无法观察到，但生命的确是蕴含其中的：

> "由彼树摘一无花果来！"
>
> "此是也！阿父！"
>
> "破之！"
>
> "破之矣！阿父！"
>
> "其中汝何所见耶？"
>
> "殊微细之子也！"
>
> "再破其一子！"
>
> "破之矣！阿父！"
>
> "其中汝何所见耶？"
>
> "无物矣！阿父！"

[①] 《五十奥义书》（修订本），徐梵澄译，中国社会科学出版社1984年版，第139页。

于是谓之曰："吾儿！此至精微者，汝所不见也，然由此至精微者，此一大无花果树而挺生焉。"

"是彼为至精微者，此宇宙万有以彼为自性也。彼为'真'，彼为'自我'，施伟多凯也徒，彼为尔矣。"[1]

下来的例子是盐所体现出来的"极微"思想。父亲吩咐儿子将一些盐粒放在水中，过了一夜之后再去寻找水中的盐粒已经找不到了，以我们现在的化学常识，盐（氯化钠）已经溶解到水中以氯离子和钠离子的形式均匀分布在水中了。这时父亲叫儿子尝了水的各个部分，都有相似的咸味。然后父亲告诉儿子，盐还是在水中，并没有消失，只是人的肉眼无法分辨而已。而水之所以可以和盐均匀混合，就是因为它们融合成了最原初的"极微"。

"置此盐于水中，明晨再来见我！"

彼为之。

则谓之曰："取汝昨夜置水中之盐来！"

彼探之（于水中）不得，盖全已溶解。

"汝由此边饮之！——如何耶？"

"咸也！"

"汝自中间饮之！——如何耶？"

"咸也！"

"汝由彼方饮之！——如何耶？"

"咸也！"

"弃之！尔来此坐。"

彼坐已，曰："此固常在也。"

乃谓之曰："诚哉！吾儿！于此（身中）汝固不能见彼'有者'，然彼固在其中也。"

"是彼为至精微者，此宇宙万有以彼为自性也。彼为'真'，彼

---

① 《五十奥义书》（修订本），徐梵澄译，中国社会科学出版社 1984 年版，第 140 页。

为'自我',施伟多凯也徒,彼为尔矣。"①

从盐的例子来说,现今科学上的解释也是从原子的概念出发,氯化钠离子在水中与水分子结合成为氯化钠溶液,对于这些过程的解释也都是在原子水平上的。那么可以看出,"极微"思想与科学的原子论也是十分契合的。

从上面父亲为儿子举出的两个例子可以看出,《奥义书》中的"极微"思想很丰富,对于"极微"这个概念我们可以了解到:"极微"是肉眼无法观察到的,事物最基本的组成成分,是最本真,最原初,最基本的事物存在方式;它不会消亡,固定长存,像水与盐混合后,盐粒虽然溶于水后消失了,但它其实只是化为了"极微"与水的"极微"均匀混合了,盐本身并不会消失;事物由"极微"而来最后又会复归于"极微",就像无花果籽被破开,盐溶于了水;"极微"之间有相似性是可以融合和发展并产生新的事物的,如盐与水组成了盐水,而无花果种子中的"极微"则可以长成参天大树;"极微"同样是组成各种生命的最基本之物,综上所述我们可以设想到,这种"极微"还带有一定的灵性本质,或许这种"极微"思想与古代万物有灵的观念是相通的。

二 在古印度哲学中被广泛使用的"极微"概念

除了《奥义书》中的"极微"概念,在古印度,"极微"概念被极其广泛地使用,这一概念在后续的古印度神学和哲学中得到了深远的发展。印度传统宗教之一耆那教(Jainism,创立时间:前8世纪左右)教义中的"七谛说"就用极微和极微的复合体来解释定形的物质(定形的非命、定形的非灵魂),用时间、空间、法(运动的条件)和非法(静止的条件)来解释不定形的物质(不定形的非命、不定形的非灵魂)。②这样,"七谛说"将世界的构成要素归结为六个方面:极微、时间、空间、运动、静止、灵魂。在这六个方面中,极微、空间、运动、静止、灵魂

---

① 《五十奥义书》(修订本),徐梵澄译,中国社会科学出版社1984年版,第141页。
② 冯契主编:《哲学大辞典·分类修订本》,上海辞书出版社2007年版,第1509页。

被看作构成宇宙的五种永恒的实体性要素,而时间则被看作现实事物存在、变化、运动持续的过程。①

中国哲学家,哲学史家冯契(1915～1995)在《哲学大辞典》的"耆那教"词条中这样介绍了"七谛说":

> "七谛说",即命、非命、漏入、系缚、制御、寂静和解脱。认为宇宙万物是由命("灵魂")和非命("非灵魂")组成。……详尽、系统地阐述了极微说,认为极微是永恒的、不可分割,能造而非被造,性质各异,占有空间,运动迅速,对立性质的极微互相结合而构成复合体,具有可分性,形状各异,构成世界多种形态。②

印度耆那教学者乌玛斯伐蒂(Umasvati,约5～6世纪)在耆那教经典著作《谛义证得经》中写道:

> 时间的作用是解释现时的存在、变化、运动和长短持续。
>
> 非命我的构成体是法、非法、空间和补特伽罗(极微和极微复合体——引者注)。
>
> 这些被称为实体。
>
> 命我亦是实体。
>
> 以上五大实体在本质上是永恒的,它们与时间一起形成宇宙仅有的组成部分。③

古印度生活派哲学的奠基人末伽梨·俱舍梨子(Maskari Gosaliputra,不详～约前493)提出了"十二元素论",这是一种宇宙和生命的构成理论,他认为世界是由十二种基本元素组成的:灵魂(命)、地、水、火、

---

① 邬焜:《古代哲学中的信息、系统、复杂性思想——希腊·中国·印度》,商务印书馆2010年版,第427页。
② 冯契主编:《哲学大辞典·分类修订本》,上海辞书出版社2007年版,第1509页。
③ 转引自姚卫群《印度宗教哲学概论》,北京大学出版社2006年版,第121—122页。

风、虚空、得、失、苦、乐、生、死。①他很推崇灵魂的位置，认为灵魂
不仅存在于动植物有机体中，也存在于地、水、风、火等其他元素中。
从这些表述中我们可以发现，这是一种标准的万物有灵论。但最重要的
是，由于他认为灵魂的元素（命）不是归于神或任何超自然的事物，而
是归于物质。所以后期南印度生活派就进一步将灵魂解释为由物质的原
子或粒子构成的，而且具有一定的形状（八角形）、颜色（蓝色）、体积
（大小），并且不可分。②于是最后随着思想的发展，印度生活派哲学思想
将世界的基础灵魂看作"极微"（原子）的一种。那么也就意味着最后这
个思想派别也是认为世界是由"极微"聚合而成的。

在之后的印度佛教中也对"极微"思想有所探讨。佛教形成了很多
分支，有一些分支就认同"极微"概念，认为一切事物是由"极微"的
聚合而形成的，"极微"是事物的基础。按照小乘佛教哲学的理论，"极
微"的细体有三位：一是"极微之微"，是原子最细的实体；二是"色聚
之微"，是几个"极微之微"聚合而成的极细物体；三是"微尘之微"，
是构成物质的不可再分的终极单位。作为物质的不可再分的终极单位的
"极微"具有非点、非粒、非始、非中、非后，无限、常存、最后，不生
不灭、无形无相之特点。"极微"与"极微"之间通过相互排斥或吸引的
相互作用始终处于变动不居、持续演化之中。"极微"通过聚合形成世界
不同层次的有形之物，"极微"通过分离而使有形之物消亡。③

在《大正藏》《阿毗达磨大毗婆沙论》（*Abhidharma Mahāvibhāṣā
Śāstra*，约 150 前后）就说道：

> 应知极微是最细色，不可断截、破坏、贯穿，不可取舍、乘履、
> 抟掣，非长非短，非方非圆，非正不正，非高非下，无有细分，不
> 可分析，不可睹见，不可听闻，不可嗅尝，不可摩触，故说极微是
> 最细色。④

---

① 冯契主编：《哲学大辞典·分类修订本》，上海辞书出版社 2007 年版，第 1507 页。
② 黄心川：《印度哲学史》，商务印书馆 1989 年版，第 133—134 页。
③ 巫白慧：《印度哲学——吠陀经探义和奥义书解析》，东方出版社 2000 年版，第 113 页。
④ 《大正藏》第 27 册，第 702 页。

《大正藏》《阿毗达磨顺正理论》则有更明确的说法：

> 有究竟处，名一极微。……慧析至穷，应有余在，可为慧见，更不可析。此余在者，即是极微。是故极微，其体定有①。

古代印度的正统派哲学中正理派与胜论派两派哲学在存在论和宇宙观方面都主张"极微"说和多元实在论学说。②之后古代印度哲学中关于世界是统一于"极微"的理论还有进一步的发展，理论思想性得到了发展而近趋完善。这个时期主要在印度中世纪前期（约 3 世纪～6 世纪）。印度自然哲学的主要哲学流派大都认为"极微"乃是构成世界的四大元素（地、水、火、风）的最小最基本单位。世界就是由"极微"复合或堆积而成的。"极微"按四大元素的类别可以分为地极微、水极微、火极微、风极微。"极微"又有粗体和细体之分。四大元素的外在形式（物理世界）就是"极微"的粗体，四大元素的内在成分就是"极微"的细体。③

从这些资料我们可以看出，从很早（前 10 世纪）开始，"极微"概念已经渗入到印度神学与哲学思想当中，很多学派和教派思想都涉及了这个概念，根深蒂固并且影响深远。

甚至在很多反神反宗教的自然主义思想中也涉及了"极微"概念。印度语言学家，学者库玛丽拉－巴塔（Kumarila－bhatta，约 8 世纪）在其《颂释补》一书中这样说道：

> 如果"控制"仅意味着某种有理智的力量是创造的原因，那么，由于所有创造都能够通过一切生物的行为来实现，那么，你们的论证将成为多余的。而且，即便你们说的"控制"意味着身体的创造以一个有理智的力量为基础，（你们的说法亦是多余。）因为（人们

---

① 《大正藏》第 29 册，第 522 页。
② 邬焜：《古代哲学中的信息、系统、复杂性思想——希腊·中国·印度》，商务印书馆 2010 年版，第 312 页。
③ 巫白慧：《印度哲学——吠陀经探义和奥义书解析》，东方出版社 2000 年版，第 112 页。

的）行为也以这（行动者的行动欲望）为基础。①

如果认为神自己不像陶工（制作陶罐）那样进行操作，那么，（表现为极微形态的）无知觉的实体又如何能遵从神的意愿呢？因此，极微等的创造绝不能仅由神的意愿产生。②

古代印度的哲人们在强调"极微"具有非点、非粒的特性的同时还有很多更深刻的思想。邬焜认为：

古印度哲学中的"极微"思想与古希腊的原子论学说都非常类似，甚至比它们要丰富和深刻，已经超越了它们的局限性与视野。古希腊的原子论中对原子的性质有三项描述，即大小、重量和不可入。所以原子论中的原子带有实体、实在的性质。而古印度哲学中的"极微"概念是认为"极微"本身是不具有量度的，有量度的事物则是由众多"极微"凝聚而成的。这样的理论更接近于现代科学前沿的场能实在论。③

场能实在论认为场本身没有静止质量，只有能量效应，而实体所拥有的质量特征仅仅是场的密度比较大的空间区域所表现出来的特征。而古希腊的原子论是把原子看作有一定空间尺度的粒子。直到西方近代科学时期仍然把他们预设的构成世界的最小微粒作粒子化的解释，如，牛顿力学就是质点力学，他假定了上帝创造的最小粒子（永久粒子）乃是构成宇宙大厦的最小单位。甚至当近代科学发现了化学元素（Chemical elements）后，当时的科学家们便认为找到了古希腊原子论中的原子（Atomon，原意为不可分割），马上激动地使用了古希腊原子的名字命名了我们现在众所周知的原子（Atom）。尽管现在的科学证明原子并不是世界最小的组成部分，但这个名字却一直沿用至今。至今的科学中许多学

① 转引自姚卫群编译《古印度六派哲学经典》，商务印书馆2005年版，第240页。
② 转引自姚卫群编译《古印度六派哲学经典》，商务印书馆2005年版，第241页。
③ 邬焜：《古代哲学中的信息、系统、复杂性思想——希腊·中国·印度》，商务印书馆2010年版，第299—300页。

科都还热衷于在原子以上的层面进行实验和研究，比如物理学中的力学、热学和化学，等等。

三 《墨子》中的"端"

在中国战国时期墨家的著作《墨经》（官方认为约完成于前388年）中也提到了类似于古印度"极微"和原子论中"原子"的概念，这就是"端"概念。因为《墨经》中写有大量相对战国时期思想家公孙龙（约前320～前250）"离坚白"思想的批判观点，由此判断《墨经》的完成时间应该在公孙龙的"离坚白"思想提出之后，但间隔不会太久。所以《墨经》成书应该在公元前250年，这样的话"端"理论就应该晚于古希腊的原子论。《墨经》是《墨子》书中重要的一部分，也是《墨子》一书中完成较晚的篇章。《墨子》相传是中国古代思想家、教育家、科学家、军事家墨翟（约前468～前376）和他的弟子们编写的，主要是讨论认识论、逻辑学和自然科学的问题。是春秋战国时期百家典籍中对自然科学的研究最深入的著作。令人惊讶的是与前文中提到的老子和赫拉克利特一样，虽然《墨经》的完成时间略晚，但《墨子》的主要作者墨翟与德谟克利特的所处年代几乎同时。而更令人惊讶的是《墨经》中对于光学原理的描述以及小孔成像原理与古希腊数学家欧几里得的相关理论又是几乎在同时提出的。

内蒙古师范大学的张波在他的论文中对于相关于"端"概念的研究历史做了非常细致的梳理。[①]他总结了历史上学术界关于"端"概念的研究，其中涉及了从最早的英国化学家、科学技术史家李约瑟（Joseph Terence Montgomery Needham，1900～1995）[②]与中国近代思想家、政治家、教育家、史学家、文学家梁启超（1873～1929）[③]至今几十位中外学者对

---

① 转引自张波《〈墨经〉中"端"之新释——兼与姜宝昌教授商榷》，《自然辩证法研究》2017年第10期。

② ［英］李约瑟：《中国科学技术史》（第三卷·数学），《中国科学技术史》（第三卷）编译组译，科学出版社1978年版，第205页。

③ 梁启超：《墨子学案》，《梁启超全集》第11卷，张品兴编，北京出版社1999年版，第3226—3227页。

"端"的解释。张波认为关于"端"的历史研究，主要的解释有 4 种：1. 原子说；2. 几何点说；3. 顶端说；4. 前三种概念的组合与杂糅。

他认为将"端"单纯地理解为西方哲学中的"原子"和西方几何学中的"几何点"或"顶端"、"拔尖"等概念是不恰当的。应该理解为战国中期政治家、哲学家惠子（惠施，前 390 ~ 前 317）所提出"小一"概念。但其实将"端"与惠子学说联系在一起的研究很早就有了，并且认为"端"与"小一"概念是不同的。清末民初民主革命家、思想家章太炎（1869 ~ 1936）曾经有一段话来评价"端"，其中就涉及了"极微"与惠子的学说："'端'为无序不可分，此盖如近人所谓原子分子，佛家所谓'极微'；以数理析之，未有不可分者，故惠有万世不竭之义，以物质验之，实有不可分者，故墨有不动之旨。此乃墨氏实 验之学有胜于惠，因得如此之说尔。"[①]

因为东、西方文化有很大的不同，所以"端"不能被西方文化所影响而等同地理解为古希腊的"原子"与"几何点"概念，印度的"极微"概念或"顶端"、"端点"、"拔尖"等概念。再因为《墨子》中的思想与惠子的思想存在很大区别，所以《墨子》中的"端"也同样不能理解为惠子的"小一"概念。

《墨子》距今时间久远，因其批判了儒家的礼乐和天命观念，所以被后期发展壮大的儒家学者打压。汉代以后，缺乏后期学者的持续研究发展，墨家学说几乎已经成为绝学，断代严重，为现代人研究《墨子》设置了严重障碍。《墨子》流传至今的文本信息经过严重的佚失或失真，导致大量论述内容信息片断化。《墨经》在《墨子》中作为相对独立的一个章节，相当于一部涉及哲学、逻辑学、自然科学的专著，信息量极大，字数极少。由于《墨经》中的很多文字的概念已经与《墨子》中其他章节中或当时民间默认的口语化常用概念大相径庭，所以《墨经》文字错讹交复、分散错乱，尤其显得晦涩难懂。再由于《墨子》在文本理解与白话文解释上的难度与争议都很大，而"端"的新概念就是只出现在了最晦涩的《墨经》之中。所以如果要梳理出对"端"概念最恰当的解释，

---

① 《胡适文存》（二集），亚东图书馆 1928 年版，第 262—263 页。

首先必须进行大量概念的正名，这些概念的阐释与推演基本只能基于字数非常有限的《墨经》文本（算标点 6000 多字）。这是一个异常烦琐、艰难的工作，笔者将会在下一步的研究工作中继续。但关于这一领域的研究具有巨大的价值。当《墨子》中大量概念经过重新解读和重新定义之后，将会系统地牵引出《墨子》中所表述的一个前人从未发掘过的全新的实体时空观体系，以及"有、无"思想。

关于哲学史上"存在"与"类存在"概念的梳理与研究是一件艰巨的工作，需要投入大量的时间与精力，鉴于笔者的各种局限。一方面，不可能做到面面俱到，只能从问题出发涉猎最具代表性的一些思想进行研究；另一方面，只能分步骤地进行研究，所以本书这个章节中只涉及了巴门尼德之前的部分"本原"与"类存在"思想。后续的研究内容还有很多，这是下一步的研究计划，将会系统地在后续的专著中发表。

第四编

信息哲学存在论拓展研究

第 七 章

信息、哲学、文化与社会

信息哲学、信息科学所涉及的问题非常广泛，笔者在多年的信息哲学研究中还涉及了一些其他相关的学术问题。其中包括辑佚学、文明、文化、医疗、人工智能、教育等众多领域和方面。本编将分两章对这些领域的内容予以讨论。

第一节 辑佚学与社会文化全息性①

一 辑佚学与中华文明

中国的辑佚学是一门带有中国特色的学科，西方并没有类似的学科，可能最相近的学科就是历史学或考古学。因为中华民族是世界上最尊重、珍惜自己文化的民族之一。中华文明不仅是人类最早的文明之一，也是世界上唯一一个从起始延续至今没有中断文化发展的人类文明。世界五大文明古国只有中国的文化承载至今。

甚至在西方出现了"中国是一个伪装成国家的文明"的相关思想。这一思想在美国传播得很广泛，最早可能来自美国政治学家、汉学家白

① 本节内容已发表，见邬天启《从辑佚学引发的社会文化的全息性思考》，《西安交通大学学报》（社会科学版）2015 年第 4 期。最新改动后的英文版发表于：Tianqi Wu, "Holographic Thinking of Social Culture from the Perspective of Lost Book Compilation"，第三届国际信息研究峰会 & 第四届国际信息哲学会议论文，（日本，网络会议）中国西安分会场，2021 年 9 月。这里有修改和扩充。

鲁恂（Lucian Pye，1921～2008）。之后美国国际政治理学论家塞缪尔·亨廷顿（Samuel P. Huntington，1927～2008），美国著名外交家、国际问题专家亨利·阿尔弗雷德·基辛格（Henry Alfred Kissinger，1923～　）与英国剑桥大学政治学与国际关系的高级研究员马丁·雅克（Martin Jacques）也都提出了相似的观点。而辑佚学作为一门中国独有的、历史悠久的学科，它的出现，恰恰就是中华民族对自己文化、思想、历史、文明传承具有强烈诉求的证明。

辑佚学大约出现在宋代，它是文献学下的一个门类学科。辑佚学的出现与古代文献的亡佚之严重是密不可分的。辑佚学的贡献就在于能够对以引用的形式保存在其他存世文献中的已经失传的文献材料加以搜集整理，使已经佚失的书籍文献，得以恢复或部分恢复。很多的古籍就在辑佚中被重现了出来，如《墨子》一书，《汉书·艺文志》记载原有71篇，但今天流传下来的两个版本：《道藏》中只有53篇，《四库全书》中只有63篇。《四库全书简明目录》中也提到："原书七十一篇，今亡佚八篇。"中国晚清经学家、教育家孙诒让（字仲容，1848～1908）汇总了历代书籍中引用《墨子》之语而非传本所载的片段，成《墨子佚文》，附《墨子间访》在后。综上所述，我们可以发现，很多那些貌似亡佚的图书文献其实还在其他留存的文献中被保存或部分保存了下来。

从信息哲学的角度来说，文献资料承载的就是文字信息，文字信息是可以通过各种载体进行承载和保存的，比如最早的甲骨文、碑刻石刻以及布绢纸张等。同样也可以通过不同的方式，比如直接或间接的方式。如文章与思想的相关论述，可以直接以书籍正文的形式保存下来，也可以在其他的资料中以间接的引用、转述等方式得以保存。信息传播记录保存中的多载体、多中介的性质允许信息存在可以是多层面、多维度的，从而让全息性也在社会文化中得以体现。

其实一部经典的著作或典籍也是那个时代精神的体现和承载，其中的思想与论述都带着那个时代的烙印。全息性就体现在书籍与书籍、书籍与社会、书籍与时代的相互对应和映射中。一个明显的事实是，某一时代的某些书籍文献，总是或多或少地会对那个时代相关的其他一些书籍文献的思想和内容进行转引和概括，也会从某些特定的角度，以某种特定的方式体现他那个时代的文化思想和认识方法。比如战国时期的孟子（名轲，字子舆，前372~前289）战斗着的儒学思想正是针对当时同时代的墨子和杨朱（字子居，约前395~前335）的思想而展开的。① 这就必然会在孟子的相关著作中介绍或映射着墨子和杨朱的相关思想。孟子在《孟子·尽心上》中就提到：

> 杨子取为我，拔一毛而利天下，不为也。墨子兼爱，摩顶放踵利天下，为之。②
>
> （杨子主张一切都为了自己，拔自己一根毛发如果对天下有利，他都不愿去做。墨子主张兼爱，只要对天下有利，摩秃了头顶，把脚跟走破也要去做。）

因为任何思想都是有发源与继承的，一脉相承的思想虽然有其发展和流变，但其中必然也会保留很多前人思想的信息。所以纵观人类思想，无论是在纵向上还是在横向上都深刻体现着一种全息的特性。中国自古注重注释与引用的写作习惯使很多书籍的文字信息得以部分地维持原貌在其他书籍中被保存了下来。辑佚学也正是凭借着这种书籍与当时社会与时代的全息性，从流传下来的书籍中挖掘出已经亡佚书籍的信息，并排除其他信息噪声的干扰，将很多书籍恢复或部分恢复出来。这也从侧面呼应了人类社会文化的全息性特征。

二　信息的特性与辑佚学的出现

信息在时间流逝中凝结，也随时在佚失与耗散，这是信息的特性之一。不仅是在宇宙的演化的过程中很多环节已经不复存在，就仅仅在生物界的演化过程中太多的原始生物物种已经彻底灭绝，现在存留下来的只是极少的一部分，而且随着地球环境的改变，灭绝现象还在继续。这

---

① 陈学凯、鲁建辉：《孟子新识：战斗的儒学》，《南开学报》（哲学社会科学版）2013年第3期。

② 《孟子》，方勇译注，中华书局2013年版，第271页。

种生物物种的灭绝也是某些类型的生物遗传密码信息的消亡，这是生物界体现出的信息耗散现象。同样，这种现象也会在社会文献信息上体现出来。

虽然地质变化、物种灭绝、文本佚失、信息流失等是不同学科研究的问题，分别属于地质学、生物学、文献学、传播学的研究对象，但在全息学上都符合部分映射整体、间断映射过程、个体映射类别的性能。原因就是这些学科相关的研究内容都是与物质存在形式改变和信息耗散相关的，都是依赖于物质与信息的特性的。在邬焜的《信息哲学》中提到了信息的十个特性。①由于信息作为间接存在对于直接存在有绝对的依赖性，物质是信息的载体，而作为直接存在的物质总是处于永恒运动和转化的过程之中，所以，信息载体的结构模式改变所带来的就是载体所携带的信息的改变、模糊和耗散。那么最后我们可以推论出，信息的耗散是永恒且必然的。

从文献学的角度来看，古书的亡佚是相当普遍的。宋代史学家郑樵（字渔仲，1104～1162）曾说道：

隋唐亡书甚多，而古书之亡又甚矣。②
（隋唐时代失传的书籍太多了，尤其时代越久远的书籍，失传的越严重。）

《艺文志》是中国古代一种比较独特的书籍类别，类似于我们现在的书籍汇总目录。中国文人在很早就热衷于通过这种历史文献汇总的编纂来尽量保留住中华文明宝贵的文化遗产。北宋政治家、文学家欧阳修（字永叔，1007～1072）在他编撰的《新唐书·艺文志序》中就说道：

藏书之盛，莫盛于开元，其著录者五万三千九百一十五卷，而

---

① 邬焜：《信息哲学——理论、体系、方法》，商务印书馆 2005 年版，第 65—67 页。
② 王学林：《浅述郑樵的文献编目与辨伪理论》，《江汉大学学报》（人文科学版）2010 年第 3 期。

唐之学者自为之书者又二万八千四百六十九卷，呜呼，可谓盛矣！……今著于篇，其有名而亡其书者，十盖五六也，可不惜哉！①

（在中国历史上，收藏书籍最多的时代应该就要算是唐朝开元盛世时期。当时官方收集了五万三千九百一十五卷的书籍，而民间学者也收集了二万八千四百六十九卷书籍。天啊，书籍数量真的是太庞大了！……但到了现在修订图书的时候，目录上有名字但其实已经找不到的书籍占目录的 50% 到 60% 。这难道不是一件非常可惜的事吗！）

欧阳修生活的年代距离唐朝开元元年（713）只有三百多年，唐朝开元年间著录在册的图书有 3277 部 53915 卷，在欧阳修编纂《新唐书·艺文志》时亡佚的图书已经达到 50% 到 60% ，而从北宋以来近千年中，历经劫难而亡佚的图书更不知道有多少。

宋史学家、目录学家聂崇岐（字筱山，1903~1962）在《艺文志二十种引得序》中也说道：

总上述二十种艺文志所著录之典籍，自先秦以迄清末，其有名可稽考者，盖不下四万余种，然求其存于今者，恐已不及半数。②

（汇总以上提到的 20 种艺文志中所收录的典籍目录，从先秦时期一直到清朝末年，有记载书名和可确定之前存在的书籍有四万多部，但现今要算起还可以找得到原书的书籍，恐怕连一半都不到了。）

宋末元初学者马端临（字贵与，号竹洲，约 1254~1340）在《文献通考·自序》中也说道：

汉、隋、唐、宋之史，俱有《艺文志》，然《汉志》所载之书，

---

① 王晟：《北宋时期的古籍整理》，《史学月刊》1983 年第 3 期。
② 转引自王余光《清以来史志书目补辑研究》，《图书馆学研究》2002 年第 3 期。

以《隋志》考之，十已亡之六七；以《宋志》考之，亦复如此。①

（中国汉、隋、唐、宋这些朝代都著有相应的《艺文志》。但如果参考《汉代艺文志》中记载的书目，再对比《隋代艺文志》中的书目，60%到70%的书籍已经找不到了；如果再对比参考《宋代艺文志》，也会出现相似的现象。）

如果就时代更早的《汉书·艺文志》来考察，亡佚比例更大。《汉书·艺文志》是根据刘歆的《七略》编纂而成，反映的是西汉时期藏书的面貌。古文字学家、诸子学家顾实（字惕生，1878～1956）在他的《汉书艺文志讲疏》中对每一种书都分别标明了"存""亡""残""疑"。《汉书·艺文志》著录的596家（《七略》中著录的书目其实有603家），顾实明确标明"存"的只有29家，不到5%。另有注"残"的43家，合起来只有72家，仅占12%。在这样的情况下，《汉书·艺文志》中所收录各种著作，到了今天已经不到10%了。②

文献流失如此严重，有很多原因。早先的文字信息记录传播水平有限，在印刷术出现之前书籍的传播主要依靠手抄，再早就只有自己刻竹简，甚至需要自己手工烧制竹简材料，总之在当时想要读书是很费功夫的一件事。加之当时的文献保存工具很粗糙、易毁，综合这些原因，当时想要保存图书是更难的事情，亡佚图书却很容易。当然图书的亡佚原因有很多，史料、文献学也有这方面的很多研究成果。比如图书五厄十厄论，还有自然淘汰论，等等。但除了人为因素以外，信息的耗散是必然的一个过程，其实世界上的文化也是如此，甚至很多文明如玛雅、古埃及文明都随着时间的推移而失落了。外部环境是信息留存和耗散的筛选器，不仅是对于文字书籍，信息也是如此，书籍在经历战乱、政权与读者这些外部因素的筛选，能够保存下来的仅仅是很小的一个部分。

但失落和佚失也只是相对的，像很多已经灭绝的自然物种以及许久之前的自然历史时期都会部分地以化石和地层结构的方式留下存在过的

---

① 马端临：《文献通考》，中华书局1986年版，第1页。
② 顾实：《汉书艺文志讲疏》，上海古籍出版社2009年版。

痕迹。很多貌似消亡的自然信息都通过其他途径被部分保存下来一样，古代文明失落后依然可以留下很多它存在过的痕迹和信息。比如在建筑方面，古埃及在沙漠中留下了宏伟的金字塔和狮身人面像，玛雅在原始丛林中留下了神秘的金字塔和神庙，复活节岛上的巨石阵，还有相当一批古文字符号和富含艺术文化底蕴的壁画雕塑，等等。同样一部留存下来的书籍也可能包含着已经亡佚的书籍的信息或部分信息。于是这种自然演化过程中的信息全息性同样也在社会和文化进程中体现了出来。

　　自然的和社会的某些信息之所以能够被保留下来，是由于信息具有一种不同于物质的独特性质，这就是信息的共享性。信息的共享性决定了信息的可复制、可传播的特性。物质是守恒的，没有办法做到共享，质量或能量的交换和反应都是一次性的，交出者和接收者不可能同时拥有交换或反应的物质。而信息不同，信息复制或传播中的交出者和接收者同时拥有了相同的信息（尽管在信息反应过程中会有相应的信息缺失、畸变和创新），并且信息的载体是可以替换的，不同的物质存在形式可以承载相同的信息。信息的这些特性为信息多层面、多途径的保存和传播创造了条件。

　　信息与物质性质有很多不同，也正因为信息这些性质才使客观世界具有了全息性，而辑佚学正是依靠信息这些性质才成为可能，之前提到的地质学、化石学、生物学、传播学等学科也都利用到了信息的这些特殊性质。

三　全息不全在辑佚学中的体现

　　全息并不是绝对的，更不能带有迷信色彩。全息不全这个现象是普遍存在的，全息是以事物的相互作用与时空转化为基础的，历史的信息作为一种"痕迹"将流逝的时间保存了下来，演化过程中消逝的空间结构在后续生成的结构中被以整合和重构的方式部分地储存下来了。①但这种保存和储存是相对的、部分的，之所以是部分的，原因是信息每时每

_____

① 邬焜编著：《复杂信息系统理论基础》，西安交通大学出版社 2010 年版，第274—275页。

刻都在流失着，随着时间维度的推移信息在耗散，"痕迹"在模糊，随着后续相互作用的发生，时空转化的进行，流逝与畸变在所难免。因为热力学第二定律展现出我们世界熵增的趋势决定了信息流逝的大方向是无法逆转的，所以，在这个世界上，信息的完整保存是不可能的。

显然，辑佚学对亡佚书籍的信息挖掘是部分的、相对的。这并不仅仅是因为信息的自然耗散是不可避免的，而且还是因为人类的解释力的局限。一个明显的事实是，对于信息的解读依赖于人类的解释能力。虽然人类的解释力在进步，但人类有限的进步相对于自然无限的信息层面显得过于渺小与无力，而且在不同的人类历史时期，解读的方式又各不相同，这一点在社会文化中体现得尤为明显。现代人已经很难破译很多古文字，还有古文字意义也与现在的文字大不相同，解释中出现某些歪曲，甚至无法解释都是很正常的，解释的多元现象也非常普遍。另外，语言文字本身也有其局限性，思想的表达中言不尽意的现象比比皆是。

综上所述，我们可以看出，辑佚学绝不是万能的，它利用了世界的全息性质，但是从全息不全推断出，辑佚学不可能恢复出全部佚失的文化信息。事实也是辑佚学不仅恢复的文化典籍有限，而且错误遗漏也是非常多的。这就是为何暨南大学艺术学院教授陈志平（1973～ ）认为辑佚学需要：

> 通过辨伪来考证辑录文献的是非真假，需要通过版本和校勘来审订所辑字句的异同多寡和是非得失。①

在徐绍宋《书画书录解题》卷十《散佚·书部》类收了古代佚失的书学论著简目中的"笔心论"和"书断杂论"就被备注为"疑伪"。②这些疑伪的辑佚成果或是辑佚者有意造伪信息虚假，或是辑佚出处文献来源不可靠，还有很多辑佚出的成果在后世被发现出现问题。比如新的古籍文献的出现，或者与其他文献的叙述出现了矛盾。

---

① 陈志平：《书学史料学》，人民美术出版社 2010 年版，第 251 页。
② 陈志平：《书学史料学》，人民美术出版社 2010 年版，第 251 页。

文化作伪自古就有，古人作伪，往往依傍有关书籍的佚文，辑佚中如果可以辑得有关的佚文，就容易发现作伪者是如何借助这些佚文妄加增益和削减的，如前人辨伪《古文尚书》就是这样做的。①那么辑佚工作中就不只有恢复，也同样可以辨伪。从信息活动的角度来说，这种作伪可以看成人为地制造信息噪声。在自然界中，信息噪声是由自然事物永不停息的相互作用造成的，而在人类文化中，则是由人为的意义扭曲，或故意歪曲而造成的。这种人为产生的信息噪声会更容易让原本的信息失真，加剧了全息不全的程度。但有一部分作伪是可以被辨识、可以被鉴定的，这也更体现了社会文化的全息性的特征。

四 社会文化全息性

"全息"一词最初是特指一种技术，可以让从物体发射的衍射光能够被重现，其位置和大小同之前一模一样。从不同的位置观测此物体，其显示的像也会变化。因此，这种技术拍下来的照片是三维的。在信息哲学中全息的含义是指事物在自身的结构中映射、凝结着自身现存性之外的多重而复杂的信息关系和内容。全息现象是复杂性自组织进化所可能达到的一种相关信息凝结积累的结果，凡是在进化过程中所形成的有序结构都必然会呈现相应的全息现象，另外，分形与混沌现象的真谛也可以在全息现象的层面上得到相应的解释，无论是跨越不同层次的自相似，还是非周期混沌中的混沌序都是某种全息现象的表现。②

在复杂信息系统理论中，全息性是从自然演化的角度出发的，人类社会的演化和文化也同样具有全息性。将辑佚学作为一个切入点，就可以看到人类的文化产物的全息性。

社会文化全息性分为横向全息和纵向全息两种形式。

横向全息是指同时代的文化作品中都会体现其所处时代的精神和烙印。任何时期的社会思想都是那个时代的精神的体现，是思想交融、冲突、竞争、吸收的体现。之前提到孟子的著作中会涉及同时代的杨子和

① 孙钦善：《中国文献学》，北京大学出版社 2006 年版，第 5 页。
② 邬焜编著：《复杂信息系统理论基础》，西安交通大学出版社 2010 年版，第 273 页。

墨子的思想。战国末期荀子（名况，字卿，约前313～前238）的人性本恶论也是直接针对孟子人性本善论而提出的。荀子虽出于儒家，但他对当时各家包括儒家的思孟学派都提出了激烈的批评。由于同一时期的思想只有在斗争中才能挖掘对方思想的不足，只会知己知彼，才能提出自成一派的学术文化。所以同时期的文化都是相互映射、表征、对比、竞争、交融着的。

不仅同一流派的思想中存在全息性，包括截然不同或对立的思想中也存在着全息性，因为同时代的思想是脉络化的，并且是相互联系而不可分割的。比如在百家争鸣时期，正是因为儒家、法家等入世思想的产生和被推崇才会产生出像道家这样的出世思想。正是现今西方在人类中心主义引导下的飞速工业发展才会对应地出现了非人类中心主义、生态中心主义等思想。当一个时代的文化思想走到一个极端就必然会产生对立的文化思想，这些对立的文化思想的出现也许是由于人类自身的文化反思，也许是由于先前的极端思想导致的现实的负效应。这种对立思想的出现只是力求达到一种互补、一种平衡，而全息性就体现在这些互补、竞争的思想当中。

另外，社会思想的全息性还体现在文化思想与科技水平的交融。比如在奴隶制和农耕经济社会，因为人类生产力低下，对于自然是崇拜和敬畏的。在这样的社会经济条件下必然产生了宗教与迷信思想。崇拜自然物，贬低了人的地位和价值。但在人类生产力提高后，自然开始被人类改造，工业时代的科学、技术、经济飞速发展，使人的价值开始体现，使人对于自身的认识和肯定开始觉醒，人类中心主义思想也是在这个时期出现并发展的。当人类在工业文明时代培植起来的人类中心主义思想的负面效应日益显著地表现出来之后，一种全新的非人类中心主义思想便应运而生，这就是20世纪下半叶以来所兴起的走一条人与自然和谐发展之路的生态文明思潮。

其实20世纪末期出现的无政府主义与后现代思想也在很大层面上是受到了量子力学所揭示的微观世界的偶然性、非决定论的不确定性，复杂信息系统理论所揭示的事物性质的涌现性、时间过程的不可逆性、空间结构的分形性，以及事物演化方向和结果的分叉性、混沌性等理论的影响。综上所述，这种文化、社会、科技之间的相互映射、关联和影响都体现出了一种社会文化的全息性。

纵向全息是指历史上的各种思想都是具有流变性和继承性的，也正是因为这种历时性，人类思想才得以发展。就像上文提到的，每个时代都会使思想带有那个时代的烙印，但一个思想不管怎样被时代打上烙印，它都是有其根茎脉络的，都可以找到这些思想的文化历史渊源。比如最早在对于世界本原的追求过程中，在各个古文明中火本原、水本原、土本原等的遐想或猜测很多。德谟克利特最早提出了原子论，而现代物理学一直追寻着这个组成世界的最小微粒——"宇宙之砖"。儒家在孔子后虽然分成了很多流派，虽然每个流派都只是抓住某个侧面在深化，但也正是因为儒家在思想上不像其他各家那样极端，才使它一直可以作为东方的主流思想流传至今。其实早在各个学说创立之初，它的生命力就已经体现出来了，也预示这种思想未来的发展空间，由此也可以看到，人类社会文化中的纵向全息不仅是针对历史而言的，而且还是针对未来而言的。

其实不仅是思想，包括民族的发展，都会取决于这个民族的民族精神，在发展之初就可以预见到这个民族最后是立足于各民族之中还是被其他民族兼容同化。文化思想在纵向上的全息性正是这样，可以回顾历史挖掘思想的起源，也同时可以预测思想发展的方向：或生存繁荣，或淘汰消亡……

五　以魏晋敦煌遗书为例的全息性研究[①]

系列关系全息指的是每一个事物都映射和规定着关于自身历史、现状、未来的信息。而这种系列全息性正体现于中国书法的历史发展之中。书法艺术作为中国传统文化最凝练的物化形态，书法的最初样貌——甲骨文，是远古祖先在兽骨上进行占卜的被视为上天传递信息的烙印，书

[①]　英文版发表于：Peiyuan Wang, Tianqi Wu, "A Study on the Holographic Value of Calligraphy Inheritance—Taking Dunhuang Posthumous Paper of Wei – Jin Period as an Example"，第三届国际信息研究峰会 & 第四届国际信息哲学会议论文，（日本，网络会议）中国西安分会场，2021 年 9 月。这里作了一定删减。

法的起源与信息有关。这与杨伟国先生提出的"中华文化重视信息思维"① 相一致。

佛教起源于印度，在西汉时期开始传入中国。魏晋南北朝时期得到了广泛的传播，并一度成为"国教"。汉代佛教主要是通过丝绸之路与经济交流共同打通了这条中西文化经济交流的要道，中国的西北地区就成为首先接触西方佛教传入中原的第一站，在敦煌地区形成了早期的佛教聚集地和交流地。

在敦煌遗书中，留存有大量的魏晋时期的书法作品。从这类书法作品中，能清晰地看到这一时期书法风格正处于隶书向楷书过渡，与汉代的简书相比，这一时期的书法风格无论从整体的章法布局，到字形的书写，有相似之处，即为对历史的继承，也有不同之处，就是当前时代的风格表现和新的发展。

佛教的信仰崇拜是写经本质的心理基础，因为这种对佛教的虔诚之心，让书写者在书写过程中始终怀有和保持着庄重和严肃的心态。所以，质朴、劲健的审美取向，即是抄经者在抄经时，对佛教的虔诚的表达。在早期抄经中沿袭简牍隶草笔意风格，使得这一时期的敦煌遗书具有古意，是书法演变过程中对汉代隶书中隶意的保留，是一种纵向的历史关系全息。而佛教思想对于当时书法笔法的影响则是一种横向的关系全息。

敦煌遗书中以楷书卷本为主。敦煌遗书的书写者在抄写佛经的时候，更多地选择了楷书。隶楷书体的存在是敦煌遗书书法的最为鲜明的特点，就是魏晋时期敦煌遗书楷书作品中，用笔的历史关系全息。其是楷书由草隶转变的一大有力证据，隶书意味逐步的褪去，楷书走向成熟，隶楷到正楷的演变展现了这一转变的全过程，这一转变过程，也是全息性特征的体现，隶书意味的褪去是历史的全息不全的具体表现，楷书的形成是全息性的表现，而在同一时期，写经书法中不同风格的表现，是横向全息的互补差异表现。

质朴审美风格，主要是对前代书风的继承为主，在系列关系全息中表现为对于历史关系的全息。这类审美特征用笔主要是尖锋入笔，由细

① 王元军：《六朝书法与文化》，上海书画出版社 2002 年版，第 260 页。

逐渐加重，呈头细尾粗逐渐加重的笔画姿态，多有隶书翻翘之态。是对隶书质朴审美的继承，表现为历史关系的全息，同时作为横向的敦煌遗书，与其他风格并列为同一时代的写经审美取向。

就佛教思想对于书法审美的影响，魏晋时期，敦煌遗书的书写风格已经开始有了佛教思想对于审美影响的渗透了。在玄学本体论基础上，将"契神于即物"与不惑不迁不化结合起来，形成切合缘起空观的中道意识。就是佛教思想影响下的书法审美的全息性表现。

第二节　信息存在论视域下的医疗沟通系统的信息思维解读[①]

随着医疗系统的飞速发展，医疗沟通体系已经替代了曾经简单的医患关系，而变得更加复杂、多面，从而具有了系统整体性的特征。在医疗沟通体系中信息的传递包括了医生、护士、病患、病患亲属、相关仪器、计算机网络系统、医疗监督及相关法制机构等众多要素和环节。尽管现实的医疗沟通体系已经日趋系统化、复杂化，但现有的医疗沟通体系的理论却仍然建立在传统科学和哲学的简单的物质和能量思维模式的基础之上。

因为，信息哲学认为，如果从科学的尺度上来阐释，世界的构成要素是物质、能量、信息的三位一体。从信息的维度上来考察，物质和能量都只是信息活动的载体。所以，将事物及其运动仅仅简单理解为物质和能量活动的传统观念不仅是狭隘的，而且是错误的。从信息思维的维度上来看，医疗沟通体系恰恰是一个复杂的信息活动系统，那么，对医疗沟通体系的现代考察也理应在信息哲学提出的信息思维的全新维度上进行。

---

① 本节内容已发表，见邬天启《医疗沟通系统的信息思维解读》，《陕西广播电视大学学报》2011 年第 4 期，这里有修改。本文曾获得陕西省自然辩证法研究会第六届科学技术哲学专业"研究生论坛"二等奖（2012 年 5 月）。

一 从信息哲学的角度阐述医疗沟通系统中的关系

物质（实体）思维与能量思维都是关于实在的思维，都是关于直接存在的思维。信息思维则是关于不实在的思维、关于间接存在的思维。

信息哲学把信息分为四种形态

自在信息、自为信息、再生信息、社会信息。①

并强调了信息的十大特性：

（1）对直接存在的依附性；

（2）存在范围的普遍性；

（3）载体的可替换性；

（4）内容的可储存性；

（5）内容的可传输性；

（6）内容的可复合性和可重组性；

（7）信息内容复合与重组中的畸变性和创新性；

（8）内容的可共享性；

（9）对内容理解的歧义性；

（10）内容的可耗散性。②

首先让我们从信息性质的角度来阐述医疗沟通系统的实际关系。③

1. 信息对直接存在的依附性。作为间接存在的信息必须由直接存在（物质，即质量或能量）来载负，没有直接存在做载体的信息是不可能存在的。

在医疗沟通系统中，医生和患者之间的信息就是借助于光（视觉）、

---

① 邬焜：《信息哲学——理论、体系、方法》，商务印书馆 2005 年版，第 60 页。

② 邬焜：《信息哲学——理论、体系、方法》，商务印书馆 2005 年版，第 65—67 页。

③ 本小节中关于信息哲学的思想都来源于邬焜《信息哲学——理论、体系、方法》，商务印书馆 2005 年版，不再另注。

空气振波（听觉）、身体表面的机械力场（触觉）、人体神经系统中的电信号和化学信号，以及仪器检测中的电信号等进行沟通的。很多仪器正是为了补充和扩大人体感官局限而设计的，比如助听器、X 光扫描、核磁共振成像等，但这些都只是为给信息的传输提供更有效、更准确的载体而已，科学的发展在很大程度上正是由人工制作的信息载体的进步呈现出来的。

2. 信息存在范围的普遍性。由于物质的相互作用具有无处无时不在的普遍性，又由于物质的相互作用必然会伴有信息生成、传递、交换、变换等现象的发生，所以信息便在同化和异化的过程中生成、传递、交换、变换着。

在医疗沟通系统中病患作为信息源，体现病患病因、病情的信息是和其他方面的复杂多样的信息相互作用交换、相互叠加匹配、相互重组变换着的。参与这一复杂过程的信息包括：患者病情和病因的信息，患者体内环境的信息，患者体外环境的信息，患者的认知和情绪信息，患者的身体素质信息，等等。由于诸多方面信息的复杂相互作用，导致了病情和病因性质的清晰呈现和准确判定的难度和复杂度。

3. 信息载体的可替换性。同样内容的信息可用不同的载体来载负。

在信息的上一个特性中我们提到了准确判定患者病情和病因的难度和复杂度。然而，信息的载体的可替换性特征却可以部分地降解上一问题的困难程度和复杂程度。

中医是我国的国粹，在中医里很早就提出了诊断病情、病因信息的望、闻、问、切的综合性方法，现代医学更是发展起了多途径的获取病情、病因信息的工具手段。一个患者的病情、病因不仅可以通过望、闻、问、切这种相对简单的途径获取，而且还可以通过化学检验（包括验血、验尿及其他体液、细胞检验方法）、仪器测试等来提供更全面的信息解读。

正因为信息之间会互相影响、传递、叠加、匹配、重组、变换，所以，任何信息内容的展现都可能存在清晰与模糊、准确与近似、真实与畸变等差异。这就要求我们一定要依靠丰富的医疗经验，通过从不同载体获得的不同信息的相互参照和对比，来更为准确地把握关键性的信息，从而对患者病情、病因信息做出准确判断和正确评价。

4. 内容的可储存和可传输性。载体载负信息是通过特定质—能结构模式的生成来实现的。如果这种与特定信息内容相关的特定质—能结构模式在一定的时间段上保持稳定的持存，那么在这一时间段上相应的信息便可以被储存。物的信息体性正是由信息内容的可储存性造成的。信息向远距离传递需要通过其载体的转换和运动来完成。

信息的这个特性使我们有能力认识和了解外部世界的信息。但是，信息的这个特性也是信息内容往往出现模糊、近似、畸变的原因，因为载体并不是纯粹外在的因素，它本身也是一种信息源，所以它本身的信息也会干扰它携带的信息，再加上传输过程中的信息运动、干扰和耗散所引发的一系列变换，使信息内容的不确定性大大增加。

信息活动所具有的这方面的性质，一方面给医生了解病人的病情、病因提供了可能途径；另一方面，也在不同程度上增加了医生了解病人病情、病因的困难度和复杂度。

5. 内容的可复合性和可重组性。同质的信息内容可以通过相互的匹配而产生复合信息。

比如，病人照出的 X 光片中会有胶片自身或曝光效果等问题而出现不清晰、亮点、暗点的现象，影响了照片效果。

其实在医疗沟通系统中得到的原初信息基本都是复合信息，只是复合的复杂程度不同。很多医疗工具和仪器的作用都是从复合信息中提炼出有价值的信息，从原初信息中去除无用和误导的信息，提炼出准确、有效的信息。

然而，由于通过了工具和仪器的中介，工具和仪器自身的信息便有可能被匹配和复合到其输出的诊断信息之中，这样，同样有可能增加确诊的困难度和复杂度。这也是为什么通过工具和仪器所做出的病情、病因的诊断有时也可能会发生误诊、错诊的原因。

6. 信息内容复合与重组中的畸变性和创新性以及可耗散性。在信息的传递过程中，会发生信息的畸变，即原有信息可能会发生扭曲、变态失真等现象。伴随着信息畸变的发生，又会生成新的信息模式，即信息的创新。而信息的畸变与创新则是信息传递过程中同时可以实现的双重效应。

特定内容的信息是由载体的特定结构模式来载负的，载体的特定结构模式的改变、损害或丧失将意味着与之对应的特定信息内容的改变、模糊或丢失。

信息的这个特性在医疗沟通系统中也会明显地表现出来。正因为信息具有畸变性和创新性，要得到信息源最真实的信息，不仅需要排杂和提纯，甚至需要分析和还原。而且因为时间会导致信息的耗散现象，及时也成为信息处理的必要重点。医疗沟通系统的难点也正在于信息的处理问题。

7. 内容的可共享性和理解的歧义性。信息内容是可共享的，但对于同一对象的同一信息，不同的观察者可能会由于观察能力、理解方式、关注角度的不同而形成不同的理解。

信息的这个特性虽然能够使我们有能力在人际交流中共同享有同样的信息内容，并且还可能达成共识性认识，但是，共享中的差异性、共识中的歧义性也是必然的和不能完全消除的。这种认识中的差异性和歧义性产生的原因是由人类认知是一个内部认知模式信息与外部对象信息的复合匹配过程而造成的，这也是信息复合中的信息内容的畸变性和创新性的一种表现。不同人的知识水平、认识能力方面的差别都会产生信息理解的歧义性问题，就是同一个人在不同的情绪状态、不同的环境条件、不同的认识阶段上也可能会产生对同一信息认识和理解的歧义性现象。

信息的这方面的特性对于医护团体与病患团体之间的信息沟通有着很强的启示和指导意义，如何减少医者和患者之间的矛盾冲突，如何在医者和患者之间达成和谐与共识，要解决诸如此类的问题，只有将信息沟通建立在基本相同的认识水平和理解能力的层面上才有可能获得好的效果。另外，由于医生所拥有的相关知识储备和认识能力上的不足，从而造成对患者病情、病因诊断的失误也是一种经常会发生的事情。

通过从信息特性的角度阐述医疗沟通系统，最后得出对待信息源（患者）的信息提取必须做到多载体探测比较，尽量少的传输环节和时间，去除无用和误导的信息，提炼最准确、最有效的信息，之后还要对信息做出必要的分析和还原，最后才能确诊并进行正确及时的治疗。这是整个医疗沟通系统要实现的基本目标。当然还有另一个重要环节就是反馈环节，这个环节主要是为了让病患配合治疗，及时把握病情变化、医疗进程和效果，应对治疗中发生的各种突发情况，以便确保整个医疗系统的协调、高效运行。除此之外，还要求医护人员精湛医术、熟悉业务、热心为患者着想，这也是最基本的医德要求。

二　从信息形态的角度阐述医疗沟通系统的应用

现在，让我们再从信息不同形态的角度来阐述医疗沟通系统的实际应用。

1. 自在信息。自在信息是客观间接存在的标志，是信息还未被主体把握和认识的信息的原始形态。

可以这样说，患者作为信息源，其病患本身所展现出来的最原始、最初级的状态和特征就是自在信息，这样的原初信息需要让具有相关专业知识的医护工作者接收之后才能够体现其在医疗沟通系统中的价值，或许这些元初信息还要经过相关医疗仪器的放大、转换，等等，其目的无外乎让这些自在信息更容易被辨识和认识。

2. 自为信息。自为信息是主观间接存在的初级阶段，是自在信息的主体直观把握的形态，该信息的达到需要借助于有感知和有感记忆能力的特殊信息体。

这部分信息是医疗沟通系统中最有价值的，自在信息经过主体的直观把握，意思是主体客观无偏见地接收自在信息之后的状态，包括医护工作者得到的第一手病患信息和病患得到的反馈信息。但由于这部分信息是需要相关的知识基础来进行理解和分析的，所以必然会有主体再生信息的加入。这就要求医护工作者在获取这部分信息的时候，尽量少地加入主观臆断的因素，以便更好地准确获取第一手的病患信息。

3. 再生信息。人们对自然的能动改造作用，是人脑对感知、记忆的信息通过综合分析、加工改造，创造出新的信息，反作用于自然的结果。这种通过主观加工改造而创造出的新信息便是再生信息。它是主观间接存在的高级形态，是信息的主体创造的形态。

自为信息与再生信息的合理结合是医疗沟通系统顺畅的保证，再生信息的过多或错误加入也就是俗称的误解或错判，多数情况是因为相关专业知识储备不足或者医护与患者双方的不信任造成的。以一个小小的输氧事件为例，护士给病人输氧，但病人总是吸一会儿就自己拔掉输氧管，护士觉得病人是不配合或者对治疗方式有反感情绪，经过交流才知道其实病人只是担心氧中毒，经过耐心讲解和沟通，最后病人可以按正常程序吸氧了。

其实从这个小例子可以看出病患与医护团体的知识鸿沟与相互误解是相当严重的。反过来某些医院也借助这种知识差来欺诈作为消费者的病人，将小病治成大病，大病治成送命，只为了更多的医疗费。也许想解决这类问题只有通过医疗沟通系统更强的信息透明度，更好的信息监督系统，以及病患更丰富的相关知识和更健全的法制等这几个途径。

4. 社会信息。就其本来的内容来讲，它并不是一个独立的信息形态，它是在自在、自为、再生三态信息的关系中呈现出来的一种信息现象。在信息这个层面就涉及整个社会的文化、体制、法律和监督机制等。

三 医疗沟通系统图示

作为约束医疗沟通系统更好工作的前提，医疗沟通系统的正常和公平运作需要运用到计算机系统对这部分信息的复杂处理、医护人员以及相关监督部门、法律机构等的共同协作及多层面的信息共享等（如图7.1）。

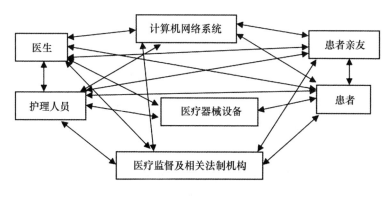

图7.1 现代医疗沟通系统

如图 7.1，双向箭头说明信息的发出与反馈都是同时存在的，狭义上来说病患和病患亲友是整个沟通系统的信息源；包括计算机网络系统在内的医疗设备属于信息检测、传输、处理、储存的中介系统；医护工作人员是信息获取、分析、评价及决策系统；而医疗监督、法制机构则属于医疗规范和保障系统，其作用是维持整个信息系统的透明度和公平性。

综上所述，本文旨在从信息思维的维度来具体解读现代医疗沟通系统，或许只有通过这种全新的解读才可以使医疗沟通过程的信息本性得以清晰呈现。只有通过提高医者和患者的认知能力，提高医者的医术和医疗道德水平，发展包括计算机网络系统在内的医疗设备的先进程度，并在网络和相关监督部门、法律机构等的共同协作下，以及多层面的信息共享中，才能确保医疗信息系统透明、公正、高效运行。

第三节 惠勒的"万物源于比特"

美国著名物理学家惠勒在 1989 年写了一篇题为"信息、物理学、量子：对它们之间关系的探索"的论文。在那篇论文里他提出了"万物源于比特（It from bit.）"的命题，并强调指出："在我研究物理学的一生中，它可以分为三个阶段。在第一阶段……我笃信万物皆为粒子。而我把我第二阶段的信仰叫做万物皆为场。……现在，我深信我的新观点：万物皆为信息（Everything is information）。"①

一 万物源于比特与万物皆为信息

事实上，如果细究起来，"万物源于比特"和"万物皆为信息"这两个命题的具体含义还是有所区别的。因为"比特"仅仅是在一个特定的关系中的一个量的概念，而信息则带有质的规定性。如果不加说明地简单用比特来代替信息，那么最多也只是在隐喻的程度上发挥作用。这两个命题的另外一个区别则是，"源于比特"强调的是比特在先，物质在后，比特产生物质；而"皆为信息"强调的则是一种替代关系，所有的

---

① 马蔼乃、姜璐等编：《信息科学交叉研究》，浙江教育出版社 2007 年版，第 9—10 页。

事物都是信息性的，世界上只有信息，物质也是信息。前者是一种从本原意义上强调的唯信息主义，而后者则不仅是在本原意义上，而且是在现实意义上强调的唯信息主义。"万物皆为信息"命题的实质是一种庸俗唯信息主义，因为它否定了除信息之外的其他性质的事物的存在，正如庸俗唯物主义所强调的在物质之外不存在其他性质的事物的观念一样。当然，在多数情况下，惠勒并没有坚持这种"万物皆为信息"的主张，而是更多强调的是"万物源于比特""一切来自信息"。

惠勒是怎样对他所持有的"万物源于比特""一切来自信息"的观点进行论证的呢？他说："万物源于比特，或者一切事物都表达信息，每一个'事物'——每一个粒子，每一个力场，甚至是时空连续体本身，即使是在某些间接的背景中——都会从某个装置对'是或否'问题——即二元选择，比特——的回答中产生出它的作用、意义和它的完全的存在。'一切来自信息'表征了这样的思想，即物理世界中的每一个事物实际上——在大多数情况下是根本上——都具有某种非物质的源和解释；我们所说的事实来自对是否问题的形成及对装置引发的反映的提示的最终分析；简而言之，所有的物理事物在起源上都是基于信息理论的，这是一个参与的世界。"①

显然，惠勒对他所持有的观点所作的论证是有问题的。他是通过仪器或人对对象进行测度或解释的是或否（0 或 1）的二值逻辑的比特计算来论证对象自身的存在方式的。这显然是把人的认识方式强加给了对象本身，把认识论中的问题直接归结到了本体论（存在论）的层面。事实上，由于受到事物显现信息的方式、人的生理和认知结构，以及人所利用的观测工具的中介的限制和影响，人是不可能在完全同一的尺度上把握对象的存在方式的。② 这样，人并未也不可能直接参与宇宙自身的建构，而只能参与关于宇宙的理论的建构。

作为对惠勒相关观点的附和，很多学者都提出了与惠勒相似的观点。

---

① ［意］卢西亚诺·弗洛里迪主编：《计算与信息哲学导论》（上），刘钢主译，商务印书馆 2010 年版，第 133 页。

② 邬焜：《认识：在多级中介中相对运动着的信息建构活动》，《长沙水电师院学报》1989年第 3 期。

如，惠勒的学生，以色列物理学家，以色列科学院院士贝肯斯坦（Jacob Bekenstein，1947～2015）就曾强调说：物理学"最终考虑的不是场，甚至不是时空，而应该是物理过程之间的信息交换。"美国著名学者汤姆·西格弗里德（Tom Siegfried，1950～ ）则认为："惠勒的论断正确与否并不是一个大问题，而其价值在于，他把自己对宇宙的幽深探索用当今的信息概念表达了出来，而它正好是科学家近来的一种思维方法。这种新探索对解决量子物理学、生命和宇宙方面的困惑可能带来动力。信息是终极的'物质'，万物由此而来，这是一新观点。""信息确实是所有基本粒子，所有原子以及所有东西构成的物质。同时，信息也是运动的……信息能够被转换为运动、热、光和状态。信息能够被看成世界变化的所有原因。"①

二 万物源于比特与量子力学

因为惠勒的"万物源于比特"（It from bit.）思想是来源于量子力学，所以尤其在量子力学领域相似于惠勒关于信息的思想很多。

近几十年来，开始有许多学者都主张信息是存在的基础。奥地利量子论物理学家安东·蔡林格（Anton Zeilinger，1945～ ）认为信息与现实的概念是相互交织、不可分割的；②塞尔维亚物理学家、牛津大学费德拉（Vlatko Vedral）院士认为信息是构建一切的基石，一切都是信息；③英国物理学家保罗·戴维斯（Paul Davies，1946～ ）提出了一种观点，认为信息是构建物理现实的主要实体。④很多学者的研究都是从"It from bit"这句话而来的，并引起了学术界的激烈辩论。伊朗谢里夫理工大学的 Ali Barzegar 等人认为对于惠勒的"It from bit"这句话的理解应该从量子力学

---

① 闫学杉：《信息科学：概念、体系与展望》，科学出版社 2016 年版，第 496 页。

② Zeilinger，A，*Dance of the photons：From Einstein to quantum teleportation*，New York：Farrar，Straus and Giroux. 2010.

③ Vedral，V，*Decoding reality：The universe as quantum information*，Oxford：Oxford University Press. 2010.

④ Davies，P. Universe from bit，In P. Davies & N. H. Gregersen（Eds.），*Information and the nature of reality：From physics to metaphysics*. Cambridge：Cambridge University Press. 2010.

的角度出发："信息是物理学中最基本的东西。然而，这并不意味着一切都是信息。它（It from bit）的意思应该是'每一件事物都是建立在无数基础量子现象的不可预测的结果上的。'①基本量子现象的整个过程是以实验的形式对自然界中的'是'与'否'问题作出反应的答案进行的配准。没有一个基本的量子现象是一种现象，直到它被一个不可逆的放大行为所记录。"②

因为"It from bit"这句话是从经典量子力学理论中发展而来的对于世界本体论层面的解释，所以要解读"It from bit"这句话的关键应该是首先确定"It"与"Bit"这两个词指代是什么。但惠勒显然已经将这个量子力学的问题扩展了，美国哲学家克雷格·卡伦德（Craig Callender，1968 ~ ）提到："量子理论中的 It 与 Bit 辩论如今已经演进为关于自然法则的 It 与 Bit 辩论。"③在量子力学领域，"It"是量子构型（粒子、波），"Bit"是定律或波函数（"是"与"否"二元选择）；而在自然法则中，"It"被解读为存在，"Bit"则被解读为信息，这已经是两个完全不同的系统。于是这就引出了两个最关键的问题：（1）单纯在量子力学理论中"It"与"Bit"的关系真的就是如同惠勒所描述的那样吗？（2）量子力学理论的观点是否可以扩展被用来解释自然法则？

量子力学理论的基础是一系列的函数表达式，由于不确定性原理，在这些函数中至今都无法完美描述粒子行为，也无法完全将量子的波、粒二相性进行统一。于是量子力学中关于"It"的描述衍生出了很多种类的函数，每种函数都是对于量子领域的独特理解，除了经典量子理论学派之外还存在着很多不同的流派。

比如玻姆力学（Bohmian Mechanics，BM）流派，由法国理论物理学家路易·德布罗意（Louis Victor·Duc de Broglie，1892 ~ 1987）首创，美国量

---

① Wheeler, J. A, "On recognizing 'law without law'", *American Journal of Physics*, Vol. 51, No. 5 (1983), pp. 398 – 404.

② Ali Barzegar, Afshin Shafiee, Mostafa Taqavi, "'It from Bit' and Quantum Mechanics", *Foundations of Science*, Vol. 25 (2020), pp. 375 – 384.

③ Callender, C, "One world, one beable", *Synthese*, Vol. 192, No. 10 (2014), pp. 3153 – 3177.

子物理学家和科学思想家戴维·玻姆（David Joseph Bohm，1917～1992）重新发现并与英国量子物理学家巴席·海利（Basil Hiley，1935～　）等人进一步扩展而形成的理论。①

　　BM 认为微观粒子本来是可以有确定的位置和动量的，因此可以用明确的轨迹函数来描述其运动，但由于人类认识过程的干预，所以对于粒子位置和速度的测量还是必须遵守不确定性原理的。现今关于这个理论在动力学方法上还出现了两个分支：制导法（the guidance approach）和量子势法（the quantum potential approach）。②在该理论的动力学前提下，由波函数决定了粒子的运动轨迹。根据 BM 的制导方法，每一个物理系统都是由沿一定轨迹运动的粒子组成的制导方程。③所以在这个函数里关于粒子的信息是被确定的，不受观察者的介入和影响。那么也就不存在"It"被"Bit"所限制的问题了。所以惠勒"It from bit"这句话在这个体系下就不成立。关于这个理论的普遍争议是：关于微观粒子有确定的位置和动量的假设是基于宏观世界经验而来的，与实验中实际观察所得出的粒子不确定性原理不符。所以 BM 理论的前提是将"所谓现实"与实验观察分离了。

　　再比如自发崩溃模型（Spontaneous collapse models），是另一个对量子力学解释的途径。也被称为吉拉尔迪－里米尼－韦伯（Ghirardi－Rimini－Weber）（GRW）理论。是在 1985 年，由意大利物理学家吉安卡洛·吉拉而迪（Giancarlo Ghirardi，1935～2018），意大利帕维亚大学的阿尔贝托·里米尼（Alberto Rimini）和意大利的里雅斯特大学的图里奥·韦伯（Tullio Weber）共同提出的理论。④此理论是通过在薛定谔方程中加入

　　①　Bohm, D, "A suggested interpretation of the quantum theory in terms of 'hidden' variables. I", *Physical review*, Vol. 85, No. 2（1952），pp. 166 – 193.

　　②　Solé, A, "Bohmian mechanics without wave function ontology", *Studies in History and Philosophy of Science Part B：Studies in History and Philosophy of Modern Physics*, Vol. 44, No. 4（2013），pp. 365 – 378.

　　③　Goldstein, S, "Bohmian Mechanics". 网址：https ：//plato. stanford. edu/archives/sum2017/entries/qm – bohm/。

　　④　Ghirardi, G. C., Rimini, A., & Weber, T, "Unified dynamics for microscopic and macroscopic Systems", *Physical Review D*, Vol. 34, No. 2（1986），pp. 470 – 491.

一个非线性项来实现的，在 GRW 理论中，波函数是根据这一修正的薛定谔方程演化而来的。GRW 试图修正量子力学的标准形式主义，它肯定了波函数是物理系统的完整表示，但否认了它们总是由线性运动微分方程控制。这种方法背后的策略是改变运动方程，以保证在测量问题中不会出现图像的叠加。

GRW 认为不仅人类的观测行为会使量子坍塌（量子由波坍塌为粒子），量子自身也会时不时地自然坍塌，对于单个量子来说，单量子系统崩溃的平均时间可能是几亿年。但对于宏观事物来说，其中包含了巨大数量的量子，那么这就意味着宏观事物中量子自发坍塌将是非常普遍的。所以随着系统基本成分的增加，量子自发坍塌的概率也会增加。对于一个包含约 10^{23} 个粒子的宏观物体（约不到 1 克的铁单质），物体其中量子自发坍缩的速度将会达到约每秒 10^7 次。而每次量子坍塌都会使描述量子的波函数随之坍塌，所以经典量子理论中关于量子态的波函数描述将成一个有悖于现实的事实。那么所谓的"It"（量子构型）也就成为次要的了，它是由我们所拥有的关于这个量子系统的所有信息所建构而成的。[①]所以根据 GRW 理论的分析，我们根本无法确定所谓的"客观现实"，于是"Bit"（信息）比"It"（存在）更原始，从而证明了"It from bit"这句话。

但关于 GRW 后续的研究不同的学者又给出了新的解读：有的认为"Bit"（信息）与"It"（存在）不分主次，彼此都不能作为对方的基础，同等重要。[②]有的则认为"It"（存在）比"Bit"（信息）更原始，更基础。[③]那么针对前面提出的第一个问题，从量子力学领域的相关研究来看，争议相当普遍。量子力学中的"It"（存在）与"Bit"（信息）的关系根

① Bassi, A., Ghosh, S., & Singh, T, "Information and the foundations of quantum theory", In A. Aguirre, F. Brendan, & M. Zeeya (Eds.), *It from bit or bit from it?* Internet publishing: Springer, 2015, pp. 87 – 95.

② Esfeld, M., & Gisin, N, "The GRW flash theory: A relativistic quantum ontology of matter in space – time?" *Philosophy of Science*, Vol. 81, No. 2 (2014), pp. 248 – 264.

③ Ghirardi, G, "Collapse theories", 网址：https://plato.stanford.edu/archives/fall2018/entries/qm – collapse/。

本没有达到一致，依然在激烈的争论当中。不同的函数模型或对同一个函数模型的不同解读都会给出完全不同的本体论倾向。再来看第二个问题，将量子力学理论的观点扩展到自然法则是需要谨慎的，在量子力学理论还不成熟（现今的量子力学只能做到自洽，根本无法与宏观力学接轨）的当下将其直接扩展到宏观领域完全是不负责任的行为。

三 对万物源自比特的驳斥

如果我们对惠勒所做论证中体现出的把信息等同于信息通信技术中对信息载体的差异关系度量的"比特"单位，以及把信息仅仅看作人的认知知识中的"是或否"的事实判断的狭隘和局限不论，仅就其所做的"万物皆为信息"、"万物源于比特"、我们面对的"是一个参与的世界"的断言而言，他提出了一种区别于传统唯物主义和唯心主义的唯信息主义。这样的理论是对辩证唯物主义哲学的一种新挑战。今天自称为仍然坚持辩证唯物主义的哲学家们大多都在这一问题上采取了简单回避的态度，这不能不令人遗憾。如果不能对物质、精神和信息的关系做出科学而合理的阐释，那么，传统的唯物主义、辩证唯物主义都将会陷入难以继续存在的危机。

其实，要对惠勒的几个基本断言予以驳斥并不是一件很困难的事情。

"万物皆为信息"的断言要阐明的是世界上所有的事物都是信息。这显然是站不住脚的。因为，物质世界（或说是质量和能量的世界）就不属于信息世界。"万物皆为信息"断言的实质是对唯物主义的物质（客观实在）的消解。其作用与传统的唯心主义相类似，只不过是把传统唯心主义那里的"精神""意识""客观理念""绝对精神"，等等，变换成了"信息"。

"万物源于比特"的断言要阐明的是世界的本原是信息，其他所有的存在都是由信息派生出来的，在这里，强调的是信息世界在先，其他的世界，如物质世界和精神世界，都是由信息世界产生出来的。"万物源于比特"的断言显然是"万物皆为信息"这一断言的弱化了的形式。因为，"万物皆为信息"的断言否定了除信息世界之外的其他非信息世界的存在，而"万物源于比特"的断言则承认除了信息世界之外，还有其他性质的世界的存在，但是，这一断言在承认其他世界的存在性的同时又断言这些其他的世界都是从信息世界中产生出来的。如果真是这样，我们便有理由提出这样一个问题：那个先于其他世界而存在的信息世界是以怎样的方式而存在的？这个信息世界还有没有它的载体？现有的科学揭示，所有的信息都必须有它的物质（质量或能量）载体，脱离物质而独立存在的"裸信息"是不可思议的。

"参与的世界"并不是惠勒首先提出的一种观念。这是西方意识哲学的一个特色，或者说是西方意识哲学立论的基础。从英裔爱尔兰哲学家贝克莱（George Berkeley，1685～1753）的"存在即被感知"到奥地利哲学家维特根斯坦（Johann Wittgenstein，1889～1951）的"语言是世界的界限"，从奥地利作家、哲学家胡塞尔（Albrecht Husserl，1859～1938）的"自然的悬置"，到德国哲学家海德格尔（Martin Heidegger，1889～1976）的"语言是存在的家"都无不体现出这样的一种特色。另外，在当代物理学中，随着量子力学和相对论理论的提出，向人们展示了我们对世界的认识加入了认识工具和人的认识方式的中介，在这一中介的规定下，我们参与了对对象的认识结果的建构。据此，部分科学家和哲学家便直接推论出整个世界是由我们的认识建构出来的结论。然而，我们的认识建构了存在的结论则是无法成立的。断言"观察者使宇宙进入存在""创世通过观察而发生"① 则更属荒谬。因为，宇宙自身的存在并不依赖于观察者是否存在，也并不依赖于观察者对它的观察。观察者通过观察只是建构了观念形态的世界，并且这个观念形态的世界还是建立在非观念的客观世界的存在的基础之上的。与其说我们的认识是自身的一种主观性的建构，还不如说，我们的认识产生于对象世界的客观状态和我们自身认知能力和方式的建构的综合。在这里，我们所建构的并不是客观世界本身，而只是我们主观认识的主观世界，并且，这个主观世界还是建立在对客观世界显现给我们的信息的重新建构的基础之上的。我们未曾创造，也不能创造未被我们的实践所改变了的客观的存在，我们

① ［美］约翰·惠勒：《宇宙逍遥》，田松、南宫梅芳译，北京理工大学出版社 2006 年版，第 56、55 页。

只是参与了主观世界的创造，主观世界仅仅是存在的一部分，而且还只是由客观世界派生出来的一个世界。当然，我们通过实践可以改变实践对象的客观形态，从而在有限的范围和尺度上创造部分客观世界，但是，这样的一种创造也必须是以在先和外在的客观世界的存在为前提的。

法国学者约瑟夫·布伦纳（Joseph E. Brenner，1934～ ）就曾这样评价说："需要注意的是，诸如惠勒等人的那种观点会导向关于信息和物质—能量之间的优先性的正确本体论关系的误解。后者才是原初的，认识不到这一点，经常会导向对信息概念的过度理想化。"①

当然惠勒的"万物源于比特"和"万物皆为信息"的唯信息主义也有它的积极意义的方面。正如维纳的警示一样，惠勒的唯信息主义同样启迪我们有必要从哲学存在论的层次上来思考信息世界的地位和作用，并由此重建辩证唯物主义的哲学体系、理论和观念。

_____

① Joseph E. Brenner, "Wu Kun and The Metaphilosophy of Information", International Journal "*Information Theories and Applications*", No. 2 (2011), pp. 103 – 128.

第八章

人工智能与未来信息创新教育

第一节　深度学习实现人工智能的局限性[①]

20 世纪 90 年代，人工智能通过多层感知机的形式被提出，却因当时计算机的算力不足等限制而被暂时搁置。近些年来，随着计算机算力能力的发展，深度神经网络和深度学习作为机器学习的一种方式再次进入了人们的视野。由于其算法的复杂性，深度学习在各个数据处理领域内都表现出色，其中的数字图像处理、自然语言处理等领域中的成果更是令机器可以像人一样"辨识图像"和"处理语言"，其中的很多成果都已经商用化和民用化，很大程度上改变了当代人的生活。[②] 现今深度神经网络和深度学习算法已经成为人工智能研究最热门和最先进的方向之一。

一　信息哲学所揭示的"智能"本质

有迹象表明，深度学习算法的快速发展似乎正在接近机器学习领域中最初也是终极目标——人工智能，即"使机器像人一样具有智能、能够思考"。从近年来出现的越来越多的对人工智能的探讨可以看出，相当多的人都持有仅凭借算法和算力的发展，就可以令机器产生类似于人类

---

① 本部分内容曾发表于：Tianqi Wu and Ruiqi Jin, "The Limitations of Deep Learning in Achieving Real Artificial Intelligence"，第三届国际信息研究峰会 & 第四届国际信息哲学会议论文，（日本，网络会议）中国西安分会场，2021 年 9 月。此处有修改和扩充。

② H. Wang and B. Raj, "On the origin of deep learning"，arXiv preprint arXiv：1702.07800.，2017，pp. 12 – 18.

的智能或超越人类智能的观点，甚至在这个基础上还有人开始预测和讨论未来人工智能对于人类智能地位挑战与威胁方面的问题。然而，若要真正试图去实现类似于人的智能，那么对智能本质的考量是必不可少的。中国信息哲学提供了一种对人类智能本质认识的视角，从中可以看出，距离真正的主体智能而言，就算是当前人工智能技术中最先进的深度学习方法依然还是有巨大的差距。

信息哲学认为，智能是有认识或实践能力的主体把握、处理、创造、开发、利用和实现信息的能动方式和方法。换言之，智能是能动主体的信息活动，若要实现类似于主体的智能，就需要有类似于主体的信息活动。①

由于人是地球生命发展的最高等级的主体形式，所以我们一般都是通过对人的智能现象的研究来涉及人工智能。如前所述，又因为智能是一种信息活动，那么就有必要首先探讨人的信息活动。人的信息活动具有自下而上的层次递进性：人的认识，作为信息的高级形态，是从低级信息开始逐层演化而来的。自然界中的低层次自在信息进入人的神经系统，产生感觉和知觉，创造出了人的自为信息，这些感知信息被记忆所储存；在记忆的基础上，能动主体实现了信息的创造，产生了再生信息，再通过社会实践将这些再生信息反馈、外化到自然和社会中去，成为新的自在、自为、再生三态信息统一的社会信息模式。② 人的信息活动还具有自上而下的导向和抑制作用：由于高层信息活动从自身的目的出发，对低层信息活动的方向和强度加以规范、评价和引导，强化那些与自身目的和需求相一致的部分，抑制那些不相一致的方面。所以真正意义上的智能必须具备"智"与"能"两个部分。"智"旨在信息的接收、储存、阐释、加工、创造等，"能"旨在新信息模式的实现与反馈，信息活动的导向和抑制双重机制。而新信息模式的实现与反馈则是要建立在与对象对应与匹配、认知与理解的基础上，而并不能只简单停留于机械的

---

① 邬焜、王健、邬天启：《信息哲学概论》，西安交通大学出版社 2021 年版，第 160—177 页。

② T. Wu and K. Da, "The Chinese Philosophy of Information by Kun Wu", *Journal of Documentation*, Vol. 77, No. 4 (June 2021), pp. 871 – 886.

计算与反应。

通过自下而上和自上而下的综合，人的各层次信息活动成为了有机的整体，各层次信息的相互作用使人类的智能作为一个复杂系统，既具有演化特征，又具有动态自组织系统中的内随机性和涌现的性质，从而能够通过信息的不断创生、不断自我凝结来改进自身，进而才可能涌现出类似智能的现象。

二　计算机神经网络的静态性

在机器学习领域存在许多与描述人类智能的类似术语，暗示着现有的人工智能与人类智能的接近性。例如，人们往往认为深度神经网络也具有"演化性"，因其在机器学习的过程中能够改进自己的参数。然而这种所谓的演化隐喻，与作为复杂系统的人类信息活动系统的演化性却有本质上的差别。究其本质，是由于神经网络所改进的"参数"非常有限，只能影响整个系统中很小的部分。

在机器学习的术语中，参数代表系统在训练过程中会由算法自己改变的数值，而与之相对的概念则是超参数，即在学习开始之前已经确定了的数值。神经网络等的表现，往往取决于超参数的取值，这是衡量神经网络设计的一个重要部分。[1] 其中一类超参数决定网络输入矩阵的形状和大小、网络的层数、卷积核的大小和形状、聚类的个数，其本质含义是参数的个数，这些超参数表现为在程序运行时，内存中确定的空间大小。换言之，它们决定了神经网络静态化的空间结构。另一类超参数中，最具有代表性的就是学习率，学习的回合数和决定学习过程何时停止的损失函数阈值，它们决定了在训练的不同时间中网络的表现，决定了网络训练所需的时间。

对于一个演化过程中的动态自组织系统来说，其经历的时间转化为了空间的结构，消失的时间存储在后续的空间结构中，由此才会使系统能够生成新的性质。[2] 但在人工智能神经网络的训练过程中，代表空间结

---

[1]　周志华：《机器学习》，清华大学出版社 2016 年版，第 28 页。

[2]　邬焜、王健、邬天启：《信息哲学概论》，西安交通大学出版社 2021 年版，第 215 页。

构的超参数是被设计出来的，具有组织的性质，并且在整个过程中始终保持静态不变。网络训练所经历的时间长度也取决于在开始时预先设计并固定不变的时间超参数，而并非网络的起始空间结构。在神经网络中，这些代表时间和空间的参数无法通过之后的所谓机器"学习"而改变，是静态的，这使得神经网络结构缺乏必要的演化性，从而缺乏自组织的特性。

正因如此，人工智能的神经网络就缺乏了从系统中产生智能所必要的涌现特质。对于一个复杂自组织系统来说，涌现是自组织系统中组成元素间的互动自下而上地令整体产生出新性质的过程。尽管神经网络的训练得到的产物貌似是新出现的、难以预测和解释的，但这种难以预测本质上只是算法推演的结果，而并不是涌现出的新性质。

因为现代人工智能具有一定的复杂性，所以它会被工程师错误地称为涌现，因为它运算的产物已经变得不可预测，甚至无法解释（不可追溯）。但这种现象仅仅是由人们对其所设计的算力结果认识的局限性所导致的。事实是没有人工智能能够在真正意义上做出决定。决定是一种对理由进行深思熟虑的结果，它并不是单纯从逻辑上推导或运算出来的。作为智能主体的人的判断属于一种涌现行为，涌现的特点是对原有事物的超越，是具有新性质的新事物的创生。这也可以解释为何不同智能主体或者不同时期的同一个智能主体在同一个问题的判断和决定上都具有差异性和独特性，原因就在于涌现新性质的差异性与随机性。

按照现今人工智能的发展方式，没有任何人工智能与所谓的自主技术系统能够产生涌现机制。因为所有潜在的信息过程最终都是确定性机制，算法过程的每一步都遵循一个确定的规则。所以，工程师们在人工智能状态下所声称的决策，实际上只能是机械确定性的产物，而不是类似于自我思考的产物。这也可以推导出在相同算法下的人工智能对于同一问题只会有一种判断与决定。

德国斯图加特媒体大学的拉斐尔·卡普罗（Rafael Capurro, 1945～ ）教授和沃尔夫冈·霍基奇奈尔也认为现阶段的人工智能不是一个自组织的系统，它是异性组织的、外部组织的。这样的人工智能无法具有智能体的自主性，它无法处理个人自身的决策问题。它不能成为一个智能主体所能担任的施控者，只能作为一个受控者。① 按照当下以算法为基础的人工智能设计理念，无论是弱人工智能还是强人工智能，都不会具有涌现信息的性质。②

综上所述，神经网络中固定的超参数，即静态的、固定不变的整体结构和本质上确定性的和被设计的算法阻止了组成神经网络的各个部分对整体进行改变而产生新性质。于是，神经网络本身不能实现整个智能主体的信息活动系统，智能并不能从缺乏自组织性的人工智能神经网络中涌现出来。

三　感知机实现的并非真正的感知

人工智能术语具有拟人性，这就是，所谓的自感知机的称谓还只是对人类的感觉和知觉的一种隐喻性的提法。多层感知机的设计起源于神经网络理论，这个名称暗示着它所实现的过程是对人类感知的模仿，即认识主体对信息的直观识辨过程这一层次的模仿。信息的直观识辨过程的对象是自在信息。自在信息是在较低的相互作用层次上，物质本身所同化和异化的信息，它们通过物质本身生发的信息场，通过光、声、热、电、化学等的形式生发出来。如果一个过程意图模仿信息的直观识辨过程，那么这个过程的输入也应当是通过自在信息，或系统外部的信息场。然而，感知机的基础却是机械程序性的，当外界的自在信息输入感知机系统之后，它将其重新编码为数字信号信息。之后，它对这些数据信息进行了一个程序性的分类。但这一分类的依据是程序化的，只是对自在信息的一种载体转换，类似于湖面与镜面的光影反射。与主体建构自为信息与再生信息并指向外部事物的机制完全不同。

例如，当对一个人拍摄一张照片时，这个人和周围环境所发出和反射的光会经过摄像机的镜头到达摄像机的感光元件；感光元件则会依据其本身的分辨率，对这些光进行离散的采样；如果这是一张 24 位彩色照

---

① R. Capurro, "Toward a comparative theory of agents", in *AI & Society*, Vol. 27, No. 4 (2012), pp. 479 – 488.

② W. Hofkirchner, "Does computing embrace self – organisation?" in Dodig – Crnkovic, G., Burgin, M. (eds.): *Information and computation*, *World Scientific*, Singapore, 2011.

片，那么到达各采样点的自然光会被划分为红光、绿光和蓝光，分别记录亮度，然后这些亮度会被离散到 0 到 255 的整数值。最终，有关整个拍照环境的亮度信息被采样和编码成一些从 0 到 255 之间的整数。如果将这些整数按照事先规定好的通道数和分辨率排列，并用特定的光强将其显示出来，那么智能主体的信息输入系统就能够接收这些光所携带的信息，借此识别在拍摄这张照片时，环境中的那个反射光被感光元件采样并记录下来的人是男是女。① 然而若是将这些整数输入进感知机来训练它，使得它通过这些数据去判断一个作为物质实体的人的性别时，感知机所得到的就只有被重新编码后的数据信息。从信息哲学的意义上说，这个情景的摄影再现本质是自在信息的复制、传递与重新编码，经过摄影技术、采样、分辨率、色彩通道的约定，照片上的数据或呈现出的反射光波长的差异性就是对原情景信息的虚拟再现。

感知机虽然被称为感知机，但它模仿的过程却只有智能主体感知过程中的信息输入、重新编码与储存这几个步骤而已。比如外界的光所携带的信息进入摄像机的镜头之后被感光元件捕捉、采样和编码，这一段过程只类似于主体感知中的"感"，并且这个过程也不是感知机自组织进行的。这与湖面反射月亮的倒影、岩层中的化石纹路、树木中的年轮这种自然的信息记录现象更加相似。这个过程也显然与人的感知过程相差极大，以至于并没有人认为这个过程中有或需要智能的参与。

这一过程既不是"感"（感觉），也不是"知"（知觉）。对于智能主体来说，感觉同时就伴有个别信息的主观呈现和表征，而知觉则更是要将主观呈现和表征的个别信息进行结构性整合、理解和阐释，在知觉的整个过程中，也同时伴有主观的信息显现和表征。知觉最重要的特点是对象性、整体性和结构性。不能简单把知觉看成个别感觉的机械总和，它其实反映着主体的极大能动性。可以认为，知觉的过程是感觉中枢对其感觉的个别信息的调节、整合的过程，也是各感觉中枢在其相互联系和作用中将不同感觉信息方面进行综合、抽象的过程，这个过程不仅是

---

① ［美］R. Szeliski：《计算机视觉——算法与应用》，商务印书馆 2005 年版，第 57—63 页。

在个别感觉系统内部，而且是在各感觉系统的初级联络综合信息网络中完成的。[①] 同时知觉也可以被理解为是一种涌现现象，并且这一涌现所产生的相应信息结构同时还伴有内部呈现、表征、认知和阐释等一系列过程。

综上所述，感知机只是将信息进行简单的捕捉、采样、编码和储存而已，在这个过程中没有对任何信息作出与内部呈现和表征相伴随的认知与阐释行为，并且没有对象性、整体性、结构性和涌现性特征。如此看来，言说人工智能机具有像人一样的感知行为是不恰当的。因为在事实上，理解和阐释者往往是感知机的设计者，而非感知机本身。所以感知机通过"拟人的"信息操作实际上并不能够具备类似于智能主体的知觉行为。

四 符号信息的逻辑推理、接地与主体认知

既然感知机模仿的是信息的捕捉、采样、编码和储存功能，那么从感知机获得信息后的人工智能复杂性运算并产生最终结果的过程，能够等同于在人的认识系统中所进行的某种符号信息逻辑推理吗？尽管在模式识别等领域中，符号往往作为模式的同义词，但在主体的信息活动中，符号的概念需要包括用一种信息模式去指代另一种信息模式的过程，而且这种指代行为必须建立在主体认知的基础上，同时，这种指代还依赖着某种主观约定的意义才可能得以实现，而这部分约定的信息也必须内化在主体先已建立完成的对象化知觉的认识结构所储存的信息库中。由此，主体才能理解符号所指代的含义，并在这个基础上才能进行下一步的符号信息逻辑推演。将符号和其指代的事物进行关联，就需要主体的知觉对这些符号进行对象化的理解和阐释。比如我们汉语中对于"太阳"这个文字符号信息的主观约定，是需要主体在约定前就要建立对太阳这一对象事物的认知基础的，同时还需要有汉语语言体系的认知基础。如果对一个从没有见过太阳的人，就需要解释这个词的含义才能够达到符号信息主观约定的效果。

---

① 邬焜：《信息哲学——理论、体系、方法》，商务印书馆 2005 年版，第 115—116 页。

感知机并没有包括对这部分主观约定的信息的建构过程，也无法用这些约定的信息去修正学习过程。因此，从感知机的角度来说，由于信息活动过程中的知觉的缺乏，输入和输出的信息缺乏符号信息的内涵，这些信息也就无法与信息所指向的对象联系起来，从而退化为一种简单的数据信息模式。因而感知机所做的也不过是复杂数据的计算而已。

加拿大麦吉尔大学的认知科学家哈纳德（Stevan Harnad，1945~　　）提出了在人工智能发展中的符号接地的问题，即在一个符号系统中，符号如何获得意义的问题。如果想实现符号信息的逻辑推演，首先必须要有符号信息。系统中需要包含与约定符号的所指，即符号的内涵有关的信息，符号才可以成为符号。①从信息哲学的角度来说，则是人工智能所使用的信息模式如何成为符号信息的问题。符号信息作为人的高层信息活动的结构，必须以低层的各种信息活动为基础，符号信息的建构和创造依赖于信息活动系统演化中的信息凝结。而有关符号所指的相关主观约定，也与低层的信息活动，即"知觉"密切相关。当人工感知机从符号信息的能指模式出发去获取符号信息的含义时，由于知觉信息的质的缺乏，便会导致这个指代关系无法从单纯的信息模式本身中被还原。

哈纳德还认为，自上而下的、符号的研究路径（例如从分析句法结构和词语的关联出发的自然语言处理）不可能解决符号接地问题。他将这种方法比作让一个不会任何语言的人，只使用一本用某语言写的词典（词典中包含这门语言的所有符号的意义，但这些意义也是用这门语言所写的），而没有其他任何材料和现实生活中的感知经验，来学会这门语言的过程，而这几乎是不可能的。因为学习者没有通过知觉的过程理解词语的真正含义，并用这些词语去阐释低层信息活动系统中出现的现象，这些词语符号所指代的信息模式并没有成为学习者的认知系统的一部分。这样，学习者即使记住了词语之间的关联，也无法真正掌握这些符号的内涵。

而解决符号接地，唯一可行的路径就是研究自下而上的、感知的建

---

① S. Harnad，"The symbol grounding problem"，*Physica D：Nonlinear Phenomena*，Vol. 42，No. 1 – 3（June 1990），pp. 335 – 346.

构路径。只有以一个现实的、具有信息创生活动能力的信息系统的身份与环境进行直接信息交互、感觉、知觉和记忆储存的过程为基础，一个抽象的模式才可能依靠系统本身的约定产生它的所指。也就是说，符号信息创造来自信息主体活动的涌现。人借助符号信息的推理能够创造出新的符号信息，符号信息的推理过程也离不开信息系统中的其他部分，或者说，这个过程离不开自组织的信息活动系统。

五 机器信息流中缺失自组织与涌现的性质

回顾与人工智能神经网络相关的信息流，并将其与人的信息活动系统相对比，就更能看出机器学习相关的信息流缺乏系统性。从信息活动的低层方面来看，神经网络的"感觉"来源是外界的各种传感器采样得到的数据，这些传感器往往是任意选择的，因为对于神经网络来说只有数据是重要的。由此，传感器与周围环境信息的相互同化和异化过程，和在这些过程中的信息凝结并没有反映给神经网络的"学习"，而神经网络所获得的，也只有一个特定传感器在记录下一组特定数据的时刻的部分静态信息。另一方面，这些传感器往往是由人所控制，或被安置在与神经网络不相关的位置，即这些传感器及相关的信息是人为组织的，所谓神经网络的"学习结果"，往往也无法转换为对这些传感器的反馈与制控。而且，这些信息并没有通过机器的"知觉"过程获得阐释性和直接的符号关联，在这种情况下，真正的"人工智能"不能从低层的"感知"活动中涌现出来。于是，这一信息流的"低层信息活动"缺乏系统性和涌现性。

从高层方面来看，人所创造出的再生信息能够直接成为主体的目的和计划，通过社会实践过程创造出实在的物理实体。而人工智能神经网络并不具有社会性，它的"符号推理"结果往往止步于此，无法通过社会实践反馈到环境中。神经网络的目的也无法在"学习"的过程中被修改，这些目的往往取决于科学家与工程师的设计，以事先强制设定的确定性的算法、超参数和数据集标签的形式表现，而这些并不属于神经网络可以修改的参数的范围。

并且在本质上，这些所谓的"人工智能"所作出的"决策"并不能算是一种真正的决策，因为真正的决策只有前提条件是远远不能够得出结论的，而是更需要一种以决策目的为基础的信息涌现过程。在神经网络等算法所做出"决策"的过程中，相关因素和过程都是他组织的和确定性的，它们基本上取决于预先的设计，而不是神经网络的实际"判断"过程，并不能产生类似主体的高层信息活动的表现。于是，这些人工智能所谓的"高层信息活动"也缺乏系统性和涌现性。IEEE 自主与智能系统（A/IS）伦理全球倡议发布了一份关于伦理一致设计的全面文件，声明中也提到："在理解人与自主智能系统之间的关系时，特别值得关注的是对自主智能系统不加批判地采用拟人化的方法，许多行业和政策制定者现在都在使用这种方法。这种方法错误地模糊了道德施控者和道德受控者之间的区别，或者理解为'自然的'自组织系统和人工的、非自组织设备之间的区别。如上所述，从定义上看，自主智能系统不能像人类或生物一样自主。也就是说，机器的自主，当严格定义时，指的是机器如何通过对由法律和规则产生的执行秩序的考虑，在特定的环境中独立地行动和操作。从这个意义上说，自主智能系统可以定义为自主的，特别是在遗传算法和进化策略的情况下。然而，试图在自主智能系统中植入真正的道德和情感，从而承担责任，即自主，会模糊施控者和受控者之间的区别，并可能鼓励人类在设计自主智能系统和与自主智能系统互动时对机器的拟人化期望。"①

显然，我们当前所使用的深度学习方法和在这一方法中体现出的信息结构，远远没有达到产生人的智能的信息活动系统所具有的复杂性、整体性、动态性、自组织性和演化性。如果真的要达到人工智能这个研究领域的最初目标——建立起表现出类似于人类智能的信息系统，单靠机械决定的深度学习和其他相关的设计方法是远远不够的。

---

① The IEEE Global Initiative on Ethics of Autonomous and Intelligent Systems, Ethically aligned design: A vision for prioritizing human well – being with autonomous and intelligent systems. 1 st ed. IEEE, 2019, p. 41. https: //standards. ieee. org/content/ieee – standards/en/industry – connections/ec/ autonomous – systems. html.

第二节 对未来人工智能设计方法与创新教育的思考①

虽然，在解决特定问题时，深度学习的表现十分出色，超过了许多人工智能传统设计方法。深度学习在这些领域的作用也是当下任何技术都无法替代的。然而，智能的设计与单纯的解决特定问题有着质的差异。在本节中，我们将从信息哲学的角度，对未来人工智能的设计方向与方法做出某些思考。

一 建构以动态自组织为基础的人工智能架构

在当下深度学习和其他人工智能的设计方法中，"智能"部分的设计往往建立在已有的计算机结构之上，不论是输入的信息，还是"决策"过程（算法）或是整体的架构，都是建造在他组织的系统之上的。而一个系统要能做到涌现出智能，就应当具有动态自组织的特性。为了超越预设的、保存在计算机系统中的输入信息中的他组织性，人工智能应当超越传统的被动接收人工信息输入的机械程序设计，能够在直接与环境进行信息交互的过程中创造相应信息模式，并自我编程。

澳大利亚机器人学家罗德尼·布鲁克斯（Rodney A. Brooks）引入的人工智能设计的包容架构中也提出了类似的观点，他认为，应当参照具有独立行为能力的智能体或机器人的方式来设计人工智能，将上层算法的部分和下层输入输出的部分结合在一起。在他看来，人工智能可以由此自下而上地解决符号接地问题，即通过传感器的感觉信息和环境中的其他信息产生有含义的符号。②

当然，布鲁克斯的设计依然无法实现真正的人工智能，因为他没有放弃使用本质上是预先设计的算法，和当前技术下的他组织的机器躯体。

---

① 本节原文见 Lin Liyun and Wu Tianqi, "Future information creation education——On the importance of philosophical basic literacy education"，第三届国际信息研究峰会 & 第四届国际信息哲学会议，（日本，网络会议）中国西安分会场，2021 年 9 月。此处有改动和扩充。

② R. A. Brooks, *Cambrian intelligence：The early history of the new AI*, Cambridge：MIT press, 1999，pp. 63–68.

要从系统中涌现出真正的智能，人工智能必须放弃预处理好的数据进入世界中，使用自己的"感官"与世界的信息进行直接交互，并从这些感觉的信息中涌现出符号信息（以达到真正意义上的"符号接地"）、决策过程、主体目的性和与之相关的高层的信息活动。在神经网络和目前其他的人工智能设计方法中，这些结构都是静态和他组织的，并不能实现演化和涌现的过程。而智能和这些结构一样，必然不能来自不可更改的设计者的预先设定，不能来自预设的算法、预设的超参数和预设的符号，当下这样的设计思路只是变相在人工智能中凝结设计者的智能，而并非机器本身的智能。智能本身应该从一个自组织系统与环境的相互作用和符号创造的过程中涌现出来。

或许未来的生物形式的计算机，基因（DNA）计算机的研究方向可以做到人工智能的最终突破。

二 信息哲学提出的信息创生系统模型

邬焜的信息哲学认识论中提出了信息创生系统思想。同时，这个创生系统也可以理解为一个智能创生系统。从这个创生系统的各项子系统的功能中我们可以发现现有人工智能所缺乏的子系统，从而在设计上需要做出针对性的研究。信息创生系统是一个通过对已有信息的加工处理而产生出新的信息的系统。这类系统的工作不同于一般以算法为基础的人工智能所表现出的简单的信息传递和接收过程中的编码、译码活动。信息创生的着眼点不是要对已有信息的模式、内容进行简单保持、变换、再现或复制，而是要对之进行创新性的改变。根据信息活动的一般特性，信息创生是通过信息整合和重组来实现的，这一过程与对已有信息的重新分解组合、选择、匹配、建构和虚拟的创造性活动相一致①（如图8.1）。

---

① T. Wu and K. Da, "The Chinese Philosophy of Information by Kun Wu", *Journal of Documentation*, Vol. 77, No. 4 (June 2021), pp. 871 – 886.

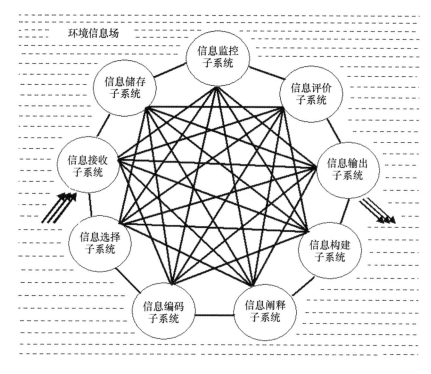

图8.1　信息创生系统结构模式①

　　一个信息创生系统是一种多重信息加工功能的复合系统。图8.1表示的是一个具有内随机性的人的主体思维加工的信息创生系统，该系统由9个功能性子系统通过网络式连接而形成。②

　　信息创生系统结构模式中的9个子系统的活动是相互协同、支持、互为背景和条件的，无论是哪一层级上的信息加工活动，也无论是哪一个子系统的活动的展开都需要所有的子系统作为一个整体来运作。

三　信息创生系统模型对当下人工智能设计的启示

　　对照图8.1，从构成信息创生系统的9个子系统的功能来看，目前的

---

　　①　邬焜：《信息哲学——理论、体系、方法》，商务印书馆2005年版，第125页。

　　②　邬焜：《信息系统的一般模型》，《系统辩证学学报》1998年第2期。

人工智能已经比较完整地具备了其中 4 个子系统的功能，并相对于人类有能力上的优势。1. 信息接收子系统：它是外部信息的输入端，负责从环境中获取信息，并对之进行再现性的识辨和认知；2. 信息储存子系统：其功能是将外部接收的信息，以及内部生成的信息储存起来，以备后续之信息加工活动使用；3. 信息编码子系统：它能以系统自身特有的方式对各类信息进行编码，通过编码将对象信息变换为易于为系统所传输、储存和操作加工的形式；4. 信息输出子系统：它是对外部环境的信息输出端，负责把系统中之相应信息向系统之外传递。

初级简单具备其中 2 个子系统的功能。1. 信息选择子系统：它为各种层次的信息加工活动提供信息筛选、抽取，从而使系统的信息加工活动具有了相应的选择性；2. 信息监控子系统：它能为各类信息加工活动提供普遍的觉醒、注意背景，并能对各类信息加工的方向、方式、速度、质量、过程及结果进行合乎目的性的监督和控制。

然而，目前的人工智能系统还缺乏其中最关键的 3 个子系统的功能。1. 信息阐释子系统：负责对各类编码中的模式或符号所代示的信息内容的破译、解读和表达，以便对所处理的信息进行准确和必要的把握和理解；2. 信息评价子系统：它能对各类信息内容，编码、阐释的方式，监控的效果，以及各类信息加工活动的过程和结果予以评价；3. 信息建构子系统：它具有对各类选择出的信息进行具体的匹配、整合、重组，并建构和虚拟出相应创新性信息模式的功能。

首先，由于缺乏信息阐释子系统的功能，目前的人工智能获取信息的途径是通过感知机的信息输入来进行的，并且人工智能对相应信息的处理方式也是按照设计者提前为其规定好的固定程序进行的。这就出现了这样一种情境，人工智能机不必要也不可能对获取的信息进行认识、理解和阐释。事实上，理解和阐释者还只能是感知机的设计者，而非感知机本身。这就导致目前人工智能机缺乏真正自主的智能行为，而只能是通过其他组织方式来处理信息。相对于人类而言，作为智能主体的不同认识个体，同一认识个体在不同的认识场域和认识阶段中，对同一事物的认识、理解与阐释往往具有相对性、随机性与独特性，而当下的人工智能则无法做到这一点。

其次，信息评价子系统是智能主体实行"决策"能力的关键要素。信息评价的基础是事实（真伪）和价值（效用）评价，而事实真伪或正负价值的衡量则来源于主体的智慧性选择和判断，以及相关利害关系的评价和所要追求实现的目的性设计。人工智能的一切活动都缺乏自主的选择评判性和主动追求的自发目的性，它所谓的目的性只是设计者将自己的目的性强加给予的。同时这个子系统的自主性也深刻影响着"信息选择子系统"与"信息监控子系统"的协同运作。

最后，信息建构子系统是信息创生系统最终实现其创新功能的最为关键和核心的子系统。各类创造性的新颖信息正是通过这一信息建构的活动而被创生出来的。如前文所述，在深度学习和其他"人工智能"的设计方法中，"智能"部分的设计往往建立在已有的计算机结构之上，不论是输入的信息，还是"决策"过程（算法）或是整体的架构，都是建造在他组织的系统之上的。这样的人工智能系统无法做到真正的信息涌现建构。而一个系统要能做到智能的涌现，就应当具有动态自组织的特性。而所有智能主体的创生信息都来源于自组织系统的涌现机制。

综上所述，当下的人工智能设计理念应该将侧重点放在上文提到的人工智能最缺乏的这 3 个子系统上。这或许就是在当下技术局限性下，人工智能是否能够做到更接近真正智能的关键突破口。

四　信息创生系统与未来教育

在人工智能飞速发展的不远的将来，人机联合将会使人类彻底摆脱死记硬背的学习方式。随着脑机技术的发展，具有强大信息存储、运算、搜索能力的人工智能设备将会与人脑相联结。在未来人脑信息爆炸的时代，任何需要背诵、计算和记忆的具有标准答案的知识都会由人工智能储存，那么相关的人类教育与测试方式也都应该被淘汰，这将会引起一场翻天覆地的教育革命。

前文已经分析到了，依照现今以算法为基础的人工智能的发展方向想要达到真正的智能是不可能的，或许只能寄希望于未来的生物形式的计算机，基因（DNA）计算机的研究方向。但由于如今人工智能与人的联合已经有了很大的进步，进度远超新的人工智能技术的更新换代。比如，我们现代人与手机的关系就是一种初级步的人机整合，未来只会更加紧密，互联网中的知识量已经远超任何一个教育者所掌握的知识了，导致传授知识已经不再是教育者最大的作用。由于这是一个已在进程中并无法阻挡的大趋势。所以，我们在人工智能发展的大背景下讨论教育问题时，首先要从以下两个重要问题入手。

第一个问题，在现今与不远的未来人工智能大幅提升人的智能同时，我们必须清楚地了解现今以算法为基础的人工智能究竟能做什么，不能做什么。

第二个问题，通过对人工智能局限性的评估，我们的教育就应该侧重于培养人去学习和锻炼人工智能所不善于或缺乏的那部分能力。让我们的下一代有能力、有准备去面对和掌控未来的人工智能结合状况。也只有这样，才能够在未来使在人工智能的加持之下的人类真正发挥人机联合智力的最大潜能。

我们的教育方向应该侧重一种信息创生型的教育模式，我们可以从上文中所提出的人工智能最缺乏的 3 个子系统的功能入手，构建未来教育的侧重点与核心任务。

首先，相对于信息阐释子系统，由于人工智能无法对获取信息达到认识与理解，因为事实上，理解和阐释者往往是感知机的设计者，而非感知机本身。所以，对人的教育应该侧重于主体理解力和认识独特性的培养。避免让知识的发布者、人工智能设计者的理解与阐释过度影响，甚至替代人机整合后的主体认知。训练人对于每个事物的认识与阐释的广度与深度，即全面、深入考虑问题的能力。运用信息技术增加体验、讨论、分析类教育，减少背诵类教育，突显出培养人思想的相对性、随机性与独特性。必须要排斥标准答案与权威观念对个体认知的破坏，同时这也是对人类创新能力的破坏。

其次，相对于信息评价子系统，随着人类获取信息量的爆炸式增长，个体信息、带有各种目的的偏激信息、虚假信息的广泛传播，新思想、新理论的快速迭代，知识的不确定性越发凸显。人对于信息的评价与筛选越发重要。这些评价包括真伪性问题、精粗性（质量性）问题、逻辑性（加工规则、方式的合理性）问题、效用性（价值性）问题，等等。教育要侧重于让受教育者学会过滤、判断信息的能力，在同一问题的众多答案与见解中选择更符合理性与逻辑的一项或几项，不偏激，不走极端，不固执，保持一种追求真理、进化、多元与相对的态度。这需要一种可以置身问题之外、交叉整合系统性问题、复杂性考量问题的能力，一种能够同时驾驭众多相关问题，从更广的视野、更高的观念之上思考问题的能力。

最后，相对于信息建构子系统，这一子系统的工作是信息创生系统最关键性的，处于核心地位的子系统。所有人的各类创造性的新颖信息正是通过这一信息建构的活动而被创生出来的。同时这也是教育中最关键也是最难建设好的一个部分。由于这部分能力的建构依赖于每个人的自组织的特性，他组织的教育方式只会破坏这个系统的建设。所以作为教育者需要引导受教育者自己走入这个领域，同时通过思辨、讨论、思想碰撞的方式来进行一定影响或纠正，而不是强制灌输所谓确定观念。所有智能主体的创生信息都来源于自组织系统的涌现机制，这种涌现机制本身就依赖于每一个自组织系统的演化与不确定性。这就需要侧重于教育中对创新能力的培养，减少对受教育者的思想束缚与过度限制，即减少外部环境强压。因为只有在一个开放的、压力适中的外部环境下才可能出现自组织现象与行为。受教育者产生创新能力的机制也与之类似。

从上文的简要分析中我们可以发现，由于这些未来教育所侧重培养的能力在本质上都是一种哲学教育，所以我们所提倡的信息创生教育本质上是一种哲学精神所渗入的教育模式。信息创生教育模式旨在教育人追求自由、尊严与真理；坚守质疑、批判与创新的精神。我国发展科技创新战略应该从教育中的哲学基础素养——哲学精神的培养开始入手。

第三节　哲学与哲学精神①

一　脑机接口技术的发展与"强化人类"的出现

脑机接口（BCI），指的是在人或动物大脑与外部设备之间创建的直接连接，实现脑与设备的信息交换。我们或许已经发现人类如今对于各种信息的获取是如何的方便，一个联网的手机在手就可以获取近乎无止境的知识与解决无数问题。而这只是"人类强化"的起步阶段，人机互动阶段。脑机接口技术正是力求将人的意识与人工智能相结合，脑机接口分为侵入式与非侵入式两种，即植入还是穿戴。

人类最早的尝试是"人体芯片"技术，1998 年，英国工程师凯文·沃维克（Kevin Warwick，1954 ~　　）教授在自己的胳膊里植入一块芯片，成为世界上第一个"芯片人"。2004 年，美国布朗大学约翰·多诺霍（John F. Donoghue）教授研发了一种被称为"脑控制门"的大脑微晶片技术。他将一个止痛片大小的生物芯片植入一名全身瘫痪患者的大脑，使这名患者能够用思想自如地操控电视机和计算机。② 紧接着在 2008 年，他使两只猴子在实验中能够通过大脑意识控制用机械假肢给自己喂蜜饯和水果。2015 年开始，瑞典斯德哥尔摩的 Epicenter 公司已经对本公司的员工实施了人体芯片植入技术，植入的芯片如米粒大小，可以作为万能钥匙和身份验证卡。③ 但这种植入芯片与随机生成的与身份信息绑定的手机二维码相似，并不能算是真正意义上的脑机接口。加州大学旧金山分校（UCSF）的神经外科专家 Edward Chang 教授与其同事开发出一种解码器，可以将人脑神经信号转化为语音，通过手术在受试者颅内植入电极，以

---

① 本节内容已发表，见邬天启《哲学、哲学精神与未来教育——人工智能发展所引发的思考》，《长沙理工大学学报》（社会科学版）2020 年第 3 期。最新改动后的英文版发表于：Tianqi Wu，Kai Xue："Philosophy Education in the Future Reflections Caused by the Development of Artificial Intelligence"，第三届国际信息研究峰会 & 第四届国际信息哲学会议，（日本，网络会议）中国西安分会场，2021 年 9 月。此处有修改和扩充。

② 杨澜：《凯文·沃里克：假如记忆可以移植》，《法律与生活》2018 年第 20 期。

③ 宋歌：《谈人体芯片植入技术的伦理问题——以 Epicenter 公司对员工进行人体芯片植入为例进行伦理分析》，《科技视界》2018 年第 21 期。

便监测其大脑活动。在此基础上，研究人员采用了一种叫作高密度脑皮层电图（ECoG）的技术，直接记录下受试者大脑皮层的神经活动，并进行翻译，可以直接通过默念生成语音和与电脑互动。① 2019 年 7 月，美国企业家伊隆·马斯克（Elon Reeve Musk，1971 ~　）宣布 Neuralink 公司利用一台神经手术机器人向人脑中植入数十根直径只有 4 ~ 6 微米的"线"以及专有技术芯片和信息条，然后可以直接通过 USB - C 接口读取大脑信号。与以前的技术相比，新技术对大脑的损伤更小，传输的数据也更多。2021 年 4 月，Neuralink 公司的研究有了新的进展，他们在 YouTube 上发布了一段猴子仅用大脑"意念"就能控制屏幕上光标的视频，并且可以使用"意念"打游戏。② 以上提到的这些实例都属于侵入式的脑机接口。

或许非侵入式的脑机接口前景更好，因为不需要破坏人体内环境，更容易让大众接受和推广。2014 年，耶鲁大学研究人员就利用 fMRI 读取意识重建意识中的人脸，并试图重建意识中的记忆，如梦境。③ 2019 年 7 月，加州大学旧金山分校（UCSF）的脑机接口技术研究团队，首次证明可以从大脑活动中提取人类说出某个词语的深层含义，并将提取内容迅速转换成文本。2019 年 8 月，在北京举行的世界机器人大会就使用了非侵入式的脑机接口进行了比赛。

人类已经可以使用多种方法，运用意识来操纵机器，下一步就是将意识与机器融合，制造出"强化人类"。

通过脑机接口的发展速度，未来 20 年后人类可以非常方便地通过脑机接口来进行信息获取，包括声音、图像、文字。一切人类积累的知识将会在瞬间呈现于任何想要获得它的人面前，甚至可以记忆移植。"强化人类"的出现将使人类彻底摆脱死记硬背知识的时代，或许只是需要一

---

① G. K. Anumanchipalli, J. Chartier and E. F. Chang, "Speech Synthesis from Neural Decoding of Spoken Sentences", *Nature*, Vol. 568, No. 7753 (April 2019), pp. 493 - 498.

② 《马斯克脑机接口公司 Neuralink 获得新进展：猴子可用意念打游戏》，新浪网，2011 年 4 月 9 日，http://finance.sina.com.cn/tech/2021 - 04 - 09/doc - ikmxzfmk5880765.shtml。

③ 转引自科讯医疗网：《耶鲁大学研究人员利用 fMRI 读取意识重建人脸》，《中国医学计算机成像杂志》2014 年第 2 期。

顶联网的帽子。在未来信息爆炸的时代，任何需要背诵、计算和记忆的教育与测试行为将都应该被淘汰，这将会引起一场翻天覆地的教育革命。如果计算器已经整合入了人脑，那么人类还需要学习乘法口诀吗？如果历史文献中全部的文章、诗词已经整合入了人脑，那么我们还需要背诵古文与诗词吗？如果这样的话我们现今侧重于死记硬背的教育该何去何从呢？或许答案就是哲学。

二　哲学的偏见与误解

大众几乎都知道科学是什么，因为科学体系已被广泛纳入了人类的基础教育。而哲学在大众的心中却往往被扭曲了，哲学总是被误解为一种高高在上、难以触及、虚空缥缈的学问，民众对哲学本身的认识普遍太过贫乏，对哲学认识错误或者根本没有认识。大众对于哲学的偏见和误解是由于哲学基础教育的缺失。而这种缺失的根本原因是哲学教育本身的问题，究竟什么思想才能被称为哲学？怎样的哲学思想才适合于教育？尤其是启蒙教育。这都是哲学教育应该认真思考的问题，进而才能做出改变。

美国哲学家穆蒂莫·艾德勒（Mortiner J. Adler, 1902~2001）认为，哲学本来就不是哲学研究者的专属，哲学应该是每个人都做的事。人天生就具有哲学思维的能力与倾向，哲学是由我们身边的日常生活思维活动的观念所构成的。我们每个人心中的哲学观念是我们认识人类自身和认识世界进而做出选择与决定所必不可少的。它决定了我们的思维活动，同时也决定了我们的行为。只有理解这些观念，我们才能够更加深入地了解并有效地处理我们当今每个人所面临的许多政治、道德和社会问题。①

正如他所说，哲学渗透到我们生活之中，决定了我们的思维活动、选择与行为。可以说我们的科学能力决定了我们能做什么，而最终我们的哲学能力决定了我们是谁、我们要做什么。既然如此，为什么大众会

① ［美］穆蒂莫·艾德勒：《哲学是每个人的事》，郗庆华、薛笙译，北方文艺出版社2014年版，第1页。

对哲学的认识如此贫乏和歪曲呢？回顾我们的哲学教育，正规的哲学教育一般都是从哲学史开始的，绝大多数的哲学著作也是从哲学史开始的。哲学教育一直侧重背诵哲学史及哲学史上学者的相关思想，这些死记硬背的内容也成为各种考试的项目。其中充斥着标准答案，固定搭配的应试教育内容。如果只是学习与考试这样一种情况，我们可以说这是被人才选拔机制所迫。但甚至很多学者也就想当然地认为哲学史就是哲学本身。① 以这样的方式来认识哲学以及为大众解释哲学是极其不恰当的。

　　哲学史中的经典思想是哲人运用哲学思维，发扬哲学精神所创造的思想成果。这就如同将技术的研究成果，如发动机、发电机等同于技术本身一样，是不合理的。进而又将这种错误的认识和方法运用到教育中去，将充斥着专业术语与晦涩难懂词句的文本摆在哲学初学者面前。就像将高等数学的公式直接摆在数学初学者的面前，这种行为是极其可笑的。这对于刚接触哲学教育的人来说简直就如同劝退。现今数学在教育上普及工作做得很好，人人都会一些数学知识，最基础的加减乘除在日常生活中都会使用。但高等数学就要比日常所使用的基础数学在理解和使用上困难得多，只有少数的数学工作者可以驾驭。数学的教育是循序渐进的，从最简单的数字开始，不可能直接给无数学基础的小学生传授高等数学。而反观哲学教育，却并没有初、中、高级之分，那么对于哲学当下的教育方式明显是缺乏体系的。

　　基础的哲学、概念、思想并不那么艰涩难懂，基础的哲学思考都有其出发点与逻辑脉络。经过循序渐进的引导人人都可以理解。因为哲学思想是建立在最缜密的逻辑思维基础上的，所以它往往比那些胡编乱造的故事更容易理解和接受，更经得起推敲。但是要做到深刻理解并不容易，因为要做到深刻除了哲学修养最重要的是一个人的知识储备、思维习惯与人生阅历。但这些晦涩的哲学思想只是哲学史的一部分，并不是哲学的核心，更不是哲学本身。哲学史的学习是研究哲学必然途径，它是人类知识的宝库，我们可以从研究哲学史中发现问题，吸取给养。但

---

① 吴根友：《即哲学史讲哲学——关于哲学与哲学史研究方法的再思考》，《哲学研究》2019 年第 1 期。

真正的哲学内核应该是一种精神，一种善于使用其独特的思维方式来应对问题的生活态度。而不能被简单归结于历史上哲人们的哲学思想和哲学研究成果。真正的哲学不在于哲学史中得出的哲思成果，而在于哲学史中哲人的思考动机、逻辑推演、思考历程与思维方式。

很多哲学家的思想都有偏激的成分，但所有经典的哲学思想都是建立在深刻哲思的基础上的，只要能理解其思维方式和追求，并顺其思路延伸也就不会觉得古怪了，反而可能深受启迪。对于学习者这是一个认识世界，容纳差别，自我成长的过程。不可否认，人类群体中一直就有所谓的"另类"存在。但哲学的包容性就如同文学与艺术甚至更高，给予那些"另类"适当的位置，给予思想最大的自由，在历史上留下他们的痕迹，让今人、后人中能有志同道合者们得以获得精神慰藉。我们已经为之换了更文雅的名字，称这种"另类""不正常"为："小众"。就如同左小祖咒歌词中所写的：

> 对于这个世界，你相当的古怪，对于我，你一点也不奇怪。
> 对于这个世界，你是一个麻烦，对于我，你就是整个世界。①

对于这种精神共鸣，我们称之为"知音"。从某种角度来说，这种对于"小众"的理解和宽容，是人类文明与哲学精神包容性的体现。同时也体现了一个社会的多元、开放、创新与自由。一切问题的答案绝不是唯一的，对任何问题答案的限制是教条、愚昧、反哲学的表现。我们现在回想一下如今的哲学教育，那些死记硬背哲学史标准答案的行为反而是与哲学精神背道而驰的。

我们看到的很多哲学思想，尤其一些经典的哲学理论都是那些历史上最伟大的哲人运用哲思进行的思想壮举。但哲学思想并不局限于哲学史中，其实它已经渗透到我们生活的每个层面。每一个善于哲思的人，在反思人生、思考世界、发出疑问、感悟总结的时候运用的都是哲学的思维方式。哲学其实就在每个人的身边。在知识爆炸的当下与未来，这

---

① 左小祖咒：《忧伤的老板》，上海人民出版社 2010 年版。

种善于独立思考的能力才是人类真正应该培养的能力。

哲人们每个人对哲学都有独到的见解和研究，都在追求一种与众不同的独立哲学体系。虽然他们的理论各有不同，但这些对于哲学的研究都有共同的本质，就是哲学精神。只会死记硬背的书呆子就算将哲学史全部背下来，如果他没有哲学思维的习惯，没有哲学精神，那他也绝对成不了一个哲学家。他仅仅是一个记录的工具、知识的搬运工，和计算机硬盘并无两样。未来，人工智能会给予人前所未有的知识量，当死记硬背再无用武之地的时候，社会就会彻底淘汰那些记录工具式的搬运工式的人。创新人才将会前所未有地被推崇，而哲学精神最忌讳的就是人云亦云、照本宣科、死板教条。哲学精神最重要的一点就是创新。

三　哲学的核心基础——哲学精神

哲学的核心基础是哲学精神，是一种人类独有的，从古希腊时代延续至今的人类之光。如果未来的教育需要哲学，那么我们需要首先清楚哲学精神是什么。哲学精神是什么呢？这要从哲学的起源，也就是古希腊时期开始，在同一时期的中国和印度哲学文化也具有相似的气质。这或许也是整个轴心时代的气质。不仅是体现于一种终极关怀的体现，更重要的是对于知识、理性、道德、智慧、真理的推崇和追寻。（随着哲学的发展，更多的元素被加入到了哲学精神中，比如善、美、人性、自由等。）

西方"哲学"一词来源于希腊语"Philosophia"（热爱智慧、追求真理），这个词的意思就是哲学最初的追求。其实它与科学的追求方向是一致的，仅仅是手段不同，科学更倾向于运用实证的方法，而哲学则是运用反思、运用批判。但它们在追求真理的过程中是相互交融、相互支持的。但哲学比科学的自由度更大，切入点更多，理解更深刻、更抽象，科学则显得更实际、更具体。科学在实证中找寻世界运行法则的线索，而哲学则侧重对于已有理论的批判和反省。如果人类要寻求进步，二者缺一不可。哲学精神是一种信仰、一种理念、一种世界观与价值观和生活态度。

爱因斯坦曾经强调：哲学是全部科学之母。哲学与科学的关系就是这样微妙，它们本该是相辅相成、互相交融的一个共生体。哲学的动力是人类最原始的本能——求知欲。柏拉图强调说"Thauma"（惊奇）是哲学的开端。哲学由惊奇而发生。惊奇是哲学家所应有的本性，在这一本性驱使下，哲学家们获得了一种真正解放性的力量。亚里士多德也曾强调：人的天性在于求知。而惊奇驱使人们从事哲思。事实上，越是更多地学习和思考的人，越是会更多地激发出好奇心与求知欲，然后是谦虚与谨慎，因为只有学习的人才能发现自己的欠缺。而只有一知半解、不求其解的人才往往会自觉博学。

古代的哲人们思考世界的本原，生命的意义，追求智慧、真理与知识，善与美。他们思考的问题我们现在仍然在思考，他们走过的道路我们还在走。那时候哲学与科学是一体的，不仅在思维方式、研究对象、方式方法上都是相通的，同样以追求真理为己任。科学致力于找寻自然现象背后的原因与规律，总结理论，运用数学进行量化和计算，各个学科中充斥着各种类型的公式和数学模型。就如同黑格尔提出的绝对精神意图统一整个世界一样，爱因斯坦也耗费了后半生的精力追求着科学上的大统一理论。其实他们追求方向相同，追求的东西也都是一个，只不过工作所在领域不同，使用的研究方法不同。综上所述，我们可以发现，哲学精神就是一种人类追求真理的信仰，它在这个终极目的上与科学精神是统一的。这种追求真理的信仰也是每一个现代人都应该具备的。

但可悲的是，哲学精神与如今的社会风气反而格格不入。古希腊哲学的传统在当下社会中已经变得衰败和扭曲，这是一个信仰丢失的时代。正如科学与哲学的分离，很大程度上是这个社会重视科学，轻视哲学；重视经济利益、实用主义、享乐主义而轻视思想、伦理、道德、批判与创新。

四 哲学精神在教育中的重要性

哲学的思维基础为哲思，它既是哲学运行的开端，也是哲学得以展开的方式。会运用哲思的人就算他不懂哲学史也依然具有其天然的哲学素养，在他的生活中照样可以总结出自己的人生哲学和世界观，并身体力行。哲学教育的重点不能放在死记硬背历史上哲学家们的观点上，而是教会人怎样使用哲思来面对问题，面对生活，面对研究。历史上哲学家们的观点仅仅是些丰富的思想素材，让哲思者们可以用来品味和思考而不是让人盲目地崇拜与追随。这正是哲学与神学最大的不同。

哲学的教育与其他学科不同。像数学的教学中会明确地告诉学生 1 + 1 = 2，而哲学应该交给你去反思为什么 1 + 1 = 2？1 + 1 是怎样等于 2 的？是不是在所有的情况下 1 + 1 都是等于 2，有没有例外？简单说就是传统思维中教条的科学或者神学是教给你一个肯定的答案："它就是这个"，而哲学思维则是教你去自主思考一系列的问题"为什么它是这个？""它怎样成为这个？""如何能够让它不是这个？"。传统思维在教育人顺从，而哲学思维在教育人自由、质疑、批判与创新。这个问题不仅仅在未来，而是切实地就在我们身边。

有一个实例调研的报道：农村学子进入名校以后，会凸显出两大缺陷：英语水平较差和研究性学习上表现欠佳。语言与学习成绩上的差距都是小问题。农村学生很能吃苦，学习成绩会因为自身努力慢慢上升，缩小与城市学生的差距。关键在于农村学生的思维方式与城市学生是不同的，用新闻作者的话说就是农村学生有他们"抹不掉的阶层烙印"，而这种烙印中有一个很重要的层面就是哲学思维的匮乏。有一位孩子小 A，他从中国某国家级贫困县考到了清华大学，当进入学校后才发现了很多根本没想到过的问题。学校专业课因为没有和高中课程完全接轨，直接跳过基础内容，课程难度深度都很大，小 A 听不懂，但他只会用更加的勤奋去弥补这段缺失，不敢请教老师与同学，惧怕大家瞧不起自己。但他不明白真正高级的学习不再是像高考那样死记硬背，而是要有自己的思考与见解，很多问题的答案已经不能从单纯地啃书本中获得了。考试之后成绩不好，他就开始自责。但身旁也有对成绩不满意的城市同学。他们会直接去找教授，和教授对质分数是不是给低了。小 A 一时间无法相信这一切，因为从小到大父母都是教育他们应当服从老师，有了不满也不允许找老师争论。"怯于与权威对质"，是所有贫困学生的"通病"。他们学习和思考的方式被传统思维所捆绑，抹杀了思维的自由性，怯于质疑与批判，自然难于创新，长此以往，当他们在遇到研究性的学习时就会相当吃力。而相比之下，在城市中长大的孩子的哲学思维素养就要高得多。或许这种思维方式与眼界才是农村孩子最难以赶上的短板。在未来，有人机强化技术的支持下，这种差距会更加明显。

其实这个问题体现在很多层面，越是生活在社会底层的人越是倾向于服从权威，惧怕质疑权力。这让人不免想到了中国几千年的封建社会一直在推行愚民政策，其实愚民就在于压制民众哲学精神的发展。物质基础的匮乏本身其实并不可怕，但物质基础匮乏所带来的精神世界的荒芜才是最可怕的。古代中国的技术能力并不差，几千年来的能工巧匠们创造出了无数的工程技术奇迹，很多都远超当时的世界技术水平。但在中国却缺乏系统的科学体系，缺乏像西方文艺复兴的那种人文关怀，缺乏高尚的素质、道德与信仰建设。其实这些问题正是哲学素养严重缺乏的结果。中国的封建政权为了让民众惧怕权威、易于统治，采取了思想禁锢的手段，奉所谓的礼法经典为不容置疑的"圣经"。可叹如此多的文人学者却把大好的精力都用在修正注释典籍上。这也是中国封建社会对于国民的压迫中最残酷的一面，让国人缺乏反思的能力，不求上进，漠视压迫，善于自我安慰，精神麻痹，安于现状，最终被训练出一种根深蒂固的"奴性"。这种思想压迫也直接导致国人故步自封、不思进取，于是有了西方列强侵略的屈辱历史。而如今则发展为另一种形式。在改革开放的今天，国人哲学素养并没有得到实质的提高。这些问题以新的形式出现：崇洋媚外、低俗盛行、物欲横流、贫富分化、盲目攀比、诚信缺失、信仰缺失等，这些问题并没有消失，哲学精神依然被划为边缘价值观。

哲学的教育起源于求知，求知在于对世界的好奇心，在于对真理的追求。学习的本质应是自觉，而不是填鸭式的强迫。死记硬背带来的是消耗与疲劳，并不会真正让人获得知识。知识应该是在人自觉地探索中获得的。恰好，人工智能的发展让人最终可以摆脱对大量知识的强迫记忆。这是哲学教育的一个契机，但同时也是对人类教育的一个挑战。在未来知识获取将会非常容易，强大的数据库会直接与人脑融合。而人该如何控制这种力量？知识作为双刃剑可以被用来行善也可以作恶，关键在于人的使用。没有信仰，人则腹黑麻木为达目的不择手段；不追求真理，人则失去诚信唯利是图；不会反思，人则无法总结经验难于创新；

不注重精神领域，人则会物欲横流沦于低俗……试想，这样的人如果拥有了更多的知识，对于社会只会是一场灾难！中国的教育理念应该反思，不应该再走入曾经走过的落后、被动的老路。中国需要崛起，需要的是具有哲学精神，善于反思，热爱智慧，具有追求真理信仰的新人。这些问题的确值得我们深思与检讨！

第四节　强化哲学基础素养教育的重要性①

我们在前面已经强调指出，在人工智能飞速发展的不远将来，人机联合将会使人类彻底摆脱死记硬背的学习方式。在未来人脑信息爆炸的时代，任何需要背诵、计算和记忆具有标准答案知识的教育与测试方式也都会被淘汰，这将会引起一场翻天覆地的教育革命。信息创生教育本质上是一种哲学教育，一种哲学精神所渗入的教育模式，旨在教育人追求自由、尊严、真理，坚守质疑、批判与创新的精神。

一　要注重在中小学教育中强化开放性、批判性思维的哲学教育

美国哲学家穆蒂莫·艾德勒认为，"哲学本来就不是哲学研究者的专属，哲学应该是每个人都做的事"②。中国信息哲学也认为，"哲学是人类追求普遍理性的活动，而人类所有层面的认识活动中都具有普遍理性的成分"③。

因为，哲学就在我们生活之中，决定了我们的思维活动、选择与行为，决定了我们是谁、我们想做什么和要做什么。所以哲学教育应该面向社会各个层面。哲学中的一些核心思想应该从中小学的学习中就开始

---

① 本节内容原文见 Lin Liyun，Wu Tianqi："Future information creation education——On the importance of philosophical basic literacy education"，第三届国际信息研究峰会 & 第四届国际信息哲学会议，（日本，网络会议）中国西安分会场，2021 年 9 月。此处有修改和扩充。

② ［美］穆蒂莫·艾德勒：《哲学是每个人的事》，郗庆华、薛笙译，北方文艺出版社 2014 年版，第 1 页。

③ T. Wu and K. Da，"The Chinese Philosophy of Information by Kun Wu"，*Journal of Documentation*，Vol. 77，No. 4（June 2021），pp. 871 – 886.

渗透，从大学才开始让学生了解哲学已经错过了人思考、学习成长的黄金时期。

以 2020 年西安某小学一年级语文考试中出现的一道题为例，这里列举了四张卷子（如图 8.2）：

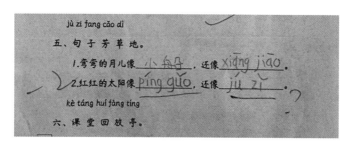

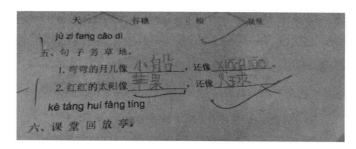

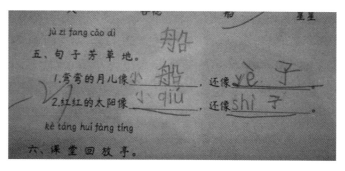

图 8.2　四张小学试题

如图 8.2，从收集到的四张卷子来看，这道最具有开放性和创新思维的题目竟然是有标准答案的！月儿必须像小船和香蕉，而叶子、咬了一口的月饼之类的答案全错；太阳必须像火球与灯笼，小球、柿子、苹果、笑脸、向日葵、橘子等答案居然全错。而且老师在批改卷子时并没有感觉任何问题。这是西安首屈一指的小学中出现的试题，并不是在某些教育水平落后地区的学校中。这就更加让人错愕。

首先，这道题所谓的标准答案本身就是有问题的。说月儿像小船和香蕉，小船也并不一定都是弯月形状的，还有橡皮艇、竹筏等扁平状小船。香蕉也有直的，并不都是弯的，小米蕉就是拇指状的；说太阳像火球和灯笼，从恒星的构造来说，太阳本身就是一个燃烧的气态火球，它就是火球，真无所谓像不像火球；灯笼有很多种，各种颜色的也都有，孔明灯就是白色的圆柱体，并不是红色也不是圆形。

其次，这道题本身就没有标准答案，所谓的想象也都是相对的。如果非要在试卷中出现就应该让孩子畅所欲言，不该设定标准答案，不然这就是对孩子认知发展与创新能力的扼杀。从中小学教育开始，就出现了对所谓标准性答案的不可撼动的权威的过度迷信和崇拜，这种现象一直延伸到了大学教育。另外，为了利于管理，为了维护学校纪律和课堂秩序的权威性，在中小学教育中对学生进行批评及体罚的现象很普遍，这也在一定程度上导致了学生身体和精神上的双重桎梏。

创新的本质就是挑战权威（标准答案），因为只有想前人之未所想、能前人之未所能、做前人之未所做才能称得上创新。既然是新，那就必然是超越前人，超越既定的事物。如果从小将孩子质疑、挑战权威的想法与勇气都压抑甚至抹去，只知道要求学生绝对服从那些既定的刚性不变的纪律和秩序，又寄希望在成年后再唤醒他们的创新能力、再让他们去设计新的体制和新的行为方式，那么，这简直是不可能的。这种自相矛盾的做法值得我们反思。

二　大学哲学教育应当注重反思与批判能力的培养

虽然，在现行教育体制中，我们培养的学生中也会产生一部分具有创新精神的"人才"，但是，这样的"人才"只能是少数，并且还是通过对现有体制的反叛而自发涌现的。其实，即使是这样的具有创新能力的少数"人才"，虽然进入了大学，甚至是研究生教育的阶段，但是，在他们的思维方式和行为方式方面，仍然保留着长期应试教育给其带来的深刻印记。这些印记往往使他们具有某种"精神分裂"式的不完全人格。一方面他们为了通过考试，死记硬背标准答案，尽量不犯错、不提意见、不挑战权威、与周围同龄人竞争，从而在各级考试中获得了傲人的成绩，但在内心却有太多不解、不信与不甘的深深压抑。其中一部分人在处心积虑逃离体制，或是帮助自己的下一代逃离体制教育。这些人的内心深处总是向往着更为宽松、自由和开放的教育体制。但殊不知在无力改变现有教育体制的场景中，这只能是一个幻想，类似于某种围城效应。

还有一部分学生到了大学就进入了"叛逆期"，因为被压抑的人格突然在高考后被释放，青春缺失感、独立意识、自主意识、挑战意识蜂拥而至。所以在大学中出现了一大批被压抑久了的叛逆学生，他们被压抑得太久，那种独立自主的精神却以各种畸形的方式被释放出来。他们挑战权威的方式甚至是自我放纵和自我毁灭。沉迷游戏、网络、恋爱、挥霍、攀比，等等，因为他们理解的学习就是刻板与压迫，学习并没有带给他们真正的快乐与兴趣，他们学习的出发点不是强烈的求知欲，不是对未来的希望，而是对成绩的无情角逐，对一切为了未来工作的无奈，对来源于家庭与学校的期望与压力。他们并没有通过中小学教育学会真正自主、自发学习的习惯，而一直是被逼迫着鞭笞着学，一直是枯燥和痛苦的死记硬背，一直是重复和无脑的练习……

而如今很多大学也发现了这种问题，竟然开始使用强制课堂签到、晚自习点名等中小学管理学生的手段对付这些已成年的学生。而这样只会让这些学生发展为"巨婴"，而他们的自主、自发学习能力将会更差。那么最后他们终有到社会上的一天，终有自己主导自己学习、生活、工作的时候，到了那个时候又该怎么办呢？问题虽然表现在大学，但其病根却来源于中小学教育的体制。不从中小学教育观念、体制和方法这个源头上进行改革，现有大学中存在的相关问题是无法有效解决的。

哲学教育现在在大学中已经基本普及，但是在大学中哲学教育也是有问题的。正规的大学哲学教育一般都是从哲学史开始的，绝大多数的哲学著作也是从哲学史开始的。哲学教育一直侧重背诵哲学史及哲学史上学者的相关思想，这些死记硬背的内容也成为各种考试的项目。其中充斥着标准答案、固定搭配的应试教育内容，与中小学的学习方式如出一辙。爱因斯坦也曾深深抱怨过应试教育："这里的问题在于，人们为了考试，不论愿意与否，都得把所有这些废物统统塞进自己的脑袋。这种强制的结果使我如此畏缩不前，以致在我通过最后的考试以后有整整一年对科学问题的任何思考感到乏味。但是得说句公道话，我们在瑞士所受到的这种窒息真正科学动力的强制，比其他地方要少得多。这里一共只有两次考试，除此以外，人们差不多可以做他们愿意做的任何事情。……现代的教学方法，竟然还没有把研究问题的神圣好奇心完全扼杀掉，真可以说是一个奇迹；因为这株脆弱的幼苗，除了需要鼓励之外，主要需要自由；要是没有自由，它不可避免地会夭折。认为用强制和责任感就能增进观察和探索的乐趣，那是一种严重的错误。我想，即使是一头健康的猛兽，当它不饿的时候，如果有可能用鞭子强迫它不断地吞食，特别是，当人们强迫喂给它吃的食物是经过适当选择的时候，也会使它丧失其贪吃的习性的。"①

　　人是有创新的原始欲望的，那种向往与众不同，向往独立，向往万众所向的理想，如同爱因斯坦所提到的"野兽贪吃的习性"。但糟糕的教育体系并没有给他们这种潜力成长的环境和释放的空间，大家都是在一个生产线上按照标准被生产、被塑造。可以说这绝对是反人性的。

　　下一个问题就是哲学教育应该重点教育什么？是教哲学史吗？在前文中我们已经提到虽然很多学者都想当然地认为哲学就是哲学史。但是以这样的方式来认识哲学以及为大众解释哲学是极其不恰当的。更不可能将哲学史直接讲给中小学生。哲学史中的经典思想是哲人运用哲学思维，发扬哲学精神所创造的思想成果。这就如同将技术的研究成果，如发动机、发电机等同于技术本身一样，是不合理的。获得了发动机与发电机或背会了安装图纸不等于就掌握了技术，真正的技术在于人能够了

---

① ［德］爱因斯坦：《爱因斯坦文集》（第一卷）（增补本），许良英、李宝恒、赵中立等编译，商务印书馆 2009 年版，第 8—9 页。

解科学与技术的逻辑与原理并进行自由的实施与推演，进而可以有对现有技术进行改造和发展的能力与可能性。背会安装图纸既不是一条学习技术的好路径也不是掌握技术的目的。直接将哲学史拿来教给没有哲学素养基础的中小学生，或者就直接让他们背哲学史，就如同直接拿发电机机械原理教给没有物理学基础的人一样，这样不做铺垫，没有循序渐进过程的教育方式必然是失败的。

三　由上至下渗透哲学教育理念

从上文中我们已经可以发现，现在我国的整个教育体系都有严重的问题，是自上而下的体系问题。我国的教育方式来源于德国。亚历山大·洪堡（Humboldt Alexander，1769～1859）在德国建立了完善的、服务于工业社会的普鲁士教育体系。在这个体系中，职业教育、技能的教育成为大学的中心任务，这样大学生在学校学到的就是真正有用的知识，一走出校园就马上为社会服务。而由于这种"有用"的知识是用来培养产业工人的，并不是创新性人才。所以在这个体系中哲学知识不算有用的知识。而这种分科传统下的专科知识只对专业从事相关工作的工人才具有价值，对于其他专业甚至毫无用处。社会上兴起的学习无用论正是从学而无用这个角度来批判中国教育体系的。

最近芬兰的教育改革成为热点，世界经济论坛多次把芬兰的高等教育评为全球最佳。与此同时，芬兰的教育制度也是全世界最均衡的，学生成绩落差全球最小。[①]

"现象教学"是芬兰新的国家课程中出现的新概念，即事先依据一些源于学生生活的现象，确定一些学习或研究主题，然后围绕特定的主题，将横向的不同学科知识融入新的课程模块，并以这样的课程模块为载体实现跨学科教学。这些主题可以是"欧洲地理认知""古埃及的历史""生活中水的不同形态"等。如基于"欧洲地理认知"这一主题所编排的课程模块，将同时涉及地理、数学、历史、社会文化、语言、政治和经

---

① 赵晓伟、沈书生：《为未来而学：芬兰现象式学习的内涵与实施》，《电化教育研究》2021年第8期。

济制度等跨学科的知识。这种教学方式摆脱了死记硬背的教条学习方式，从讨论问题出发，知识涉及面很广，纵深度好，可浅可深，发掘学生潜力，激起学生的学习兴趣。这种教学方式非常像古希腊与古代中国时期从问题出发讨论的学习方式，当时的哲人善于从各种问题出发，讨论、启发式地帮助学生学习。其中问题非常广泛，涉及大量可以开启人求知需求和好奇心的问题，比如什么是人、什么是世界、什么是善、什么是爱、什么是真理、什么是道德等这些人类从诞生之初至今最根本的追问。苏格拉底的教育就是与学生对话，解蔽真理；柏拉图的《理想国》也是以对话体写成的，而《理想国》也成为西方哲学的标杆巨著；亚里士多德就反对在房间中的刻板教学方式，他和他的弟子们被称为"漫步学派"（逍遥学派）。亚里士多德常常跟学生在野外一边漫步，一边讨论学术问题。① 无独有偶，在古代中国，《论语》同样也是对话体，孔子育人讲究"因材施教""有教无类"，并在生活、对话中进行教育，包括在远足、春游当中开展教学。我们可发现，这种所谓的"现象教学"其实就是在延续当年古希腊、古代中国哲学教育的传统，经过讨论、思辨、激发学生兴趣与创造性。所以芬兰的"现象教学"本质上就是一种渗透着哲学思辨的教学方式。而这种教学方式也是世界上最先进的教育方式之一。

　　但这样的教育不是轻易就可以学来的，习得它的精髓必须是需要全社会对教育本质认知的改变。首先，在父母教育方面，据说，当宝贝出生时，芬兰政府给每个家庭发放妈咪宝盒，除了各种婴儿用品，其中有三本非常重要的书。不仅教导父母如何照养小孩，还会提醒父母，在孩子接受正式教育前，小孩所获得的教育都来自双亲，父母要帮助孩子培养良好的生活习惯，要合理饮食、注意卫生，并通过在游戏中学习，保持热衷学习的态度，并培养社交意识、同情心、自我反省能力等。强烈要求对孩子父母应该进行相关的教育和走访，中国的很多父母不称职，不具备作为父母教育子女的资格。

　　其次，在师资方面，自1979年开始，芬兰教委会就提出中小学老师

① 彭爱波：《古希腊哲学家教学方法的借鉴意义》，《教学月刊·中学版》（政治教学）2017年第6期。

属"研究型",必须具备硕士学历,这几乎是全球最严苛的规定。师资教育从原本的 3 年,延长为 5 年,高中生毕业申请就读师范学校时,除了要看在校成绩,还必须通过层层面试,确认有教学热诚与创新思维,才能挤进录取率仅 10% 的师范窄门。"现象教学"这种教育方式对师资的要求很高,如果不是知识底蕴丰富的老师根本无法完成纵横教育。这种教育方式需要很强大的交叉学科整合能力,而这种整合思维正是一种哲学思维。在芬兰担当老师是一件非常荣幸且难得的事情。教师是芬兰学生心目中的职业首选,只有各方面最优秀的学生才有机会成为老师。

在严格要求师资品质的同时,芬兰政府给了老师和学校最大的教学自主权。一般来说,芬兰教育部门制定核心课程的纲要,而且没有统一编写的课本,课程内容、课表之类的细则由学校全权负责,老师们遵守教学大纲和学校的一些规定细则,自行决定教什么、怎么教,课本也自由选择。另外芬兰教育部门不会考核学校、教师的表现,就算是再小的学校,也拥有绝对的行政自主权。也就是说,芬兰的中小学就已经开始了类似大学的教学方式,老师可以教授自己的研究成果和兴趣方向,拒绝了照本宣科、千篇一律、流水线生产。并且每个班级的人数都有限制,以免出现班级孩子过多老师无法照顾到所有人的现象。但纵观国内的很多中小学一个班可以多到五六十多个孩子,这样的教育环境怎么还能做到"因材施教"?只可能变成流水线作业。

在教育实施方面,芬兰在孩子 6 岁前要进行一系列早期教育,学习的重点是"学习如何去自主学习",而不是语言、阅读、数学等系统性的知识,更多的则是关于自然、动物等能让孩子们感兴趣的东西,激起他们对于世界的好奇心。而在国内的幼儿园却强调幼小衔接教育,意思就是在幼儿园中提前学习小学课本内容,不然在刚上小学时候就会出现学习跟不上的情况。

德国"二战"后在幼儿教育上做了一个世界有名的实验,100 所幼儿园,两种不同的学习起步年龄,50 所的孩子(A 组)从 3 岁就开始拼命地学,在教室系统学习数学、英语、德语、科学等课程;50 所的孩子(B 组)3 岁开始拼命地玩,当然也学习,是不成体系地学习,主要是玩。

到 6 岁时所有的孩子上了 1 年级。B 组孩子学习成绩远不及 A 组孩子；到了 2 年级，双方差距缩小了一点，但是依然差得比较远；3 年级开始双方的差距就明显地缩小了；到了 4 年级的时候就完全持平；到了 5 年级的时候，B 组孩子的水平就开始超过了 A 组孩子。等到高中的时候，B 组孩子有两个方面明显突出，一方面是创造力、想象力、灵活性，另一方面是身心健康（健康度很高），而 A 组的孩子或多或少出现了一些心理问题，这个实验奠定了德国当今教育的基础。美国也做过类似的实验，正是从这些实验中得出了所谓"学龄前"这个概念。澳大利亚波士顿学院的彼得·格雷（Peter Gray）教授也认为早期的学科式训练会对孩子造成长期的危害。①

　　而中国现在还在搞各种幼教、早教，甚至胎教，要让孩子不输在起跑线上，这种学习方式本身就是反人性的，只会毁了孩子的一生。而且这样揠苗助长的行为不仅会毁了自己的孩子还无形中对那些正常成长的孩子造成伤害。在低年级中会出现大量提前系统学习文化课的孩子，而且这些孩子还都是老师最喜欢的大家的榜样与重点培养对象。这样畸形的环境就会对那些没有提前系统学习、符合人性成长的孩子带来巨大的压力与摧残，会挫败他们的自信心、侮辱他们的自尊。就像如果将之前提到的德国那个实验中两批孩子放在一起上小学，并且让老师带有歧视地对待 B 组孩子，那么 B 组孩子就不可能一帆风顺地在今后超过 A 组孩子了。最后，当不正常成为正常，反人性成为习惯，劣币驱逐良币之时也就是教育状况败坏之时。

四　哲学教育理念对教育的改革

　　中国现在面临很多问题，中国也非常重视教育，旧中国吃过教育落后的亏，我们必须从我们自身的情况来面对新世纪中华崛起的重任。

　　第一，从 1~6 岁孩子的教育入手，也就是教育孩子的父母，以及延伸的四位老人。中国的国情经常是父母工作忙，孩子老人带。那么对于家长的教育，尤其是真正带孩子的老人的教育极其关键。应该设立部门

---

　　① P. Gray, "Early academic training produces long – term harm", *Psychology Today*, Vol. 5（May 2015）.

监督真正照顾孩子的家长们，对他们进行心理学、教育学、营养学等相关知识的指导。并进行访查、监督，帮忙解决困难，去除愚昧，这样才能给予祖国下一代最好、最科学的照顾。取缔各种带有欺骗性质的幼教、早教、胎教机构，去除国民对孩子学习揠苗助长的风气，加大宣传取消所谓的幼小衔接思想误区。这个任务也需要学校配合，现今小学明显对于没有进行过幼小衔接学习的孩子有歧视，对零基础的孩子很不友好。老师觉得零基础的孩子学习从头教吃力，成绩不理想，影响了自己的绩效，而绩效考核又是从国家教育部层层下压的任务。综合这些复杂的问题，这就要从国家教育制度以及对于中小学老师的教育入手，这是对一个由上至下的教育改革的呼唤。

那么1~6岁的孩子该学些什么呢？应该培养对世界浓厚的好奇心，这才是学习的开端与基础，这也是哲学的开端与基础。哲学对于世界的三大终极追问就是这样产生的：1. 我是谁？2. 我从哪里来？3. 我要到哪里去？从这三个基础的问题可以延伸出：1. 我是什么（人的本质）？世界是什么（存在论）？我们认识的世界是什么（认识论）？2. 世界的演化（演化论）？人的演化？3. 我的未来（哲学）？世界与人的归宿（哲学、宗教）？而对于这些终极问题的思考，对于未知领域的探索，对于疑惑解答的追寻才是学习的原动力，抛开这些原动力的学习必然是枯燥的、无目的的、无方向的、折磨人性的过程。而科学仅仅是在追求哲学问题答案的众多方式中最能够让人信服的一个途径而已，甚至科学对很多问题给予的答案也并不是唯一的，当然也并不是绝对的，科学知识是演化的、迭代的、可错的、相对的。将学习变成死记硬背科学的答案其实是很可笑的。

第二，中小学教育的误区。我们教育的本质是鼓励孩子自主学习，自主寻找答案，而不是为孩子独立思考设定一系列的障碍与禁锢。应试教育中的标准答案问题就不用多说了，其中方方面面导致中小学教育最失败的地方就是早早地让孩子认识到权威霸权的威力，锻炼了孩子的服从性。进而惧怕、服从权威，锻炼出讨好权威、利用权威支配他人的不良风气。比如学校中鼓励大家竞选班干部，并给予班干部很大的权力，让孩子早早地就出现了阶级意识，体验到了管理人、支配人的快感。本来老师与学生之间应该是亦师亦友的关系，现在又多了一层"阶级"关系，变成了老师—班干部—学生。就像最近在网上沸沸扬扬的黑社会式查寝事件。① 学校领导给教师安排大量额外任务，训练教师的服从性。而教师又将这种风气一步步向下转移，由上至下的官僚作风致使如今的学生严重社会化、老成化，失去了孩子应有的想象力与天真，取而代之的是追权逐利的欲望。不仅如此，甚至在家长群里也搞起了阶级关系，演变成为老师—家长代表—家长。老师给予的任务层层下发，家长则怨声载道、苦不堪言，网上也频频传出家长与老师闹矛盾进而退群的现象，教师家长之间的矛盾进一步激化。

常州市金坛区河滨小学的五年级女学生小 M，在上完作文课后，决绝地选择了跳楼自杀身亡。而盲目、畸态的家长们还在家长群中为事故责任老师点赞!② 江夏一中初中部九年级学生小 Z 因玩扑克被班主任请家长到校配合管教，小 Z 被碍于面子和老师权威的母亲扇耳光后跳楼自杀身亡，等等③。这样在学校中层出不穷的跪舔权威、盲目服从权威的社会现象真的让人触目惊心、痛心疾首。从中小学生频频自杀的社会现象中也足以体现出现今教育上出现了很严重的问题。

这样畸形的教育模式就是强权教育模式，交出来的学生必然也是附庸权势、唯权利是图者矣。这样的学生如何能有创新性？他们不会有挑战权威的想法，只会更加处事圆滑、熟混人际而已。学生是人，家长也是人，教育的目的是育人，不是洗脑、控制、胁迫、压抑人。只有让领导、老师、学生、家长在彼此尊重、平等的状态下才可以做到真正的素质教育与创新性教育。

第三，大学中的哲学教育。前文中已经提到了大学中的哲学教育还是多数为中小学教育方式的延续。不是从问题、从哲学精神或哲学的本质出发，而依然是照本宣科，依然是仅从某个已有的学者、思想、流派

---

① 《"看清我们 6 个的脸"，当学生会变成"黑社会"》，《中国新闻周刊》2021 年 9 月 8日，https：//news. sina. com. cn/s/2021 – 09 – 08/doc – iktzqtyt4754317. shtml。

② 吴非：《师德问题，不要闪烁其辞》，《班主任之友》（小学版）2021 年第 3 期。

③ 《14 岁男生在学校被母亲扇后跳楼坠亡》，《环球时报》2020 年 9 月 18 日，http：//mil. news. sina. com. cn/2020 – 09 – 18/doc – iivhvpwy7537763. shtml。

出发，依然是死记硬背。这样学习哲学与学历史有什么本质区别？创新
需要发散思维、需要整合思维、需要跨学科、跨专业的研究，从问题出
发，从解决问题出发，这才是哲学学习的关键。但其实从我们现今教育
体系中走出来的教师也很缺乏创新精神，而依然是沿用着权威压制的老
套路。比如，国内某大学一位在读博士生投河自杀身亡事件，正是由于
他不堪忍受其导师的权威施压，出国无望，学术无果，最后产生了巨大
的精神压力而做出了轻生的行为。中青报报道他读博期间除了陪吃饭、
挡酒以外，导师对他提出的要求还有：帮助导师浇花、打扫办公室、拎
包、拿水、接站、陪逛超市、装导师家的窗帘等。① 大学中尚且如此，中
小学又怎么可能好到哪儿去？

　　第四，这可能是最重要也是最难的一步了，说了这么多，都归结于
了校领导、教师素养这个问题上。由于国内教育的长期滞后，我们各级
教师的学历明显低于某些发达国家。近些年来，由于学历教育的发展，
我国的大学老师才开始注重要求研究生学历。但是，中小学教师的研究
生学历比例则相对还比较小。在这一点上，我们还无法与芬兰对中小学
教师全部要求研究生学历的做法相比。但我们培养的研究生就真的具有
了应有的研究和反思的能力吗？绝大多数的研究生是抱着本科毕业找工
作太难在学校这个避风港混日子的态度，并没有真正的科研愿望与动力。
一直都是按照应试教育的刻苦学习上来的，更不要提对学习的兴趣了。
这样的研究生学成后当了领导和教师依然还是会像老样子，没有创新性，
缺乏学习兴趣、求知欲的领导与教师又怎么能教出有这些特性和能力的
孩子呢？真的太难了。但我们既然发现了问题就不能置之不理，作为一
名大学教师，至少要做到与学生的平等关系，与学生共同学习、进步。
发展有潜力的学生，鼓励他们将一腔热血投身到祖国的教育事业上。有
觉悟的大学老师既不能专注于在官僚体系中混得一席之地；也不应该只
守着自己的一亩三分地，只一心一意搞自己的学术研究，申报课题，挣
钱获利；而是应该重点提升自身的哲学素养，并将自己的研究和进取的
哲学精神带到大学校园外，带到社会上，带到中小学中，带给身边更多

---

　　① 郭路瑶：《寒门博士之死》，《青年记者》2018 年第 4 期。

的人，推动祖国整个教育体系的改革，为祖国教育建设出一份力！

　　中国的教育理念应该反思，不应该再走曾经走过的落后、被动的老路。这是一个全民哲学素养建立的艰巨任务，是一个体系自上而下的问题，是一个需要几代人共同努力，扒几层皮才能做到的巨大工程，任重而道远。但中国要崛起，最需要的就是具有哲学精神、善于反思、热爱智慧，具有追求真理信仰的年青一代。这些问题的确值得我们深思与检讨！

参考文献

一 古代文献

《大正藏》第 27 册。

《管子》（下），李山、轩新丽译注，中华书局 2013 年版。

《胡适文存》（二集），亚东图书馆，1928 年。

《孟子》，方勇译注，中华书局 2013 年版，第 271 页。

《庄子》，方勇译注，中华书局 2013 年版。

《周易》，中国戏曲出版社 2008 年版。

赖永海：《佛教十三经》系列《金刚经·心经》册，中华书局 2013 年版。

（清）梁启超：《墨子学案》，《梁启超全集》第 11 卷，张品兴编，北京出版社 1999 年版。

（三国魏）王弼：《周易略例·第三论三代易名》，《四库全书荟要》第 1 册，吉林人民出版社 2002 年影印本。

（三国魏）王弼：《老子道德经注》，楼宇烈校释，中华书局 2011 年版。

（三国魏）王弼：《周易注校释》，楼宇烈校释，中华书局 2018 年版。

二 中文著作

车宏安：《信息的系统观——从系统观点看问题》，中国系统工程学会、上海交通大学《钱学森系统思想研究》，上海交通大学出版社 2007 年版。

陈鼓应：《老庄新论》，上海古籍出版社 1992 年版。

陈鼓应：《老子今注今译》，商务印书馆 2003 年版。

陈志平：《书学史料学》，人民美术出版社 2010 年版。

陈忠：《信息语用学》，山东教育出版社 1999 年版。

戴元光：《传播学原理与应用》，兰州大学出版社 1988 年版。

冯国瑞：《信息科学与认识论》，北京大学出版社 1994 年版。

冯契主编：《哲学大辞典·分类修订本》，上海辞书出版社 2007 年版。

顾实：《汉书艺文志讲疏》，上海古籍出版社 2009 年版。

洪昆辉、杨娅：《论复杂关系中的信息存在》，姜璐、马蔼乃、苗东升等
　编：《信息科学交叉研究》，浙江教育出版社 2007 年版。

黄心川：《印度哲学史》，商务印书馆 1989 年版。

陆建猷：《中国哲学》（上卷），上海三联书店 2014 年版。

罗先汉：《信息概念的发展及其哲学意义》，姜璐、马蔼乃、苗东升等编：
　《信息科学交叉研究》，浙江教育出版社 2007 年版。

吕公礼：《语言信息新论》，中国社会科学出版社 2007 年版。

马端临：《文献通考》，中华书局 1986 年版。

苗东升：《系统科学精要》，中国人民大学出版社 2006 年第 2 版。

苗东升：《钱学森系统科学思想研究》，科学出版社 2012 年版。

苗力田主编：《古希腊哲学》，中国人民大学出版社 1989 年版。

倪梁康：《胡塞尔现象学概念通释》，生活·读书·新知三联书店 2007
　年版。

钱穆：《庄老通辨》，生活·读书·新知三联书店 2005 年版。

沙莲香：《传播学》，中国人民大学出版社 1990 年版。

司马贺：《人类的认知：思维的信息加工理论》，荆其诚、张厚粲译，科
　学出版社 1986 年版。

孙钦善：《中国文献学》，北京大学出版社 2006 年版。

王浣尘：《信息距离与信息》，科学出版社 2006 年版。

邬焜、李琦：《哲学信息论导论》，陕西人民出版社 1987 年版。

邬焜：《哲学信息论导论》，陕西人民出版社 1987 年版。

邬焜：《自然的逻辑》，西北大学出版社 1990 年版。

邬焜：《信息认识论》，中国社会科学出版社 2002 年版。

邬焜：《信息哲学——理论、体系、方法》，商务印书馆 2005 年版。

邬焜：《古代哲学中的信息、系统、复杂性思想——希腊·中国·印度》，
商务印书馆 2010 年版。

邬焜编著：《复杂信息系统理论基础》，西安交通大学出版社 2010 年版。

邬焜、霍有光：《信息哲学问题争鸣》，中国社会科学出版社 2013 年版。

邬焜、肖峰：《信息哲学的性质意义辩论》，中国社会科学出版社 2013
年版。

邬焜：《哲学与哲学的转向——兼论科学与哲学内在融合的统一性》，人
民出版社 2014 年版。

邬焜：《辩证唯物主义新形态——基于现代科学和信息哲学的新成果》，
科学出版社 2017 年版。

邬焜、王健、邬天启：《信息哲学概论》，西安交通大学出版社 2021 年版。

邬天启：《从信息世界的发现反思存在于哲学基本问题》，邬焜、成素梅
主编《信息时代的哲学精神——邬焜信息哲学思想研究与讨论》，中国
社会科学出版社 2016 年版。

巫白慧：《印度哲学——吠陀经探义和奥义书解析》，东方出版社 2000
年版。

吴今培、李学伟：《系统科学发展概论》，清华大学出版社 2010 年版。

许国志主编：《系统科学大辞典》（词条：邬焜），云南科技出版社 1994
年版。

闫学杉：《信息科学的历史、现状与未来》，浙江教育出版社 2007 年版。

闫学杉：《信息科学：概念、体系与展望》，科学出版社 2016 年版。

杨泉：《物理论》，《中国古代思想家列传编注》，华东师范大学出版社
1985 年版。

姚卫群：《印度宗教哲学概论》，北京大学出版社 2006 年版。

苑子熙：《应用传播学》，北京广播学院出版社 1991 年版。

张岱年：《中国哲学大纲》，中国社会科学出版社 2004 年版。

张学文：《组成论》，中国科学技术大学出版社 2003 年版。

张雨：《信息哲学理论的全方位展示——〈信息哲学——理论·体系·方
法〉一书评价》，《科技日报》2005 年 7 月 6 日第 10 版。

赵敦华：《西方哲学简史》，北京大学出版社 2001 年版。

赵敦华：《现代西方哲学新编》，北京大学出版社 2001 年版。

赵国求、桂起权、吴新忠、万小龙：《物理学的新神曲——量子力学曲率解释》，武汉出版社 2004 年版。

郑玄：《易纬乾坤鉴度》，《四库全书荟要》第 3 册，吉林人民出版社影印本 2002 年版。

周鸿铎：《信息资源开发利用策略》，中国发展出版社 2001 年版。

周志华：《机器学习》，清华大学出版社 2016 年版。

左小祖咒：《忧伤的老板》，上海人民出版社 2010 年版。

三　中译著作

《爱因斯坦文集》第 1 卷（增补本），许良英、李宝恒、赵中立等编译，商务印书馆 2009 年版。

《列宁选集》第 2 卷，中共中央马克思恩格斯列宁斯大林著作编译局编，人民出版社 1972 年版。

《马克思恩格斯选集》第 4 卷，中共中央翻译局翻译，人民出版社 1995 年版。

《五十奥义书》（修订本），徐梵澄译，中国社会科学出版社 1984 年版。

姚卫群编译：《古印度六派哲学经典》，商务印书馆 2005 年版。

饶宗颐编译：《近东开辟史诗》，辽宁教育出版社 1998 年版。

北京大学哲学系外国哲学史教研室编译：《古希腊罗马哲学》，生活·读书·新知三联书店 1957 年版。

北京大学哲学系外国哲学史教研室编译：《西方哲学原著选读》（上卷），商务印书馆 1981 年版。

［美］凯伦·阿姆斯特朗：《轴心时代》，孙艳燕、白彦兵译，海南出版社 2010 年版。

［美］穆蒂莫·艾德勒：《哲学是每个人的事》，郗庆华、薛笙译，北方文艺出版社 2014 年版。

［美］丹尼尔·贝尔：《后工业社会的来临》，高铦、王宏周、魏章玲译，新华出版社 1997 年版。

［美］约翰·杜威：《确定性的寻求——关于知行关系的研究》，傅统先

译，上海人民出版社 2004 年版。

［意］卢西亚诺·弗洛里迪主编：《计算与信息哲学导论》（上），刘钢主译，商务印书馆 2010 年版。

［德］瓦尔特·顾莱纳：《量子力学：导论》，汪厚基、王德民译，北京大学出版社 2001 年版。

［奥地利］沃尔夫冈·霍夫基尔奇纳：《涌现信息，统一信息理论纲要》，王健、邬天启等译，邬焜审校，中国社会科学出版社 2020 年版。

［德］海德格尔：《存在与时间》，陈嘉映、王节庆译，生活·读书·新知三联书店 2006 年版。

［德］黑格尔：《哲学史讲演录》第 1 卷，贺麟等译，商务印书馆 1959 年版。

［德］黑格尔：《逻辑学》（上卷），杨一之译，商务印书馆 1966 年版。

［德］黑格尔：《逻辑学》（下卷），杨一之译，商务印书馆 1976 年版。

［德］黑格尔：《小逻辑》，贺麟译，商务印书馆 1980 年版。

［德］黑格尔：《逻辑学》（上卷），杨一之译，商务印书馆 2009 年版。

［德］胡塞尔：《纯粹现象学通论》，李幼蒸译，商务印书馆 2009 年版。

［以色列］尤瓦尔·赫拉利：《人类简史——从动物到上帝》，林俊宏译，中信出版集团 2017 年版。

［以色列］尤瓦尔·赫拉利：《未来简史——从智人到智神》，林俊宏译，中信出版集团 2017 年版。

［以色列］尤瓦尔·赫拉利：《今日简史——人类命运大议题》，林俊宏译，中信出版集团 2018 年版。

［英］斯蒂芬·威廉·霍金：《时间简史续编》，胡小明、吴忠超译，湖南科学技术出版社 1996 年版。

［英］斯蒂芬·威廉·霍金：《时间简史》，许明贤、吴忠超译，湖南科学技术出版社 1997 年版。

［英］斯蒂芬·威廉·霍金：《大设计》，吴忠超译，湖南科学技术出版社 2011 年版。

［德］罗塞堡：《哲学与物理学——原子论三千年的历史》，朱章才译，求实出版社 1987 年版。

［美］约翰·H. 霍兰：《隐秩序——适应性造就复杂性》，周晓牧、韩晖译，上海科技教育出版社 2000 年版。

［日］堺屋太一：《知识价值革命》，金泰相译，东方出版社 1986 年版。

［德］康德：《纯粹理性批判》，韦卓民译，华中师范大学出版社 1991 年版。

［俄］康斯坦丁·科林：《信息科学中的哲学问题》，邬焜译，中国社会科学出版社 2012 年版。

［美］曼纽尔·卡斯泰尔：《网络社会的崛起》，夏铸九、王志宏等译，社会科学文献出版社 2003 年版。

［德］瓦尔特·顾莱纳：《量子力学：导论》，汪厚基、王德民译，北京大学出版社 2001 年版。

［美］约翰·奈斯比特：《大趋势——改变我们生活的十个新趋向》，孙道章等译，新华出版社 1984 年版。

［美］皮尔斯：《皮尔斯：论符号》，赵星植编译，四川大学出版社 2014 年版。

［美］Szeliski R.：《计算机视觉——算法与应用》，清华大学出版社 2012 年版。

［美］阿尔温·托夫勒：《第三次浪潮》，朱志森、潘琪、张炎译，生活·读书·新知三联书店 1983 年版。

［美］阿尔温·托夫勒：《未来的冲击》，秦麟征、肖俊明等译，贵州人民出版社 1985 年版。

［美］阿尔温·托夫勒：《权力的转移》，刘毅军、赵子健译，中共中央党校出版社 1991 年版。

［美］梯利、［美］伍德：《西方哲学史》，葛力译，商务印书馆 2013 年版。

［美］肯·威尔伯：《意识光谱》，杜伟华、苏健译，万卷出版公司 2011 年版。

［美］肯·威尔伯：《整合心理学》，聂传炎译，安徽文艺出版社 2015 年版。

［美］诺伯特·维纳：《维纳著作选》，钟初译，上海译文出版社 1978

年版。

［美］韦斯科夫：《20 世纪物理学》，杨福家等译，科学出版社 1979 年版。

［美］维纳：《控制论》，郝季仁译，科学出版社 1963 年版。

［美］维纳：《维纳著作选》，钟韧译，上海译文出版社 1978 年版。

［苏联］乌尔苏尔 A. Д：《认识论和逻辑学中的信息方法》，何以常译，上海人民出版社 1974 年版。

［美］赫伯特·西蒙：《管理决策新科学》，李柱流、汤俊澄译，中国社会科学出版社 1982 年版。

［美］香农：《通信的数学理论》，载《信息论理论基础》，上海市科学技术编译馆 1965 年版。

［古希腊］亚里士多德：《形而上学》，李真译，上海人民出版社 2006 年版。

四　中文论文

毕德显：《介绍信息论》，《电信科学》1956 年第 5 期。

陈刃余：《理想在探索中闪光》，《情报·科研·学报》1987 年第 4 期。

陈学凯、鲁建辉：《孟子新识：战斗的儒学》，《南开学报》（哲学社会科学版）2013 年第 3 期。

成一丰：《一本勇于探索的哲学新著——〈哲学信息论导论〉述评》，《陕西社联通讯》1987 年第 3 期。

丛大川：《建立信息哲学的大胆尝试——〈哲学信息论导论〉评价》，《情报·科研·学报》1990 年第 3 期。

邓波：《信息本体论何以可能？——关于邬焜信息哲学本体论观念的探讨》，《哲学分析》2015 年第 2 期。

苗东升：《信息研究的中国路径在开拓中》，欧亚系统科学研究会、广西大学复杂性科学与大数据技术研究所主办：《系统科学通信》2015 年第 2 期。

董春雨、姜璐：《从不变量看信息概念的定义》，《北京师范大学学报》（哲学社会科学版）2004 年第 4 期。

段维军、张绍杰：《自然意义与非自然意义之哲辨》，《东北师大学报 》
（哲学社会科学版）2008 年第 2 期。

方元（邬焜笔名）：《哲学认识论的信息中介论探讨》，《兰州学刊》1984
年第 5 期。

冯宣：《以知识为基础的经济》，《中国软科学》1998 年第 3 期。

［意］弗洛里迪、刘钢：《信息哲学的若干问题》，《世界哲学》2004 年第
5 期。

高剑平：《信息哲学研究述评》，《广东社会科学》2007 年第 6 期。

葛荣晋：《魏晋玄学"有无之辩"的逻辑发展》，《河北师范大学学报》
（哲学社会科学版）1994 年第 1 期。

郭路瑶：《寒门博士之死》，《青年记者》2018 年第 4 期。

鹤然：《哲学视野中的信息世界——喜读〈信息世界的进化〉》，《哲学大
视野》1995 年第 2 期。

黄森（何祚榕先生笔名）：《信息同物质与精神的关系的新揭示——〈自
然的逻辑〉》，《中国社会科学》1991 年第 5 期。

黄顺基：《现代科学技术革命的新形势、新进展与新问题》，《辽东学院学
报》2006 年第 5 期。

矫煜煜：《试论知识和信息的关系——从经济合作与发展组织报告的相关
论述谈起》，《情报杂志》2003 年第 8 期。

康兰波：《信息哲学与信息时代的哲学——从两个"信息哲学"范式说
起》，《天府新论》2008 年第 3 期。

康兰波：《对邬焜和肖峰两个信息哲学观的比较研究》，《重庆邮电大学学
报》（社会科学版）2014 年第 1 期。

黎鸣：《论信息》，《中国社会科学》1984 年第 4 期。

黎鸣：《艺术、科学、信息和哲学》，《读书》1984 年第 12 期。

李伯聪：《赋义与释义：多元关系中的信息》，《哲学研究》1997 年第
1 期。

李国武：《邬焜信息哲学是信息时代的科学的世界观》，《重庆邮电大学学
报》（社会科学版）2014 年第 1 期。

李文德：《信息哲学的探索者——记陕西机械学院年轻副教授邬焜》，《陕

西日报》1987 年 12 月 30 日第 3 版。

李宗荣：《中国首届"信息科学交叉研究学术研讨会"在北京举行》，
《华中科技大学学报》（社会科学版）2006 年第 2 期。

廖名春：《从语言的比较论〈周易〉本经成书的年代》，《许昌师专学报》
1999 年第 1 期。

刘琅琅：《第十届〈哲学分析〉论坛——"信息时代的哲学精神"学术
研讨会综述》，《哲学分析》2015 年第 1 期。

刘啸霆：《简介〈哲学信息论导论〉》，《自然辩证法报》1989 年第 16 期。

刘长林：《论信息的哲学本性》，《中国社会科学》1985 年第 2 期。

鲁晨光：《论信息守恒》，《科学技术与辩证法》1989 年第 3 期。

罗先汉：《信息概念的发展及其哲学意义》，《华中科技大学学报》2006
年第 2 期。

麦永雄：《古埃及神话的基本背景与文化蕴含》，《外国文学研究》1996
年第 2 期。

彭爱波：《古希腊哲学家教学方法的借鉴意义》，《教学月刊·中学版》
（政治教学）2017 年第 6 期。

邱忠善：《皮尔士的真理观初探》，《江汉论坛》2013 年第 9 期。

H. 茹科夫、童天湘：《反映、信息和意识过程的相互关系》，《国外社会
科学》1978 年第 4 期。

申丽娟：《中西方信息哲学的歧异与会通——以弗洛里迪与邬焜的信息哲
学思想为例》，《西安交通大学学报》（社会科学版）2012 年第 2 期。

沈骊天：《哲学信息范畴与信息进化论》，《自然辩证法研究》1993 年第
6 期。

宋歌：《谈人体芯片植入技术的伦理问题——以 Epicenter 公司对员工进行
人体芯片植入为例进行伦理分析》，《科技视界》2018 年第 21 期。

孙正聿：《解放思想与变革世界观》，《中国社会科学》2008 年第 6 期。

王百战、高立勋：《信息哲学的开拓者——记西北大学教授邬焜》，《中国
科学报》1993 年 11 月 17 日，第 1 期。

王健：《首届国际信息哲学研讨会综述》，《重庆邮电大学学报》（社会科
学版）2014 年第 2 期。

王健：《"信息"的形而上学研究》，博士学位论文，西安交通大学，2016年。

王亮、张科豪：《从环境伦理到信息伦理："内在价值"的消解》，《自然辩证法研究》2019年第6期。

王萍、邬焜、迪肯等：《关于信息概念、分类和动力学性质的哲学对话》，《科学技术哲学研究》2020年第6期。

王少良：《〈文心雕龙·原道篇〉哲学本原论思想探微》，《文艺评论》2013年第10期。

王晟：《北宋时期的古籍整理》，《史学月刊》1983年第3期。

王学林：《浅述郑樵的文献编目与辨伪理论》，《江汉大学学报》（人文科学版）2010年第3期。

王余光：《清以来史志书目补辑研究》，《图书馆学研究》2002年第3期。

王振嵩：《关于信息科学和信息哲学的性质和统一性关系——记邬焜与佩德罗的对话》，《情报杂志》2018年第1期。

王振嵩：《信息本体论与信息科学范式的建构》，《自然辩证法研究》2018年第7期。

王振嵩：《基于客观信息的自然主义信息哲学研究进路》，《情报杂志》2019年第4期。

王振嵩：《对贝茨信息定义的哲学反思》，《情报杂志》2020年第6期。

邬焜：《思维是物质信息活动的高级形式》，《兰州大学学生论文辑刊》1981年第1期。

邬焜：《信息在哲学中的地位和作用》，《潜科学杂志》1981年第3期。

邬焜：《哲学信息的量度》，兰州大学科学论文报告会论文，1981年10月。

邬焜：《哲学信息的态》，《潜科学杂志》1984年第3期，

邬焜：《哲学信息论要略》，《人文杂志》1985年第1期。

邬焜：《存在领域的分割》，《科学·辩证法·现代化》1986年第2期。

邬焜：《论自在信息》，《学术月刊》1986年第7期。

邬焜：《论人的认知方式》，《求是学刊》1989年第3期。

邬焜：《认识，在多级中介中相对运动着的信息建构活动》，《长沙理工大

学学报》（社会科学版）1989 年第 3 期。

邬焜：《相互作用、演化与信息》，《西北大学学报》1991 年（增刊）。

邬焜：《相互作用与双重演化》，《内蒙古大学学报》（哲学社会科学版）1994 年第 2 期。

邬焜：《演化范畴的双重规定》，《哈尔滨师专学报》1994 年第 1 期。

邬焜：《试论人的多维存在性》，《求是学刊》1995 年第 5 期。

邬焜、邬晓梅：《信息社会及其对人类文明的全面变革》，《图书与石油科技信息》1996 年第 3 期。

邬焜：《科学的信息科学化》，《青海社会科学》1997 年第 2 期。

邬焜：《信息系统的一般模型》，《系统辩证学学报》1998 年第 2 期。

邬焜：《物质思维·能量思维·信息思维——人类科学思维方式的三次大飞跃》，《学术界》2002 年第 2 期。

邬焜：《亦谈什么是信息哲学与信息哲学的兴起——与弗洛里迪和刘钢先生讨论》，《自然辩证法研究》2003 年第 10 期。

邬焜：《信息认识的一般过程和机制》，《系统科学学报》2006 年第 4 期。

邬焜、李佩琼：《科学革命：科学世界图景和科学思维方式的变革》，《中国人民大学学报》2008 年第 3 期。

邬焜：《魏晋玄学及之前的哲学家关于有无关系论述中的整体统一论思想》，《重庆邮电大学学报》（社会科学版）2008 年第 1 期。

邬焜、靳辉、邬天启：《中国信息哲学研究的三个阶段》，《西安交通大学学报》（社会科学版）2011 年第 5 期。

邬焜：《哲学基本问题与哲学的根本转向》，《河北学刊》2011 年第 4 期。

邬焜、夏群友：《再论自在信息》，《科学技术哲学研究》2012 年第 2 期。

邬焜：《存在领域的分割和信息哲学的“全新哲学革命”意义》，《人文杂志》2013 年第 5 期。

邬焜：《国际信息哲学展望——在首届国际信息哲学研讨会闭幕式上的讲话》，《重庆邮电大学学报》（社会科学版）2014 年第 2 期。

邬焜：《信息哲学的独特韵味及其超然品格——对三篇文章的回应和讨论》，《哲学分析》2015 年第 1 期。

邬天启：《生态文明的一般价值论基础》，《自然辩证法研究》2014 年第

7 期。

邬天启：《从辑佚学引发的社会文化的全息性思考》，《西安交通大学学报》（社会科学版）2015 年第 4 期。

邬天启：《基于信息哲学理论关于存在问题的新思考——存在的层次、存在与非存在》，《自然辩证法研究》2015 年第 11 期。

邬天启：《信息价值论中若干问题的讨论》，《系统科学学报》2015 年第 1 期。

邬天启、邬焜：《认识的主体相对性和真理的相对性》，《西安交通大学学报》（社会科学版）2019 年第 6 期。

邬天启：《邬焜信息哲学的诞生和发展》，《情报杂志》2019 年第 5 期。

邬天启：《系统演化本体论与信息哲学演化本体论》，《自然辩证法研究》2019 年第 4 期。

吴非：《师德问题，不要闪烁其辞》，《班主任之友》（小学版）2021 年第 3 期。

吴根友：《即哲学史讲哲学——关于哲学与哲学史研究方法的再思考》，《哲学研究》2019 年第 1 期。

吴国林：《量子信息哲学正在兴起》，《哲学动态》2006 年第 10 期。

肖峰：《论作为一种理论范式的信息主义》，《中国社会科学》2007 年第 2 期。

肖峰：《重勘信息的哲学含义》，《中国社会科学》2010 年第 4 期。

肖父：《略论杨泉》，《武汉大学学报》（人文科学版）1980 年第 4 期。

闫学杉、邬焜等：《社会信息科学研究十人谈》，华中科技大学社会信息科学研究中心编：《社会信息科学研究通讯》2007 年第 1 期。该文后被收录邬焜、肖峰《信息哲学的性质、意义论辩》，中国社会科学出版社 2013 年版。

杨澜：《凯文·沃里克：假如记忆可以移植》，《法律与生活》2018 年第 20 期。

杨丽娜：《杨泉哲学思想研究》，硕士学位论文，陕西师范大学，2010 年。

袁振辉：《信息哲学理论、体系和方法的全面阐释——〈信息哲学——理论、体系、方法〉评介》，《江南大学学报》（人文社会科学版）2006

年第 6 期。

月人：《诗文集序二篇》，《陕西广播电视大学学报》2012 年第 2 期。

湛垦华、孟宪俊、张强：《信息、结构与系统自组织》，《社会科学研究》
　　1989 年第 5 期。

张波：《〈墨经〉中"端"之新释——兼与姜宝昌教授商榷》，《自然辩证
　　法研究》2017 年第 10 期。

张海潮：《开拓性的全新探索——〈哲学信息论导论〉简介》，《博览群
　　书》1988 年第 6 期。

赵敦华：《BEING：当代中国哲学的一个基本问题——从〈BEING 与西方
　　哲学传统〉说起》，《江海学刊》2004 年第 1 期。

赵红州、蒋国华：《当心啊！拉普拉斯决定论》，《光明日报》1985 年 7
　　月 8 日第 3 版。

赵晓伟、沈书生：《为未来而学：芬兰现象式学习的内涵与实施》，《电化
　　教育研究》2021 年第 8 期。

钟焕懈：《信息与反映》，《哲学研究》1980 年第 12 期。

钟义信：《信息科学》，《自然杂志》1979 年第 3 期。

钟义信：《论信息：它的定义和测度》，《自然辩证法研究》1986 年第
　　5 期。

钟义信：《从信息科学视角看〈信息哲学〉》，《哲学分析》2015 年第
　　1 期。

周怀珍：《信息方法的哲学分析》，《哲学研究》1980 年第 9 期。

周靖：《自然化的世界观：米丽肯殊念（Unicept）概念的思维变革》，
　　《自然辩证法研究》2019 年第 8 期。

周理乾、［丹麦］索伦·布赫尔：《具有中国特色的信息哲学？——评邬
　　焜教授的信息哲学体系》，《哲学分析》2015 年第 001 期。

周理乾：《西方信息研究进路述评》，《自然辩证法通讯》2017 年第 1 期。

五　中译论文

［法］约瑟夫·布伦纳、邬焜：《信息思维和系统思维的比较研究》
　　（上），王健译，《佛山科学技术学院学报》（社会科学版）2013 年第

2 期；

［法］约瑟夫·布伦纳、邬焜：《信息思维和系统思维的比较研究》（下），王健译，《佛山科学技术学院学报》（社会科学版）2013 年第 3 期。

［法］约瑟夫·布伦纳：《作为信息时代精神的哲学——对邬焜信息哲学的评论》，王健译，《哲学分析》2015 年第 2 期。

［法］约瑟夫·布伦纳、王健、刘芳芳：《邬焜和信息元哲学》，《西安交通大学学报》（社会科学版）2012 年第 3 期。

［法］约瑟夫·布伦纳、邬焜：《信息元哲学》，王健、刘芳芳译，王小红审校，《西安交通大学学报》（社会科学版）2012 年第 3 期。

［奥地利］沃尔夫冈·霍夫基希纳：《全球性挑战时代的可持续信息社会转型》，《西安交通大学学报》（社会科学版）2017 年第 1 期。

［西班牙］佩德罗·马里胡安：《统一信息理论和信息哲学研究的历史回顾和未来前景展望》，《西安交通大学学报》（社会科学版）2014 年第 1 期。

［西班牙］佩德罗·马里胡安：《信息哲学的现在、过去和未来》，《重庆邮电大学学报》（社会科学版）2014 年第 2 期。

六　外文著作

Alexander H. , *The Babylonian Genesis*, Chicago：University of Chicago Press, 1951.

Baars J. , *Philosophy of aging*, *time*, *and finitude*, *A guide to humanistic studies in aging*：*what does it mean to grow old?* Baltimore：Johns Hopkins University Press, 2010.

Bell D. , *The Coming of POST – Industrial Society*：*A Venture in Social Forecasting*, Harmondsworth：Penguin, 1973.

Berkeley G. , *Alciphron*：*Or the Minute Philosopher*, Edinburgh：Thomas Nelson, 1948.

Boltzmann L. , *Vorlesungen über Gastheorie*：Vol Ⅱ, trans. , Leipzig, J. A. Barth, lated together with Volume Ⅰ, by S. G. Brush, *Lectures on Gas*

Theory, Berkeley: University of California Press, 1964.

Brillouin L. , *Science and Information Theory*, New York: Academic Press Inc, 1962.

Brooks R. A. , *Cambrian intelligence: The early history of the new AI*, Cambridge: MIT press, 1999.

Buckland M. , *Information and Information Systems*, New York Praeger, 1991.

Bunge M. A. and Ardila R. , *Why Philosophy of Psychology?*, *New York*: Philosophy of Psychology, Springer, 1987.

Castells M. , *The Rise of the Network Society*, Vol. 1 of *The Information Age: Economy*, *Society and Culture*, Oxford: Blackwell, 1996.

De Vogel C. J. , *Plato: De filosoof van het transcendente*, Baarn: Het Wereldvenster, 1968.

Defoe D. , *The Life and Strange Surprising Adventures of Robinson Crusoe of York*, 1719.

Dretske F. I. , *Knowledge and the Flow of Information*, Oxford: Blackwell; reprinted, Stanford: CSLI Publications, 1999.

Dretske F. I. , *Knowledge and the Flow of Information*, Cambridge: The MIT Press, 1981.

Dummett M. , *Origins of the Analytical Philosophy*, London: Duckworth, 2002.

Floridi L. , *The Ethics of Information*, Oxford: Oxford University Press, 2013.

Floridi L. , *The onlife manifesto: Being human in a hyperconnected era*, Springer Nature, 2015.

Floridi L. , *The Philosophy of Information*, Oxford: Oxford University Press, 2011.

Francis R. , *Why Men Won' t Ask for Directions: The Seductions of Sociobiology*, Princeton: Princeton University Press, 2003.

Gibbs J. W. , *The Scientific Papers of J. Willard Gibbs in Two Volumes* (Vol. 1), London: Longmans, 1906.

Godfrey - Smith P. , "Genes and Codes: Lessons from the Philosophy of Mind?" in V. Hardcastle, eds. , *Biology Meets Psychology*, *Constraints*,

Conjectures, *Connections*, Cambridge: MIT Press, 1999.

Godfrey – Smith P. , "Information in Biology" in D. Hull and M. Ruse, eds. , *The Cambridge Companion to the Philosophy of Biology*, Cambridge: Cambridge University Press, 2007.

Greve J. , *Talcott Parsons: Toward a General Theory of Action / The Social System*, Hauptwerke der Emotionssoziologie, 2013.

Hamilton E. and Cairns H. , *Plato: The Collected Dialogues*, E. Hamilton and H. Cairns, eds. , Princeton: Princeton University Press, 1961.

Hartshorne C. , eds. , *Collected Papers of Charles Sanders Peirce*, Volumes II, Cambridge: Harvard University Press, 1932.

Heisenberg W. , *The Physical Principles of Quantum Theory*, NY: Dover, 1930.

Hintikka K. J. J. , *Knowledge and Belief: An Introduction to the Logic of the Two Notions*, Ithaca: Cornell University Press, 1962.

Hofkirchner W. , *Critique*, *Social media and the information society*, London and New York: Christian Fuchs and Marisol Sandoval, 2013.

Hofkirchner W. , *Emergent Information: A Unified Information of Iinformation Framework*, World Scientific Publishing Company, 2012.

Hume D. , *A Treatise of Human Nature*, *Reprinted*, L. A. Selby – Bigge (ed.), Oxford: Clarendon Press, 1739.

Kuipers T. A. F. , *General Philosophy of Science: Focal Issues*, Amsterdam: Elsevier Science Publishers, 2007.

Lessig L. , *Code and Other Values of Cyberspace*, New York: Basic Books, 1999.

Locke J. , *An Essay Concerning Human Understanding*, J. W. Yolton (ed.), London: Dutton, 1689. https://oll. libertyfund. org/titles/locke – the – works – of – john – locke – in – nine – volumes.

Lorenz K. , *Evolution and The Modification of Behaviour*, Chicago: Chicago University Press, 1965.

M. Castells, *The Rise of the Network Society*, Vol. 1 of *The Information Age: Economy*, *Society and Culture*, Oxford: Blackwell, 1996.

M. U. Porat and M. R. Rubin, *The information economy*, Ann Arbor: University of Michigan Library, 1977.

Magnani L. , *Morality in a Technological World: Knowledge as Duty*, Cambridge: Cambridge University Press, 2007.

Marschak J. , *Remarks on the Economics of Information*, Berkeley: University of California Printing Department, 1960. https://econpapers. repec. org/paper/cwlcwldpp/70. htm.

McCarney J. , *Hegel on history*, Taylor & Francis e – Library, 2002.

Pahl K. , *Tropes of Transport Hegel and Emotion*, Northwestern University Press, 2012.

Popper K. R. , *The Logic of Scientific Discovery*, (Logik der Forschung), London: Hutchison, 1934, English translation 1959, Reprinted 1977.

Prigogine I. and Stengers I. , *Order Out of Chaos: Man's New Dialogue with Nature*, New York: Bantam, 1984.

Prigogine I. , *Etude thermodynamique des Phenomenes Irreversibles*, Paris: Dunod, 1947.

Rédei M. , eds. , *John von Neumann and the Foundations of Quantum Physics*, (Vienna Circle Institute Yearbook, 8), Dordrecht: Kluwer, 2001.

S. Levy, Hackers: *Heroes of the Computer Revolution*, New York: Anchor Press, 1984.

Saracevic T. , et al. , *Introduction to Information Science*, New York: R. R. Bowker, 1970.

Schmandt – Besserat D. , *Before writing*, Vol. I: from counting to cuneiform. Vol. 1, TX: University of Texas Press, 1992.

Schnelle H. , "Information", in Joachim Ritter, eds. , *Historisches Wörterbuch der Philosophie* (IV), Stuttgart: Schwabe, 1976, pp. 116 – 117.

Schrödinger E. , *What is Life? The Physical Aspect of the Living Cell*, Cambridge: Cambridge University Press, 1944.

Shannon C. and Weaver W. , *The Mathematical Theory of Communication*, Urbana: The University of Illinois Press, 1964.

Smith J. M. and Szathmary E. , *The Major Transitions in Evolution*, Oxford: Oxford University Press, 1995.

Solomonoff R. J. , *A Preliminary Report on a General Theory of Inductive Inference*, United States Air Force: Office of Scientific Research, 1960.

Stonier T. , *Information and Meaning: An Evolutionary Perspective*, London: Spinger – Verlag, 1997, p. 5.

Tomasello M. , *A Natural History of Human Thinking*, Cambridge: Harvard University Press, 2014.

Vogel C. J. , *Plato: De filosoof van het transcendente*, Baarn: Het Wereldvenster, 1968.

Von Bertalanffy L. , *General System Theory*, With a Foreword by Wolfgang Hofkirchner & David Rousseau, New York: George Braziller, 2015.

VonNeumann J. , *Mathematische Grundlagen der Quantenmechanik*, Berlin: Springer, 1932.

Weizsäcker C. V. , *Die Einheit der Natur*, München: Deutscher Taschenbuch Verlag, 1982.

Weizsäcker C. V. , *Die Einheit der Natur*, Munich: DTV, 1974.

Weizsäcker C. V. , *The Structure of Physics*, Dordrecht: Springer, 2006.

Weyl H. , *Philosophy of Mathematics and Natural Science* (Revised), Princeton: Princeton University Press, 2009.

Wheeler J. A. , "Information, Physics, Quantum: The Search for Links", in Wojciech H. Zurek, eds. , *Complexity, Entropy and the Physics of Information*, Boulder: Westview Press, 1990, pp. 309 – 336.

Wiener N. , *Cybernetics or communication and control in the animal and the machine* (2nd. Ed.), Cambridge: MIT Press, Original 1948, reissued 1961.

Williams G. C. , *Natural Selection: Domains, Levels and Challenges*, Oxford: Oxford University Press, 1992.

Wolfram S. , *A New Kind of Science, Champaign*, IL: Wolfram Media, 2002.

七　外文论文

Adrian L. , "Cinema of the Not – Yet: The Utopian Promise of Film as Hetero-topia", *Journal for the Study of Religion*, *Nature & Culture*, Vol. 5, No. 2, June 2011, pp. 186 – 209.

Ahmadabad S. S. , "Mohammadreza Sharifzadeh. Observing the relationship between the word 'logos' from Heraclitus perspective (Cross Symbol Pattern in Iranians' thought)", *Bagh – e Nazar*, Vol. 13, 2016, pp. 45 – 46.

Albrecht A. and Phillips D. , "Origin of Probabilities and Their Application to the Multiverse", *Physical Review D*, Vol. 90, No. 12, December 2014, pp. 1 – 7. https: //journals. aps. org/prd/abstract/10. 1103/PhysRevD. 90. 123514.

Anumanchipalli G. K. , ChartierJ. and ChangE. F. , "Speech Synthesis from Neural Decoding of Spoken Sentences" , *Nature*, Vol. 568, No. 7753, April 2019, pp. 493 – 498.

Bar – Hillel Y. and Carnap R. , "Yehoshua and Rudolf Carnap: Semantic Information", *The British Journal for the Philosophy of Science*, Vol. 4, No. 14, 1953, pp. 147 – 157.

Bates M. J. , "Information and knowledge: An evolutionary framework for information science", *Information Research*, Vol. 10, No. 4, July 2005, p. 239.

Baumol W. J. , "The History of Economic Thought Website", https: //www. hetwebsite. net/het/profiles/baumol. htm.

Boltzmann, "Ludwig: Über die Mechanische Bedeutung des Zweiten Hauptsatzes der Wärmetheorie", *Wiener Berichte*, Vol. 53, 1866, pp. 195 – 220.

Braman S. , "Defining Information: An Approach for Policymakers", *Telecommunications Policy*, Vol. 13, No. 3, September 1989, pp. 233 – 242.

Brenner J. E. , "Wu Kun and The Metaphilosophy of Information", *Information Theories and Applications*, Vol. 18, No. 2, 2011, pp. 103 – 128.

BrooksB. C. , "The Foundations of Information Science, Part I, Philosophical Aspects", *Journal of Information*, Vol. 2, No. 3 – 4, June 1980, pp. 125 – 133.

Bunge M. , "Systemism: the alternative to individualism and holism", *The Journal of Socio – Economics*, Vol. 29, No. 2, 2000, pp. 147 – 157.

Capurro R. and Hjørland B. , "The Concept of Information", *Annual Review of Information Science and Technology*, Vol. 37, No. 1, 2003, pp. 343 – 411.

CapurroR. , "Toward a comparative theory of agents", *AI & Society*, Vol. 27, No. 4, 2012, pp. 479 – 488.

CarnapR. , "The Two Concepts of Probability: The Problem of Probability", *Philosophy and Phenomenological Research*, Vol. 5, No. 4, Jun. 1945, pp. 513 – 532.

Chaitin G. J. , "On the Length of Programs for Computing Finite Binary Sequences: Statistical Considerations", *Journal of the ACM*, Vol. 16, No. 1, January1969, pp. 149 – 159.

Chernoff D. F. and TyeS. H. H. , "Inflation, string theory and cosmic strings", *International Journal of Modern Physics D*, Vol. 24, No. 3, 2015.

Danielsson U. H. and Riet T. V. , "What if string theory has no de Sitter vacua?", *International Journal of Modern Physics D*, Vol. 27, No. 12, 2018.

De Ville J. , "Rethinking the notion of a ' higher law' : Heidegger and Derrida on the Anaximander fragment", *Law and Critique*, Vol. 20, No. 1, 2009, pp. 59 – 78.

Deacon T. , "Shannon – Boltzmann – Darwin: RedefininginformationPart 1", *Cognitive Semiotics*, Vol. 1, 2007, pp. 123 – 148.

Dretske F. I. , "Précis of knowledge and the flow of information", *Behavioral and Brain Sciences*, Vol. 6, No. 1, March 1983, pp. 55 – 63.

Dunn J. M. , "The Concept of Information and the Development of Modern Logic", in Werner Stelzner and Manfred Stöckler, eds. , *Zwischen traditioneller und moderner Logik*, *Nichtklassiche Ansatze* (*Non – classical Approaches in the Transition from Traditional to Modern Logic*), Paderborn: Mentis, 2001, pp. 423 – 447.

El Naschie M. S. , "A review of E – infinity theory and the mass spectrum of high energy particle physics", *Chaos, Solitons & Fractals*, Vol. 19, No. 1,

January 2004, pp. 209 – 236.

Emlyn – Jones C. J. , "Heraclitus and the Identity of Opposites", *Phronesis*, Vol. 21, No. 2, 1976, pp. 21 – 114.

Floridi L. , "Information Ethics: On the Philosophical Foundation of Computer Ethics", *Ethics and InformationTechnology*, Vol. 1, No. 1 (March 1999), pp. 33 – 52.

Foley R. , "Dretkse's ' information – theoretic ' account of knowledge", *Synthese*, Vol. 70, No. 2, February 1987, pp. 159 – 184.

Giblett R. , "The Tao of Water", *The International Centre for Landscape and Language*, Vol. 3, 2013, pp. 15 – 26.

Godfrey – Smith P. , "On the Theoretical Role of Genetic Coding", *Philosophy of Science*, Vol. 67, No. 1, March 2000, pp. 26 – 44.

Gray P. , "Early academic training produces long – term harm", *Psychology Today*, Vol. 5, May 2015.

Griffiths P. E. , "Genetic Information: A Metaphor in Search of a Theory", *Philosophy of Science*, Vol. 68, No. 1, September 2001, pp. 394 – 412.

H. T. Tavani, "Can Social Robots Qualify for Moral Consideration? Reframing the Question about Robot Rights", *Information*, Vol. 9, No. 4, March 2018, pp. 1 – 16.

Harnad S. , "The symbol grounding problem", *Physica D: Nonlinear Phenomena*, Vol. 42, No. 1 – 3, June 1990, pp. 335 – 346.

Hartley R. V. , "Transmission of Information", *Bell System Technical Journal*, Vol. 7, No. 3, July 1928, pp. 535 – 563.

Hofkirchner W. , "Does computing embrace self – organisation?", in Dodig – Crnkovic, G. , Burgin, M. , eds. , *Information and computation*, World Scientific, Singapore, 2011.

Hofkirchner W. , "Emergent Information. When a Difference Makes a Difference", *TripleC*, Vol. 11, No. 1, 2013, pp. 6 – 12.

Hofkirchner W. , "Ethics from Systems: Origin, Development and Current State of Normativity", in Archer, M. S. , eds. , *Morphogenesis and the Cri-*

sis of Normativity, Springer: Dordrecht, The Netherlands, 2016, pp. 279 – 295.

Hofkirchner W. , "The Commons from a Critical Social Systems Perspective", *Recerca*, Vol. 14, 2014, pp. 73 – 92.

HofkirchnerW. , "Transdisciplinarity Needs Systemism", *Systems*, Vol. 5, No. 1, February 2017.

Huber F. , "Confirmation and Induction", *The Internet Encyclopedia of Philosophy*, 2007.

Irwin R. , "Climate Change and Heidegger's Philosophy of Science", *Essays in Philosophy*, Vol. 11, No. 1, January 2010, pp. 16 – 30.

Junge M. , "Die Persönlichkeitstheorie von Talcott Parsons", *Schlüsselwerke der Identitätsforschung*, 2010, pp. 109 – 121.

Kogut B. and Zander U. , "Knowledge of the Firm: Combinative Capabilities, and the Replication of Technology", *Organization Science*, Vol. 3, No. 3, 1992, pp. 383 – 397.

Kohl P. and Noble D. , "Computational modelling of biological systems: tools and visions", *Philosophical Transactions of the Royal Society of London. Series A: Mathematical, Physical and Engineering Sciences*, Vol. 358, No. 1766, January 2000, pp. 579 – 610.

Kolmogorov A. N. , "Three Approaches to the Quantitative Definition of Information", *Problems of Information Transmission*, Vol. 1, No. 1, 1965, pp. 3 – 11.

Korczak A. , "Why the water? The vision of the world by thales of miletus", *Necmettin Erbakan Üniversitesi İlahiyat Fakültesi Dergisi*, Vol. 35, 2013, pp. 43 – 51.

Krebs J. and Dawkins R. , Animal Signals, "Mind – Reading and Manipulation", in J. R. Krebs and N. B. Davies, eds. *Behavioural Ecology, An Evolutionary Approach*, Oxford: Blackwell Scientific, 1984, pp. 380 – 402.

Lenski W. , "Information: AConceptual Investigation", *Information*, Vol. 1, No. 2, August 2010, pp. 74 – 118.

Levin L. A. ，"Universal Sequential Search Problems"，*Problems of Information Transmission*，Vol. 9，No. 3，1973，pp. 115 – 116.

Levy A. ，"Information in Biology：A Fictionalist Account"，*Noûs*，vol，45，No. 4，December 2011，pp. 640 – 657.

Losee R. M. ，"A Discipline Independent Definilion of Information"，*Journalof the American Society for Information Science*，Vol. 48，No. 3，March 1997，pp. 254 – 269.

Luhn G. ，"The causal – compositional concept of information Part I. Elementary theory：From decompositional physics to compositional information"，*Information*，Vol. 3，No. 1，March 2012，pp. 151 – 174.

Luhn G. ，"The Causal – Compositional Concept of Information—Part II：Information through Fairness：How Does the Relationship between Information，Fairness and Language Evolve，Stimulate the Development of（New）Computing Devices and Help to Move towards the Information Society"，*Information*，Vol. 3，No. 3，September2012，pp. 504 – 545.

Marschak J. ，"Role of liquidity under complete and incomplete information"，*The American Economic Review*，Vol. 39，No. 3，May 1949，pp. 182 – 195.

Mason R. O. ，"Four ethical issues of the information age"，*MIS Quarterly*，Vol. 10，No. 1，March 1986，pp. 5 – 12.

McDaniel K. ，"Being and Almost Nothingness"，*Noûs*，Vol. 44，No. 4，December 2010，pp. 628 – 649.

MoorJ. H. ，"What is Computer Ethics?"，*Metaphilosophy*，Vol. 16，No. 4，October 1985，pp. 266 – 275.

Muga J. G. ，Ruschaupt A. and Delcampo A. ，"Time in Quantum Mechanics Vol. 2"，*Springer*，2009.

Mugur – Schächter M. ，"Quantum Mechanics Versus a Method of Relativized Conceptualization"，in Mioara Mugur – Schächter and Alwyn van der Merwe，eds. ，*Quantum Mechanics，Mathematics，Cognition and Action*，Dordrecht：Springer Netherlands，2003，pp. 109 – 307.

Nissenbaum H. ，"Toward an Approach to Privacy in Public：Challenges of

Information Technology", *Ethics and Behavior*, Vol. 7, No. 3, 1997, pp. 207 – 219.

Nyquist H. , "Certain Topics in Transmission Theory", *A. I. E. E.* , Trans, No. 24, 1928, p. 617.

NyquistH. , "Certain factors affecting Telegraph Speed", *Transactions of the American Institute of Electrical Engineers*, Vol. XLIII, January – December 1924, pp. 412 – 422.

Oeser E. , "Mega – Evolution of Information Processing Systems. In Evolution of Information Processing Systems", in Haefner, K. , eds. , Springer: Berlin, 1992, pp. 103 – 111.

Osgood C. E. , "The Nature and Measurement of Meaning", *Psychological Bulletin*, Vol. 9, No. 3, 1952, pp. 197 – 237.

Owren M. J. , Rendall D. and RyanM. J. , "Redefining Animal Signaling: Influence versus Information in Communication", *Biology and Philosophy*, Vol. 25, No. 5, 2010, pp. 755 – 780.

Parikh R. and Ramanujam R. , "A Knowledge Based Semantics of Messages", *Journal of Logic, Language and Information*, Vol. 12, No. 4, September2003, pp. 453 – 467.

Pérez – Marco R. , "Blockchain time and Heisenberg Uncertainty Principle", *Springer*, Vol. 858, November 2018, pp. 849 – 854. https: //doi. org/ 10. 1007/978 – 3 – 030 – 01174 – 1_66.

Pryor S. , "Who's afraid of integrationist signs: writing, digital art, interactivity and integrationism", *Language Sciences*, Vol. 33, No. 4, July 2011, pp. 647 – 653.

Ranzan C. , "The story of gravity and Lambda—How the theory of Heraclitus solved the dark matter mystery", *Physics Essays*, Vol. 23, No. 1, 2010, pp. 75 – 87.

Rathmanner S. and Hutter M. , "A Philosophical Treatise of Universal Induction", *Entropy*, Vol. 13, No. 6, June 2011, pp. 1076 – 1136. https: // www. mdpi. com/1099 – 4300/13/6/1076.

Reihlen M. , "Thorsten Klaas – Wissing, Torsten Ringberg. Metatheories in Management Studies: Reflections Upon Individualism, Holism, and Systemism", *M@ n@ gement*, Vol. 10, No. 3, 2007, pp. 49 – 69.

Robertson D. G. , "Book Review of Hagiography and Religious Truth: Case Studies in the Abrahamic and Dharmic Traditions", *Journal of the British Association for the Study of Religions*, Vol. 2, 2018, pp. 196 – 198.

Rogerson S. and Bynum T. W. , "Information Ethics: the SecondGeneration", In UK Academy for Information Systems Conference, 1996.

Schiffer S. , "The Varieties of Reference by Gareth Evans", *The Journal of Philosophy*, Vol. 85, No. 1, 1988, pp. 33 – 42.

Schiller A. R. and Schiller H. I. , "Who can own what America knows?", *The Nation*, Vol. 17, 1982.

SchmidhuberJ. , "Low – Complexity Art", *Leonardo*, Vol. 30, No. 2, April 1997, pp. 97 – 103.

SchumannT. G. , "Subjective nature of Reality: The Metabrain and Schroedinger's Cat", *Journal for Foundations and Applications of Physics*, Vol. 2, No. 1, 2015, pp. 7 – 10.

ShannonC. E. , "A Mathematical Theory of Communication", *The Bell System Technical Journal*, Vol. 27, No. 3, July 1948, pp. 379 – 432.

ShapooriS. and GhahiH. B. , "The relation between truth and tragedy according to Plato", *Journal of Scientific Research and Development*, Vol. 2, 2015, pp. 129 – 133.

SheaN. , "Inherited Representations are Read in Development", *The British Journal for the Philosophy of Science*, Vol. 64, No. 1, 2013, pp. 1 – 31.

Simondon G. and IliadisA. , "Form, Information, and Potentials", *Philosophy Today*, Vol. 63, No. 3, Summer2019, pp. 571 – 583.

Simondon G. , "The position of the problem of ontogenesis", Parrhesia, Vol. 7, No. 1, 2009, pp. 4 – 16.

SmithR. J. , "How the Book of Changes Arrived in the West", *New England Review*, Vol. 33, 2012, pp. 25 – 41.

SpaffordE. H. , "Are computer hacker break – ins ethical?", *Journal of Systems and Software*, Vol. 17, No. 1, January1992, pp. 41 – 47.

StonierT. , "Towards a new theory of information", *Telecommunications Policy*, Vol. 10, No. 4, December 1986, pp. 278 – 281. https: //www. sciencedirect. com/science/article/abs/pii/0308596186900418.

Tasdelen V. , "Logos and Education: On the Educational Philosophy of Heraclitus", The Anthropologist, Vol. 18, No. 3, Octomber 2014, pp. 911 – 920.

TheodossiouE. and ManimanisV. N. , "The cosmology of the pre – Socratic Greek philosophers", *Mem. S. A. It. Suppl*, Vol. 15, 2010, pp. 204 – 209.

TuringA. M. , "On Computable Numbers, with an Application to theEntscheidungsproblem", *J. of Math*, Vol. 58, November 1936, pp. 345 – 363.

VadimovichK. V. and YevgenyevichL. I. , "The Role of Plato and Aristotle in the Formation of Orthodoxy and Catholicism", *Mediterranean Journal of Social Sciences*, Vol. 6, No. 5, September 2015, pp. 428 – 428. .

VadimovichK. V. and YevgenyevichL. I. , "The Role of Plato and Aristotle in the Formation of Orthodoxy and Catholicism", *Mediterranean Journal of Social Sciences*, Vol. 6, No. 5, September 2015, pp. 428 – 428.

Van Benthem J. , "Epistemic Logic and Epistemology: The State of Their Affairs", *Philosophical Studies*, Vol. 128, No. 1, 2006, pp. 49 – 76.

Van Benthem J. F. A. K. , "Kunstmatige Intelligentie: Een Voortzetting van de Filosofie met Andere Middelen", *Algemeen Nederlands Tijdschrift voor Wijsbegeerte*, Vol. 82, 1990, pp. 83 – 100.

Van Rooij R. , "Questioning to resolve decision problems", Linguistics and Philosophy, Vol. 26, No. 6, December 2003, pp. 727 – 763.

Vanderstraeten R. , "Talcott Parsons and the enigma of secularization", *European Journal of Social Theory*, Vol. 16, No. 1, July 2012, pp. 69 – 84.

Vigo R. , "Representational Information: A New General Notion and Measure of Information", *Information Sciences*, Vol. 181, No. 21, November2011, pp. 4847 – 4859.

Wood W. W. , "Reductionism to Integrationism: A Paradigm Shift", *Groundw-*

ater, Vol. 50, No. 2, December2012, pp. 167 – 167.

Wu K. and Wang J., "Why is Entropy not Enough? — Good Emerges from the Relaxation between Order and Disorder", *Gordana Dodig – Crnkovic*, *Theoretical Information Studies*, *World Scientific*, 2020, pp. 37 – 59.

Wu K., "The Basic Theory of Philosophy of Information", 4 – th International Conference on the Foundations of Information Science, Beijing, August, 2010.

Wu K., Nan Q. and Wu T., "Philosophical Analysis of the Meaning and Nature of Entropy and Negative Entropy Theories", *Complexity*, Vol. 2020, August 2020, pp. 1 – 11.

Wu T. and Da K., "The Chinese Philosophy of Information by Kun Wu", *Journal of Documentation*, Vol. 77, No. 4, June 2021, pp. 871 – 886.

Wu T., "A New Perspective on the Existence and Non – existence", in Mark Burgin, Wolfgang Hofkirchner, *World Scientific Series in Information Studies*: *Volume 9*, *Information Studies and the Quest for Transdisciplinarity*: *Unity through Diversity*, World Scientific Publishing Co Pte Ltd, 2017, pp. 325 – 341.

Zhou L. and Brier S., "Philosophy of Information in Chinese Style", *Cybernetics and Human Knowing*, Vol. 21, No. 4, 2014, pp. 83 – 97.

Zhou L. and Brier S., "The Metaphysics of Chinese Information Philosophy: A Critical Analysis of Wu Kun's Philosophy of Information", *Cybernetics and Human Knowing*, Vol. 22, No. 1, 2015, pp. 35 – 56.

Zovko M. É., "Worldly and otherworldly virtue: Likeness to God as educational ideal in Plato, Plotinus, and today", *Educational Philosophy and Theory*, Vol. 50, No. 6 – 7, 2018, pp. 586 – 593.

八 网络文献

《"看清我们6个的脸",当学生会变成"黑社会"》,《中国新闻周刊》,https://news.sina.com.cn/s/2021 – 09 – 08/doc – iktzqtyt4754317.shtml,2021年9月8日。

《14岁男生在学校被母亲扇后跳楼坠亡》,《环球时报》,http://

mil. news. sina. com. cn/2020 – 09 – 18/doc – iivhvpwy7537763. shtml，2020 年 9 月 18 日。

《马斯克脑机接口公司 Neuralink 获得新进展：猴子可用意念打游戏》，《新浪网》，http：//finance. sina. com. cn/tech/2021 – 04 – 09/doc – ik-mxzfmk5880765. shtml，2011 年 4 月 9 日。

转引自科讯医疗网：《耶鲁大学研究人员利用 fMRI 读取意识重建人脸》，《中国医学计算机成像杂志》2014 年第 2 期。

朱清时：《科学与佛法谈世界和人生的真相》，微博，https：//wei-bo. com/u/1984930215？is_all = 1，2016 年 8 月 7 日。

朱清时：《量子意识？——现代科学与佛学的汇合处》，http：//www. so-hu. com/a/126543502_481659，2017 年 2 月 1 日。

致　　谢

　　这是我个人的第一本专著，本书能够顺利完成要感谢太多支持过我和帮助过我的人。首先，感谢我们的祖国能给予我这样一个和平、繁荣、昌盛、富强，崇尚教育、热爱科学、追求真理的大环境，成为我能够潜心学术的基础。我能够做自己热爱的事业，享受自己的生活，凸显自己的价值，都得益于祖国劳动人民为我负重前行。

　　其次，要感谢母校西安交通大学为我提供了丰富的资源，广阔的眼界，优秀的平台，出国深造的机会。还有母校学识渊博的老师和有着共同奋斗目标的优秀同学都成为我学术研究道路上的良师益友。

　　首先我要特别感谢我的博士生导师陈学凯老师与博士后导师韩鹏杰老师，他们的研究方向为中国哲学，一位是先秦与儒学哲学的大师，另一位是道学研究的大师。而本书中就有大量的中国哲学内容，其中尤其是先秦思想最为丰富，我解释存在流变的思想得益于《易经》，而我关于"非存在"（无）的解释直接得益于《老子》。两位导师都给予了我很多指导与帮助。他们让我认识到作为一个中国人应该对自己母文化的发展与传播做出贡献，这是我们作为文明传承者的任务。

　　我还要特别感谢我的哲学启蒙老师，我的研究生导师，西安建筑科技大学的邓波老师。正是他将我引进了真正的哲学殿堂，他是西方哲学与现象学领域的大师。他帮助我对于西方哲学有了深刻的理解，他教给我的西哲思想是我哲思的基础。而且我的信息演化存在论思想就是深刻得益于他给我教授的现象学，尤其是海德格尔的思想。我所提出的"指向性"概念直接来源于现象学中"意向性"概念，而我的存在、非存在与时间的关系思想直接来源于海德格尔在《存在与时间》中的"此在"概念。完成本书后，我的下一步研究计划就准备将信息哲学与现象学思想进行整合与统一。

我还要感谢我的外导，奥地利的霍夫基希纳教授，他是复杂性科学与系统科学领域的大师，我的演化存在论中的可能性空间思想与整合主义思想都直接来自他的系统演化存在论思想。书中对于未来信息创生教育的思想也得益于他的涌现信息思想。他的系统科学思想对我的影响很大，我另一个正在进行研究的信息生态伦理学理论也是从生态系统与涌现信息的基础上展开的。

还有要感谢许多给我提出宝贵意见，关心我生活、工作与学术，帮我解决棘手问题的同学、同事和好友。如靳辉、答凯燕、王培圆、金瑞琪等同学与我共同完成了多篇论文，这些内容也都成为我这本书中的一部分。还有张海沙、侯艳芳、薛凯同学和我的研究生张瑞瑗同学等人帮助我进行论文翻译或修改了本书排版格式，出版社的编辑老师帮助我修改了书中大量细节问题，等等，抱歉这里就不一一列举了。

最重要的，我要感谢我的父母，我的生命与生活基础都是父母给予的，所以如果没有我父母的帮助，我的学术研究与生活以及一切都会崩溃。他们为了我30多年的生活、学业与工作和研究付出很多，帮我承担了各个方面的压力，教会了如何成为合格的父母，如何去付出和爱人，同时，他们不仅成为我坚实的后盾，也是我做人的榜样。我必须在此最真挚地感谢他们。

我的母亲对我无微不至的照顾，对我的包容和关爱，让我快乐地成长。而我的父亲则是从人格和学术等多个方面让我从小深受感染。他对于学术研究的热忱，他对于高尚人格的坚持让我深感敬佩。他既是我的父亲，也是我一生最早也是最重要的导师。在我很小的时候就接触到他所创立的信息哲学，或许就是当时那种对于学术的一知半解，那种对于人性、生活、科学、宇宙的好奇心，那种对于教师职业的向往一直在内心指引着我走上了他所走过的道路，并立志做出成绩证明自己。

感谢我可爱的女儿，她让我学会了成熟与责任，她给予我的爱让我明白了什么才是最简单的依赖。我对她的爱让我明白了什么是最无私的付出，最热切的保护。事实证明，为了她我可以忍受一切困难，为了做一个她心目中的 Supermen 无论遇到什么问题我都会笑着坚持下去的。

　　在此，我也要感谢那些给过我伤害的人，我不会去恨他们，只想告诉他们：只要当我心中还有爱的人，还有为之奋斗的理由，你们给我的痛苦就不会击垮我，反而会让我更强大。面对伤害与失败我只会迎头而上、越挫越勇，你们教会了我任何软弱与退缩只会带来更加可怕的后果和变本加厉的伤害。生于忧患，死于安乐，感谢你们给我的教训和历练，而又没有能力将我直接 KO 掉，最后只会帮助我更强大。这种震撼教育真的比一直在学校中受到的安全与平淡的教育来得激烈、刺激、有效多了！我会更努力、更上进、更自律，过得更健康，更好。如今的我正在经历着前所未有的自省与强韧的状态，这才是最有力的反击。

　　最后，要感谢所有那些爱过我、帮助过我、塑造过我的所有人，无论是亲人、朋友还是老师、同学，甚至对手。删除生命中的任何一段经历都不会有现在的我。所以没有你们不仅不会有这份思想、这本拙作，更不会有现在的我！谢谢大家！

邬天启

2020 年 10 月于西安交通大学

后　记

　　学术在前面已经说了很多了，这里我想说些别的。首先我想先感谢能读到后记的读者，不管您是哪个行业的，能读到这里都是缘分。那缘分究竟是什么，或叫它因果、宿命、天道、命运，等等。这绝不简简单单只是一种迷信或一种既定的未来观。我认为缘分并不是空谈，冥冥之中的注定也不是绝对的迷信，缘分、因果是所有人自发选择所导致的必然结果。

　　每个人的每个选择都是被当下认知、环境等多重因素所限制的。每个人在存在的流变中，在一定的环境束缚下，在自己每个当下所面临的现状中，运用自己之前构建出的认识能力做出了自己当时所认为的最好的决定。

　　因为你是生活在社会群体之中，太多人在为你直接或间接地做着决定，而他们每个为你做的或影响你做的决定又是从他们自己的所处环境、认知水平、主观目的与现状限制所出发的。所以你的一切决定都会受到这样一个历史、社会与人的复杂网络影响。当然也要考虑到人性，因为自己与他人的选择也都是从个人的利益和人性出发的，或者说都是从自身、都是从自身的感知特点和认知方式出发的。

　　你在这样的外部与内在环境的双重裹挟下最后还是需要自己去做出选择。而鉴于你当时的认识局限，你所做的决定基本上是必然的，意外反而是极其少见的。如果时间能够倒流到你任何做决定的当下，在你没有预知能力时，无法知道你的决定会对未来的任何影响之下，你基本上还是会做出同样的决定，而这样相同的决定又会直接导致你的下一个选择也相同，以及无法改变的未来。这就是缘分，这就是宿命。就像再给你一次机会，你还是会拿起这本书，并在当下读到了这里。

2019 年中国票房冠军《哪吒之魔童降世》中哪吒所说的"我命由我不由天"这句话喊出来容易，想实现会有多难。换句话说如果没有哪吒身边所有人舍生忘死的帮助，没有经过众人积极选择的步步推动，哪吒会有最后魂魄被保留、逆天改命的可能吗？这个局面是一个庞大群体选择的结果，根本就不是哪吒做一个决定或喊一句话的事。那虽然是戏剧中的虚拟情节，但现实只会更残酷。

基本上一个人在出生时鉴于他所处的所有环境，他的未来已经99%的注定了，可以说这就是命。这种现状是环境、历史、社会、人群与阶层分化所导致的必然，而且在社会越稳定、制度越成熟的情况下越是如此。在现实中想要靠自己的选择来改变自己既定的未来有多难！如果真的想要改变，想要赌那 1%，需要众多人的群体选择才可能实现，那真的是百里挑一甚至千里挑一的机会。而要想完成这种逆天改命之事的第一步就是先要改变自己，改变自己所处的环境，即改变他人为你事先做好的选择对自己选择的控制及影响。你需要深刻地知道自己想要成为什么样的人，走什么样的路，但未来的坚持才是难点。

所以我觉得未来的目标是其次了。最重要的是应该先锻炼自己的四大能力：哲思能力、运动能力、克制能力以及专注能力。这是你想逆天改命的基础，重中之重。如果你已经身处于社会中上的家庭环境中，那么做好这些只能让你不会降低自己的阶层。为什么说富不过三代应该就是这个意思了。维持自己在一个较高的阶层本身就是一件难事。而如果想逆天改命，想得到巨大的阶级爬升除了努力真的还需要很大的运气。但机会总会给那些有准备的人，所以努力是运气的基础，没有天上无故掉馅饼的美事。努力了才有可能有希望，不努力只会越来越糟。

我深知鸡汤的无力，但还是忍不住要写……其实真的读鸡汤只是生活的安慰剂，没有什么大的作用。行动起来才是关键，但这也是最难的部分。我不愿任何人将这篇文字当作鸡汤来读，因为我只是想叙述现实情况而已。最后总结自己的经验，现身说法。在锻炼之前提到的四大能力的基础上发掘自己喜爱并擅长的方面，主动学习本方面的能力并由此方面向相通领域扩展，完善自己的专业技能，将之做到极致。既然称之为专业技能，"专"才是重点，如果你不把自己擅长的做到极致，做到前沿那就绝不会有出头之日，等待你的只有平庸。千万别想去做全才，这是中国教育的陷阱。这个社会并不是不喜欢全才，而是当今人类知识积累过于丰富、社会技能又太过纷繁庞杂，凭借一个人短短百年的时间是绝不可能成为全才的。只有在自己的领域成为专家才能够真正地做出成绩，体现出价值。自己的短板自己最清楚，花时间去补自己的短板不如去找能够补足自己短板的人组成团队。团队意识应该从生活的各个方面体现出来，做到一个群体选择效应才更有前进发展的空间，团队协作也就是我之前所说的缘分。

　　最后我想给那些生活浮浮沉沉又坚定前行的读者一个拥抱，告诉你：你我虽不能感同身受，但依然可以相互慰藉。生活中八九不如意，幸福在人心。而我们能够坚持前行的人皆是追求缘分、追求群体幸福的同道中人。辛酸遭遇各不同，理想追求必相通。希望这段文字能够真正带来帮助，缔造缘分，体现其价值。

邬天启

2021 年 10 月于西安交通大学